U0120634

周禄丰　著

戰安慶

曾国藩的 中年突围

岳麓書社 · 长沙

目　录

序　章 001

一、书生从戎 009

　　一　官场野蛮人 009

　　二　拆分"团练" 017

　　三　建军大分裂 032

　　四　不救"恩师" 044

　　五　誓师东征 051

　　六　收复湖北，金陵在望? 069

二、中年危机 077

　　一　前功尽弃 077

　　二　碰壁江西 087

　　三　毕金科之死 097

　　四　与皇帝的积怨 102

　　五　曾左绝交 118

三、湘军始末 ·········· 128

　　一　事功本于学问 ·········· 128

　　二　书生军团 ·········· 138

　　三　编练"新军" ·········· 146

　　四　创办水师 ·········· 158

四、后方建设 ·········· 163

　　一　骆秉章规划湖南 ·········· 163

　　二　胡林翼主持湖北 ·········· 174

　　三　督抚"相和" ·········· 186

五、大盈若冲 ·········· 193

　　一　愤怒中年的彻悟 ·········· 193

　　二　曾国藩肖像素描 ·········· 204

　　三　重新站在历史风口 ·········· 219

六、打破僵局 ·········· 233

　　一　三河惨败 ·········· 233

　　二　多龙鲍虎 ·········· 243

　　三　"败保"大将军 ·········· 257

　　四　多隆阿新贵 ·········· 267

　　五　小池驿大捷 ·········· 277

七、变局悄至 ·········· 287

　　一　英法突入 ·········· 287

　　二　李秀成绝地求生 ·········· 297

　　三　天意回转 ·· 313

　　四　左宗棠出山 ·· 323

八、安庆之围 ··· 336

　　一　置身绝地 ·· 336

　　二　"勤王"疑案 ·· 342

　　三　乱极时站得定 ·· 350

　　四　曾国藩的豪赌 ·· 359

　　五　日落安庆城 ·· 370

九、江苏危局 ··· 381

　　一　洋枪队的诞生 ·· 381

　　二　李鸿章崛起 ·· 390

　　三　死斗何桂清 ·· 401

结语　清朝人曾国藩 ··································· 414

序 章

咸丰二年七月廿五日（1852 年 9 月 8 日），赴江西主持乡试的湖南湘乡籍礼部侍郎曾国藩，在安徽太湖县接到母亲去世的消息。他久居京师，与家中母亲分别已有十二年，原定乡试结束后回家探亲，不料母亲已去世。江河万里，慈母长绝，悲不可遏的曾国藩在太湖小池驿痛哭一晚后，收拾行李到九江雇船，走水路溯江而上回家奔丧。船至黄州，天上乌云密布，江面狂风大作，渡船被顶头风吹得团团打转，他狼狈地坐在船里，仿佛被浓黑的乌云掩埋。

十九世纪走过一半，遥远的西方蒸汽机的声音轰鸣如雷。曾国藩被困黄州的十一天里，在欧洲，击败拿破仑大帝的英国巨人威灵顿公爵去世，法国人亨利·吉法尔用蒸汽机把飞艇送上了天空。这些宛如海客奇谈的异域新闻，是他无从得知也不去关心的。他的船随着呼啸的热风在黑暗里向前，不知开往何处，风浪无边无尽。

水路踯躅十一日，曾国藩不得已弃船登岸，走陆路去武昌，抵达武昌方知太平军西王萧朝贵兵围长沙。长沙战事正酣，荆楚一带反清力量云集响应，嬴粮景从，他只得从岳阳绕道回家，历山河之险阻，经风雨之艰难，终于在一月之后抵达湘乡县荷塘镇白杨坪老屋。

换上白色麻布丧服，曾国藩到灵柩前哭祭母亲。离家十余载，功名半纸，风雪千山，母子二人阴阳两隔，纵然养气多年，又如之奈何？安葬母亲后，他又到祖父曾玉屏坟头祭拜。曾氏祖上以务农为业，在曾国藩以前还没有人中过举人。论身份，人称星冈公的曾玉屏只是个乡下豪强，论气魄，他却又是草莽中的豪杰，曾国藩的为人处世受他影响极深。

曾玉屏早年是个轻浮浅薄的乡村浪子，壮年后幡然悔悟，成了德高望重的乡村首领。他虽是乡农，却十分有威仪，有"雄伟非常之概"，湘乡人说尽管曾国藩兄弟做了高官，但无论是外表的威严还是办事的方略，都比不上他们的祖父。如果有功名在身，或者晚生四十年赶上天下大乱，这个湮没在太平岁月里的老农或许也是个建功立业的豪杰。曾玉屏为人处世颇有特点：刚强倔强，不屈不挠；胼手胝足，脚踏实地；每逢大事先做规划，立下规矩后能持之以恒。

日复一日，潜移默化，曾国藩几乎全盘继承了祖父的性格，这让他成了一名博学、方正的大儒，以超乎常人的坚韧意志建功立业。而这种乡村首领特有的倔强、霸蛮和单纯，也让他在官场碰得头破血流。

祭祖之后数日，湘乡士绅接踵而来，请曾国藩出山主持大局，领导本县团练，抵抗太平军的袭扰。他却以丧服在身，着孝服不当入公门为由婉拒了。

他是研究天理人欲的道学家，主业是务虚的朱子学，闲暇时兼治考据和古文。在京师做了十几年清要之官，未经过基层业务的历练，久居京师的他不了解民情，不知道眼下民怨沸腾，朝廷如坐火山之上。数年前，同乡举人江忠源对曾国藩说天下大乱在即，曾氏还当作是狂生之见。在他眼里，十年前的鸦片战争不过是晚明倭寇袭扰的重演，近来的地方民变亦不过为寻常小民作乱，天下本太平无事，又何苦庸人自扰。

清代地方官为了粉饰太平，对本地的民变总是设法遮掩、隐瞒，中央政府并不清楚下情。太平天国兴起广西，清廷将其当作天地会起义的支流，即便洪秀全已在永安建制称王，他们也不十分看重，连太平天国主事者是谁都不清楚。太平军在广西攻打桂林多日不克，在全州蓑衣渡被江忠源的几百乡勇打得几乎全军覆没，连西王萧朝贵都在几天前于长沙天心阁中炮身亡。曾国藩自然把他们当作乾隆以来常见的小股会党作乱，以为至多骚扰地方几个月就消停了。

"拙诚"是曾国藩一生安身立命之本，虽说拙能胜巧，但他比果决练达的聪明人"见机"总要迟上几分。他说，太平军不过就是寻常土匪，白杨坪地势偏僻，不在交通要冲，曾家子弟和附近乡农又骁勇好斗，我辈居家稳若泰山，无须惊恐。①此时的曾国藩，虽有成为名臣的资质，见识比之寻常官僚却并无高明之处，既昧于世界新知，又不明了敌之实情。他虽知晓清王朝官僚系统的朽化和社会矛盾的尖锐，却并未料到天崩地裂的变局来得如此之快。

咸丰二年十二月十三日（1853 年 1 月 21 日），在家丁忧守制（清代制度，父母去世，官员应当离职在家守孝二十七个月）的曾国藩接到朝廷谕旨，让他以"在籍大臣"身份，帮同湖南巡抚办理本省团练乡民、搜查土匪诸事务。这是指定他接替已赴湖北襄阳作战的罗绕典，与巡抚张亮基一同管理湖南团练，镇压湖南境内民变，并协助官军抵抗太平军。

通常认为，包括曾国藩在内，清廷一共任命了四十多名"团练大臣"。但在咸丰十年（1860）以前，并未有上谕明确有"团练大臣"这一官职。清廷只是让一些退休致仕或者丁忧在家的官员，以"在籍大臣""在籍绅士"的名义，协助地方督抚办理团练。因为清朝地方官任职有回避原则，各省巡抚都不是本省人，与本地士绅之间存在隔阂，朝廷就让"在籍大臣"利用自己在本乡的影响力，以半官半绅的身份帮助地方政府统辖筹办团练抵抗太平军。但在咸丰十年前，并没有特意设立"团练大臣"这一官职，"在籍大臣""在籍绅士"并非朝廷正式职官。

实际上，得到帮办团练上谕的"在籍大臣"很多，历史学家崔岷先生根据《清政府镇压太平天国档案史料》进行了统计：根据收录进这份档案的上谕，帮办团练的"在籍大臣"，或者咸丰十年后被任命为"团练大臣"的官绅多达二百六十五人。曾国藩在长沙办团练，不但地方官员与他为难，连绿营武将都从中作梗，就在于他虽有奉命帮办团练的名义，却不是朝廷所设职官"团练大臣"，是绅而不是官，或者说非官非绅、半官半绅。依照上谕，曾国藩只是帮同巡抚办理团练，是巡抚为主而他为辅，他统带的乡勇只算是地方士绅创办的"义师"。

团练的设想起源于明末官员卢象升，他在镇压明末农民起义时发现，无论官军重创农民军多少次，只要逃走了一些首领，他们总能纠合流民东山再起。明末社会矛盾尖锐，因饥荒而濒于死亡的农民随处皆是，一碰上李自成、张献忠这样强有力的组织者，就如火药桶溅上火星，立刻炸得天翻地覆。要想平息农民起义，就必须设法把有组织的起义军和尚未发动的民众隔离开。卢象升于是把地方民众组织、控制起来，在各村落之间修筑堡垒城墙，由忠诚于朝廷的士绅牵头，遇到农民军活动就把村民赶进堡垒，隔绝起义军和民众，使之得不到粮草和兵源。

清朝嘉庆年间，川楚一带爆发白莲教起义，白莲教徒人数众多而组织分散，他们有时合兵一处伏击清军，有时又化整为零打游击，清军主力部队四处奔走，疲于奔命。合州知州龚景瀚发展了卢象升的思想，他向朝廷呈进《坚壁清野并招抚议》，提出"坚壁清野"与"剿抚兼施"的办法。要"坚壁清野"，就得让基层的士绅握有武装力量。清政府以乡为单位，让本乡著名士绅牵头，把士绅控制的农户组织起来，进而控制全部村民，在村寨里修筑堡垒，组织被称为"团练"的民兵。团练经费由士绅自筹，加入的壮丁在官府造册登记，农闲时进行简单军事训练。遇到白莲教武装攻击，就由团练把全部村民赶进碉堡，坚壁清野，断绝对手搜集粮草的可能，再借助堡垒和小股白莲教武装顽抗。白莲教军队失去补给，不能接触、动员民众，再被依托堡垒的团练武装迟滞、封锁，最终逃不过被清军主力包围、歼灭的命运。

太平天国起义前后，各地民变四起，"直隶、山东、山西之'教匪'，河南之'捻匪'，四川之'啯匪'，江北之'盐枭'，江西、福建之'担匪''刀匪'，及随地所有不著名目之'棍匪''窃匪'"[2]，大大小小的反抗军不下十几种。各地士绅因袭镇压白莲教经验，也大办团练，湖南湘乡团练就是其中的佼佼者。只是各地团练都由知县牵头，以基层士绅承办，没有省一级的负责人统一指挥，对付一般民间武装尚可，却无力对付太平军这种组织严密的大队人马。太平军自广西突围后，在湖南郴、永一带得到会党武装归顺，兵力扩充到五六万人，大势将成。清廷见太平军势大难治，开始组织能在省区范围内协助巡抚统辖团练的"在籍大臣"。

咸丰皇帝并不期望团练能对付太平天国的雄壮人马，他交给"在籍大臣"的任务，是在各省指挥士绅办团，替朝廷掌控士绅，进而掌握基层武装力量，把底层社会组织、控制、武装起来，扩张朝廷在基层社会的力量。基层控制住了，就不会有民众起事响应太平军，地方上也能更有力地汲取资源，襄赞主力军作战。

曾国藩最初并不认为太平军能够对朝廷统治乃至传统礼法社会产生严重威胁。他不赞成仅仅为了对抗"区区"太平军，就大动干戈地实施全国总动员。在他丁忧赋闲的数月间，太平军围困长沙不克，被迫撤退后经岳阳向武昌而去，湖南形势大有好转，这似乎更印证了曾国藩的看法。若不以镇压太平军为目的，让曾国藩出来恢复湖南的社会秩序，以期河清海晏，他又觉得困难重重。曾国藩对清朝的吏治非常熟悉，在他看来，清王朝的官僚系统暮气极深，京官退缩、琐屑，地方官敷衍、颟顸，上下一齐朽坏，若镇之以静，勉强维持局面尚可，如果要大展拳脚，势必劳心劳力而无所成。就算自己奋不顾身，带着少数有志之士大刀阔斧地去开创局面，也很可能遭到官僚系统反噬而头破血流。

有鉴于此，曾国藩就以丧服在身，应当在家守制为由，准备上疏辞去帮同办理团练的职务。恰在这个时候，形势大幅逆转，因数万岳阳船家的加入，太平天国建立了长江以南最庞大的水师，加之获得昔年吴三桂遗留在岳阳的军械，战斗力大增，很快就打下武汉三镇。武昌之战，湖北巡抚常大淳兵败自尽，湖北提督、满大臣双福父子被杀。太平军在武昌的旌旗遮天蔽日，震动朝野上下，也颠覆了曾国藩的固有看法。有能力攻破省会城市，逼死封疆大吏的军队，已是可以和清廷正式对峙的政治势力。长江之上，又无阻挡太平军的水师，几十万太平军随时可以直下江南，破金陵（今南京）入江浙，割据南方建号称王了！

太平军首领多为出身农家的绝世天才，组织严密，信仰坚定，早在广西时就能以不足万人和十万清军周旋。太平军往往三五个士兵执黄旗一面，持刀牌鸟枪，就敢与数百清军抗衡。曾有七名太平军勇士亡命追杀一千多从贵州威宁调来的清军，清军只敢抱头受死。此前攻打桂林、长沙不能得手，是因为缺乏攻城装备和重火力，无法对付重兵守卫的坚城。在岳阳得到了枪械和火炮，清朝的城池就再也挡不住他们了。

还在鸦片战争前，澳门的一家报纸就嘲讽清朝说："中国之武备，普天之下，为软弱的极不中用之武备，及其所行为之事，亦如纸上说谎而已。其国中之兵，说有七十万之众，未必有一千人合用。其师船之样，若得我等或米利坚之兵船，在一点钟之久，即可赶散各师船。中国敌外国人不过以纸上言语，真可谓之纸上王国矣。"③这篇新闻嘲讽中国是纸上王国，显然是没见到充斥在数亿中国人胸膛中，经数千年而不衰的英雄气。但把"中国"二字换成"清朝"，却是贴切的。暮气沉沉的清王朝，确实已是一个纸上王朝。现在，从广西迸发出的火焰，眼看要把这个纸上王朝烧得灰飞烟灭。

山岳崩颓、风云变色，形势危急至此，曾国藩也不得不出来收拾局面了。但他之前已用为母守孝推辞任命，孝道乃儒家之大节所在，守孝之言既出，此刻正势同骑虎。恰好此时友人郭嵩焘来访，以保卫桑梓的理由相告，又请曾国藩父亲出来劝说。有了父命，得了台阶，曾国藩就顺水推舟，到长沙协助巡抚张亮基。曾为人拙迟儒缓，事前总是思虑万千，但一朝心定，就当仁不让、百折不挠。他与郭嵩焘一同起身，在湘乡县城会合了朱孙诒、罗泽南、王鑫（zhēn），点齐一千精锐团练奔赴省城。

咸丰二年十二月廿一日（1853 年 1 月 29 日）清晨，墨袍素巾的曾国藩与他创业起家的班底到达长沙。天低吴楚，江流莽莽，一千多名着青色号衣的士兵踏着数月前战斗留下的一地狼藉，踏着十九世纪的黄泥路向前开进。长夜顺着省城残破的围墙和城头熄灭的灯笼一点点褪去，这些质朴蛮勇的农家子弟尚不知统帅将要带领他们走向何方，但他们和清王朝的命运已在此时缓缓分出了一条岔路。

【注释】

① "我曾家人人皆习武艺，外姓亦多善打者，土匪绝可无虞。粤匪之氛虽恶，我境僻处万山之中，不当孔道，亦断不受其蹂躏。"见《曾国藩全集》第20册，第217页，岳麓书社2011年版。

② 黄爵滋《敬陈六事疏》，见《黄爵滋奏疏许乃济奏议合刊》第45页，中华书局1959年版。

③ 原文转引自范文澜《中国近代史》第1分册第26页，生活·读书·新知三联书店1938年版。

一、书生从戎

一　官场野蛮人

楚乃蛮夷，自古远离中原王化。虽然秦朝时中央政府就在湖南设立郡县，实施了中央集权的管辖，但长期以来，朝廷流官政令只能通行几座大城及周边地带。蛮荒的荆楚大地上，山民们过着自由而放纵的生活。直到宋明之际，在中央政府支持下，地方官大力推动已编户的百姓向蛮荒之地移民，进而把政令推向更辽阔的地方，却又引发了移民和土著的械斗。这种特殊情况，使得湖南农民远比他省更加蛮勇好斗，更加封闭保守。

历代官僚、士绅对民变的镇压都是凶恶的，而清代经八股文选拔出来的举人、进士们，却是士绅阶层里最无能的。这些十数年寒窗苦读的书生，走上仕途前大部分都是书呆子，信奉"君子远庖厨"的他们连家禽都没有亲手杀过，大多是见不得血的儒生。指挥手下屠杀民众这种事情，超越了他们的执行力和心理承受能力。除了少数天生残暴者或久经斗争考验的酷吏，这些书生没有杀人的胆量。遇到民变，他们只能掩耳不闻，或者隐瞒、拖延，想办法把事情遮掩过去。按府县官僚的潜规则，如果人犯是江洋大盗，肯定会被抓起来处刑。

若人犯被指控谋逆造反，地方官就会设法大事化小，甚至反将举报人抓起来打板子。广西秀才王作新状告洪秀全、冯云山等蓄谋造反，知府顾元凯却怪罪王作新，说他大言欺人、挑唆矛盾，后吓得王秀才离家逃亡。

清朝中叶后人口快速增长，至道光年间，官府登记的人口已达四亿余。土地开垦和农业产量的提高跟不上人口的增长，加上严重的土地兼并，大批无地农民只得沦为流民甚至乞丐，过着一种江湖放荡的生活。海量的"流民"与自清初以来就一直存在的反清会党相结合，大大加剧统治的危机。

但懦弱的地方官遇到蛮勇的民众，会有什么办法呢？曾国藩认为，洪秀全能弄出偌大声势，就在于这几十年懦弱的地方官过于骄纵，应办不办之案太多，当杀不杀之人太多，乱民失去了对朝廷法度的敬畏，个个都敢杀官造反。若要民众不再造反作乱，依传统治术有两种办法：一是行王道，使民有恒产，百姓安居乐业，自然不想造反；二是行霸道，大开杀戒，使民战栗，不敢造反，只能做"安安饿殍"。曾国藩要在最短的时间内恢复秩序，又没有足够的钱粮来安抚民众，那就只好治乱世用重典，以杀立威。

曾国藩当然知道"乱自上作"的道理，但君君臣臣的纲常礼教已深入灵魂，他可以冒着杀头的风险劝谏皇帝，可以披肝沥胆地感化同僚，却不会同情起义的民众。既决心以杀止乱，他就立即大开杀戒。曾国藩行文各处地方官，告诉他们办案要从快从重，当杀就杀，不必拘泥朝廷的司法程序。他知道出身科举的文官多数懦弱无能，不敢杀人，就踢开地方政府另设立一个机构——"审案局"，用自己的心腹抓捕判决疑犯，不经地方官，不走程序，稍加审讯就定案杀头。

即便如此，他仍觉得单只省城有一个审案局杀人效率太低，司道府县官员又颟顸无能，干脆开放杀人权给地方士绅和宗族首领。这些地方首领经常处理乡里冲突，杀伐决断远过文官，正是曾国藩手中最锋利的屠刀。他和团练头目与宗族家长约定，允许他们捆拿审讯妄图作乱之人，"轻则治以家刑，重则置之死地"。

审案局成立四个月，被处决者一百零四人，鞭挞致死者二人，枷死狱中者三十一人，加上各县就地处死的会党，曾国藩在数月间杀了二百多人。审案局所处决者，一半是会党头目，另一半按曾国藩的说法是"奸胥、蠹役、讼师、光棍"，前者是他心中的"乱民"，后者是他心中激起民变的"乱因"，杀前者克定祸乱，杀后者根治叛乱。他在烟尘滚滚中大步向前，身后是一地鲜血和"曾剃头"的骂名。

讲求天理道德的士大夫，变成杀人的屠夫，对此曾国藩自我辩解说"书生好杀，时势使然耳"，他的同乡胡林翼也说这是用霹雳手段，显菩萨心肠。曾、胡以为只有快杀多杀，瞬间在湖南形成恐怖氛围，才能震慑住心怀不轨之人，使民众不敢叛乱。若能以杀止乱消泯兵祸，得救之人要比所杀之人多。他引用《左传》里的话，说这是"火烈民畏"，"夫火烈，民望而畏之，故鲜死焉。水懦弱，民狎而玩之，则多死焉，故宽难"。

后人论及这段历史，痛恨曾国藩的将他骂为屠夫、刽子手，残暴犹过秦、隋之酷吏；崇拜曾国藩的则为其辩解，说他是以良除莠、惩暴安民，所杀之人都是该死的暴民、匪徒，他的严酷是必要的、及时的。

以当时的历史环境看，这些发论都很轻率。曾国藩成立审案局时，正是战争最剧烈的时候，清朝与太平天国正进行你死我活的斗争。在战争中，战区主官以镇压会党的名义杀人二百并不算多。虽说文官大多不敢杀人，但有的书生一旦磨砺出虎狼心肠，挥起屠刀要比"曾剃头"狠辣万倍。在审案局成立的两年前，巡抚邹鸣鹤在广西就地正法一千五百人，稍晚一些的两广总督叶名琛，在广东镇压会党，不到一年杀戮民众达七万五千。曾国藩主持审案局期间所进行的杀戮，非但远远不及同僚叶名琛，和他自己出省打仗后，湘军在九江、安庆、金陵造下的杀孽也是远不能比的。

残暴是王朝失去秩序之后的常态，在杀人如麻的乱世，审案局处决的人数确实不多。若以日后曾氏兄弟在安庆杀降、金陵焚城的行为，给他扣上屠夫的骂名倒是不差，而在此时提前给他戴上"曾剃头"的帽子却有些"冤枉"。这个外号很可能不是来自民间，而是来自曾氏在长沙城内的同僚，那些平时并不同情民众的文官们。

清廷允许地方大员在偏僻动荡的省份推行"就地正法"，不走程序杀人，始自道光年间，咸丰三年（1853）正式以上谕的形式推广全国。即使朝廷允许地方官可以不经程序杀人，但这个特权也只赋予了地方督抚与提刑按察使。帮同办理团练的"在籍大臣"，非官非绅，曾氏连团练大臣都不是，借助前侍郎的威望擅自越权设立审案局，绕开官僚系统让地方士绅杀人，这就坏了政治规矩，侵害了官僚系统的权力。

办审案局只是试水，曾国藩后来又创设了不少别出心裁的战时机构。这些机构多由地方士绅自行立"局"，把原属地方官僚的军政权力夺走。他支持士绅甩开官府行使治权，把府县衙门当作"武装士绅"的橡皮图章。破坏司法程序逮捕杀人只是开头，接下来湖南还会由士绅"包税"，接管地方财税，组建能出省打仗的"湘军"。这岂止是破坏清朝的政治规矩，简直把秦汉以来的帝制体统都打破了！

这些大逆不道的动作，是曾国藩在京师观察十余年，深思熟虑所得的救世方略。从乾隆末年开始，清朝的文官系统逐渐糜烂，到道光时，已只能勉强维系朝廷的体面，做"留守内阁""维持会长"，无力承受剧烈动荡。清代科举制度远比前代严密，考生之间的竞争也更激烈，士子要考中科举必须把所有的精力都消耗在科场应试上，曾国藩自己考秀才就考了七次。在这种情况下，展露出读书天赋的士子，因家族的期望不得不长年在书斋里刻苦用功。因为不再插手家族的管理、运营，他们毫无基层社会经验。

乾嘉以来皇权上升而吏治败坏，大臣"皆习脂韦唯阿之风"，乾纲独断的皇帝不希望大臣有主见，座师和前辈传授新科进士官场经验，都是教他们多磕头、少说话，多一事不如少一事，做实事不如混日子。入仕前是闭门读书的书痴，通籍后是颟顸退缩的猾吏，又怎能重振风气，对抗洪、杨此等豪杰？

道光皇帝召见名臣周天爵，问他现在的官员与乾隆时的官员相比，节操如何。周天爵回答说，现在的官员哪比得上乾隆时的官员，乾隆皇帝的大臣如陈宏谋、尹继善、李世杰，好一些的"清正明练"，差一点的即便操守不足，也能为朝廷办实事。他们皆靠政绩升职，每到一处都能让政务振作，无论廉吏还是贪官都能有用。现在的官员，清官循规蹈矩，不做事不负责，靠熬资历升迁，贪官则都是堕落的废物，只会苟且为官，总之无论清官还是贪官都不会做事也不愿意做事。①

道光帝为人简朴，擅长骑马射箭，像一个质朴的满洲武士，就是不知道怎么做皇帝。他提倡节俭，就穿着打了补丁的衣服上朝，于是朝臣也纷纷效法。清代有野史说，道光见大学士曹振镛所穿官袍上打了补丁，就问曹振镛打补丁花了多少钱。曹振镛知道其中必有猫腻，就回答说打补丁花了三钱银子，把报价提高了十几倍。谁料道光感慨说，你们宫外物价果然便宜些，我这个补丁花了五两银子。道光又问曹振镛平时吃不吃鸡蛋，鸡蛋多少钱一只，想了解物价。曹振镛早知道内务府在"丧心病狂"地虚报物价，若是直臣，就应当据实上报。结果他回答说，自己从小得了气病，不敢吃鸡蛋，所以不知道鸡蛋的价格。②

时人根据曹振镛的经历讽刺道，想要官至大学士，一定要态度圆滑和气，遇大事绝不可出头承担。做任何事都不应当认真，千万不要有立功的想法，遇到困难要设法取巧规避，遇到商讨不要妄发议论，一定要模棱两可。对待同僚要谦虚柔顺，但也不可恭维太过，同僚舞弊一定要包庇。如此便可官至大学士，死后纵不能谥号文忠，起码也可以谥号文恭。③

湖南同乡向曾国藩请教做官方略，曾国藩辛辣地讽刺说，首先是多磕头、少说话，然后要熟读三本书，《搂抠经》《米汤大全》《熏膨大典》。搂抠，是指连搂带抠拼命捞钱；灌米汤，以甜言蜜语奉承人；熏膨，做事假大空，吹牛皮。而多磕头、少说话，就是曾文正公之前，另一位文正公曹振镛的名言。④

吏治士风如此，要办大事，这种官吏是靠不住的。但当时下层的士绅却生机勃勃。曾国藩在湖南委任理财行政的地方士绅，办湘军招募的书生文童，按现代说法属于中小地主。湘军自称书生从军，但除了主帅曾国藩、胡林翼出身进士，江忠源、左宗棠出身举人，大部分带兵的中下层骨干力量，只是秀才、文童、监生，还称不上士大夫。这些底层士绅家业不大，虽也有土地出租或者雇佣长工，多半还要亲自参与劳作。没有进士出身的族人护佑，书生们有时还要组织家中子弟参与村落间争夺土地、水源的械斗。由于家境一般，无法脱产读书，他们在治学之余，还要管理农庄，与官府诉讼以及放贷。正因没有脱离生产，基层士绅往往有丰富的社会实践，也有理财和管理的经验，不少人还习练武艺，能够以兵法部勒族中子弟，确比正牌进士能干。

清代雍正以后实行士绅一体纳粮，由于只是中小地主，亦无进士功名，寻常读书人的税赋也相当沉重，甚至会遭胥吏敲诈勒索，因而出人头地的心思急切。如果参加武装斗争可以获取当官的资格，他们会比大多数进士更拼命，甚至不惜赌上身家性命博取功名富贵。忠诚可靠、积极上进、踏实能干，曾国藩便把这些人作为事业的坚实依托。

王朝衰落之时，官僚为维护私利，对上要欺瞒皇帝保护利益，对下要打压同僚巩固权力。他们利用对行政技术的熟悉，发展出很多潜规则，用各种隐秘的陋规、文法，织成一张紧密的利害关系网。只有深谙游戏规则，善用权术的官僚才能在官场如鱼得水、游刃有余，青涩正直的官员只会在罗网中伤痕累累而一事无成。精明机变的能臣，如明朝张居正、清朝胡林翼，就会先熟悉官场规则，融入其中，再设法利用这套规则办事。他们与庸官的区别在于，庸官以权术谋私利，他们以权术办正事。

不会办事却精通权术的昏官，之所以能打压才华横溢的直臣，是因为大家都必须按照这套游戏规则行事，熟悉规则的人是无往不利的。一旦这套规则失灵，他们也就无能为力了。毫无东方政治经验的英国海军军官，在战场上可以轻易打败老奸巨猾的清朝大员，是因为他不和你玩官场游戏。打倒围棋国手最简洁的办法不是研究围棋规则，而是把棋盘砸了。曾国藩是个笨拙、刚强而又霸蛮的人，他在湖南遇到阻力，首先想到的也是把棋盘掀了，自己重新立一套游戏规则。他二品大员的威望，和即将创办的"军队"，就是他掀翻棋盘的底气。

曾国藩重用士绅，以士绅组"局"来架空朝廷任命的文官，再以"审案局"大加屠戮，把地方上的刀笔吏、师爷、差役这些编外人员混在会党里一起清扫，湖南秩序自然大为好转，一时间天阔云低，廓然昭畅。然而在朝廷的流官之外，以本地宗族、士绅为主另起炉灶，已有封建自立的样貌。他想掀翻棋盘，这场棋局的裁判员却未必肯让他这么干。如果遇到明末崇祯这样猜忌强雄的皇帝，曾国藩恐怕早被缇骑锁拿问罪，流放杀头了。咸丰皇帝虽无雄才大略，但是性格温和，明辨是非，知道非常之世，必行非常之事，非但不怪罪曾国藩破坏规矩，反而给了他极大的支持——只要他能办出局面来。得皇帝支持，曾氏在湖南官场更加杀伐决断、百无禁忌，把巡抚骆秉章以下官员全部得罪了。

在长沙办团练的曾国藩，犹如一头蛮横的骡子闯入瓷器店，把那些精美而脆弱的瓷器撞得七零八落。这个闯入长沙官场的野蛮人，我行我素地把不该犯的禁忌全都犯了一遍。曾氏大火熊熊地把一切懦弱、阴谋、机巧、肮脏烧了个精光。但他还是太天真了，并不是有殉道者的勇气，无畏地做正确的事，就一定会获得成功。不久后，曾国藩将面临长沙文官武将的疯狂反扑，而这场反扑，差一点就葬送了他的事业乃至性命。

【注释】

① "乾隆名臣如陈宏谋、尹继善、李湖、李世杰，其清正明练固矣。其次虽操守可议，无不以猷为自进，处一官，一官之事皆振作，是贪与廉皆能办事也。今则清谨者但拘文法循资格，中下者更堕废苟且，是贪与廉皆不能办事也。故臣以为不如。盖督抚乃封疆重寄，断非一'廉'字可了事。凡全身远害者，似无过失，而祸伏未发，二十年其人已去，惟国与民受其弊，此不可不察。"李滨《中兴别记》卷九，见《太平天国资料汇编》第2册154页，中华书局1979年版。

② "宣宗所服套裤，当膝处已穿，辄令所司缀一圆绸其上，俗所云打掌是也。于是大臣效之，亦缀一圆绸于膝间。一日，召见军机大臣，时曹文正跪近御座，宣宗见其缀痕，问曰：'汝套裤亦打掌乎？'对曰：'改制甚费，故补缀。'宣宗问曰：'汝打掌须银几何？'曹愕眙久之，曰：'须银三钱。'宣宗曰：'汝外间作物大便宜，吾内府乃须银五两。'又尝问曹曰：'汝家食鸡卵，须银若干？'曹诡对曰：'臣少患气病，生平未尝食鸡卵，故不知

其价。'"徐珂《清稗类钞·廉俭类·宣宗节俭》,见《清稗类钞》第6册第70页,商务印书馆1966年版。

③ "曹文正公晚年,恩遇益隆,身名俱泰。门生某请其故,曹曰:'无他,但多磕头,少说话耳。'……有无名子赋《一剪梅》云:'仕途钻刺要精工,京信常通,炭敬常丰。莫谈时事逞英雄,一味圆融,一味谦恭。'其二云:'大臣经济在从容,莫显奇功,莫说精忠。万般人事要朦胧,驳也无庸,议也无庸。'其三曰:'八方无事岁年丰,国运方隆,官运方通。大家襄赞要和衷,好也弥缝,歹也弥缝。'其四云:'无灾无难到三公,妻受荣封,子荫郎中。流芳身后更无穷,不谥文忠,便谥文恭。'"见朱克敬《暝庵杂识 暝庵二识》第119页,岳麓书社1983年版。

④ 汪康年《汪穰卿笔记》,见《曾国藩逸事汇编》第183页,岳麓书社2019年版。

二 拆分"团练"

　　朝廷给曾国藩的任命是帮办团练,团练是不发军饷的民兵,分散在各村落,由地方首领率领守卫乡土,并不能对付大规模的野战兵团。太平军是统一指挥、兵多将广的大兵团,分散在乡里的团练能有什么用?必须要创办一支新军,一支有一定规模的野战兵团才能击败太平军。曾国藩是走一步看三步的人,高瞻远瞩而布局宏大,朝廷只让他办守卫乡土的团练,他却想借机办一支和敌军主力对决的新军。曾氏不但要办一支新军,还要借此储备、培育人才,在战事结束之后依靠这些干才转移风气,重振国家。他以办团练为名,把湖南地方上的小股团练抽调到省城集中,发放军饷让他们脱离生产专事打仗,摇身变成规模庞大的正规军。

　　湘军创立者之一王鑫曾说,团练这两个字过去是不能拆开的,但现在的情形,却必须把团练拆分为"团勇"和"练勇"。"团勇"是不拿军饷的民兵，分散在各个村落，平日种地而农闲训练，遇到战斗帮助守御乡土。"练勇"是招募四方精锐集结成大队，发放军饷脱离生产的职业士兵，可以离开本土外出打仗。[①]

王鑫强行把"团练"从一个词拆分成两个词，分为"团勇"和"练勇"，是为私自建军正名。因为朝廷给曾国藩的谕旨是办"团练"，而"团练"二字本来是不能拆开的，它的本意即王鑫所说的"团勇"。王鑫所说的"练勇"，官方术语叫"勇营"，朝廷并未批准曾国藩办"勇营"。所以曾国藩和王鑫便玩弄文字，把团练拆成团勇和练勇，目的就是把大队集合的新军"勇营"以"练勇"之名，混淆为团练的一种，这样他们就不算私练新军，而算奉旨办事了。

"勇营"并非曾国藩首创的事物，他和王鑫的创意只是把"勇营"混淆为"团练"，可以借办"团练"的圣旨大展拳脚。自嘉庆年开始，清廷镇压地方叛乱时，若正规军不足，便允许绿营将领临时招募勇士随军，这些几百或上千成团的士兵称为"勇营"，如"川勇""潮勇"。"勇营"作为绿营将领临时招募的武装，依附于绿营，作为正规军的补充。

江忠源

太平军金田举义，湖南新宁县举人江忠源招募五百本县壮丁，跟从乌兰泰出征广西，这五百人称为"楚勇"，也就是"勇营"。楚勇作为乌兰泰所率正规军的附庸，最初和嘉庆年兴起的一般勇营没有区别。因楚勇骁勇善战，江忠源又是当世首屈一指的名将，楚勇的战果甚至超过了几千乃至上万的大队绿营。全州蓑衣渡一战，数百楚勇伏击太平军，重创太平军主力，击杀南王冯云山，楚勇声名鹊起，江忠源也因此一路升官。因为江忠源地位提升，他亲领的楚勇就逐渐摆脱绿营依附的地位，成为江氏独立指挥的野战兵团。楚勇的成功，让曾国藩看到了一条新的出路：由官员士绅自筹资金，招募勇士组建独立于八旗、绿营之外的"勇营"新军。

曾国藩给朝廷上奏说，他在省城设立一个"大团"，招募农民训练。把新建的军队称为"大团"，即稍大一点的"团练"，意在含糊其辞，蒙混过关。以咸丰皇帝的精明，是不可能被这种文字游戏迷惑的。地方上办起了一支饷源独立、指挥自成体系的新军，数量多达万人，怎么瞒得住皇帝？就算能蒙蔽一时，将来这上万军队请旨出省打仗，到时又做何解释？曾国藩并不期望这些含糊其辞的说法能迷惑皇帝，他只是在不断试探咸丰的底线，直到最后和皇帝达成默契。一个文官跳出朝廷的制度约束，创建一支由自己完全掌握的军队，在太平盛世如同谋反。但在太平军威胁之下，江山几乎不保，清廷可以有限度地允许地方建立新军，毕竟有江忠源的成例在前。曾氏含糊其辞地上奏，咸丰装模作样地批复，很有可能是以此搪塞援引祖制反对建军的大臣。

甘冒杀头的危险创办新军，主要是曾国藩觉得清朝正规军绿营不堪大用，八旗军还有几分战力却又指望不上。后人多以为八旗军自入关后战斗力大幅下降，到康熙晚期就沦为兵痞，战力和普通市民一般了。不少历史著述中也常引用描述八旗军战斗力低下的史料，但这可能是种偏见。

在近现代国家常备军建立以前，军队不守军纪、斗志低下的记载不绝于书。因时代的局限，传统军队大多军纪不严，连精兵都很难经得起现代眼光的打量。古代所谓精锐，不过是在同一时代比烂的结果，如果精心查找，汉朝的羽林郎，唐朝的玄甲军，都能搜集到黑料。以勇猛善战著称的湘军，要刻意搜寻其军纪涣散、士气消沉的记录也不困难。从战斗结果来看，天下承平后八旗驻扎在繁华城市，环境优渥且较少作战，到康熙年间战斗力确实已下降不少。但旗人毕竟是皇帝的亲族，比单纯当兵吃粮的绿营多几分责任感。京畿的护军因在天子脚下，训练较严，一部分八旗兵驻屯苦寒之地，也保有质朴勇武的作风。尤其乾隆皇帝致力于八旗的复兴，这期间旗人战斗力大幅度提升，直到湘军兴起的时代还保持了相当的战斗力。

乾隆时，福康安率兵数千翻越喜马拉雅山远征廓尔喀，深入廓尔喀境内七百里。清军从西宁出发，一共行军四千六百里，途经广袤（mào）无人区，然后先头部队行军只用了三十九天，主力到达战场后阵亡三百官兵就大获全胜。二十年后英军入侵廓尔喀，以三万英军攻打一万廓尔喀军队，用兵两年方才成功。

与曾国藩同时代的僧格林沁，在大沽口与英军交手，英军死伤四百六十四人，清军损失仅三十六人。法国公使布尔布隆在给法国外交大臣的信中说，中国人在瞄准射击和操炮方面已足以和训练有素的欧洲军队媲美。英国外交官卜鲁斯也说，中国人射击的技术和准确率很高，怀疑他们得到了外国的训练。僧格林沁、胜保以一万多八旗军击败太平军北伐部队数万，而北伐军比曾国藩对付的西征军毫不逊色。[②]

也因此，湘军从创办开始，就很注意吸收八旗中的精锐力量。湘军初兴时的将领塔齐布，鼎盛期的多隆阿就是旗人出身。胡林翼更是大量任用关外的旗人领马队作战，以弥补湘人不擅骑射的缺点。

既然八旗军战斗力消退不多，为何清廷不让八旗军作为镇压太平军的主力呢？因为八旗人丁单薄，最多时兵源不过十几万人，皇帝不愿折损同族子弟性命，而是让八旗驻防大城要地，以"猛虎在山"

之势，威慑监督绿营兵作战。在波澜壮阔的太平天国战争中，以十万人计的大战役比比皆是，清廷当然不肯把八旗子弟大量送上前线。

朝廷不愿意八旗兵当主力，打仗就只能借助绿营兵。以汉人为主力的绿营兵账目上有六十多万，数量十分庞大，可惜太多"虚伍缺额"，不少兵额被将领吃了空饷，实际人数比账面数字要少得多。清军入关后，绿营兵一直是朝廷打仗的主力，作战经验比八旗军丰富，但仍未能把战斗力保持到咸丰年间。

绿营的崩坏，半缘人事半缘制度。从人事来说，绿营和其他王朝中后期军队的通病一样，因朝廷整体的腐败而堕落。绿营兵军饷太薄，很多士兵平时兼职做商贩、仆役，并不在营操练，不但营务废弛操练不精，更沾染了市井猾巧习气。晚清民间嘲讽说，望风而逃的士兵已算绿营精锐，因为普通绿营兵未见风头就先已逃亡。这些兵痞，打仗不行，抢掠民财却很在行，"未遇贼锋气先夺，纵抄民物转心雄"。土匪来了还只挑富人抢劫，绿营兵来了则不分贫富一起洗劫，所谓"匪至如篦，兵过如洗"。

曾任广西巡抚的周天爵绘声绘色地描述过这些清兵的战斗力。他赶赴前线迎战太平军，先带兵一百，"如驻马嵬坡，皆不愿走也"；路上又募兵（抓丁）一百，"又如石壕吏，未走先哭"。好不容易把这些哭哭啼啼的士兵哄上前线和太平军作战，他自己全不畏惧，"炮子如雨，我仍吃烟"，但给他点火的亲兵吓得按不住烟窝，抬轿的人两腿发软站不起来。其余士兵被吓得像羔羊见了猛虎，别说作战，连逃跑的勇气都没有。周天爵手刃二人示威，士兵仍然站着不动，他这时才知道敢于逃跑的士兵已称得上精锐。[③]

等到士兵在战场上待久了，胆子大了，混成老兵油子，他们就开始大量逃亡，甚至在前线摆起地摊，和太平军交易物资。为了防止士兵逃跑，周天爵发明了"坐战"。挖掘壕沟、修筑要塞的目的本来是围困敌军，让敌人不能突围而弹尽粮绝。周天爵的"坐战"更是别出心裁，修战壕不但要围困太平军，更要把清军一同围困起来，"四面皆厚墙深壕"，使得敌我两方"死即同死，生则俱生"。用碉堡战壕把清军一起圈进战区，全都困在战场，谁也出不去，谁也当不了逃兵，要死一起死——修碉堡断自己的退路，实为军事史上一大奇谈。

如果仅仅是人事败坏，撤换一批将领，遣散一些士卒，重新选将练兵就是了。但更大的问题在于，绿营军制决定了这种军队无法和大股敌军作战。一方面要防备各地此起彼伏的民变，一方面又害怕将领手中兵权过重，于是清廷就把几十万绿营兵分驻各地"治民"。五六十万大军，分散在广阔的国土上，不能集中训练和管理，不像野战大军，更像是维持地方治安的警察。各处防汛的绿营兵，编制混乱，士兵数量也没有定额，遇到大战需要集中兵力，就由朝廷临时抽调拼凑成军，这个地方抽一百，那个地方抽五十，再随意指派一个将领率队出征。

这种军队，由于平时分散各地，不可能作为大兵团协同训练，也不会有诸兵种配合的经验。战时临时从各地抽调集中，高级将领不认识中下层将领，中下层将领不认识临时抽调的士兵，指挥非常困难。士兵从各地抽调而来，语言不通而风俗有别，此前又没有训练磨合的机会，不但不能协同作战，反而内斗不断。所谓"胜则相忌，败不相救"，纯粹是一盘散沙。姚莹曾描述在广西打仗的清军，"楚兵与黔兵不和，镇筸兵又与常德兵不和，兵与勇不合，东勇又与西勇不和"。[④]

这种军队，不能团队合作，指挥又不灵便，即便人事尚未朽坏，又能打什么仗呢？

曾国藩此前并未上过战场，不懂军事指挥，虽然任过几年兵部侍郎，也只会做些后勤工作，颇有自知之明的他原本不打算亲自指挥湘军。曾国藩的好友江忠源身经百战，从镇压新宁民变开始，再到广西从赛尚阿、乌兰泰镇压太平军，后又协防长沙，所过皆克，正是担任湘军统帅的最佳人选。江氏所部楚勇，经过多次扩充，已有三千余人，他请求曾国藩帮他选练精悍勇丁一千，抽调绿营精锐六千，合为一支万人左右的部队。曾国藩认为绿营已不堪用，勉强和楚勇凑在一起，只怕把楚勇也带坏了，干脆完全不用绿营，专心办湘军。曾氏以后勤专才自居，想在湖南筹饷练兵，以团练之名招募七千兵勇，交江忠源统带，给他凑齐一万人去打天京。

有罗泽南、王鑫办团在前，军令、制度、营规都有可循的经验，加上曾国藩对制度发明特别有悟性，集合罗、王的经验后创造了独树一帜的湘军营制，湘军各项制度一开始就走在了时代前列。但士兵应该熟练掌握的武艺技击、战阵行止，曾国藩和他手下的书生就不甚了然。专业技能须得求助专业人士，于是他便相中了旗人勇将塔齐布。

塔齐布是满洲镶黄旗人，曾是京师火器营鸟枪护军，当过三等侍卫，后调往湖南任职绿营，在太平军围攻长沙时因功擢升游击，署参将。塔齐布火器营出身，善于使用鸟枪，俨然是热兵器专家，满洲侍卫出身，弓马骑射当然也受过严格训练。他作战时着短衣骑劣马，背负鸟枪、硬弓各一，腰上悬挂两把军刀，单人独骑来去如风，总能在密集的军阵中找到缝隙钉进去。若与敌军精锐正面交锋，塔左手持套马杆，右手挥长矛，突出于士卒之前，身旁两名亲随持长矛紧跟护卫，三人一组策马疾进，勇不可当。

塔齐布研究过太平军的战法后，给骆秉章写了一份练兵方略。因文化水平太低，写出来的文字乱七八糟，甚至无法断句，骆秉章看不懂，就挥手让他滚蛋。过来议事的曾国藩自以为聪明，也拿过文稿来看，同样不解其意。但他比骆秉章谨慎，知道塔齐布因文字功底太差

塔齐布

无法表达清楚，就让他去校场上解说、演示。曾国藩虽没上过战场却极有悟性，在校场上稍微一看就知遇到了良将，给予塔齐布大大的嘉许。因为这层知遇之恩，塔齐布也愿意投靠，曾国藩就把他收为部下，还让其把自己那一小队精锐绿营带过来和乡勇一起操练，担任战术教官。

尽管绿营讨"贼"不足而害民有余，但有塔齐布这个正面示范，曾国藩还是希望能借助绿营里血性未冷之士，把湖南官兵教育感化过来。不求这些兵痞能打仗建功，最起码要做到令行禁止、不扰地方。他在操练自己的乡勇时，就下令长沙城内的绿营兵要一同会操。曾氏幻想，一边严格操练，一边强化思想教育，兴许能把绿营整顿好。

曾国藩整顿绿营，犯了武弁（biàn）的大忌。按清朝惯例，文官不管军队，即使是巡抚也不过问军队操练，巡抚带兵是自江忠源、胡林翼开始的。曾国藩只不过一丁忧侍郎，非官非绅，凭什么下令绿营兵和乡勇一起操练？连正牌巡抚都不敢挑战这个规则。咸丰给他的上谕，是帮同巡抚办理团练，他办出一支不受巡抚控制的新军，已是大大的越权，更何况绿营根本就不受文官管辖？在武将们来看，"剃头公"以审案局架空文官得逞，现在又要越俎代庖，欺凌武官了！

绿营兵是正规军，军饷却比湘军那帮村夫拿得还少，长沙城里的兵痞们早就对此不满了。现在又强令他们和这帮村夫一起顶着烈日出操，他们对曾国藩的怨恨日益加深。因为绿营兵军饷拿得少，长官平素也不敢十分压制，若凭一点微薄的军饷就要人每天操练，比干重活还累，士兵不都逃亡了？军饷不够，绿营兵也要养家，长官平日都放纵他们在外兼职，能初一、十五回来点卯的，就算是好兵了。明清时的军队，即使是精锐也最多五日一操，曾国藩强令绿营兵每日操练，就把绿营从上到下都得罪了。加上因审案局被架空的文官四处煽风点火，粗鄙的武将们自然要奋袖出臂，狠狠地和"曾剃头"斗争一番。

长沙绿营协副将清德，是个只会养花种草的庸将。太平军攻打长沙，他率先逃跑，导致手下崩溃，一败涂地。此人怯于战阵却勇于内斗，是察言观色和搬弄是非的高手。上一任湖南巡抚张亮基，与曾国藩、胡林翼、左宗棠三人志同道合，曾国藩在长沙大包大揽，是得到张抚台支持的。司道官员虽然对此不满，却也无可奈何。太平军攻破武昌，清廷调张亮基为湖广总督，赴湖北主持大局，此前被革职的骆秉章官复原职，再度出任巡抚，曾国藩就失去了重要的臂助。"在籍大臣"帮办团练本是为客，没有封疆大吏的襄赞，权力失去根底，犹如陌上飘尘。骆秉章对曾国藩越俎代庖的行为颇不以为然，只是一直找不到由头发难，清德探查到上司的心思，就开始煽惑绿营官兵

"倒曾"。

清德起先带头不参加会操，然后私下串联、鼓动绿营同僚罢操闹事。他告诉武将们，本朝惯例是文臣不问军营，即使巡抚也不例外，何况曾国藩这个丁忧侍郎？长沙炎热，"曾剃头"不恤部众，酷日炎炎下虐待士卒，长此以往，恐怕军心有变，吾辈武将为何要听从他的乱命？

一番挑唆之后，长沙绿营纷纷罢操，只有塔齐布一军仍然按时参加训练。清德见塔齐布不为所动，又去挑拨刚回城的湖南绿营最高长官鲍起豹。提督鲍起豹在长沙围城时被太平军的勇猛攻势吓破了胆，原本已不过问军务，清德就挑拨说，塔齐布不以提督为尊，反而去谄事文人，根本不把提督放在眼里。等曾国藩收服塔齐布，掌控了军权，恐怕于提督大人不利。鲍起豹不介意别的官员替他承担训练军队的责任，却最怕权力被夺走。清德的谗言果然激怒了他，鲍氏就训诫塔齐布，如果你胆敢不遵军制，私自去和曾国藩会操，我一定会军法从事，打你的军棍。塔齐布被上官恐吓，也沮丧万分，不敢再支持曾国藩，会操一事于是被搅乱了。

绿营罢操，塔齐布退缩，换作别的官员，知道自己四面受敌，就会选择退让，曾国藩却不肯罢休。他对官场这种黑白不辨的作风"痛恨刺骨"，此番出来做事，就是要在"积玩"之后振之以猛，哪怕粉身碎骨，也绝不退让。他信奉大丈夫行事，论是非不论利害，论逆顺不论成败。湘人蛮勇的性格发作，曾国藩这回打算赌上身家性命，和绿营军官们斗上一斗。

刚不可久柔不可守，唯有刚柔相济，才是正道，曾国藩一味刚强，看似勇猛精进，实际已落下乘。他和江忠源议定军略时，本就不打算依靠绿营兵成事，既然如此，为什么非要去整顿绿营兵呢？绿营不堪打仗，专心练好自己的乡勇就是，纵然练兵非塔齐布不可，上奏朝廷请调塔齐布也就够了。曾国藩决心和鲍起豹、清德斗到底，说是为国除弊，其实也存了与人斗气的心思。清朝以文御武，文官地位远高于武将，出身六部的侍郎和区区副将斗狠，实非智者所为。巡抚骆秉章本是识大体知轻重之人，后来也能与湘军和衷共济，此刻曾国藩不去协调和骆秉章的关系以求支援，为人处世之道颇有不足。

曾国藩决定拿清德开刀，震慑省城武弁。他邀约湖广总督张亮基一同上奏严参清德，要求将其革职查办，锁拿刑部问罪。为树立正面典范，他又密折保举塔齐布和诸殿元两位能干而听话的武将。清代笔记中记载，咸丰皇帝虽不够杀伐果决，为人却耳聪目明，见事十分明白。当时各地官僚内斗，奏折里相互攻讦，咸丰的批复却总能一语道破斗争双方的是非曲直，人在千里之外却有如目睹。咸丰这种能力，有可能是他本人心思缜密，能从奏折的蛛丝马迹中拼凑出真相，也有可能是在各地布下了密探。但不管真相如何，咸丰对这场争斗是知根知底的。

在皇帝看来，曾国藩得罪整个湖南官场，兴利除弊，值得大大赞许。身为皇帝，应当鼓励官员学习曾国藩不趋利避害，为朝廷做孤臣。帮办团练的丁忧侍郎侵官越俎固然有失体统，清德、鲍起豹以武将的身份挑衅钦命在身的士大夫，更是坏了以文御武的规矩。咸丰当即明发上谕，清德革职拿问，塔齐布赏副将衔，诸殿元以守备补用。

湖南官场的这一次冲突，以曾国藩大获全胜而告终，而湖南文武官员对他的不满却进一步加深。越过现任巡抚参革将领，如同给了骆秉章一记耳光。奉命帮办团练的士绅，有的借办团聚敛民财，中饱私囊；有的成为地方豪强，率领族人以团练抗粮抗税，反抗官府；两淮的苗沛霖，更因此聚拢十数万人马，成为割据一方的军阀。在巡抚骆秉章眼中，曾国藩绕开巡抚自设衙门，统领士绅擅自杀人，创立不受巡抚控制的私军，还借皇帝的信任参革大将，若不加以制止，很可能成为湖南不稳定的因素。因此，一向隐忍不发的骆秉章打算亲自出场，教训这个不守规矩的晚辈。

　　绿营兵和曾国藩麾下的乡勇不合，时有冲突，得骆秉章放纵、鲍起豹授意后，绿营兵们就刻意扩大这种冲突。他们经常侮辱殴打乡勇，连乡勇休假进城都会遭到绿营兵围殴。某日，曾国藩的部下在校场试射火枪，误中绿营兵雇佣的长夫（担任后勤的民夫），绿营兵见闹事机会来了，竟然吹响军号，纠集全营士兵，请出军旗，列阵围攻曾国藩大营，守城的绿营士卒也纷纷跑下城墙，加入围攻的队伍。大军列阵械斗，满城惊哗，曾国藩不得不出来息事宁人，把试枪的士兵抓起来鞭挞谢罪，闹事官兵才缓缓退去。⑤

　　不久之后，塔齐布麾下的辰勇和湖南永顺的绿营提标兵又因赌博发生冲突，绿营兵再次吹角列阵，围攻塔齐布。曾国藩勃然大怒，行文给湖南提督鲍起豹，让他把煽动械斗的主谋绑了送来，准备杀一儆百。此举正中鲍起豹下怀，他先把肇事士兵叫来，惺惺作态地和士卒抱头大哭，做了一场挥泪斩马谡的好戏，然后申明自己爱兵如子，只是迫于曾国藩的淫威不得已把士卒交出去。他把几个士兵五花大绑后，大张旗鼓地送到曾公馆，同时又派人四处煽风点火，告诉满城士兵，"曾剃头"要杀同袍了。一城的绿营兵都被惊动，纷纷上街闹事，把长沙城搅得大乱。

　　见激起了士卒闹事，曾国藩虽是"强项令"，此刻也不敢动刀杀人。闹事的士兵见压制了他的气焰，愈发胆大，干脆把曾公馆围了起来。城里的文武官员都等着看笑话，纷纷关门闭户，不出来安抚士兵，也不前往声援。见城里官员都孤立曾国藩，绿营兵痳竟起了趁乱杀人的念头。他们先围攻"绿营败类"塔齐布的住宅，把他的房屋捣毁，塔齐布寡不敌众，只得跳窗逃跑，藏匿于草丛之中才幸免于难。围攻塔齐布得手，乱兵又去围攻曾公馆。

曾公馆设在巡抚衙门之内，与巡抚骆秉章仅一墙之隔。兵勇敢围攻丁忧在家的闲散士绅，却不敢滋扰手握实权的巡抚。曾国藩以为有骆秉章在旁震慑，乱兵决计不敢乱来，就没有加强守卫，乱兵涌入时他还在处理案牍。骆秉章本就是这场骚乱的后台，乱兵冲进巡抚衙门，他却闭门不出，充耳不闻。绿营兵突入曾公馆，竟用抬枪当场射击，击伤曾国藩的随从。开枪射击后，暴动士兵又拔刀乱砍，曾本人也差点中刀，幸得护卫掩护，才逃出生天，跑到隔壁骆秉章的房间敲门，大呼老前辈救命。

骆秉章一直等到他丢尽脸面，狼狈不堪地来叩门求助，才开门救人。士兵见到地方最高长官，马上就规矩了，但仍然不肯离去，要求给他们一个说法。曾国藩请老前辈调停，骆秉章居然命人把曾国藩要惩处的士兵带过来，给他们松了绑，还向士兵致歉，说实在对不住，让弟兄们受委屈了。乱兵大获全胜，像迎接英雄般把被释放的士兵拥走。⑥

以巡抚为后台，提督为首脑，全城文武官僚为帮闲的这场兵乱，狠狠地羞辱了曾国藩。曾经的朝廷二品大员，皇命在身能专折奏事的左堂大人，不但杀不了几个肇事兵丁，还被乱兵追逐，差点被砍死。乱兵事后不受惩罚，还得到了巡抚的安慰，曾国藩此番所受屈辱，在整个清代官场都是罕见的。

骆秉章

乱兵退后，曾国藩孤独地站在公馆前，怅然失意。他此番奋发振作，本一心为国除弊，谁料同僚对他明枪暗箭，百般折辱。他年少时即立志要致君尧舜，改易风气，曾言不为圣贤，便为禽兽，哪知世事如此艰难，在长沙办个团练都壮志难酬。大乱已起而无能为力，曾国藩心如刀绞，此情此景，诚可谓"壮士拂剑，浩然弥哀。萧萧落叶，漏雨苍苔"。

曾国藩能专折奏事，可以直接把官司打到皇帝跟前。如果他上奏朝廷，申诉在长沙所受委屈，请朝廷做主，咸丰可能会再次帮他。但皇帝再信任他，也最多下旨撤换鲍起豹，杀几个兵变的士卒，却不可能把以骆秉章为代表的湖南官僚都换掉。得不到省城官员支持，练兵是练不下去的。何况一作客的丁忧侍郎，把本土官员全部得罪了，起码在皇帝眼里也是待人接物有差而协调能力不足。

长沙城里的官员对曾国藩受辱这件事都感到大快于胸，把他被兵丁羞辱的事情绘声绘色地四处传播，成了省城最惹火的笑料。这种推波助澜，无非是想让这个多事的大臣名声扫地，练不成兵自己滚回老家。曾国藩却是越挫越勇、知其不可为而为之的个性，练兵乃与大局成败相关，绝不可能因为同僚的排挤而中断。屈辱，他可以忍受；放弃，绝无可能。曾氏的作风是"打落牙齿和血吞"，牙齿打落了，我把它连血一起吞下去，不拿出来让别人看见。这是一种恶狠狠的硬汉精神，不诉苦、不求饶，倔强地把所有的坚持都深藏在心里，即便一时无力还击，只能吞下委屈隐忍不发，但依然故我。湖南官员所给的屈辱，他可以吞下去，但他不会因此颓丧，你们不想让我练兵，我就非把军队练好，办出个名堂来！

长沙待不下去，新军还要继续选练，曾国藩想到了一着破局的妙棋。长沙省城，利害关系复杂，处处有人掣肘，不如带着士兵去僻远的衡州（今衡阳市）。省城多实权大员，牵一发而动全身，衡州是州府，地方官员级别较低，很难群起反对。衡州民变甚多，城内又无太多正规军，官僚士绅亟须曾国藩所辖兵丁的保护，对他的越权行为也更能忍受，这确实是远离纷扰而专注练兵的好去处。

然而移师衡州，也有许多不便之处。与长沙官僚失和，被迫远走他乡，曾氏昔日的好友左宗棠、郭嵩焘、刘蓉等人指责他行事草率、刚愎自用，说他负气出走衡州将一事无成。湖南的各位君子友朋因此不肯去衡州帮他，反而纷纷投靠了骆秉章。失去友人相助，在衡州的曾国藩独木难支，要打开局面比在长沙更难。衡州没有可以栖身的衙门，也没有大量的税金，他连办公地点都找不到，只能暂时寄居在一所祠堂里。

西哲叔本华曾云："一条弹簧如久受外物的压迫，会失去弹性，我们的精神也是一样，如常受别人的思想的压力，也会失去其弹性。唯有对自己卓越的才能和独特的价值有坚定不可动摇的信念的人，才可被称之为骄傲。"曾国藩这个无权、无钱、无人的三无大臣，"打落牙齿和血吞"，栉风沐雨、筚路蓝缕，最终顶住压力在衡州艰难地开创了湘军的基业。

【注释】

① "团练二字本不容分，今欲其名色不混，始折为二。其有招募四方精锐，日事训练，有警调发守卡打仗者，名为练勇。其各乡团家出壮丁，守望相助，暇时操练，有警守卡打仗助阵者，名为团勇。"见《江忠源集·王鑫集》第 272 页，岳麓书社 2013 年版。

② 以上两段见夏笠《第二次鸦片战争史》，上海书店出版社 2007 年版。

③ 周天爵《致周二南书》，见《太平天国史料丛编简辑》第 6 册第 3 页，中华书局 1963 年版。

④ 姚莹《平贼事宜状》，见《中复堂遗稿》卷 2 第 2 页，清同治六年刻本。

⑤ 王闿运《湘军志·曾军篇第二》，见《湘军史料四种》第 24 页，岳麓书社 2008 年版。

⑥ "营兵既日夜游聚城中，文武官闭门不肯谁何，乃昌狂公围国藩公馆门。公馆者，巡抚射圃也，巡抚以为不与己公事。国藩度营兵不敢决入，方治事，刀矛竞入，刺钦差随丁，几伤国藩。乃叩巡抚垣门，巡抚阳惊，反谢，遣所缚者，纵诸乱兵不问。"王闿运《湘军志·曾军篇第二》，见《湘军史料四种》第 24 页，岳麓书社 2008 年版。

三　建军大分裂

咸丰三年仲秋，衡州城内仍湿热难当，衡山高处却已渐秋凉，漫山的树叶为秋气所割，纷纷坠落如雨，夏时与秋节就在衡山的上下完成交替。湘江之上，蒸腾的水雾开始为秋日积蓄着雷霆的力量，曾国藩就在此时来到了衡州，开始招募湖湘书生从军，重振他的部队。而到衡阳不久，湘军元老王鑫就和曾氏发生了矛盾。

曾国藩创立新军，最早的骨干是罗泽南和王鑫。在曾国藩得到帮同办理团练的上谕前，罗泽南和王鑫在湘乡的团练已经办得颇有成效。湖南勇营最早的班底，就是罗、王练出的一千多名湘乡勇营，简称"湘勇"。此后事业越做越大，湘勇升级为湘军，"无湘乡，不成军"变为"无湘不成军"，由湘乡而及湖南，湘军的基业，正奠基于罗泽南和王鑫这两个湘乡老乡所办的团练。（曾国藩老家在清代属湘乡县，现划归双峰县。）

罗泽南是理学大儒，著有《小学韵语》《西铭讲义》《周易附说》《姚江学辨》《皇舆要览》等书，湘中学人皆尊称他"罗山先生"。罗氏十九岁开始在湘乡讲学，执教近二十八年，不但传授儒家经典，还教导弟子学习六艺（礼、乐、射、御、书、数），治经世之学。正因他传授的学问中有射、御这样的军事技能，同时还阐发水利、边防、兵法、地理、盐务等实学，其弟子很多能在太平天国战争中建功立业。罗泽南门下弟子著名者如王鑫、李续宜、蒋益澧、刘腾鸿等，都是湘军中颇负名望的大将。

王鑫是罗泽南弟子，咸丰二年（1852）太平军进攻长沙时，他和老师一起出来创办团练，后一并归于曾国藩麾下。王鑫精于用兵，所部十分勇猛，湘军练兵的办法，虽经曾国藩总结而大成，然而最初的规模，半出于江忠源，半出于王鑫。王鑫带兵的方法都写在《练勇刍言》中。《练勇刍言》不像一本古代文士编撰的大而化之的兵书，更像现代体育专家拟定的锻炼方案。其中的内容如士卒练习长跑，每日应增加多少重量的沙袋，身体训练应以哪一部分肌肉力量为主，手臂力量训练应当达到什么标准，怎么看都更像一本现代体育锻炼手册或者步兵操典。[①]曾国藩、王鑫等人在练兵手段上的近代性，在过去很少被注意到，目前并无史料能证明曾国藩或者王鑫在此前接触过西方近代科学，很可能是中国传统学问发展到这一时期也有了相当的近代性。

湘军创立时，王鑫才二十八岁，因镇压民变得力，被保举为同知。二十八岁的秀才得正五品官职，功名胜过大多数同龄进士，正是青年得志、意气风发之时。曾国藩用人，不喜欢夸夸其谈的书生，他更喜欢善于藏拙，带有几分"村气"的人。而王鑫为人却是锋芒毕露，他志量宏远、胆气粗豪，目光锋锐如利刃，语声高亢似洪钟。王氏能言善辩，平时在罗泽南门下就是滔滔不绝，连老师都插不上嘴，带兵后更是经常给士兵做演讲，鼓动力很强。这种为人，是曾国藩所不喜欢的。但王鑫打仗非常厉害，不但胜过曾国藩和罗泽南，就连自负的左宗棠对他也非常佩服。曾国藩曾给江忠源写信夸奖王鑫是忠勇男子，义薄云天，是刘琨、祖逖的亚匹。将王鑫比作刘琨、祖逖，评价虽极高，但也隐藏了一层意思：刘琨、祖逖并不是传统意义上的名臣、儒臣，而是任侠使气，行为"浮夸"的豪杰。他对王鑫的为人，是隐含批评的。

当然，王鑫也不喜欢曾国藩，曾国藩曾让王鑫拜自己为师，他就拒绝了，说我的老师只有罗山（罗泽南）先生一人。王鑫是豪气干云的义士，纵然拜入儒者门下，也更喜欢勇猛精进的罗泽南，而不喜欢迂阔、隐忍的曾国藩。

太平军兵临武昌，湖北告急，朝廷下令湖南筹措人马增援湖北。曾国藩不愿意动用手头尚未成军的湘勇，就和骆秉章商议临时添募一

罗泽南

些勇营去湖北增援。之前江忠源在南昌守城，罗泽南统率湘勇前往增援，初次经历大战的湘勇战损八十人，杀敌二百有余，带兵的书生谢邦翰、易良幹、罗信东、罗镇南英勇战死。湘勇虽然战败，但却体现了坚韧能战的作风，尤其带兵的书生身先士卒，在外颇能维持军纪，湘勇之名声，已震惊全国。②因此骆秉章打算再次从湘乡募勇去湖北。南昌战死的四名书生都是王鑫的同窗，易良幹还是他的妹夫，报仇心切的王鑫就主动请缨，要求带湘勇去湖北迎战太平军。

王鑫回湘乡招募湘勇，曾国藩同意他招募三千人去湖北与江忠源会师。但没多久太平军在武昌城下虚晃一枪，调头去打安徽，湖北解除警报，用不着王鑫去救湖北了。之前曾国藩许给王鑫三千人的规模，是因为湖北军情紧急且无大将可用，现在不用救急，他就不想划拨那么大的编制，遂改为一千人。

王鑫素有壮志，想统大兵，成大事业，当然不满足区区一千兵勇。他认为以自己行军打仗的能耐，至少也应当统兵三千，拥有左右战局之力；若能更进一步，得以统率万人更好，方可大逞平生之快，博取封侯拜相的功业，于是王鑫就擅自招募了三千壮丁。

与王鑫随行的官员吴坤修，因为在湘乡募勇时被排挤，不能插手军务，就去找骆秉章和曾国藩打小报告。吴坤修对骆秉章说，王鑫为人浮夸，此次回湘乡排场甚大，出入都要随从净街鸣锣，骚扰乡里。他又揭发王鑫募兵不分良莠，把很多鸡鸣狗盗之徒都招了进来，这些士兵每天在湘乡行窃，搞得湘勇声名狼藉。

骆秉章为官多年，同僚间的攻讦见得多了，像他这种宦海沉浮多年的老官僚，怎么会被如此肤浅的谗言蒙蔽？针对吴说王回湘乡要敲锣打鼓，随从开道，为人嚣张跋扈，骆秉章回复说："在我老家广东，书生得中举人，回乡报喜都要敲锣打鼓、大摆执事，以显读书人的荣耀。王鑫刚得了同知头衔，按照惯例铺排一番又有何不可？至于说王鑫招募大量匪类从军，那你是他的协办人员，何不事前加以劝阻，等到事后才到我这里告发，又是何等居心？"吴坤修被骆秉章问住了，只得回答王鑫为人霸道，所有的事都一手把持，不让他人插手。此话一出，骆秉章的言辞就变得严厉了："你说他大事都不让你经手管理，我看若他让你经手，你就不会告发他了吧？"③

骆秉章人情练达，知道吴坤修之所以告发王鑫，是因为王鑫把持军务，不让他插手。王是人才难得，吴是小人不足与论，骆秉章就把吴批评了一通。吴坤修在骆秉章处挑拨不成，又去向曾国藩搬弄是非。曾国藩信了吴坤修的谗言，给座师吴文镕去信说王鑫不可大用，这支军队不可恃，还是裁撤了别让他去湖北。

就现有史料记载，王鑫治军极严，部队很少扰民，比曾国藩直辖的湘军风评还高。欧阳昱在《见闻琐录》中回忆说，他在江西乐安一处村庄避难，遇到了王鑫的军队。当时连曾国藩直属的湘军在农户吃饭都不给钱，而王鑫麾下士卒却如数付给饭钱。欧阳昱询问后才得知，老湘营规定吃饭不付钱，以及掠夺民众财物超过一百文者斩首。饭后欧阳昱见这些士卒离大营很远，就留他们在家过夜，而士兵们都回复说，军令严格，我们又擅长走路，还是连夜赶路吧。

吴坤修没骗过骆秉章，却骗过了曾国藩。一是因为曾氏久为京官，交往的多是高级官员，地方胥吏的阴谋诡计他还没见过，不及长期和地方小吏打交道的骆秉章精明。二是因为他对王鑫已有成见在先，吴坤修的谗言正与他心中的忧虑相符。按情理来说，浮夸任侠的豪杰，确实可能夸耀乡里、招募匪类；但曾氏忘了，王鑫不仅是豪杰，更是理学大儒罗泽南的高足，子路虽粗豪，但亦是孔门大儒。

曾国藩后来给吴文镕的信里说，王鑫虽然勇悍，但是格局与江忠源比远远不如，只能做个裨将，④这番评价是极不公道的。王鑫十四岁就写过"置身万物之表，俯视一切，则理自明，气自壮，量自宏"这样的豪言，他的性格特点是"负奇气，语天下事甚易"，说他眼高手低或许可以，说他格局小就不公道，甚至完全说反了。王鑫著《练勇刍言》《阵法新编》，湘军大部分营制出自他的创新，能创立军事体制的将领，非但可称大将，戴上政治家的头衔也不为过。王在军中，闲暇时教士兵读"四书"、《孝经》，对士卒进行思想动员的演讲，非常有鼓动力。他的种种行状，不特楚才之冠冕，亦将帅之宏范，岂能仅仅视为指挥冲锋陷阵的裨将！

曾国藩之所以攻击王鑫，二人性格不合是伏笔，吴坤修的谗言是引子，关键在于，王鑫不甘居曾国藩之下，有自成一军的打算。王鑫回湘乡募兵，曾国藩给他的编制是一千，王鑫却擅自招募了三千，而且还打算继续扩张，最终达到一万人的规模。湘军军饷自筹，曾国藩靠劝捐维持财政，实在不能让王鑫带太多兵。更重要的是，曾国藩原定陆师只招募六七千人，交给江忠源统领，如果王鑫一人就招募三千兵勇，按照湘军兵随将有的原则，他管带的兵勇接近湘军陆师总数一半，曾国藩今后还怎么管他？另一位大帅江忠源手下不过三四千人，嫡系还不到一千，论核心力量也不及王鑫。如果王部继续增募，达到一万人的规模，那他才是湘军巨头，江、曾反而成了小支。

王鑫擅自扩大湘勇的规模，就个人来说并无过错，有更多的兵勇才能更好地办大事，他有大才应该多带兵。问题是此时湘军缺钱少粮，编制狭小，实在不能让一个营官带这么多兵。湘军别开生面、赤地立新，就是想建立一支受主帅绝对控制的军队。为了控制军队，曾国藩实行扁平化管理，他自己直接统辖十位营官，每位营官只管带五百人，主帅与营官之间不设高于营官的统领、分统。新军初建，局面狭小，湘军上下等级又不靠朝廷认可的职务关系维系，纯由主帅威望和私人情谊保证，王鑫不甘人下的勃勃雄心，正挑战了湘军的指挥体系。

王鑫知道曾国藩不愿意让他分走陆师六千兵额中的一半，若在六千陆师以外增设营头，湘军粮台的银饷又不足以额外供养三千人马。为解决养兵的粮饷，他只得去找巡抚想办法，骆秉章当即给王鑫拨款白银一万两，这下曾国藩就恼羞成怒了。

帮办团练的"在籍大臣"拉起这样一支大军，而骆抚台这个地方最高行政长官手下却无可靠兵将，巡抚的宝座是坐不稳的。即便骆秉章宽宏大度，以国事为重，他也必须设法保证自己对战事有一定的发言权。他要么在湘军里分化出自己的力量，要么在湘军里挖掘人才另起炉灶，于是王鑫就成了最好的突破口。骆秉章以湖南财政供给王鑫粮饷，他就成了王鑫的恩主。若曾国藩继续接纳王鑫，湘军里就有了骆系，等于在湘军里分化出骆派山头；若曾国藩把王鑫赶出湘军系统，骆秉章就可名正言顺地拥有王鑫这员虎将，在军事上和曾国藩分庭抗礼。

曾国藩赶紧给王鑫去信，叫他停止接受骆秉章的资助，这封信讲了三层意思：你若接受了骆秉章的饷银，就不再是乡绅自筹资金的义师，而变成了巡抚的爪牙；你想把自己的部属扩大到一万人，到战场上立大功，但不管钱粮就不知筹款的艰难，湖南当前财政是绝对养不起这么多兵的；巡抚衙门虽然给了你一万两白银，但计算省城库房的钱粮，最多还能支给两个月，钱粮就空了。⑤

这封书信半是拉拢，半是恐吓。你接受官方的薪水，就必须受湖南巡抚管辖，不是民间义师就没有独立性，你想自立山头，结果却又落入骆秉章的操控。在已有的兵力之外，再给你养兵一万，无论是巡抚衙门还是湘军粮台都无财力，你只有缩小编制，我才能维持你的粮饷；骆秉章虽然是巡抚，但他的府库空虚，还没有我这里钱多，转投他门下是没前途的。

但王鑫看了曾国藩这封信，并没有被打动。显而易见的是，接受骆秉章的饷银固然要受巡抚衙门的控制，但跟随曾国藩也要服从其调遣，虽说都是充任下僚，但跟随实权巡抚显然好于丁忧侍郎。这封信里曾国藩其实有一层意思没有明说，那就是我的才能要高于骆秉章，骆不过是个寻常官僚，湘军另起炉灶本就是要摆脱这些庸官的束缚，你又何苦去投奔他？就王鑫的立场来说，骆抚台虽然才能平庸，却敢放手让手下做事，尤其骆手下暂无大将，军事肯定全盘托付自己，自己过去反而得了权柄。曾事必躬亲，在他手下肯定事事都要请命，受其约束。更何况骆给了自己三千兵额，而曾却只肯给一千，骆秉章岂不是比曾国藩大度多了？至于湖南财政没钱就更不需要焦虑，曾国藩可以劝捐，难道骆秉章这个正牌巡抚就不能在常规财政之外开源吗？

为了争取王鑫回头，曾国藩又接连去信几次。他同意王部三千湘勇暂不裁撤，但是要拉到衡阳训练两个月，再根据情况裁汰老弱，这样才能做到兵精能战，养一兵有一兵之用。王鑫虽然年轻，却并不好愚弄，他本就是练兵的高手，湘军练兵法度大半为其所创，曾国藩倒是从他这儿学了不少。若要练兵，他驻扎在长沙不会自己练吗，干吗非要拉到衡阳去？显而易见，曾国藩把王鑫拉到衡阳，就是想通过集中训练控制这支军队，确保自己对湘军的绝对控制。

曾、王冲突的要害在于，湘军此时基业狭小，又贯彻兵为将有的原则。为保证事权专一，下级绝对服从指挥，曾绝不允许王成为统兵数千的"副帅"，而王志大才高，不甘为区区五百人的营官裨将。多年后曾国藩给李鸿章写信，说你李大翰林"志大才高，此间局面窄狭，恐艨艟巨舰，非潺潺浅濑所能容"，这句话用来形容此时的王鑫也十分贴切。

既然湘军这条小溪容不下王鑫这艘巨舰，最好的办法莫过于同后来的胡林翼、左宗棠、李鸿章一样，让他从部下变成盟友，让王鑫所部从"曾军"嫡系变成湘军这个大系统之下的"王军"。但曾国藩此前在京师做官，都是在皇帝、大学士、军机大臣、六部尚书之下充任属僚。到湖南创办湘军，头一次大包大揽、总控全局，也开始有了主帅情结，迫不及待地想施展雷霆手段，采取文武张弛的御下之术。总揽大局的统帅，总会试图模仿古代先贤施展手段，一心想收复桀骜不驯的人为忠实手下，这是他们受《资治通鉴》潜移默化产生的恶趣味，似乎不折服几个狂生，统帅的宝座就坐得不够滋味。加上王鑫已成骆秉章分化湘军的棋子，彻底收服王鑫，既能在智力、魅力的比拼上挫败骆秉章这位老前辈，又能报被排挤出长沙之仇。因此曾并不愿意放王自立门户，而是又打又拉，试图将其收服。

曾国藩天性拙直，不擅权术，但初任大军统帅，总压抑不住要在权术之道一试身手。按欧阳兆熊的说法，曾国藩一生三变，他创办湘军时，正是从笃行理学转而好法家申韩之术，申韩即申不害和韩非，二人皆提倡大搞权谋。

为驯服王鑫，曾国藩耍了三套手段：反复给骆秉章、吴文镕等人去信抹黑，断绝王鑫其他出路；亲自致信王鑫，从道义上指责他试图分裂湘军的行为，描述其分裂湘军后的严重后果，以大义威胁之；请刘蓉等好友劝说王鑫回头，给其提供台阶。

一切的阴谋阳谋，能够成功必须做到两点：第一，掌握充分的信息，对信息掌握不全面的一方实施信息欺诈；第二，有足够的资源撬动事件相关者的利益和预期。以赌局为例，想要在牌局中稳赢，要么能够看到对方的底牌，要么有足够多的筹码。曾国藩在骆秉章处抹黑王鑫，但骆氏为人极有主见，颇具识人眼光，并不会相信这种抹黑，何况他的目的是分化湘军，并不需要王鑫有多高的才德。曾对这一点认识不清，反倒骆很清楚曾对王鑫的渴求，就信息的掌握来看，骆明显更高一筹。曾国藩给王鑫开出的条件是带兵一千人，最多两个营，而骆秉章的条件是至少募兵三千，若银饷充足还可以再加，就资源来说曾亦远不及对手。如果说曾国藩还有什么优势的话，就是一厢情愿地认为自己比骆秉章更有才能，率领湘军建功立业的机会较多，但王鑫本身就是帅才，不一定要依附于他才能成事。

对王鑫的争夺，是曾国藩使用权术的早期尝试，但因天性使然，他此时运用权术是如此的笨拙，如此的自以为是，非但争取不到王，反而因为对王的抹黑而招致厌恶。曾后来反省说，我本是个笃实的人，只不过经历的事情多了，老于世故后也开始稍微用点权术。但其实这些权术用得并不好，只是把自己教坏了，白白招人嘲笑、怀恨，一点用处也没有。⑥即便曾国藩后来为父丁忧而在白杨坪悟道，身段更加柔软，手段更加高明，已具备权术高手的风范，但也坚持少用权术，以"拙诚"为立身之本，想来也从此事得到了教训。

曾国藩最后一次努力争取王鑫，是通过刘蓉传话。他请刘蓉转告，湘军欢迎王鑫归队，但有几条底线不可践踏，其中要紧的有两条：第一，王鑫的部队训练两月后，裁汰冗员一千人后才可以随同出征，但不必在衡阳训练。单就这一条，曾国藩似乎在明面上做了一些让步，军队可以不用拉到衡阳训练，编制也从一千增加到了两千。但第二条才是要害，他说湘军以五百人为一营，王鑫所部必须接受改编，两千人马不能编成一个大营，应该切分为五百人一营，分立数营，每营任命一个营官。

由于当时没有设立统领数营的统领、分统，主帅曾国藩直接管理十营，那王鑫也只能出任一营营官。这等于保留了王鑫的军队，但是降低了他的权力，将其从三千人的统帅，变成了统领五百人的营官。营是湘军的基本战斗单位，新分出来的营，无论营官是新换成曾的门生，还是保留王的旧部，都获得了独立的战斗指挥权，将不再从属于王。

如果接受曾国藩的改编，王鑫这个湘军最初的创立者，自成一系的方面大员，就被降格为普通营官，心高气傲的王鑫，如何能够接受？从此他就不再与曾国藩来往，书信一律不回。至此，两人关系破裂，王鑫脱离曾国藩，归于骆秉章麾下，自成一系。

此后曾国藩率军东征，湘军地位日益重要，权力、地盘、粮饷极大扩充，湘军各小支都发展成方面大军，营官大都建立功勋，不少人官至封疆大吏。骆秉章不能率军出省，也不能统辖数省钱粮，王鑫因此未能赶上湘军大发展的机遇，只是长期在湖南镇压民变，尽管有"出队莫遇王老虎"的威名，却未能有建功立业的机遇，三十多岁就身染疾病亡故，可叹复又可惜！

王、曾决裂，"同舟而树敌国，肝胆而变楚越"，是湘军建军时期影响甚大的分裂。曾国藩初到衡阳，昔日故友如左宗棠、郭嵩焘、刘蓉都不肯前来，武夫塔齐布不懂谋略，老儒罗泽南不懂交际，几无可用之人。只有王鑫聪颖明达，帮上了大忙。他的离去，让湘军少了一员儒将、一支劲旅，连带罗泽南也和曾国藩关系疏远，是湘军的巨大损失。

曾国藩与王鑫决裂后，一直不肯重用王鑫，在他看来是廓然大公，其实也颇有自以为是之处。如果让王鑫统辖部队太多，自己就无法自如地指挥湘军，所以必须限制其规模；王鑫改投骆秉章，是败坏湘军的团结和统一，不严厉整肃就无法震慑其他心怀异志的营官，维系一个强有力的战斗集团。但问题的关键在于，由主帅直辖十个营的扁平化体系指挥效率极低，曾国藩在靖港初战失败后就不得不在营官之上增设分统一级，让能出掌方面的大将指挥数营，这就是王鑫之前想得而不可得的职位。若一开始就任命王鑫为统领三千人六个营的分统，既能发挥其才略，也不会使其负气投靠骆秉章。

即便王鑫为了饷银依附骆秉章，拿了巡抚衙门的钱粮而受其控制，这也无伤大体。骆秉章最初和曾国藩关系不睦，但后来也逐渐融入湘军集团，颇能识大局知大体。随着湘军规模扩大，粮饷不再靠民间捐献，大部分由湖南省财政提供，后来又受湖北、江西乃至广西等省财政供养。曾国藩率军出省后，很多新设的湘军队伍直接由骆秉章主持建立并派遣出省打仗。湘军后来逐渐分化出很多派系，如刘长佑叔侄管带的楚勇，胡林翼指挥的湖北湘军，多隆阿主持的礼军，左宗棠率领的新湘军，都不由曾国藩直接控制，是他的盟军而非直接下属。王鑫所部，不过是提前两年出现的湘军旁支，虽不受曾国藩直接指挥，但也是广义的湘军，且不消耗曾国藩的饷银，这一系的成立和扩大，对整个湘军系统是好事，又何必打压？

尤为重要的是，骆秉章并不反对湘军建军的思路。他之所以和曾国藩冲突，是不满意曾过于揽权，让他这个正牌巡抚手中无兵无将。湖南绿营不堪大用，湘勇都由曾统带，别说出省作战立功，连本省镇压会党，他都不得不仰仗湘军。巡抚手头无兵，自然要和曾国藩争斗夺权，而王鑫归属骆秉章后，骆秉章有了直属的军队，心中安定，自然也就不再在湘军发展的事情上掣肘，反而一心一意做起了湘军后方的当家人。可见王鑫一军划归骆秉章，非但不是坏事，反而是曾国藩应该主动去做的好事。不受曾国藩直接管辖的湘军派系越多，其他同僚乃至朝廷对他也就越放心，湘军的发展也就越顺利。

曾国藩和王鑫斗争时，为人处世还不够成熟，做事只知当仁不让，却不知和光同尘。数年后曾国藩大彻大悟，做事风格就大不同了。为避免朝廷猜忌，他主动扶植湖南将帅，分化出许多湘军支流。湘军人数最高峰时达三十万，曾只直接统领十二万，甚至扶植与他时分时合的弟子李鸿章，让李招募淮上健儿接替湘军。为了扶植李鸿章，曾国藩甚至从湘军里派出精兵强将相助，称送"嫁妆"。若他在湖南练兵时就有这等心胸和手段，他后来的路要平稳许多。

【注释】

① 王鑫《练勇刍言》，见《江忠源集·王鑫集》第1011—1032页，岳麓书社2013年版。

② "湘勇在外，殊得嘉誉，郴、桂一带，多称为仁义之师。江西七月二十四之役，虽阵亡八十余人，而勇敢之名已大震于匡庐彭蠡之间。"见《曾国藩全集》第22册226页，岳麓书社2011年版。

③ 见《骆秉章自注年谱》第53页，文海出版社1967年版。

④ "璞山忠勇冠群，驭众严明，然局量较隘，只堪裨将。以视岷樵之智勇兼全，器局阔远，则非其伦矣。"见《曾国藩全集》第22册218页，岳麓书社2011年版。

⑤ "盖以为此吾辈私兴之义举，非省垣应办之官事也。嗣足下二十二书来，言二十四走省请饷一万，仆已讶其与初议相刺谬矣。……仓卒兴举，一切皆取之于官，此则局势与前议大变，止可谓之官勇，不得复谓之义师也。既为官勇，则值此官项支绌之秋，不得不通盘筹划。目下兵勇万余，倾库中所藏，仅付两月之需。而足下寄来禀稿，乃云须再发银二万，各勇须预支月半口粮，将来招足万人等语。是则足下未能统筹全局，不知措饷之艰难也。又云帐房三百架，硝磺等项，委员解县。招勇本以援省，而多此一番周折，是亦足下阅历太浅，不善省财、省力之咎也。"见《曾国藩全集》第22册260页，岳麓书社2011年版。

⑥ "吾自信亦笃实人，只为阅历世途，饱更事变，略参些机权作用，把自家学坏了。实则作用万不如人，徒惹人笑，教人怀恨，何益之有？"见《曾国藩全集》第20册第323页，岳麓书社2011年版。

四 不救"恩师"

王鑫一部，按原计划是会同朱孙诒，调往湖北在江忠源麾下作战，共同协助湖广总督吴文镕。后因太平军撤离湖北，未能按计划前往，此后曾、王内讧，曾国藩就更不愿意放他去湖北立功。尽管骆秉章多次向吴文镕推荐王鑫，吴却坚信门生的说辞，认为王部皆属乌合之众，也不希望他去湖北作战，王只得滞留湖南镇压民变。甚至吴文镕在黄州、江忠源在庐州（今合肥）被太平军围困，向湖南求援，曾国藩兵未练成不能发兵，也不同意王鑫率队增援，这就破坏了大局。骆秉章评价说，如果不是曾涤生听了吴坤修的谗言意气用事，湖广总督吴文镕得了王鑫相助，根本就不会败亡。

不妨假设，若王鑫一军去了湖北，在吴文镕、江忠源手下作战，历史会有什么不同呢？王鑫和江忠源性格其实非常相似，二人都是不拘小节的豪杰，而不是曾国藩这样的儒臣。论早年行状，王是任侠放纵的"浮华生员"，江是以侠义著称的"无赖秀才"，因好赌而声名狼藉。论军事生涯，江在新宁办团练起家，王也是在湘乡办团练起家。江、王都精通打仗，但江长于临敌机变，王长于治兵选将，二人才干恰为互补。

江忠源长于战略规划和前敌指挥，但短于练兵。麾下的楚勇，胆气豪壮、悍不畏死、战斗经验丰富，堪称当时最擅长野战的部队。但江不擅长治军，楚勇营制粗略号令不严，士兵不畏上官，不尊军令，只服从勇猛的将帅，时常闹饷、哗变。王鑫是湘军营制的奠定者，最擅长军令、营制建设。王鑫遇到江忠源，以王鑫练兵之长补楚勇之短，以江忠源带兵之凶悍补湘军之迟缓，建设出当时中国最强大的军队应不是问题。

王鑫被曾国藩排挤，未能增援吴文镕和江忠源，曾国藩又埋头练兵不肯出战，吴、江两位督抚就倒了大霉。作为湘军里第一个获得巡抚实职的名臣，江赴安徽上任时恰逢太平军围攻庐州。他在上任途中身染重病，本想在六安养病，若他在六安多住上一段时间，就能与族弟江忠濬的一千多楚勇会合，甚至还能等到更多增援。但清朝的体制，丢失城池的地方官有重罪，庐州知府胡元炜，为推卸丢城池的责任，就欺骗上司说城内有一万多精兵，只缺名臣镇守，诓骗江忠源入庐州当替罪羊。江忠源以为庐州兵多粮足，遂进城主持防御，不料进城后发现庐州城内只有老弱数百人，方知上当。

江忠源所带兵勇二千七百余人，多系乌合，不是他闻名天下的"楚勇"。与他同行的李鸿章率先逃跑，江势单力孤只得向朝廷和湖南方面求援。他致信曾国藩，让曾国藩赶紧把刚编练的六千湘军派过来，咸丰皇帝也下严旨，令湘军立即增援庐州。

曾国藩做事讲究谋篇布局，计划制订后按部就班执行，绝不受外界因素干扰。他认为湘军仓促成军，兵甲器械尚不完备，训练也还不够充分，尤其水师还未练成。无水师周全，这几千人的军队只会一战而没，自己苦心孤诣经营起来的这支几千人的军队，一旦覆灭就很难重建。这支未来可能左右战局的关键力量，绝不能轻易葬送。

于是他回绝了江的请求，连咸丰皇帝的圣旨也顶了回去。曾回禀朝廷，目前湘军成军未久，且兵饷困难。太平军势大难敌，仓促出战只会把整个战区唯一还保存完好的主战兵团葬送。自己统筹全局，不敢孟浪行事，只能等到明年春天水师练成，洋炮到齐，方能出动，陛下目前策划的收复失地的战略绝不可行。[①]

江忠源在庐州苦苦支撑，而曾国藩的援兵迟迟不发，江忠源只能抱病指挥城中几千民壮抵挡数万太平军的进攻。清军和太平军相持多日，庐州知府胡元炜因为之前欺骗江忠源，恐遭上司报复，又见太平军声势浩大，就打开城门投降。结果太平军拿下庐州，江忠源投水自尽。

按当时的体制，地方官丢失所守的城池有重罪，所以在城破之后，地方主官大多自杀。咸丰爱惜江忠源人才难得，又知道后援不济的庐州势难保全，就下了一道上谕，提前赦免江忠源丢失庐州的罪过，"庐州可失，而江忠源必不可死"。但上谕到达时，江忠源已自杀两日。②

江忠源败死庐州，太平军声势大涨，又从江西调遣援军，会攻湖北。本来此前江在庐州吸引了太平军主力，湖北太平无事，正是调集援军巩固湖北防线的好时机。但当时清军在湖北只剩下湘军这支尚在组建的军队，曾国藩顽固抗旨坚决不出，湖北也就失去了巩固防线的机会。

太平军杀到时，湖广总督吴文镕和湖北巡抚崇纶正在内斗。吴文镕手无强兵，自己也是不会打仗的文臣，唯一可倚仗的是武昌坚城，他坚持把尚能打仗的士卒集中在武昌，不与太平军野战，依托城池防御，一直拖延到湘军练成前来增援。虽然吴文镕不知兵，但这个策略确是当时唯一的生机。巡抚崇纶却一心要逃命，妄图以率军出征为借口出城逃跑。知道崇纶的想法后，吴文镕强行以总督身份镇压，勒令官兵一律不得出城。

崇纶恼羞成怒，就上折弹劾吴畏敌不前，不敢出城野战。之前曾国藩拒绝增援安徽，咸丰帝已是大为不满，但曾素来刚强，咸丰帝也深知他的性格而稍作包容。吴乃是德高望重的老臣、曾的座师，门生抗命不战，现在座师也抗命不出，咸丰帝勃然大怒，严旨逼迫吴率军出城，主动攻击太平军。

听闻皇帝和崇纶都在逼迫座师出城打仗，曾国藩着急了，他哪能不知道老师打仗的本事？若吴文镕出战败亡，湖北无重臣主持，必然全省沦陷而大局败坏。他连续给吴去信，请求老师忍辱包羞，不管圣旨如何严厉，崇纶如何羞辱，也要坚守不出，留得有用之身维持局面，一直拖到来年开春，等湘军练成来援。

吴虽是曾的座师，但却没有"打落牙齿和血吞"的功夫，他还未看到门生的书信，就被逼率杂兵数千人到黄州迎战太平军。黄州太平军将领曾天养善于用兵，轻易地击败了清军，吴文镕无心抵抗，遂投水自尽。

　　曾国藩以为天道盈缩、洪荒变幻，只有善于守拙而又执理不移方得圆满。他擅长后发制人，做事见机迟缓但根基扎实，一旦认定了计划，哪怕天崩地裂，也不改初心。因为曾国藩最后得成大功，后人就认定他所做的一切都是正确的，以结果反推过程，认为他此刻拒绝出兵是老成持国、深谋远虑之举。然而，曾在衡阳顶住巨大压力坚决不出兵，却导致了局面的糜烂。

　　曾国藩把他手头的万余湘军，看作是南方唯一能战的军团，不敢轻易使用，妄图练成之后让湘军起到一锤定音之效。然而他小看了太平天国的潜力，在这一场纵横十余省，动员上百万人参加的大战中，一万精锐部队能发挥的作用很小。太平军能与湘军野战不落下风的精锐军团多达十万，各种杂兵更是数十万计。这样波澜壮阔的大战争，战场遍布长江流域，湘军只有不断壮大自身才有与之决战的能力。湘军练成后，虽说在初期打了不少胜仗，但很快就在九江、湖口被石达开击败，暂时失去了攻击能力，曾国藩也在此后去职，在家赋闲一年多，这就是湘军太少的缘故。湘军在湖口即使暂时获胜，石达开还能从后方源源不断地动员大军前来，不断消耗曾国藩的军力，直到把那万余精锐耗光。

　　湘军在曾国藩回家赋闲的一年多里，反而实力渐渐复苏，地盘扩大。这主要在于太平天国内讧，爆发了"天京变乱"，湘军得以趁机攻下湖北，胡林翼得了湖北巡抚头衔，经营湖北为湘军基地。骆秉章后来也逐渐转变策略，重用左宗棠支援湘军。两湖进行财税改革后，赋税增加了三四倍，湘军也因此得两湖钱粮扩军至五六万人，在长江上游占据一定的主动，但仍不能结束战争。直到江南大营崩溃，复出的曾国藩获得节制四省大权，把南方各省都换上湘军系统的官僚，由整个南方提供钱粮，将湘军扩充到十余万人，加上北方南下增援的清军名将多隆阿等人的援助，才有了攻破天京的能力。

因此，曾国藩实在无须把自己手头那万把人看成天兵天将，他应该果断地把湘军派往安徽增援江忠源，或者调往湖广增援吴文镕。当时湘军水师虽未练成，但陆军战斗力已经不俗，远胜清军绿营。曾认为湘军没有水师保护，很难突破战线达到庐州，但江忠潘不过千余楚勇，也赶到了庐州城外，与太平军交手多次而未覆没。如果在江忠源死守庐州时能有四五千湘军赶到，必能打通内外交通，城内城外连成一气。庐州得此生力军，胡元炜很可能没有机会开城投降，庐州和江忠源都有很大概率保住。

在胡林翼巡抚湖北前，湘军一直没有稳定的粮饷来源。江忠源已实授安徽巡抚，有统辖安徽全省资源的权力。他若保住庐州，以数千湘军为依托向外发展，安徽省大半地区的钱粮都可以为其所用。以安徽一半钱粮为依托，以数千湘军为骨干，以江氏之雄才大略，必能在一年之内经营出数万大军。

淮河流域自元代以来就是马场，朱元璋的精锐骑兵就来自江淮，李鸿章的淮军和击毙僧格林沁的捻军都是以安徽人为主力。两淮健儿的勇猛不下湘军，再加上骑兵的威力，湘军的实力何止增加一倍？千军易得一将难求，江忠源知兵善战远在曾国藩之上，湘军若保住这一位军神，此后又焉能有九江湖口之败？

如果曾国藩不与王鑫怄气，再把王鑫那三千多军队考虑进来，整盘棋就活了。他完全可以让王部赴安徽援助江忠源，自率大军增援湖北吴文镕。湘军陆师抵达湖北，太平军未必能攻下武昌。吴文镕不死，无须等到胡林翼得到湖北巡抚之职，湘军就能更早控制湖北。湖南有骆秉章，湖北有吴文镕，加上安徽的江忠源，湘军在战争初期就获得了三省钱粮、人力的支援。加上吴文镕这位德高望重的前辈帮助抵挡官场攻讦，局势将会大有不同。后来曾国藩在湖口战败孤立无援，源头就在他衡阳练兵时不肯出兵救援同僚。骆秉章曾嘲讽说，吴文镕如果肯调王鑫带兵勇赶赴湖北增援，有这样得力的大将在，恐怕也不会战败身亡。③

检点曾国藩建军初期得失，可知他此刻仍为一刚愎自用的能吏，尚未成为圆融变通之大臣。盖曾氏之学问根底在理学，而理学家以为自己因格物致知而得天理，得天理后代天化人。既然真理在我，他人不跟从，那就强化他人以就我，行事比法家之徒还要霸道。曾想做圣贤，致君尧舜，改易风俗，但君王和旁人却不一定拿他当作圣贤来尊重。他一味勇猛精进，不能与同僚和光同尘，所以在长沙处处得咎、寸步难行。

退一万步说，就算天下大事都只能曾国藩一身自挡，那也得分轻重缓急。绿营久不可用，那就弃之不用，何苦非要斗倒绿营将领，整顿绿营呢？骆秉章休休有容，与人为善，是最能放权的巡抚，曾对骆一味顶撞，甚至处处暗示属下骆抚台无能，不必听命于他。连骆这样的老好人都不能合作，可知其行事之简单粗暴。

官场腐朽，办事不易，我们对曾国藩这一时期的刚愎、蛮横，也不可一味指责。此时的曾国藩虽然不知退让，不懂浑含变通，但正是凭借这种刚强和蛮勇，才能以蛮破巧，以暴力破局，以利剑斩断羁绊，硬生生地杀出一条血路，创办了湘军。若无胸中那口刚强之气，他恐怕不能抵抗内外压力建军；若无那种不向流俗低头的愣劲儿，一味使用权术，他也得不到湖湘以血性相激励的君子拥戴。

人生如四季，曾国藩京师求学，得汉宋两派学术滋养，修身进德，毕生根本在此时扎根，正如春季一始，万物萌发。赴湖南办团练，虽有种种艰难，他却以一口刚强之气，斩断世间险阻，勇猛精进的人生如炎炎夏日。但四时演替本是天常，若不得秋收冬藏，不经四季流转，尝尽人间百态，终不能得成正果。曾后来兵败湖口，在江西饱受排挤，感受到人生的秋意与肃杀，再被解除兵权雪藏年余，这场中年危机正为他补足了秋冬之气。日月运行，一寒一暑，风雨润之，雷霆鼓之，到得再度复出，曾国藩经四季流转而万象一新，他胸藏积雷而面如平湖，老于世故而青春蓬勃，方至随心所欲不逾矩的大成之境。

【注释】

① "事势所在，关系甚重，有不能草草一出者，必须明春乃可成行。且广东购备之炮，张敬修雇募之勇，皆系奉肃清江面之旨而来者，臣若不督带同行，则殊失皇上命臣统筹全局之意，亦非臣与吴文镕等四省合防之心。臣之斟酌迟速，规画大局，不得不一一缕陈。"见《曾国藩全集》第1册112页，岳麓书社2011年版。

② 见朱孔彰《中兴将帅别传》第34页，岳麓书社2008年版。

③ "吴制军（吴文镕）若调王璞山带勇赴鄂，有此得力之将，恐不致有堵城之败。'利口覆邦家'，信然。"见《骆秉章自注年谱》第53页，文海出版社1967年版。

五　誓师东征

咸丰四年正月廿八日（1854年2月25日），也即吴文镕自尽后十三日，在衡州演武坪响起了三声号炮。寒风时作，尘沙飞击，数千身着蓝色号衣的士卒迎风伫立、静寂无声。演武场前方，三百多手持长矛的精壮汉子簇拥着一员骑马大将，正是湘军前锋塔齐布。这名三十余岁的旗人将军神情庄严，一手持长矛，一手抓缰绳，目光炯炯，宛如寺院里的金刚。三百多前锋战士身后筑有一座点将台，台上一众书生打扮的文官，正在听一位四十余岁的长者宣读檄文。这位宛如塾师的长者正是湘军统帅曾国藩，他身着玄色棉袍，一卷长须梳理得纹丝不乱，在深深的法令纹里，藏着一双三角眼，时不时射出一丝锋利的光芒，而后变得混沌。一群文士围在他身旁，他看起来不像元帅，倒像书院讲学的山长。

这一日，是湘军誓师东征的黄道吉日。湘军水师战舰已全部建成，共有船只五百余艘，大炮四百余门，是中国南方最强大的水军。水师陆师各有士兵十营，士卒都是五千，合计一万有余，包括长夫共计一万七千多人。衡阳誓师，拉出来的部队只是其中一小部分，但一眼望去也是旌旗蔽日，在士卒的头顶，蕴积了一个秋冬的肃杀之气云屯雾集。

曾国藩衡阳练兵，历经种种磨难，几乎如无中生有一般，变出了一支前所未有的大军。此刻十余万太平军正在各处攻城略地，清朝的国运已日薄西山，这支将要出征的大军却不知前途如何。曾国藩谦虚地回禀朝廷："事之成败，不暇深思，饷之有无，亦不暇熟计，但期稍振人心而作士气。"

誓师东征，大战在即，当然少不得要写一篇传世檄文争夺大义名分，桐城派出身的曾国藩遂亲自动手，写成《讨粤匪檄》。太平军发布的《奉天讨胡檄》，不讲上帝教教义，专讲满汉之别，以"兴汉反满"来动员天下义士。太平军以种族立场来动员，加之军纪严明，战绩辉煌，各处士绅纵然对太平天国的迷信不屑一顾，却也不敢大肆反对，底层民众则赢粮景从，从者如云。曾国藩与之针锋相对的《讨粤匪檄》，只能回避满汉问题，转而谈文明礼教。

儒家没有现代人以血统划分的民族观念，只有从文化区分的华夷之辨。《左传·正义》有言："中国有礼仪之大，故称夏；有服章之美，谓之华。""华夏"是一个文化概念，在孔子看来，华夏和蛮夷，是用文化来区分的，外邦人入了华夏，服华夏之冠冕，行中华之礼仪，就成了华夏；中国人若背弃了文明礼教，行蛮夷风俗，就成了蛮夷。曾国藩从华夷之辨入手，抨击太平军拜洋教，乱伦常，破坏儒家礼教。按照清中叶以来儒生的解释，清王朝尊奉孔子，以儒家伦理尤其是以孝治天下，开科举选文士，早已入了华夏，是正统王朝。而曾国藩则指出，太平天国信奉的上帝是蛮夷的信仰，洪秀全所施行的教化，是蛮夷的风俗。他们把几千年儒家的传承一扫而空，搞乱了伦理纲常，若太平天国得天下，就是几千年的礼仪服章被颠覆，不但是大清王朝的祸乱，更是数千年文化之灾变。非但亡国，简直就是亡天下。

这篇檄文辞藻不算华丽，起承转合也不够精妙，算不上古代第一等的文章，但其煽动力，却比选入各种语文教材的骆宾王《为徐敬业讨武曌檄》高了数倍。太平天国的教义倡导平等，这对底层民众有巨大吸引力，《奉天讨胡檄》中的满汉问题，更是让反清会党跃跃欲试。不料曾国藩找到了问题的要害：洪秀全反对孔子，反对儒家，是以异教而反名教。按照传统的夷夏观念，洪秀全信洋人的上帝，就不再是华夏之人，太平天国不但不能代表华夏，反而成了蛮夷。历史学家罗尔纲先生曾评价说："这篇檄文，就从这些地方来刺激人心，使人民就是平素抱种族的观念，同情于洪秀全的人，也将视上帝教为异教，而反为他们自己的信仰，他们的身家财产以反抗太平军。"[①]

曾国藩的檄文，以保卫名教的文化卫道而对抗洪杨的族群观念，以数千年之文化信仰，迫使大众在孔孟和洋神之间选边站队，以文化的对抗模糊了太平天国战争的阶级属性，抢占了道义的制高点，赢得了舆论的主动权。从檄文发布之日起，湘军和太平军，就不仅仅是两个政权、两种政治力量的战斗，而变成了孔子信徒和上帝信徒的"宗教"战争，湘军不再是清朝国家正规军的附庸力量，一跃成为为数千年儒家文明而战的卫道骑士。

附

讨粤匪檄

为传檄事。逆贼洪秀全、杨秀清称乱以来，于今五年矣。荼毒生灵数百余万，蹂躏州县五千余里。所过之境，船只无论大小，人民无论贫富，一概抢掠罄尽，寸草不留。其掳入贼中者，剥取衣服，搜刮银钱；银满五两而不献贼者，即行斩首。男子日给米一合，驱之临阵向前，驱之筑城浚濠；妇人日给米一合，驱之登陴守夜，驱之运米挑煤。妇女不肯解脚者，则立斩其足以示众妇；船户而阴谋逃归者，则倒抬其尸以示众船。粤匪自处于安富尊荣，而视我两湖、三江被胁之人，曾犬豕牛马之不若。此其残忍惨酷，凡有血气者，未有闻之而不痛憾者也！

自唐虞三代以来，历世圣人，扶持名教，敦叙人伦，君臣父子，上下尊卑，秩然如冠履之不可倒置。粤匪窃外夷之绪，崇天主之教，自其伪君伪相，下逮兵卒贱役，皆以兄弟称之，谓惟天可称父，此外凡民之父，皆兄弟也；凡民之母，皆姊妹也。农不能自耕以纳赋，而谓田皆天王之田；商不能自贾以取息，而谓货皆天王之货；士不能诵孔子之经，而别有所谓耶苏之说、《新约》之书。举中国数千年礼义人伦，诗书典则，一旦扫地荡尽。此岂独我大清之变，乃开辟以来名教之奇变，我孔子、孟子之所痛哭于九原！凡读书识字者，又乌可袖手安坐，不思一为之所也！

自古生有功德，没则为神。王道治明，神道治幽，虽乱臣贼子，穷凶极丑，亦往往敬畏神祇。李自成至曲阜，不犯圣庙；张献忠至梓潼，亦祭文昌。粤匪焚郴州之学宫，毁宣圣之木主，十哲两庑，狼藉满地。嗣是所过郡县，先毁庙宇。即忠臣义士，如关帝、岳王之凛凛，亦皆污其宫室，残其身首。以至佛寺、道院、城隍、社坛，无庙不焚，无像不灭。斯又鬼神所共愤怒，欲一雪此憾于冥冥之中者也！

本部堂奉天子命，统师二万，水陆并进。誓将卧薪尝胆，殄此凶逆，救我被掳之船只，拔出被胁之民人。不特纾君父宵旰之勤劳，而且慰孔孟人伦之隐痛；不特为百万生灵报枉杀之仇，而且为上下神祇雪被辱之憾。是用传檄远近，咸使闻知：倘有血性男子，号召义旅，助我征剿者，本部堂引为心腹，酌给口粮；倘有抱道君子，痛天主教之横行中原，赫然奋怒，以卫吾道者，本部堂礼之幕府，待以宾师；倘有仗义仁人，捐银助饷者，千金以内给予实收部照，千金以上专折奏请优叙；倘有久陷贼中，自拔来归，杀其头目，以城来降者，本部堂收之帐下，奏授官爵；倘有被胁经年，发长数寸，临阵弃械，徒手归诚者，一概免死，资遣回籍。

在昔汉、唐、元、明之末，群盗如毛，皆由主昏政乱，莫能削平。今天子忧勤惕厉，敬天恤民，田不加赋，户不抽丁。以列圣深厚之仁，讨暴虐无赖之贼，无论迟速，终归灭亡，不待智者而明矣。若尔被胁之人，甘心从逆，抗拒天诛，大兵一压，玉石俱焚，亦不能更为分别也。

本部堂德薄能鲜，独仗"忠信"二字为行军之本。上有日月，下有鬼神，明有浩浩长江之水，幽有前此殉难各忠臣烈士之魂，实鉴吾心，咸听吾言！檄到如律令，无忽！

奉天讨胡檄

真天命太平天国禾乃师赎病主左辅正军师东王杨、右弼又正军师西王萧，为奉天讨胡，檄布四方，若曰：嗟尔有众，明听予言，予惟天下者，上帝之天下，非胡虏之天下也；衣食者，上帝之衣食，非胡虏之衣食也；子女民人者，上帝之子女民人，非胡虏之子女民人也。慨自满洲肆毒，混乱中国，而中国以六合之大，九州之众，一任其胡行，而恬不为怪，中国尚得为有人乎？妖胡虐焰燔苍穹，淫毒秽宸极，腥风播于四海，妖气惨于五湖，而中国之人，反低首下心，甘为臣仆，甚矣哉中国之无人也！

夫中国首也，胡虏足也；中国神州也，胡虏妖人也。中国名为神州者何？天父皇上帝真神也，天地山海，是其造成，故从前以神州名中国也。胡虏目为妖人者何？蛇魔阎罗妖邪鬼也，鞑靼妖胡，惟此敬拜，故当今以妖人目胡虏也。奈何足反加首，妖人反盗神州！驱我中国悉变妖魔，罄南山之竹简，写不尽满地淫污；决东海之波涛，洗不净弥天罪孽！予谨按其彰著人间者，约略言之：

夫中国有中国之形像，今满洲悉令削发，拖一长尾于后，是使中国之人变为禽兽也。中国有中国之衣冠，今满洲另置顶戴，胡衣猴冠，坏先代之服冕，是使中国之人忘其根本也。中国有中国之人伦，前伪妖康熙，暗令鞑子一人管十家，淫乱中国之女子，是欲中国之人尽为胡种也。中国有中国之配偶，今满洲妖魔，悉收中国之美姬，为奴为妾，三千粉黛皆为羯狗所污，百万红颜竟与骚狐同寝，言之恸心，谈之污舌，是尽中国之女子而玷辱之也。中国有中国之制度，今满洲造为妖魔条律，使我中国之人，无能脱其网罗，无所措其手足，是尽中国之男儿而胁制之也。中国有中国之言语，今满洲造为京腔，更中国音，是欲以胡言胡语惑中国也。凡有水旱，略不怜恤，坐视其饿莩流离，暴露如莽，是欲我中国之人稀少也。满洲又纵贪官污吏，布满天下，使剥民脂膏，士女皆哭泣道路，是欲我中国之人贫穷也。官以贿得，刑以钱免，富儿当权，豪杰绝望，是使我中国之英俊抑郁而死也。凡有起义兴复中国者，动诬以谋反大逆，夷其九族，是欲绝我中国英雄之谋也。满洲之所以愚弄中国，欺侮中国者，无所不用其极，巧矣哉！

昔姚弋仲，胡种也，犹戒其子襄，使归义中国；苻融亦胡种也，每劝其兄坚，使不攻中国。今满洲乃忘其根源之丑贱，乘吴三桂之招引，霸占中国，极恶穷凶。予细查满鞑子之始末，其祖宗乃一白狐、一赤狗，交媾成精，遂产妖人，种类日滋，自相配合，并无人伦风化。乘中国之无人，盗据中夏，妖座之设，野狐升据；蛇窝之内，沐猴而冠。我中国不能犁其窟而锄其穴，反中其诡谋，受其凌辱，听其吓诈，甚至庸恶陋劣，贪图蝇头，拜跪于狐群狗党之中。今有三尺童子，至无知也，指犬豕而使之拜，则艴然怒。今胡虏犹犬豕也，公等读书知古，毫不知羞！昔文天祥、谢枋得誓死不事元，史可法、瞿式耜誓死不事清，此皆诸公之所熟闻也。予总料满洲之众，不过十数万，而我中国之众不下五千余万，以五千余万之众，受制于十万，亦孔之丑矣！

今幸天道好还，中国有复兴之理，人心思治，胡虏有必灭之征。三七之运告终，而九五之真人已出。胡罪贯盈，皇天震怒，命我天王肃将天威，创建义旗，扫除妖孽，廓清中夏，恭行天罚。言乎远，言乎迩，孰无左袒之心，或为官，或为民，当急扬徽之志！甲胄干戈，载义声而生色；夫妇男女，掳公愤以前驱。誓屠八旗，以安九有。特诏四方英俊，速拜上帝，以奖天衷。执守绪于蔡州，擒妥欢于应昌。兴复久沦之境土，顶起上帝之纲常。其有能擒狗鞑子咸丰来献者，或能斩其首级来投者，或又有能擒斩一切满洲胡人头目者，奏封大官，决不食言。盖皇上帝当初六日造成之天下，今既蒙皇上帝开大恩，命我主天王治之，岂胡虏所得而久乱哉！

公等世居中国，谁非上帝子女？倘能奏天诛妖，执鳌弧以先登，戒防风之后至。在世英雄无比，在天荣耀无疆。如或执迷不悟，保伪拒真，生为胡人，死为胡鬼。顺逆有大体，华夷有定名，各宜顺天，脱鬼成人。公等苦满洲之祸久矣！至今而犹不知变计，同心戮力，扫荡胡尘，其何以对上帝于高天乎？

予与义兵，上为上帝报瞒天之仇，下为中国解下首之苦，务期肃清胡氛，同享太平之乐。顺天有厚赏，逆天有显戮。布告天下，咸使闻知。

曾国藩把清朝和太平天国的政权争夺战争伪装成"卫道"的文化战争，而在他发布檄文之后一个月，1854 年 3 月 28 日，英、法两国向俄罗斯宣战，克里米亚战争升级为动员百万大军参战的小型世界大战。这场旨在争夺巴尔干霸权的战争，也被法国皇帝拿破仑三世伪装成争夺耶稣诞生地和坟墓所在地的文化战争。

克里米亚战争对清朝和曾国藩的命运皆影响极大。英国因领导诸国围攻拿破仑而和法国成为仇敌，此时却因克里米亚战争和法国再度成为盟友。克里米亚战争结束后，英法两国就组成联军，发动了对清王朝的第二次鸦片战争。第二次鸦片战争的影响远非前次可比，英法军队攻克了清朝的首都北京，战后他们对中国进行了深度渗透。如果之前英国只是清朝士大夫眼中如同倭寇一般劫掠沿海的海盗，现在他们就成了中国这盘棋局的大玩家，曾国藩和洪秀全的决斗，变成列强全程关注、监控、操控的"拳赛"，列强的意志和湘军的浴血奋战共同主宰了清朝的命运。

在克里米亚这场近代化战争中，风帆战舰退出了历史舞台，蒸汽战舰的时代来临；撞击式的新式线膛步枪取代了滑膛枪；有线电报用于战争；伟大的护士南丁格尔改善了野战医院。欧洲的战争因此进入了一个全新的阶段，而曾国藩、胡林翼一生事业的最终结果也在这里注定。第一次鸦片战争英军对清军的战果，其实还不如太平军辉煌，如果英法军队的战斗力维系在十九世纪四十年代的水平，曾国藩镇压太平天国之后，说不定还能鼓舞士气驱除洋兵，再兴清朝。而当蒸汽战舰和新式步枪登场后，曾氏的理想就成了泡影，他的后半生不得不战战兢兢地活在列强的阴影之下。美洲印加帝国皇帝的雄才伟略在西班牙人入侵之后变得一文不值，曾国藩消灭太平军的功业也大致如是。

清代野史说胡林翼攻克安庆之后充满了壮志豪情，而在看到安庆江面逆流而上的蒸汽船后，发现工业文明是自己无法想象的存在，他的智识已无法对付列强，因而心灰意冷，觉得半生奋斗都化为云烟，最后咳血而死。这则野史虽然并不符合史实，但却精准刻画了曾、胡的处境：三千年未有的大变局来临，这些士大夫却寻不到未来的方向，强大的工业文明让他们无所适从，仿佛迷路的孩童。

此时，后世以精通洋务著称的李鸿章还在安徽做他的"绿林翰林"，中国的第一位海归容闳还要五个月才从耶鲁大学毕业。此时的曾国藩对影响他后半生的这场大战一无所知，克里米亚对他来说，和《山海经》中荒诞的记述一样遥远，一样不可捉摸。

曾国藩的檄文发布后，湘军军心大振，万余大军向东开拔，迎着太平军的攻势而去。风高湖涌、群山纠纷，湖湘大地上两支大军相向而行，太平军士饱马腾、前歌后舞，军容煦煦如春；湘军号令森严、戎阵整齐，军心凛凛如秋。

湘军兵分两路，陆师前锋塔齐布率军数千进攻湘潭的太平军，曾国藩自率水师主力抵达长沙外围，抵挡驻扎在长沙城郊靖港的太平军水营。骆秉章与曾国藩关系尚未改善，不愿意湘军入城，曾国藩因去年在长沙受辱，也不愿寄人篱下，湘军水师十营就停驻在长沙城外的湘江两岸，与敌军相隔不过数十里。

太平军主力，一在湘潭，一在靖港，湘军陆军精锐已随先锋塔齐布攻打湘潭，水师则全营都在长沙。十营水师是先去助塔齐布攻湘潭，还是在长沙攻打靖港，是湘军面临的战略抉择。

当诸将争论不下之时，彭玉麟斩钉截铁，替曾国藩做了决断，水师应当增援塔齐布，全力攻打湘潭。定计后彭玉麟等五营水师先行，曾国藩亲自率五营殿后。

褚汝航、彭玉麟等五营水师已赴湘潭，留在长沙的曾国藩却临时改变了主意。湘军到达长沙前，有几百长沙团练出击靖港，树起曾国藩的大旗虚张声势，太平军以为遇到大队人马，不战而退。团练首领们以为太平军在靖港兵力至多不过千人，根本不是清军的对手，于是来向曾国藩请战。曾大帅初次上阵，虽然有了一年多练兵的经验，但对战场指挥还是一窍不通。他误信团练的错误情报，以为太平军兵微将寡，就临时决定不去增援湘潭，先在靖港打一场胜仗。

靖港乃长沙附近一繁荣码头，靖港旁有铜官山，相传六朝时曾设铜官于此，故称铜官渚。铜官有唐朝著名的铜官窑，首创名传千古的釉下彩陶瓷，千年窑火不绝。湘军水师从长沙出发，赶上江水猛涨，南风大作，顺流顺风，不过数时就开到了靖港附近。

太平军水营都是民船，不能架炮，只能逼近敌船发射火箭或投掷火球。湘军水师多是装载了西洋大炮的战舰，火力远胜对手，能在很远距离就击沉敌船。但这种装载了洋炮的战船，要发挥射程远、火力猛的优势，必须与敌船拉开一定距离，保证我方大炮能打中对方。湘军水师初次作战，曾国藩和手下营官对水战毫无经验，错误地选择在顺风的时刻和顺流的方向向敌人开战。风力、水流同时给战船加速，湘军水师前进极快，仅靠人力无法减速和控制航向，以致战船不受控制地冲到了太平军面前，进入其炮火射程。

太平军在湘江两岸都布置了土炮，射程很短，原本无法打到敌船。不料湘军战船竟冲入太平军的火线，给了对手以弱胜强的机会。太平军炮手在两岸纷纷开炮，将曾国藩的船队打得七零八落，而后勇猛的太平军水营战士又驾驶轻快小船贴近湘军高大的战舰，以火箭和火罐猛攻。湘军水师开炮还击，但两边船只距离太近，湘军战船舰体高大，在如此近的距离内根本无法击中低矮的民船，反而被对手以简陋的火器打得狼狈不堪。

因见水师战败，曾国藩下令陆师搭建浮桥，渡江攻击。他异想天开地让战斗力较弱的长沙团练冲锋在前，把训练有素的湘军布置在后。在他的想象中，团练战斗力弱，与太平军交手肯定一触即溃，见到对手如此不堪，太平军肯定会轻敌冒进，轻率地冲入由精锐湘军组成的伏击阵地，最后被一举歼灭。这个构想原本不差，但好的战术需要好的军队来执行。湘军陆师虽然经过了一年的严格训练，理论上拥有较高的战斗素养，但训练和实战完全不同。没上过战场的新兵，无论战前受过多么严酷的军训，生死一线之际，总会心理崩溃，平时养成的战斗技能大多发挥不出来。受过良好训练的新兵，应该先让他们打几次顺风仗，逐渐适应战场环境，把神经练得粗壮，逐渐变成泰山崩于前而面不改色的老兵，才能一丝不苟地执行上级战术。湘军中原有不少老兵，但这些老兵一部分在王鑫麾下，一部分和塔齐布去了湘潭，留在长沙的都是新兵，只能打顺风仗，根本不能执行示敌以弱、诱敌深入这样复杂的战术。

两方士卒刚一接触，勇猛冲锋的太平军就从气势上压倒了团练。土炮发射的实心弹密集打来，一旦命中就在人群中砸出一条血路。不少炮弹击中地面，沙砾和土块飞溅到空中，弹起的石块不断击中人脸，激起一阵阵惨叫。千余太平军赤裸上身，手持竹制长矛发起冲锋，他们高唱的赞美诗仿佛催命的号角，长沙团练哪见过这种阵仗，恐慌之下纷纷从浮桥溃退，不少还跳进江水逃生。布置在二线的湘军若是精锐老兵，此刻就应该让出几条通道，放友军逃生，然后按照平时的训练，排出严密的四面应敌阵，抵挡阵形散漫的太平军的冲击。但这些新兵都还没有见过血，看到几百团丁被勇猛的对手驱赶过来，自己也心理崩溃了，跟着团练调头从浮桥逃跑。因为临时搭建的浮桥过于简陋，被乱兵踩踏崩坏，仅落水溺亡的士兵就有二百多人。

　　眼见陆师溃散，曾国藩赶紧出来阻挡败兵，想把他们驱赶回去重整阵形。如果他手头有一两百刀斧手充任督战队，或许能镇住溃兵，逼迫他们列阵再战，转败为胜。但他尚不知道打仗要预留督战队，早已把能战兵力全部派出，这时只得亲自举旗仗剑出来阻挡。曾国藩在身前竖两面旗帜，手持利剑，高呼过此旗者斩。他虽有"剃头"的绰号，却从未亲手杀过人，一个四十几岁的老书生，能吓得住乱兵？湘军溃卒都知道曾涤帅不会杀人，既然军令是过旗者斩，他们就绕开帅旗从边上绕路撤退。[②]

　　兵败如山，曾国藩颓然地站在战场上，不知是否想起了那些已兵败身死的故人。眼见太平军快要攻到，门生赶紧把失魂落魄的恩师扶上了主帅的战船。湘军来时顺水顺风，此时要撤离却成了逆水逆风，速度十分缓慢。太平军战船追及湘军旗舰，弓箭都射到了船舷上。曾国藩眼见悲风泪起，白日西匿，江面沉船浮尸处处，感觉一生的路都走绝了：读书三十年，为官十余载，似乎过眼皆空；长沙受辱，衡阳练兵，数年经营，宛如一梦。他支开门生仆从，跳下了船，准备一死了之。

李元度先前见曾国藩神情落寞，又想起江忠源、吴文镕兵败自杀的事情，就叮嘱章寿麟埋伏在后舱，保护主帅。曾国藩跳水后，有士卒当即跳水抓住他，想把他拖上船。曾国藩怒斥士卒，喝令放手，士卒不敢违抗，准备撒手，躲在后舱的章寿麟立即跃入水中，奋力将他托起。见到章寿麟，曾国藩就喝问他何故在此。章寿麟灵机一动，欺骗曾国藩说湘军在湘潭打了大胜仗，自己是来传达捷报的。湘潭大捷自然可以抵消靖港战败的羞耻，曾国藩就和章寿麟上了船，返回长沙。③

章寿麟的捷报是临时编造安慰曾国藩的，曾国藩回到长沙后就知道靖港战败的屈辱不可避免。长沙城内的文武官员都在嘲讽攻讦曾国藩，有好事之徒修改了杜甫的一首诗嘲讽说："功盖三分国，名成八阵图。江流石不转，遗恨失摸胡。"④记录此事的柴小梵认为，湖南方言把主帅所用头盔称为摸胡（读音妈胡），这是嘲讽曾氏在靖港跳水，丢失了头盔。但湖南方言并不把头盔读作"妈胡"，柴小梵身为浙江人也不懂湖南话，而且曾国藩作战并不戴头盔。根据湖南方言，摸胡应该是湖南话"马虎"，嘲讽曾因马虎草率而战败。

向来与曾国藩不和的布政使徐有壬、按察使陶恩培向巡抚骆秉章提议，三人一同上奏参劾，要将曾国藩革职查办，要求朝廷解散湘军。骆秉章和曾国藩关系一直不睦，靖港战前还婉拒了湘军入城，但他能分清国事和私怨，知道湘军虽然靖港战败，但仍是对抗太平军的唯一希望。他不但拒绝联名上折参劾，反而在奏报中为湘军大力开脱，把靖港战败的原因归咎于天气不顺，隐匿了曾国藩指挥的失误。

"为通省官绅所鄙夷"的曾国藩回到长沙，不肯进入城池，只住在妙高峰下。他废食多日，七日不曾与人言语，后来上奏自请处分，留下了遗表、遗书，准备再度自杀。左宗棠前去探望，发现曾国藩连投水当日的衣服都没有换下，所着衣袍泥沙痕迹犹在。情商低下的左宗棠当场大笑，说曾这个样子"好像猪子"，见听了自己冷笑话的曾国藩仍毫无表情，左宗棠也知道情形不对，赶紧劝解说湘军还有生力军，大事尚有可为，此时寻死岂不是置公义于不顾？曾闭口不言，只是拿出账册，请左代为清点留存的军械、火药，仿佛交代后事。左宗棠劝解不得，也无可奈何，幸得曾父曾麟书寄到家书一封，说打仗没有必胜把握，胜负不可强求。你如果继续作战，死在省外，那才叫死得其所。如果现在自杀，死在湖南，那我也不会为你痛哭。⑤

有了父亲的家书，曾国藩逐渐去了死志，正好同日湘潭也传来捷报，塔齐布果然在湘潭打了大胜仗。塔率湘军主力四千，在水师的配合下，全歼湘潭太平军水师，继而在陆战中大破林绍璋。湘军以不足五千人迎战太平军精锐三万，歼敌二万有余，获得自战争爆发以来最大胜利。太平天国初期走精兵路线，严格控制军队规模，北伐军纵横华北，与北方数十万清军交战不落下风，其总数也不过二万。西征军因为战场在南方补给容易，兵力稍多，总兵力也不过五六万。湘军湘潭一战歼灭西征军二万，进而引发太平军内部新老兄弟内斗，最后全军溃散，主帅林绍璋仅以四骑出逃，确实算得上是关系大局的胜利。太平天国忠王李秀成被俘后写下自述，其中论及天国十误，林绍璋湘潭之败就是其一。⑥

虽然湘军在湘潭大胜，但也未必能洗刷曾国藩靖港战败的耻辱。湘潭之战他并未亲临，指挥官塔齐布是旗人，塔的军功可以不算在曾国藩头上。即使要论运筹帷幄之功，也是由湖南巡抚骆秉章、提督鲍起豹这两位湖南最高文武官员包揽，因为湘军理论上是曾国藩"帮同巡抚"创立的，湘军的战功，挂在巡抚骆秉章名下并无不可。事实上清廷最初得到的情报，就是把湘潭大捷算作骆秉章、鲍起豹策划而塔齐布执行的战斗，与曾国藩无关。

曾也知道自己的处境，所以在湘潭大捷后仍上奏请罪。幸好咸丰皇帝并未轻信之前的官方战报，私下接见了翰林院编修、湘潭籍官员袁芳瑛，询问他从家乡得到的湖南战况。袁芳瑛把湘潭战斗的整个经过，以及曾国藩在其中练军、选将所起的作用一一说明，皇帝才知曾国藩的功劳。咸丰通过一系列线人掌握到实际情况，得知鲍起豹作为一省军事长官，不但常年待在省城不出，还排挤打击勇于任事的曾、塔，最后竟厚颜无耻地揽功，遂下旨将鲍起豹革职，由塔齐布接替提督一职。

经此一战，湘军暴露了很多隐藏问题，经历战阵的曾国藩此刻方知脱离实战检验的营规不顶大用，之前招募的队伍也太多太滥。为了重振湘军，他在妙高峰整军，战时溃败的兵勇都裁撤不用，像朱孙诒、曾国葆这种油滑的将领也一并逐出湘军。湘军原本士兵一万多人，经过此次淘汰，只保留了五千。裁撤军队后，曾氏重新整顿了军纪，又通过总结战场经验修订了营制和战术，湘军战斗力大幅提高。

湘军在将领方面也做了调整，此前湘军实行扁平化管理，由曾国藩直接统领营官。经湘潭、靖港分兵作战后，曾氏知道日后分兵作战在所难免，主帅分身无术，必须在营官之上设立统率数营的统领，以协调指挥。于是湘军陆师以塔齐布为统领（后来加上罗泽南），水师以杨载福、彭玉麟为统领，指挥能力大大加强。

此前曾国藩在长沙受到排挤，湘中官绅都不看好他在衡阳练兵，昔日交好的君子，只有李元度、陈士杰陪他去了衡阳。湘潭大胜后，读书人纷纷来投，湘军幕府得到扩充，智囊、参谋的力量增强。原本湘军一营只有少数书生主持大局，现在每个营都加入了大量的书生，军官数量增多，控制力也得到加强。见湘军人才日盛，曾国藩就再度开始扩军。先前他与王鑫内斗，王的老师罗泽南也负气率队离去，他赶紧发信与罗泽南和好，邀请他担任统领，又让塔齐布等人招募新勇加以训练。湘军将领在湘潭、靖港两战积累了经验，选兵更加严格，训练更有效率，很快将军队扩大到一万五千人的规模，这时的湘军才真正成为了劲旅。

妙高峰整军后，曾国藩点齐大军，奔岳州（今岳阳）与太平军决战。可惜湘军水师仍未能吸取靖港一战因顺风、顺流而败的教训，岳州城陵矶一战，湘军水营陈辉龙、沙镇邦、褚汝航、夏銮再度顺风顺流冲击敌军，不幸冲入太平军水营设在象骨港的伏击圈，被灵活机动的太平军水营围攻。湘军水营战船损失惨重，四位将领战死，其中包括总兵陈辉龙这样的高级军官，损失远超过靖港之败，全军为之气夺。

陈辉龙等遇袭时，杨载福带一营水师在后压阵，并不出手援助，直到陈辉龙等尽数战死才出动救援落水兵勇。曾国藩最恨绿营兵打败仗时各部互不相救，一心想要湘军成为"呼吸相顾，痛痒相关，赴火同行，蹈汤同往。胜则举杯酒以让功，败则出死力以相救"的军队。杨载福不救陈辉龙等人，大概在于陈、沙、褚、夏都不是湖南人，而湘军是以地缘为纽带，可见湘军的诸将一心，只能是湖南籍诸将一心，外省将领很难融入。陈辉龙等战死后，湘军水师除了李孟群外就纯由湖南人组成，对这种封闭性的军队来说，倒是强化了内部的凝聚力。城陵矶战后，湘军终于全体接受了水战不可顺风顺流的教训，又增加了大量轻快的小船以及三板护卫大船，对付太平军轻快的民船，也算是败有所得。

城陵矶大战后，太平军在水面已掌握主动，陆上也有兵力优势，统帅曾天养遂发动了地面攻击。曾天养乃西征军中第一猛将，清军在田家镇、庐州、黄州战败，都是因为他。湘军名帅江忠源生平两次大败，一次田家镇，楚勇全军溃散，一次庐州，兵败身死，这两场大战曾天养都是太平军作战主力。他还亲自主持黄州之战逼死了吴文镕，岳州击败王鑫，城陵矶击败陈辉龙三次大战，水战陆战无不精通，太平军中推他为用兵天下第二（杨秀清第一），确实名实相符。

曾天养在金田参加起义时已经五十多岁，半百的老翁不在家安享天伦，反而追随太平军做那"杀头造反"的事业，可以想见他人老心不老，充满悍勇之气。曾天养深目长髯，身材雄伟，虽然年过半百，打仗却不落人后，寻常青年十数人非其敌手。洪秀全对他十分器重，曾以他为卫队统领。曾天养也对自己的勇猛十分得意，自比关羽、李广，在太平军中号为"飞将军"。

太平军步兵精锐由城陵矶舍舟登岸，兵分三路迎战湘军。湘军也分三路相敌，塔齐布一骑绝尘，硬冲猛打，太平军惊以为神。曾天养也是个爱亲自冲锋的人，因见塔齐布勇猛绝伦，他也顿时豪气冲天，欲与塔齐布单挑，效仿关公斩颜良旧事。彼时塔齐布正和四名亲随贴近太平军营垒侦察敌情，曾天养身着青布短衫，倒提长矛，怒目圆睁，出阵径奔塔齐布。塔齐布尚未来得及拿起长矛，曾天养马快，早已跑到面前。曾天养手起一矛，快如闪电，正中战马，塔齐布滚落下地。曾躬身欲生擒敌将，不料塔的亲兵黄明魁纵身跃起，也一矛把他的战马刺伤。曾武艺精熟，落马却不慌乱，回身以长矛还刺，刺中黄之右肋。亲兵的英勇为塔赢得了机会，曾、黄二人交手时，塔齐布已从坠马的眩晕中清醒过来，拔出腰刀，贴身近前，一刀砍死敌将。战后搜检文书旗号，方知刚才被杀的老将，就是太平军中声名赫赫的大将曾天养。[⑦]

与评书、演义中的杜撰不同，真实的古代战争中武将对决极少，北宋以后基本绝迹，明清时期开始用鸟枪和火炮作战，能上前线督战的主帅都很少了。塔齐布出身侍卫，曾天养也做过洪秀全的卫队长，两人都喜欢冲杀在第一线，狭路相逢的两员猛将上演了自宋以来罕见的"王对王"。主帅亲身决斗，在历史上大可以浓浓记上一笔。曾年近花甲而塔正值壮年，素以骁勇闻名的塔齐布与侍卫联手才击杀老翁，可谓胜之不武。名将本不易有，曾天养亲历前敌而不惜身，战死沙场后导致军心大乱，一举葬送城陵矶大战建立的优势，令人喟叹。

主帅阵亡后，太平军以湖北援军一万九千人攻罗泽南，以曾天养残部一万人攻塔齐布。罗泽南是治理学的书生，随军东征以来从不主动请战，战斗无大败亦无大胜，敌军都以为罗泽南怯懦不能战。太平军以一万九千人攻罗泽南区区两千弱兵，以一万人攻击英勇善战的塔齐布四千精锐，是想以田忌赛马之策，以一万人拖住塔部，以绝对优势兵力彻底解决罗部，然后回师合军围歼塔部。谁料罗泽南虽声名不显，却是湘军前期少有的悍将，他的弟子李续宾后来更被陈玉成视为除自己之外天下第一人。罗见太平军杀到，下令弟子大开营垒，率队迎战。诸弟子个个披坚执锐，出众军之前，士卒受到激励，无不以一当十，两军激战多时，罗军以区区两千士卒，击退近十倍的太平军，一战成名。自此，湘军以塔齐布和罗泽南并称"塔罗"。

罗泽南大破敌军之时，塔齐布也解决了企图拖延战机的一万太平军，歼敌两千人，追杀二百里，太平军营垒尽数被毁，军械火药全部损失，不得不放弃岳州奔湖北而去。湘军收复岳阳，一直追击到省外，兵锋直指武汉三镇。

自衡阳誓师东征，经妙高峰整军，再到收复岳阳，湘军虽然折损陈辉龙、褚殿元等将领，士卒战死也颇多，但湘潭、岳阳两次大战歼灭太平军精锐四万，以其不过一万余人的战斗兵员来说，湘军堪称清朝前所未有的强军。

【注释】

① 见罗尔纲《湘军新志》第 37 页，文海出版社 1974 年版。

② 王闿运《湘军志·曾军篇》，见《湘军史料四种》第 26 页，岳麓书社 2008 年版。

③ 李元度《题铜官感旧图》，见《铜官感旧图题咏册校订》第 12 页，岳麓书社 2010 年版。

④ 柴小梵《遗恨失摸胡》，见《曾国藩逸事汇编》第 327 页，岳麓书社 2019 年版。

⑤ "其晨，余缒城出，省公舟中，则气息仅属。所着单襦沾染泥沙，痕迹犹在。责公事尚可为，速死非义。公瞋目不语，但索纸，书所存炮械、火药、丸弹、军械之数，嘱余代为点检而已，时太公在家，寓书长沙，饬公有云：'儿此出以杀贼报国为志，非直为桑梓也。兵事时有利钝，出湖南境而战死，是皆死所；若死于湖南，吾不尔哭也。'闻者肃然起敬，而亦见公平素自处之诚。"左宗棠《铜官感旧图序》，见《铜官感旧图题咏册校订》第 33、34 页，岳麓书社 2010 年版。

⑥ 李秀成《忠王李秀成自述》，见《中国近代史资料丛刊续编·太平天国》第 2 册第 397 页，广西师范大学出版社 2004 年版。

⑦ "一日，携亲卒四人进觇擂鼓台，突遇悍酋狞髯瞋目，直呼公名，横矛刺公马，几得公。亲卒黄名（明）魁跃起刺酋坠马，酋回刺名魁，伤右胁。公亲刃酋，殪之，获贼旗，知为伪丞相曾天养。"见朱孔彰《中兴将帅别传》第 68 页，岳麓书社 2008 年版。

六　收复湖北，金陵在望?

　　湘军从岳阳出发，进军武昌，陆军也都坐船机动，而坐船机动，最怕的就是两岸太平军的火炮袭击。曾国藩自创办水师之日起就在思考如何防御炮子的袭击，杨载福等人也试验过多次，譬如用牛皮之类有韧性的面料在船头做遮挡。然而太平军炮发如雨，任何遮挡都无济于事，彭玉麟、杨载福干脆去掉一切遮挡，亲自率众挺立船头，躲得开就躲，躲不开就死，以血肉之躯抵挡炮击。

这种亡命的作风本来只是彭玉麟和杨载福两营首倡，湘军多好勇斗狠之徒，见彭玉麟、杨载福两营如此生猛，各营将领也纷纷带士兵挺立船头，不甘示弱。自来书生多智谋，而少血气，湘军这些书生，从军后经过数月历练，由秀雅文士化作金刚夜叉，智慧与武德合二为一，堪称当时最优秀的军官。

塔齐布和罗泽南并称，但塔是旗人出身的武官，罗却是治理学的湖南大儒。湘军进至武昌，塔齐布在城外伏击太平军，很多太平军士卒因被包围，纷纷跳水求生。他们跳水后，不是淹死，就是被湘军的弓箭、鸟枪击毙。太平军中有几百未成年的童子兵，惊慌落水后大哭呼救。塔齐布动了恻隐之心，就下令停止射击，让士兵把这些孩童救了上来。二百多童子兵被救上来后，很多成年的士兵也向湘军呼救，他就又搭救了几百人上来。

其时双方战斗激烈，屠城坑俘的暴行时有，像塔齐布这样挽救敌人的慈悲心肠是罕见的。与之形成强烈对比的，是大儒罗泽南为了激发士卒的凶悍之性，竟诱导士兵生吃太平军将士的血肉心肝，一代名儒行此暴行，令人瞠目结舌！粗鄙无文的武将保持了人性的质朴与善良，讲求天理的道学家却唆使属下行食人之兽行，为"仗义每多屠狗辈，负心多是读书人"这句谚语做了最好的注脚。

湘军在武昌与守军交战，仅战损数百人，就消灭太平军步兵数千，歼灭其全部水师，重夺武昌、汉阳，收复湖北省城，一举占据长江上游最大的据点。这是洪秀全定都天京后，清军首次夺回被占领的战略要地。太平天国西征大军攻势被粉碎，主力遭重创，湘军建立起在长江上游的优势，朝野上下似乎都看到了战事的转机。湘军从岳阳一路追击，前后不过四十天，就攻克武汉三镇，复又歼敌数万，焚船两千艘，赫赫军威令天下侧目。咸丰大喜过望，在上谕中嘉奖曾国藩，"此次运筹决策，深合机宜，允宜立沛殊恩，以酬劳勚（yì）"，"以酬劳勚"的，是二品顶戴和署理湖北巡抚的任命。

从长沙办团练开始，曾国藩就不断受到朝野内外攻讦。创办军队、对阵强敌虽也劳心劳力，却不及同僚的明枪暗箭伤人肺腑。两年来，他只能以十之二三的精力做正事，以十之七八的精力对付官绅的夹攻。长沙受辱、衡阳遇挫、阵营分裂、师友罹难，再加上靖港惨败后所受参劾，以及"曾剃头"之骂名，如此种种磨难，曾国藩以常人难以想象的忍耐和坚韧，以及无畏的勇气斩断枷锁，达成"挟泰山以超北海"的胜利。他这一路走来，可谓十步一杀、步步见血。

咸丰让他署理湖北巡抚，曾国藩即将获得期盼已久的地方实权。湘军事业之所以艰难，在于曾是以丁忧侍郎、非官非绅的身份自筹资金办"义师"，没有调配地方钱粮兵马的大权。湖北巡抚之职在手，便有了自己的基地，就可以不受束缚大操大办了。

然而咸丰很快改变了主意，撤回了对曾国藩的任命，把湖北巡抚给了曾国藩的死对头陶恩培，在陶恩培到任前由杨霈兼任，只补偿了曾国藩兵部侍郎衔，然而这是他在丁忧之前就已获得的品级。

按照清廷档案记录，朝廷在当月五日下发上谕让曾国藩署理湖北巡抚，取消任命的上谕则是十六日发出的，但此前已在十二日的内阁上谕中做了批，如此则曾国藩的署理巡抚任命只存在七天时间。

为何咸丰皇帝突然收回了曾国藩湖北巡抚的任命？通常的说法，是大学士祁寯（jùn）藻或者彭蕴章进了谗言。薛福成曾写过一篇《书宰相有学无识》，文中提到曾国藩肃清湖北，向朝廷报捷，咸丰本来接到捷报喜形于色，对某军机大臣说没想到曾国藩一介书生，竟然能建立奇功。这位军机大臣回答说，曾国藩丁忧去职在家，已无官职，不过一匹夫罢了。一匹夫振臂一呼，从者万人，恐怕不是好事。咸丰听后默然不语，曾国藩也因此不得志七八年。①这个进谗言的军机大臣是谁呢？薛福成同书还有一篇《书长白文文端公相业》，里边提到"曾文正公起乡兵击贼，为寿阳祁文端公所抵排"。这个祁文端公就是祁寯藻。

但薛福成的记录显然有问题，曾国藩攻克武昌是在农历闰七月底，祁寯藻却在闰七月十三日就请了病假，此后未入值军机处，没有面见皇帝的机会。相反，曾的门生黎庶昌的《拙尊园丛稿》中，却记录了曾早年在京师为官，上奏批评皇帝惹下大祸，祁寯藻极力营救的往事。如是总总，都证明了祁寯藻不太可能向咸丰进这则谗言。倒是彭蕴章长期支持曾国藩的政敌何桂清，是曾的对头，可能性较大。

不管这则谗言是谁上奏的，对曾国藩的杀伤力都极大。曾所创湘军，并非朝廷正规军，是自筹资金、自募士卒的"义勇"，只听曾一人调遣。当时帮办团练的"在籍大臣"很多，都没能办出成绩，只有曾能拉出上万人的队伍，可见其能力非常惊人。他已有万余精兵在手，再得湖北巡抚任命，有了地盘开府建牙，掌控钱粮和地方行政，兵权、财权、行政权合一，就成了唐末的藩镇，再难受朝廷控制。对于朝廷而言，太平天国未灭，朝廷需要湘军这样的劲旅打仗，不能遣散湘军。若要保证朝廷对湘军的控制权，就不能给曾国藩地方实权。曾国藩无地方实权，钱粮都只能仰仗朝廷和地方官供给，卡住钱粮就卡住了湘军命脉，以确保对这支军队的掌控。尤其是曾一日不得地方职权，就一日不能从地方财政拿钱扩大湘军，湘军的规模就会被控制得刚刚好：能够在关键战场上为朝廷冲锋陷阵，又不足以壮大到能甩掉其余清军单干。这样就可以实现湘军在前打冲锋，正规军在后打扫战场收割战功之效。

虽说咸丰已决心撤销曾国藩的湖北巡抚，但必须找到合适借口，精明的御史沈葆桢就给咸丰送上一份厚礼。沈葆桢说，曾国藩手里有一支强军，当然要在收拾湖北战局后，率军东下直取金陵（今南京），如果任命他为湖北巡抚，曾氏就必须治理湖北，被地方事务羁绊而不能离开。为了战局，请以湖广总督杨霈兼署湖北巡抚，让曾可以乘胜追击。唐壬森、杨重雅也上了内容相似的奏折，于是咸丰就在朱批中对曾国藩说，因为考虑你马上要整备军队东下，不能在湖北停留，让你做湖北巡抚只是个空名，所以下旨让你不用做巡抚，改赏兵部侍郎衔。咸丰还申饬曾国藩说，之前我在上谕里已让你署理巡抚，你的公文落款不按规矩，在落款居然不写署抚，这种行为不但有"好名之过"，还涉嫌"违旨之罪"。②

清廷的这番处置，使得湘军处于客军的地位，不得不乞食于地方大员，这些精明的地方官严格控制军饷，让湘军刚好能够打仗，却又时刻有断饷的危机，不能坐大。特别是，为了掩盖心虚，皇帝反而先倒打一耙，故意找茬，指责曾国藩在前几天还没被撤销巡抚时，奏折上不以巡抚署名，这就是公然羞辱了。

咸丰对曾国藩时而恩宠有加，时而严旨申斥，故作天心难测的姿态，无非以驭下之术，操控震慑湘军。王尔敏先生曾说，这是当时朝廷"操纵大臣，恩威兼施，时宠时辱，以为擒纵之术。曾国藩益不胜其惴惴不安，每恐遭逢大戾，身败名裂"③。

清廷对曾国藩玩弄的权术，使得湘军难以壮大，也因此将战争拖延日久，甚至险些因此战败。但若从专制帝王的角度，咸丰的胸怀已是极为难得，他允许湘军创立，甚而包容其破坏体制，只是以权术加以限制，对臣下来说已经是罕见的际遇，试看岳飞、熊廷弼等人的下场可知。有清代文人说，咸丰不给曾国藩督抚实权，是对他的爱护，虽然湘军首领们对此说多不以为然，但其实也有一定道理，唐人殷鉴不远，咸丰怎么敢让曾国藩做藩镇呢？

尽管未得抚鄂大权，但曾国藩夺回武昌呼声正高，强兵在手更是朝野侧目。咸丰出尔反尔地撤销了曾国藩巡抚的职务，也必须给他一些回报。攻下武昌不久，曾国藩进军黄州，在黄州祭奠了恩师吴文镕。祭奠之后，就上折严参逼死吴文镕的崇纶。他说，吴文镕被迫出城迎战太平军，最后身死城破，是由于崇纶的排挤和攻击。吴文镕自杀以殉，全城百姓皆知，崇纶却在奏折中谎称吴文镕失踪不知下落，意图诬陷吴文镕畏敌潜逃。如此种种，是生前排挤，死后诬陷，凭空毁人大节。

　　清朝的制度，地方官守土有责，如果镇守的城池被夺，地方官也难逃一死。既然都是一死，官员在城破之时要么力战身死，要么城破后自尽，毕竟自尽后还可以得到忠臣的名节，让子女得到抚恤，江忠源、吴文镕都是如此。崇纶在武昌城破前一日弃城逃往陕西，按例也当杀头，但他狡辩说武昌城破前自己已被革职，只是前巡抚，没有守土之责，逃跑不必问罪。既然继任的巡抚青麐（lín）已论罪杀头，罪名有人背了，他当然就无罪。青麐是满洲正白旗人，崇纶是满洲正黄旗人，都是皇帝亲领的上三旗亲军。皇帝不愿意多杀自家人，既然青麐已死，就马虎承认了崇纶的说法，并未过多追责。

　　但崇纶逼死吴文镕，事后又以诈伪之词诬陷，曾国藩如何能饶他？曾在奏折中说，青麐之过仅是失陷城池，而且武昌的沦陷责任本不在他。崇纶先后排挤张亮基、吴文镕、青麐，导致官员失和，坐镇省城又不布置防务，放纵敌军发展。青麐在武昌城破前尚有出兵对敌和安抚百姓的义行，已尽到臣子本分尚且被杀，那不杀罪魁祸首崇纶又如何服天下？

　　曾国藩此次严参崇纶，一心要置他于死地，其目的首先是为恩师报仇，洗刷自己不救恩师的恶名。吴文镕并非被困后战死省城，而是负气出兵黄州败亡。一开始他向湖南发文求救，曾国藩回信说明不能出兵的苦衷，又劝座师无论如何都要忍辱负重，维护大局，坚守省城不出，为自己争取练兵的时间。吴文镕回信赞成了门生的建议，同意坚守武昌不出，等待湘军练成再出战。他最后败亡，是因在崇纶的逼迫和咸丰的严旨下，被迫兵发黄州，出兵前曾国藩还去信叮嘱切不可出省城。曾国藩不需要为吴文镕之死担责任，但以曾国藩在湖南官场的孤立，骂他忘恩负义不救座师的人当不在少数，他高调黄州祭师，再逼杀崇纶就可以洗去骂名。

此外，曾国藩一心逼杀崇纶，不但是为座师复仇，亦是借武昌大胜的机会向朝野上下报复示威，以崇纶的死来震慑曾经构陷、攻击他的文武官员。其实，崇纶只是巡抚，吴文镕是总督，总督虽不算巡抚上司，但无论官品还是辖区都略胜巡抚，崇纶又有何德何能逼迫总督自杀性出兵？恐怕咸丰不明敌情，一味偏袒崇纶才是吴文镕含冤赴死的最大原因。

显而易见，曾国藩此番举措，也是间接批评咸丰偏听偏信、忠奸不辨，胡乱指挥害死封疆大臣。咸丰虽然夺了他湖北巡抚的职使，以此限制湘军势力，但也只能暗中限制，不能在明面上打击。清军与太平军战斗正酣，湘军是上游唯一能战的兵团，哪怕湘军消极怠工几个月，也会造成清廷无法承受的损失。为顾全大局，咸丰帝只能"打落牙齿和血吞"，忍下臣下对他的刻薄，下令将崇纶押解往北京受审。崇纶自知难逃一死，遂服毒自尽，让家人对外宣称是患病而亡。曾国藩大仇得报，之前那个忍气吞声的中年老儒，突然露出了锋利的獠牙，这种绵里藏针的狠辣让皇帝和百官印象深刻。

武昌攻下后，湘军又出兵田家镇，攻夺半壁山防线。田家镇是太平军在湖北最后的据点，有燕王秦日纲主持的几万大军守卫。湘军罗泽南、塔齐布、李续宾一鼓作气攻破半壁山，大败秦日纲，随后再败从天京赶回的韦俊，歼敌万人，烧船四千五百艘。湖北太平军水师全军覆没，苦心经营的田家镇半壁山防线告破，湖北全境落入湘军之手。

湘军元老江忠源亡于庐州，但他的精锐"楚勇"覆灭于田家镇，田家镇克复，曾国藩也间接告慰了这位九泉之下的至交。至此，他已为江忠源和吴文镕两位故人复仇，此前的愧疚、抑郁、惶恐都一扫而空。两万虎狼之师在手，只待整顿好湖北，即可东下安徽，破安庆趋金陵，成名垂青史之伟业。金陵在望，功名在兹！此乃曾国藩平生得意之时。

【注释】

① 薛福成《书宰相有学无识》，见《薛福成选集》第 252 页，上海人民出版社 1987 年版。
② "又念及整师东下，署抚空有其名，故已降旨令汝毋庸署理湖北巡抚，赏给兵部侍郎衔。汝此奏虽不尽属固执，然官衔竟不书署抚，好名之过尚小，违旨之罪甚大，着严行申饬。"曾国藩《谢恩仍辞署鄂抚折》后朱批，见《曾国藩全集》第 1 册第 278 页，岳麓书社 2011 年版。
③ 见王尔敏《清季军事史论集》第 180 页，广西师范大学出版社 2008 年版。

二、中年危机

一　前功尽弃

　　湘军将领多文士出身，长于治民而短于战阵机变，曾国藩移治民之术为治军之术，以严格的管理和训练拉出了一支强军，但如何运用这支军队，就只能逐渐在战争中摸索。李鸿章的儿子李经述曾总结：军事才能，一半靠上天恩赐，靠祖师爷赏饭吃；一半靠历练，靠从实战中获取经验。他以曾国藩为例说，曾公在靖港失利后才深知兵在精不在多的道理，岳阳城陵矶遇挫后才知水战要逆风逆流，九江战败后知道水师不可贪功深入，被困江西后才知道带兵统帅必须兼任地方官，徽州溃散后才知道主帅不可上第一线。此外，又因为李续宾三河全军覆没而知孤军不可轻易深入，因江南大营灭亡而知围困敌军时要分出打援军的游击之师。①

　　李经述的总结当然十分精当，曾国藩的军事知识确实多来自战场历练。但军事才能除了来自战场经验，也可以来自系统传授，军事天才获得了系统传授的军事知识，稍加实践即可成才。古之将门子弟如霍去病、李世民，少年时便率军纵横天下，他们的军事知识大半来自长辈的传授。李经述之父李鸿章早年的军事生涯平平无奇，入曾国藩幕府得到真传后才打胜仗。但曾国藩和其他湘军将帅多是书生出身，并无父兄长辈言传身教，就只能在战场上去学习打仗。

也因此，湘军名帅如李续宾、李续宜、鲍超、多隆阿、彭玉麟、曾国荃、左宗棠等，都是战争打了几年后才有指挥若定、神鬼莫测之能。直至收复湖北，这些湘军名帅大多尚显青涩。左宗棠还在担任幕僚文员，塔齐布不过是有勇无谋的武夫，罗泽南营制齐整却反应迟缓，至于曾国藩自己，直到战争结束都只是练兵能手、战略大师，临敌指挥只有中流水准——他可能就没有前敌指挥的资质。

湘军能一路大胜，原因有三：一、从湘潭到田家镇，湘军所遇敌军统领如石祥祯、石凤魁、秦日纲，都只是二三流的将帅，太平军中真正厉害的人物如杨秀清、石达开尚未出手，韦俊只擅守城，陈玉成还是少年，称得上名将之才的敌手，湘军暂时只遇上了曾天养。曾天养出手不凡，城陵矶一战击毙湘军四员水军大将，包括总兵陈辉龙和知府褚汝航。但曾天养冒险与塔齐布决斗，不幸身死，湘军和太平军的战斗大多还是低手过招。二、湘军虽然还缺乏作战经验，但陆战扎硬寨、打呆仗，步步为营、堡垒推进，加上优势水师在旁掩护，战场指挥虽不惊艳，却扎实可靠，鲜露破绽。三、太平军西征军最初不过三五万人，进入湖北后扩大到十万，战斗力却下降，而湘军本身勇猛善战。

湘军收复武昌后，士卒已经疲惫，若能在武昌停留一段时间，整合湖北资源，休整、扩大部队，再稳健地向安徽、江西挺进，胜利的态势还能保持一段时间。只是咸丰皇帝好不容易看到"肃清江面"的转机，按捺不住冲动，下令湘军再接再厉，一鼓作气打到金陵去。曾国藩屡次大胜之后，也觉得太平军不过如此，骄横跋扈的他，也想尽快推进到金陵收其大功。他在奏疏里吹嘘："长江之险，我已扼其上游，金陵贼巢所需米石、油、煤等物，来路半已断绝，逆船有减无增，东南大局似有转机。"② 既然他如此膨胀，朝廷就下旨让湘军即刻肃清江面，先破安庆，再捣金陵。于是湘军未在湖北多作休整，就向九江、湖口开进。

太平天国西征军兵马不多，最初精兵不过三万，后来又增补了万余，这些精锐老兵，在南昌、田家镇、庐州被江忠源消耗不少，因为庸将林绍璋的无能，在湘潭葬送了两万，曾天养亡故后无大将主持，在岳阳又损失一两万。是故湘军虽然号称自岳阳战后又歼灭了敌军数万，其实遇到的多是太平天国在湖北新招募的部队，战斗力较低。真正难啃的两块骨头，一次是遇到庸将林绍璋，一次是恰逢曾天养战死，都因天幸而得胜。

出湖北之后，湘军立刻遭遇劲敌：先是丝毫不逊曾天养的猛将罗大纲从赣北亲提精兵万人来援，稍后杨秀清又派翼王石达开从天京（即南京）率老兵二万督师湖口，真正的硬仗正式开场。

湘军攻打湖北、安徽、江西交界处的黄梅县，遇到合兵一处的秦

翼王石达开

日纲、罗大纲、陈玉成，塔齐布、罗泽南率湘军主力奋勇作战之后，击败敌军夺取黄梅，但损失非常惨重：塔齐布被檑石击中头部，身负重伤；千总王映轸挺身搭救上司，被火炮击落马下，为太平军捕杀。[3]太平军虽损失了数千人，主力部队仍大部突围至宿松、太湖，谨守阵地，与湘军对峙。同时，湘军虽陆战惨胜，水路却吃了不少暗亏。湘军水师胜在船坚炮利，但太平军在靖港、城陵矶夺得多艘战船，石达开以此为式样仿造了战船三十余艘，加上俘获的船只，大船已颇为不少。太平军水营又以大量灵活快速的民船随大船机动，湘军水师一时无计可施。

水面无法战胜，那就靠陆战抢占港口，迂回制敌以取胜利。罗泽南率军四千出营挑战罗大纲所部二万，罗大纲善攻而湘军善守，四千湘军借助战壕、土墙、营垒，以优势炮火与罗大纲相持甚久，待两军精疲力尽之际，塔齐布又率生力军加入战斗。近万湘军与劲敌血战不退，太平军不耐久战，不得已退兵返回小池口。在小池口埋伏多时的湘军水师大将彭玉麟、李孟群，一见罗大纲旗帜就火速出击，将太平军接应船队一网打尽，失去接应的罗大纲不得已兵退湖口。湘军最终控制整个江北，洞开安徽的门户，只剩下九江和湖口两个钉子。

虽成功夺占黄梅、小池口，肃清北岸，湘军却胜利得十分艰难。之前在湘潭、武昌，湘军以数千士卒力敌数万，自损百人就杀敌上千。此刻罗大纲麾下最多不过两万人，其中近半是临时收拢的田家镇溃卒，湘军却集中了近万人才艰难取胜，可谓棋逢对手。

既然太平军战斗力加强，湘军就当收缩兵力巩固战果，待巩固好湖北地盘后，扩军再战。然而曾国藩湖北战后声誉太高，逼杀崇纶又锋芒太露，此刻已成骑虎难下之势。他挟战场大胜的威风震慑攻讦自己的百官，逼迫咸丰杀死崇纶，如果此时在九江怯战，反对势力就会乘机反扑。无可奈何之下，不得不硬着头皮打下去。

为确保胜利，湘军以陆师主力驻扎小池口，以水师主力巡游江面，水陆夹击九江城。负责支援湘军的官员们也加紧增派援军，湖广总督杨霈亲率军队驻扎广济，湖北副将王国才率部四千进驻黄梅，湖北按察使胡林翼领军两千从湖北咸宁绕到九江城后背，清军在九江附近集结大队人马，以主力二万五千人与太平军的三万大军对峙。

九江位于长江中游，是鄂、赣、皖水陆交通枢纽，乃"江西之门户"。九江处四战之地，据此城可以出击周围各省，但也易遭各面敌军合围。清军若取攻势，屯兵在此就可以威慑四方；若取守势，则应撤离这座四面受敌的城池。兵部侍郎王茂荫曾说："南方之势，全在长江，长江之要，全在九江。"石达开也认为，据有九江，下可确保安庆，屏障天京，上可西取武汉，南入江西，北进安徽，不保九江则无以征讨四方。太平军要西征取湖广，湘军要东征打安庆、金陵，两军对这座长江重镇都志在必得。于是九江城外风起云涌，一场决定历史的大战拉开了帷幕。

石达开以黄文金坐镇湖口，林启荣防御九江，罗大纲驻梅家洲以为游击之师，三处大军互为掎角。湘军先集中力量攻打九江，可惜林启荣善于守城，九江城坚不可破，湘军连日攻打，伤损不少。强攻九江不下，曾国藩又分兵攻打湖口，企图截断湖口和九江的联系，使林启荣失去黄文金的增援，不战自乱。黄文金是太平军中杰出的将才，湘军后起之秀鲍超生平战无不胜，连陈玉成都不是他的对手，只有黄文金力挫鲍超三次。湖口攻势被黄文金遏制后，湘军又转攻梅家洲，意在攻克梅家洲，撕裂湖口和九江，不料仍被罗大纲击退。战斗中湘军大将罗泽南受伤，猛将童添云阵亡。

焦虑的曾国藩冒险抵近九江观察守军军容，见到虽有重兵围困城池，城内却寂静无声，只有湘军士兵靠近城墙时，才有士卒暴起迎战。守城最怕城池被围后士卒慌乱，引发城中骚动。若守城一方能做到寂静无声，那就是绝顶的守御。曾国藩把九江守备情况和清军对比后感慨说，林启荣守城无声无形，与湘军名将江忠源在南昌的表现相比毫不逊色。

有坚城依托的太平军兵力多过湘军，将领守城的才能也超过了对手（此刻湘军统帅无人可及江忠源），九江之战的结局早已分明。但曾国藩仍不肯退军，妄图依靠湘军水师的优势，以消耗战术拿下九江。

湘军战船原本参照广东水师的配置打造，如长龙、快蟹都是适合海面作战的大船。靖港、城陵矶的水战业已证明，大海船用于江面、湖面作战优缺点都很明显。长龙、快蟹船大而稳，能架设较重的大炮，能承受更多的打击，适合远距离作战。但海船太重不易调头，在水浅处容易搁浅，而且海船航行多借风力，这种设计遇到顺风天气，光靠人力几乎不能急停。若在顺风天开战，海船容易被大风吹向敌军，而一旦距离拉近，重炮就无法击中低矮的敌船。加上海船调头不灵活，容易被轻快的民船围堵，犹如腰阔十围的壮汉被一群灵活的小个子围攻。

后来经黄冕提议，湘军大量仿造被江南水师称为三板（舢板）的轻快小船，与长龙、快蟹配合作战。轻快的三板穿梭护卫大船，使太平军的小船无法贴近肉搏。长龙、快蟹威猛迟缓，三板轻快灵活，以三板补海船之不足，湘军水师就拥有了较全面的战斗力。

翼王石达开抵达湖口后，召集手下将领商议消灭湘军水师的办法。太平军已经发现，湘军三板轻舟在长江中往来如飞，但缺乏重火力，全靠大船火力支援；长龙、快蟹火力猛而射程远，但船身笨重，行动呆滞。如果太平军能诱敌深入，引湘军水师追击，三板快而长龙、快蟹慢，追击途中必然因快慢不等而分成两队。这时候再设法截断两队的联系，把它们分隔开来，就可以长击短。

石达开让太平军继续坚守九江、湖口、梅家洲三个据点，以城墙、营垒消耗湘军的士气、精力，又自沉大船，加上大量竹篾、沙石，堵住鄱阳湖入口，只留一个小水卡出入。两军相持一个多月后，料定湘军疲惫更甚求战更急，石达开故意撤走湖口守兵，诱湘军水师来战。曾国藩果然中计，下令百余艘三板一路猛冲，从水卡追进鄱阳湖内。等湘军的三板全部进入湖中，太平军立即把湖口水卡堵塞，将湘军小船和大船分开。湘军上百艘三板和两千多精锐水军陷入鄱阳湖出不来，留在长江上的都是巨舰，笨重难行，不堪战斗。太平军乘夜坐小艇放火袭攻，小艇机动灵活，来去自如，很快烧毁湘军长龙、快蟹四十余艘。

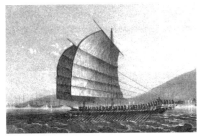

快蟹船

长龙船

因为湘军指挥体系的特点，士卒只听命于招募自己的营官，换了营官就不肯效命。因杨载福当时在湖北武穴养病，彭玉麟控制不住杨载福旧部，杨部水勇纷纷挂帆逃窜，彭玉麟只得率船队撤往九江。由于湘军陆军分驻三地，九江力量单薄，没有强力陆军配合水师，岸边无步兵遮掩，水师又秩序混乱无法组织哨探、警戒，石达开就派太平军水营趁夜再次偷袭。

咸丰四年十二月廿五日（1855年2月11日），夜色笼罩大地，江面飘着浓雾，夜正浓，雾也正浓，就连视力超群的士兵也看不清江面。冷风吹着江水拍击船头，发出哗哗的声响，船体在风中微摇，转战千里筋骨劳困的士兵大多沉睡，只有三成士兵还在无精打采地守夜。水拍木船发出的声音越来越响、越来越急促，守夜的士兵意识到这是有大批轻快小船靠近。他们刚发出警报，黑暗中就突然冒起火光，一个个明亮的火球掷上船头，瞬间燃起熊熊大火，将四周照亮。

火光中见到太平军乘小船环列四周，以火弹、喷筒四处放火。湘军慌忙还击，枪炮声在浓雾里纷纷响起，然而涌过来的太平军越来越多。湘军轻快的三板已被堵在鄱阳湖内，停在江中的大船笨重难行，此刻如鸟去翼，如虫去足，只能被动挨打。以善战著称的彭玉麟也只能下令尚未被包围的战船快速逃跑，去罗泽南的陆军大营会合。水师战舰纷纷逃窜，主帅的座船顿时失去保护，一队勇猛的太平军先用铁索钩住这艘大船，然后爬了上去。这队太平军激烈搏战，将曾国藩的护卫杀散，砍死了管驾官和掌印官，还缴获大批湘军的公牍文书。

浓雾逐渐散去，江面战船纷纷着火，烟火冲天中太平军的小船往来纵横，不断冲上湘军战船夺船杀敌，更有士兵源源不断地朝湘军主帅座船涌来。曾国藩看着被烈焰照得明如白昼的江面，他平素静如平湖的脸上也露出惊恐。见船上敌军越来越多，曾国藩狠下心肠，一头栽进水中。

当初靖港战败，曾国藩并无性命之忧，只是出于羞愤投水，此次再度自杀，却是因为生死一线，不得不投江以免被俘。幸得命不该绝，幕僚再度将他救起，扶上小船，送入罗泽南的营垒保命。曾国藩投水自杀未遂，回头见诸军溃散，羞愤难当，又想骑马冲阵，求死于敌军之中，幸得幕僚刘蓉、部将罗泽南拉住缰绳，制止了他。[④]

石达开湖口大获全胜，湘军水师被分割为两部，小船滞留鄱阳湖内，从此立为内湖水师，一部分仍在长江之上，称为外江水师。内湖水师无大将管带，且湖内太平军水军也残留不多，无用武之地。外江战船大部分被俘获、击沉，暂时失去了战斗力。石达开击败湘军水师夺回了制江权，就令林启荣率部守御九江，命一部大军乘胜回师湖北，一部随自己攻略江西。

湖北的清军已尽数调到九江，防务空虚，太平军大举入鄂，曾国藩只得让彭玉麟带水师护送王国才和胡林翼回湖北救急。然而彭玉麟的船只大多损伤严重，无法作战，杨载福的船只又在九江遇到大风浪，被摧毁四十艘，剩余船只也失去了战斗力。没有水师增援，王国才、胡林翼两军又战斗力低下，无力阻挡太平军。不久后太平军重新攻克武昌，巡抚陶恩培自尽，即所谓太平军三克武昌。

湘军赖以成名的水师战败，但陆军主力尚存，在九江附近还有一万多人，为报仇雪恨，曾国藩严令塔齐布攻打九江。九江守备森严，湘军伤亡日增而毫无进展，因塔齐布久不建功，曾国藩亲自到九江督战，焦急的塔齐布只得日夜不休连续攻城，却仍然寸步难进。一日，塔齐布正指挥军队作战，突然心悸呕血，落马而死。

塔齐布平日沉默不语，目光呆滞，一副软弱无能的样子，但一到战场就摩拳擦掌，亢奋得不能自已。时人皆以为这是名将的特质。其实一遇战斗就血气上涌，很可能是心血管有病患的症状。塔齐布在九江日夜焦虑，情绪失控，最后不幸病逝。塔齐布是湘军早期最杰出的陆军将领，从长沙办团开始就是曾国藩最有力的臂助。他是旗人子弟、天子近臣，和曾国藩精诚合作，能让朝廷觉得湘军是忠诚可靠的"义师"。塔齐布的去世，是九江战败后，湘军遭受的又一重大损失。

湖口大败，塔齐布亡故，赣省五府二十几县都被石达开占领。曾国藩带来江西的一万多陆军此刻一分为三：塔齐布呕血而亡，继任者周凤山无能，六千多精锐士气堕落不再可用；罗泽南率队到义宁做游击之师；曾国藩手里比较完整的部队只有李元度的平江勇。李元度跟

李元度

从曾国藩最早，却不如塔、罗知兵，因为眼睛高度近视，李元度看不见敌情，只能放任手下发挥。他平时在军营也只像寻常书生一般读书作文，不能约束手下，平江勇的军纪在湘军中最差。

石达开经营江西，改变之前洪秀全建立"圣库"，对富人"打先锋"，将穷人全部编入军营的做法。他攻占城池，让百姓按例交税，生活、劳作一切不变。地方秩序恢复后，还派出士兵维修水利，剿灭山贼土匪，甚得江西民众爱戴。与之前太平军在各地的处境不同，石达开不但招抚了江西的各种会党武装，还得到了地主士绅的拥戴。一个叫邹树荣的士绅曾写道："传闻贼首称翼王，仁慈义勇头发长。所到之处迎壶浆，耕市不惊民如常。"连左宗棠都感慨民心全变，大势将去，江西事已不可为。

太平军在江西有两广老兄弟为骨干的精锐数万，新招抚的天地会大军又号称数十万。因石达开想夺占湖北以控制长江上游，精锐尽数入鄂，重心不在南昌，加上此前江忠源守卫南昌的坚韧让太平军仍心有余悸，曾国藩才能在江西苟延残喘。

【注释】

① "自古将帅之材固由天授，然亦以历练而成，以专任始，竟其用如文正之丰功伟业……然其兵事实由于阅历。自靖港之挫，而后知兵不在多在精；自城陵矶之衄，而后知水战不可乘顺风；自九江之失，而后知水师不可趋利深入；自江西之困，而后知统兵必位兼督抚；自徽州之溃，而后知大帅不

可亲临前敌。而且鉴于李忠武三河之败，知孤军不宜轻进，劲旅不宜分枝；鉴于江南大营之败，知有围城之师，必有游击之师。"见成晓军主编《名人评曾公》第 169 页，辽宁古籍出版社 1997 年版。

② 以上见《曾国藩全集》第 1 册第 328 页，岳麓书社 2011 年版。

③ "塔齐布头受石伤，血流满襟，即补千总王映轸跃马救护，扶回营中。王映轸被城上炮伤落马，匪党执去，立遭戕害。"见《曾国藩全集》第 1 册第 358 页，岳麓书社 2011 年版。

④ 黎庶昌《曾文正公（曾国藩）年谱》，见《湖南人物年谱》第 2 册第 685 页，湖南人民出版社 2013 年版。

二 碰壁江西

咸丰五年（1855）的江西，漫山遍野都是太平军的红头巾，而赣省官场暗流涌动，明枪暗箭都对准湘军。曾国藩独立城头，心中一片狼藉。

江西巡抚陈启迈是湖南常德人，与曾国藩同是道光十八年（1838）进士，后又同在翰林院为官，算得上是同乡、同年、同官的"三同"之谊。但陈、曾相处却并不和睦，曾以兵部侍郎身份在江西作战，是仰仗江西供给军饷粮草的客军。但这支客军高薪养兵，索取军费数额巨大，又只听从曾国藩的指挥。陈要为湘军提供粮饷军械，却不能染指湘军军务，反过来曾还要干预江西政务，两人冲突就逐渐扩大。

湖口战败后，湘军要修复水师战船，就奏请在江西设局铸造大炮。陈启迈确实遵旨造了不少大炮，但这些由江西出钱铸造的大炮，本省官兵不能使用，却要白白提供给湘军，他着实心有不甘。陈启迈告诉曾国藩，大炮造好了，但不可能派江西的船队给你送去，如果要大炮，就让湘军派船来取。江西并无强力水师，大炮留下也无用处，这些炮最终还是要给湘军的。让湘军自派船队来取炮，并不是扣住大炮不给，而是勒索要价。论理，湘军拿了江西的大炮去立功，也应该分润战功给江西官兵，至少要让陈启迈拿到一些好处。若是机变灵活的胡林翼主持大局，肯定会把战功分润一些给江西，或者给陈抚台送上一笔供奉，正如他后来对官文所做一般。但刚介的曾国藩并不妥协，他通过军机处强力交涉，让江西巡抚衙门把大炮吐了出来。

自田家镇大战以来，湘军士兵战损甚多，按条例需要给阵亡士兵家属支付大笔抚恤金，还要给立下战功的士卒下拨赏金。此刻湘军孤悬九江，不能完全靠湖南供应，就只能找陈启迈要银子。朝廷上谕中已明令陕西财政协赞湘军白银十四万两，江西财政协赞八万两，但陈启迈扣住银子不发，还把曾国藩派去讨饷的随员好一番奚落。

地方政府不肯协赞银饷，曾国藩就只好按湖南惯例，任用本地士绅，设局劝捐。江西籍刑部侍郎黄赞汤，当时正在家乡丁忧守制，他对曾国藩创办湘军的做法非常赞赏，决心出来支持湘军。黄赞汤一方面靠自己的威望，让江西士绅给湘军捐款，一方面设法从浙江拿到盐引，以盐税抵军饷。他前后为湘军输送军饷八九十万两，接近江西一年的财政收入，对曾国藩帮助极大。

陈抚台怎么甘心湘军在江西大肆劝捐呢？江西是他的地盘，曾国藩未经自己同意就向当地富人"勒索"，他这位父母官自然要干预一番：湘军要任用某位能干的士绅，陈启迈就设法阻拦，或者先把人调到其他地方公干；若来不及把人调离，就派官吏上门恐吓，让对方不得到湘军中任职。几经斗争，江西的士绅都知道曾国藩和本省巡抚不合，与其合作必遭打压，都不敢与他接近。不少士绅为了逢迎巡抚，甚至攻击、侮辱驻扎本地的湘军将领，处处阻挠湘军办事。

得到上司授意后，江西各级官员也纷纷鼓噪起来排斥曾国藩，凡是曾国藩下发的捐输执照，他们一律不认可，说他未得朝廷明文承认，不得以钦差名义行事；又说他曾遭革职，无权专折向皇帝奏事，不应该替他收发奏折；甚至说既然湘军是士绅自组军队出征的"义师"，就不应当从江西官府支钱。

为了能在江西办事，曾国藩也设法在一些位置安插自己的心腹，或者把一些本地官员调入湘军系统指挥。他要求朝廷下文把按察使恽光宸和总兵赵如胜拨归自己统领，又让李续宾补了安庆知府的缺。可惜他为人迂阔，连分化敌人阵营这种事情，都是走朝廷公事的路线。按常理，若要分化、拉拢一部分江西官吏，应该先挑在江西官场不得志的边缘人下手。而且这种拉拢应该走私人关系，私下给对方加官晋爵的许诺予以收买，并不是让朝廷下旨把对方人事关系变动到湘军系统就完事。恽光宸本是陈启迈的心腹，曾国藩这样明目张胆地挖墙脚，非但没能获得恽光宸效忠，反而让陈启迈和他更加对立。

既然曾国藩可以把手伸进江西官场，陈启迈自然也能以江西最高军政长官身份对湘军发号施令，于是他多次越过曾国藩向湘军下发军令。一开始，为了能从陈启迈那里拿到军饷，曾国藩告诉部下只要不太过分，巡抚衙门的军令可以勉强听从。但陈启迈不通军事，很多军令都是胡乱下达，搞得湘军内部混乱，双方矛盾公开后，他甚至胡乱下令调兵，打乱湘军部署，以此戏耍曾国藩。江西已丢失大部分地盘，几十万太平军随时可以攻打南昌，他不牢牢抓住湘军这唯一可恃的强军，反而处处捣乱，也算是晚清官场里的奇葩。

相较之下，先前与曾国藩不和的骆秉章就显得有大局观多了。骆秉章在湖南与曾国藩斗争，无非放纵绿营兵围攻曾公馆，恐吓对方，却并不阻挠湘军筹饷、募勇。他想掌控一部分军队，也只是拉拢被湘军踢出局的王鑫，并不对湘军发号施令。作为湖南的父母官，他对由湖南籍士兵组成的湘军下令，远比陈启迈名正言顺，但他也生生忍住了。湘军战败于靖港，骆秉章出于公心，压制住了湖南官僚借机弹劾曾国藩、解散湘军的策划。湘军出省后，他又任用左宗棠，改革税制，添募士兵，源源不断地增援前线。以陈之所作反观骆之所为，可以看出骆确实是一心为公的大臣，当初曾、骆失和，确实是因为曾国藩为人处世尚有缺陷。

陈、曾的主客之争，很快被一件事激化成你死我活的矛盾。湘军入江西后，江西万载举人彭寿颐，积极替曾国藩劝捐，又自筹资金创办团练支持作战。彭寿颐系举人出身，既能理财又能带兵，因看他面相也颇威武，曾国藩就将其收归幕下。因此人善理财，曾氏就让他在江西厘金局帮办事务。

咸丰四年（1854），太平军进攻万载县，知县李峆弃城而逃，士绅彭三才赠送太平军大量钱粮，以换取对方不攻打县城。彭三才认为，太平军于本县秋毫无犯，收到粮草就过境走人，双方太平无事。如果彭寿颐继续在本地大办团练和太平军为敌，就会激怒对方前来攻城，导致生灵涂炭。为了解决这个祸根，彭三才上告县衙，诬陷彭寿颐是以办团之名图不轨之事。

李峆本就被太平军吓破了胆，他自己办团都是随便糊弄，哪里敢让本县举人操办团练真去和太平军开战？加上这个举人投靠湘军，得罪了本省官僚，他就把彭寿颐下了监狱。彭寿颐被下狱后，家人上诉到袁州知府那里，揭发知县李峆弃城逃跑，包庇勾结太平军的"奸民"彭三才。袁州知府却支持彭寿颐，巡抚陈启迈也一心要压下这个案子：以钱粮换取太平军不攻城已是很多地方秘而不宣的惯例，又哪里处分得过来。

案子久拖不决，彭寿颐就让家人去曾国藩那里求救。为了保住这个人才，曾国藩亲自去拜会陈启迈，说彭寿颐有大才，应当大用，诉讼案子就不了了之算了。你把这个人押送到湘军军营，由我来亲自管教。曾国藩恳请让诉讼案子不了了之，等于做了很大的退让，一边表明自己非地方官员，不过问地方诉讼，一边也暗示不追究李峣弃城之事，以此为交换条件，让对方肯释放彭寿颐。

　　彭寿颐有举人功名护身，即使案子一直拖延，于他也未必有大碍。但他找曾国藩告状，就犯了巡抚的大忌，陈启迈当即表示，李峣并未弃城而逃，必须治彭寿颐诬告之罪。曾国藩连续两次登门协商，都被陈启迈拒绝，颜面尽失。不但如此，陈抚台还放话要治彭寿颐死罪，以此羞辱曾国藩。按察使恽光宸本来已管带兵勇归入湘军的指挥，陈启迈却说按察使有秋日审案的重任，他的几百兵勇既已归多隆阿统辖，应该回来参加秋审。曾国藩无奈放恽光宸回去，这位按察使正是陈抚台的心腹，一到秋审就下令对彭寿颐严刑拷打，准备让他瘐死狱中。

　　先是克扣军饷，后是陷害湘军储备骨干，暴怒的曾国藩立刻展开了反击。陈抚台以为和曾国藩的斗争，不过是寻常官场倾轧，互相收拾几个部下，让对方难堪就算完事。却不知他的对手乃沙场的统帅，一旦决定动手，就是你死我活的结局。曾国藩虽然一直隐忍不发，但私底下早把陈启迈的罪状搜集齐整，很快上奏朝廷弹劾陈启迈几大罪状：

　　一、为私情，无端将有功名在身的举人彭寿颐下狱施以酷刑。

　　二、师心自用、破坏战局，以国家公器要挟市恩。朝廷已多次下发明谕，指定江西供应湘军粮饷，但陈启迈却扣住不发，以此要挟湘军为己所用。曾国藩在折子上说，军饷是朝廷和国家的财物，并非陈启迈的私产，他却拿国家的资产来挟制湘军，为个人谋取权力。湘军为了口粮勉强接受陈的指挥，他却肆意妄为，败坏大局，导致战局崩坏，大片土地丢失。

三、包庇私人、虚报战功。总兵赵如胜，率四千兵马、火炮七百尊迎战太平军，刚闻敌军炮响就弃众而逃，导致兵勇溃散而军械尽失。来攻的太平军，据传长发者不过百人而已。如此大败，陈启迈却上奏为赵如胜表功，夸他英勇作战。守备吴锡光，贪财好色，掳掠民间妇人上百人，还多次劫掠市镇。吴所统率的贵州勇营，无故杀害友军龙泉勇一百八十七人。陈启迈非但不处分吴锡光，还多次为他虚报战功，越级擢升。曾国藩说，虚报战功虽是常态，但像江西战报这种无一字真实的，却绝无仅有。若让这种风气传播开来，皇帝无法得知天下虚实，大祸就不远了。

曾国藩弹劾陈启迈的这些罪名，如果仔细分析，也颇有夸大之处。湘军进入江西后战败，一是未能整合湖北资源休整扩大军队，就仓促进入九江，强弩之末不能抵挡石达开新锐之兵；二是曾国藩自己不擅长前敌指挥，战术失误。咸丰皇帝的急切和曾国藩的轻率才是江西战局败坏的主要原因。陈启迈最多就是未能在江西整顿出强兵，支援湘军不力，但各省督抚除了骆秉章外，也多半没有精兵在手。即便陈启迈企图用军饷卡湘军，湘军的战败也不是因为缺饷，毕竟黄赞汤给湘军提供了充裕的银饷。况且让地方官以粮饷制衡湘军，本来就是咸丰皇帝的计划。

至于无端将彭寿颐诬陷下狱，这种冤案当初曾国藩自己也没少办，何况那是李峤办的冤狱，陈启迈最多是失察、放纵罢了。陈启迈真正做过的，是为赵如胜和吴锡光虚报战功——但这种事，湘军也没有少办。陈启迈庇护赵如胜和吴锡光，无非因这两人是他手头稍微经过兵事历练的，哪怕战绩很差，也勉强算专业人士。

但从咸丰的立场来说，臣下无能即是罪过，皇帝不介意巡抚克扣湘军的军饷，以此控制曾国藩。但陈启迈显然无法控制湘军，即使在曾国藩顾全大局勉强让他指挥军队时，他的方案是，"调之防景德镇，又调之保护省城……旋又调之西剿义宁……忽有调往湖口之信……朝令夕更，反复无常"。[①]咸丰的算盘是加强对湘军的控制，却不是让一个庸人胡乱使唤这支精兵，葬送这支部队。曾国藩虽在江西战局不利，但他是从湖南、湖北一路打胜仗过来的，纵然此时战败，也是功过相抵。今后朝廷还得仰仗他，湖北战事也同样倚靠湘军。如果陈启迈能夺下湘军控制权，并能指挥军队打胜仗，咸丰是很乐意支持的。如果败坏大局，那皇帝就只好取曾而弃陈了。

这道弹章一上，早就对江西战局不满的咸丰果断下诏，将陈启迈革职，并将其罪行昭告天下，永不叙用，办彭寿颐案的按察使恽光宸也一并撤职，交新任巡抚文俊查办。从江西官员的角度看，陈启迈并无大错，他不过是领会了咸丰分化打压湘军的上意，忠实地执行这一政策而已。朝廷当初夺回曾国藩湖北巡抚的任命，本意就是让各省督抚限制湘军。陈启迈被参倒，政治生命彻底终结，江西官绅都深感痛惜。在赣"乞食"的客军首领参倒本省主官，是对整个江西文武官员的挑衅，此时连之前保持中立的地方官都起来反对曾国藩，湘军的处境比陈启迈在任时更加艰难，连和曾国藩素有矛盾的王鑫都同情曾国藩的悲惨遭遇，发信前来慰问。

另一条战线上，湖北巡抚陶恩培兵败自尽，清廷让援鄂的湖北按察使胡林翼署巡抚。此前曾国藩只做了几天鄂抚，并未得到湖北的地盘、钱粮。陶恩培战死，让鄂抚大权又回到了湘军的阵营。曾国藩刚直迂阔，不擅协调人事，而胡林翼却善于权谋，精通官场柔术，长于收买人心。如果当初给曾国藩的巡抚任命未取消，曾抚台未必能和湖广总督及其他湖北官员处理好关系，得到湖北却未必能治好湖北。湖北巡抚一职辗转到了胡林翼手上，可能是最好的结局。

曾国藩是著名理学家，湖湘士大夫的精神领袖，声望高而成名早，又一手创办湘军，但名望太高难免让朝廷猜忌。胡林翼虽然也是进士出身的高级文官，早年却是浮华浪子，名誉较差，中年悔改后又善于藏拙，朝廷对他的猜忌要少得多。胡林翼的父亲胡达源曾是探花郎，岳父陶澍生前又是太子少保、两江总督，在京师和湖南根基深厚，自己又能伏低做小、调和同僚，他的崛起实是湘军之大幸。甚至可以说，在曾国藩悟道涅槃，变得老奸巨猾之前，以他一味刚强勇猛的性格，湘军很可能在内外打击下夭折。正是胡林翼的阴柔，与曾国藩的刚强互济，并在曾国藩离职两年间苦心经营，才延续了湘军的存在。

胡林翼虽得湖北巡抚一职，但实际上的辖区仅包括省城武昌，其余大部分都在太平军手中。胡兵力单薄，又不懂练兵，被敌人打得丢盔弃甲，甚至好几次情绪失控，差点匹马单枪冲入敌阵自杀。一筹莫展之际，胡林翼只得请罗泽南到湖北助阵。

罗泽南大局观极强，他认为从战略角度来说，要战胜太平军，就必须控制长江上游，欲要控制上游，就必须助胡林翼掌控湖北。拿下湖北，就控制了上游咽喉，获得战略主动，同时也为湘军开辟出新的财源，可以扩军一倍以上。湖北的得失，远比九江更影响大局成败。他到九江观察战局，确认此城非一年半载能够拿下，没有立功机会。屯兵九江既无关大局，也不利于个人功业，他果断向曾国藩辞行，欲带兵去依附胡林翼。

罗泽南和曾国藩的私交并不好，

胡林翼

昔日罗泽南弟子王鑫与曾国藩分裂，罗泽南也率军出走。后来跟从曾国藩东征，半是为了效忠朝廷，半是为了建功立业，他从来不是曾国藩的心腹。见罗泽南要走，曾国藩心中波澜起伏。一方面，他知罗泽南回援胡林翼，经营湖北稳固后方的计划是正确的；另一方面，自己因被舆论和圣旨裹挟，被迫在九江城下消耗军力则是错的。于公他应该支持罗泽南援鄂，于私却心下酸楚，塔齐布已逝，罗泽南去后，曾国藩在九江就愈加势孤，几乎无可用之大将，随时可能遭逢不测。但此时他的修养比当初和王鑫分裂时已大有长进，于是强压住心头的不快，不但放罗泽南离开，还从塔齐布旧部里抽调一千五百人，增益其军，以壮湖北军力。

曾国藩在衡阳和王鑫争斗，原因是王鑫依附骆秉章，依靠骆秉章的钱粮另立一军。此前，他自命天下大事舍我其谁，离开我另立山头就是背弃大义、破坏大局，所以不惜一切打压王鑫。眼下罗泽南在他穷蹙之时离去，曾国藩却能成人之美，足见其学问修养之精进。

他这次成人之美，后来得到了巨大回报。胡林翼本有名将的资质，却不通营制，得到湘军增援后，有了五千精锐为兵胆，又得罗泽南传授湘军营制，很快就在湖北占据上风，重夺武昌，收复湖北。此后胡林翼又以湖北为基地，进行税赋改革，增加了湖北财政收入，然后以此为根据地经营出规模数倍于曾国藩的湖北湘军，培养出鲍超、李续宾、多隆阿三支劲旅，湘军功业，胡林翼在湖北奠定其半。若当初曾国藩肯放王鑫前去依附江忠源，也许江、王合力，早已经营出偌大的局面。

当然，他的修养仍未达到大成之境，对于罗的离去，曾虽玉成其美，却也仍私下发牢骚："皆舍我而别立门户，使我一人独任其难，抑何不仁之甚也！"

塔齐布亡故，罗泽南离去，周凤山素不善战，李元度的平江勇就更不堪大用。水师彭玉麟、杨载福离去后，唯一能战的水军将领萧捷三又阵亡了。太平军打仗，最擅长在运动中调离敌军主力，行围魏救赵、批亢捣虚之策。石达开见罗泽南前来攻打武昌，湘军精锐尽在湖北，江西腹地空虚，遂分兵一部转入江西攻城略地。太平军联络天地会葛耀明、陈寿、王崇开的大军，在三个月内攻克临江、袁州、吉安三座府城及十几个县城。

周凤山急率湘军来战石达开，在有江西四大名镇之称的樟树镇被太平军打得大败，阵亡高达千人，这是湘军成军以来单次阵亡士卒最多的一次。周凤山在湘军中资格较老，但本人既无谋略，亦乏胆识，遇事优柔寡断，以他继统塔齐布留下的精兵，是曾国藩用人的一大失误。樟树镇大败之后，湘军残兵纷纷逃入省城避难，将士都成了惊弓之鸟。石达开乘势而发，联络江西的会党武装，一举攻下江西多处地盘。曾国藩带溃兵孤悬南昌、南康两地，被太平军重重围困，内外消息断绝；想向湖北胡林翼求助，前后派出信使数十人，都被太平军捕杀；欲与湖南通家书，派随从化装成乞丐出城，也被忠于太平天国的民众识破，前后被擒杀上百人，才把书信送到长沙。

曾国藩艰难地与外界通了消息，恳请罗泽南带兵回援江西，以救他性命。咸丰皇帝却认为胡林翼、罗泽南好不容易包围武昌，建立起湖北战场的优势，如果此时撤围就前功尽弃。在他心里，收复湖北要远比救援江西重要，就勒令罗泽南必须打下武汉三镇后方可救援江西。

罗泽南来湖北时，曾国藩非但没有阻拦，还给他加派了一千多精兵，曾国藩如此仁义，自己又如何能见死不救？罗泽南拼命攻打武昌，希望能尽快攻下城后去救江西。但罗泽南日夜攻城，心中焦急，每日亲临前敌指挥，不幸被太平军抬枪击中头部，不久死于洪山军营之中。这位理学大师、湘军名帅死前留下一句话："乱极时站得定，才是有用之学。"

　　湘军起家时得力的陆军统领，塔齐布死于九江，罗泽南死于武昌，曾国藩赖以纵横天下的两员大将至此都已殉难。友朋凋零、羽翼尽折，在南昌的曾国藩悲愤不已，然而江西官场对他的攻讦犹未停歇。匡山紧锁，云梦无路，鼙（pí）鼓声声围绕摇摇欲坠的南昌城楼，落魄的曾国藩看着遍地伤兵，惆怅万千。

【注释】

① 以上见曾国藩《奏参江西巡抚陈启迈折》，见《曾国藩全集》第 1 册第 482
　　页，岳麓书社 2011 年版。

三　毕金科之死

　　据说，左宗棠晚年问他的幕僚："我的才能胜骆秉章十倍，但世人称道他的却比称道我的多，这是何故？"有胆大的幕僚回答："以左公之桀骜，当初在骆公幕府，骆公能容公。假如异地而处，使骆公居左公幕府，公必不能容骆，这就是世人称道骆公的原因。"①

　　骆秉章虽一度与曾国藩相处不睦，但不以私怨废国事。湘军离开湖南作战，骆秉章在左宗棠的辅佐下，改革了湖南的赋税制度。此前湖南财政一年不过八九十万两白银，骆秉章采用包税的办法，让士绅自己设局纳粮，不经基层官吏，不加征损耗，把农业税收提高了一倍有余。改革农业税的同时，又开征厘金，向从湖南过境的商队抽税。改革前湖南岁入不满百万两，改革后每年在维持全省基本运转的同时还能挪出三百万两军费。有了充裕的军费，骆秉章就大规模扩建湘军。听闻曾国藩在江西、胡林翼在湖北都很窘迫，他一面支援湖北，一面向曾国藩派出援军。

江忠源战死庐州，但他的旧部刘长佑、刘坤一手下仍有一部分楚勇，骆秉章以这些楚勇为基干，招募五千兵马，以刘长佑、萧启江为统领，分两路赴江西增援曾国藩，后来又添拨四千人，把楚勇补充到九千。朝廷任命曾国藩昔日的幕僚黄冕为江西吉安知府，但吉安仍在太平军手中，黄冕能言兵，却并不会打仗，便请曾国藩的九弟曾国荃出来带兵。

骆秉章痛快地拨下军饷，让曾国荃创立新营，曾国荃大量招募退役的罗泽南、李续宜旧部，整军三千多人，也进入江西作战，与周凤山会合于萍乡。湖北方面，因曾国华亲自到胡林翼营中求救，胡林翼就把刘腾鸿所率四千士卒交给曾国华，一路杀到瑞州救援。连被踢出湘军的王鑫也写信和曾国藩缓和关系，统带老湘营四千人到江西救援。

曾国荃

湘军将领众志成城，几路援军赶到后，打通南昌城内外交通，曾国藩终于脱困。尽管湘军已增兵至三万人，比当初全军而来时还多了一倍，却因江西太平军兵力优势太大，未能有大的进展。尤其南昌危机已过，江西官僚对湘军的排挤更加剧烈：凡是向湘军捐赠财物的人家，湘军走后，江西官吏必定再来征收一次，不勒索到破家绝户不罢休，以此恐吓民众。江西文官多次折辱湘军将帅，竟有四品武将被捆打羞辱。湘军援军虽多，军费开支却也更大，地方官员不配合，湘军粮台也无计可施。曾国藩误以为旗人耆龄作战勤勉，比现任巡抚文俊好，就设法让朝廷调走文俊，改以耆龄为江西巡抚，而耆龄上台后就逼死了湘军猛将毕金科。

毕金科原本是湖北绿营王国才的部下，他作战英勇，冠绝诸军，因而得到曾国藩赏识，让其跟从塔齐布带兵。塔齐布战死后，继任的周凤山能力低下，最后兵败樟树镇，全军大溃。曾国藩把樟树镇收罗的溃兵分为两支，一支由黄虎臣统领，一支由毕金科统领。毕金科本是云南人，以湘军排挤外人的传统，能够这样快的速度统领上千人，还是塔齐布留下的精兵，足见他的才能。[2]

毕金科在饶州（治所在今鄱阳）一带游击作战，遇到太平军大队就藏匿不出，遇到小股敌军就予以歼灭，他采取这种流动战术，立下不少战功，最后甚至偷取了饶州。毕金科攻克饶州，功劳却被布政使耆龄吞没，两人因此结下仇怨。湘军攻克饶州不久，太平军又来攻打，耆龄不战而逃，为了保命还烧断浮桥，险些让饶州湘军战败。毕金科本是莽夫，愤怒之下竟然殴打上官耆龄，从此仇怨更深。

耆龄取代文俊成为巡抚，就知会饶州地方官不给毕金科发放补给。不但拿不到饷银，连粮食都没有供应，毕金科为此多次向知府乞食救命，都得不到回应。署理饶州知府冯询说，毕金科如果不想被饿死，可去打景德镇，只有打下景德镇，才能得到粮草供应。

毕金科虽然勇猛，但他的部队只有一千多人，又无攻打营垒城池的器械，怎么敢去攻打重兵设防、堡垒林立的景德镇？但他所率军队饥疲至极，再得不到粮草就要饿死，无奈之下就硬着头皮进攻景德镇。一战之下，塔齐布留下的这支精锐全军覆没，毕金科也战死沙场。

毕金科的部将朱洪章回忆说，我先去见冯询，婉言求他设法拨给粮草。冯说："我岂不知道打仗要先筹军饷？但耆龄不比他人，专门为难下属，就连钦差大臣曾国藩筹措军饷，耆龄都能秘密暗算，让曾国藩筹不到钱，何况我是他的下属？"朱洪章回来告诉毕金科后，毕金科又亲自去请知府发饷，不多时就回来，说知府告诉他必须收复景德镇，不然杀了他也没粮草。③

毕金科勇猛善战，统率的那一千多士卒又是一直跟随塔齐布的精兵，若不战死景德镇，等湖南的援军和粮饷到了，就能扩充为一支强大的部队。不料未来的将种和兵胆，就这样被江西文武官员设计葬送了。大敌当前，耆龄指使部下陷害湘军猛将，政争到此，已无底线可言。日后湘军攻克景德镇，曾国藩还在毕金科战死处立下碑文，"内畏媚嫉，外逼强寇。进退靡依，忍尤丛诟"，既是写毕金科被逼死的冤屈，也是抒发自己胸中郁郁之气。

曾国藩后来回忆这段经历说："江西数载，人人以为诟病"，"几乎通国不能相容，遂致浩然不欲复问世事。"他对挚友刘蓉说："所至龃龉，百不遂志。今计日且死矣！君他日志墓，如不为我一鸣此屈，泉下不瞑目也！"

局势何以弄到如此地步？因为曾国藩一味刚强，不懂"挫其锐，解其纷，和其光，同其尘"的"玄同之道"。儒家讲究先正自己，再正他人，以自己之德，去教化他人。"为政以德，譬如北辰，居其所而众星共之。"这种天真的想法，法家早就指出其谬误：儒家以为圣人有德，只要感化他人，他人就会跟从你学做圣人。可是圣人对人再慈爱，能有他父亲对他好吗？现在很多人连父亲的话都不听，你怎么能指望他人跟你学做圣人呢？

理学又把原始儒家这种天真迂阔放大，似乎只要自己天理在手，天下无不服从。"为天地立心，为生民立命，为往圣继绝学，为万世开太平"，"横渠四句"何等大气豪迈，但又何等霸道！生民为何要等你来给他立命？万世又何须你来开太平？用一句市井之言，那就是："你想教我做人，你又算老几？"

道学先生们总想着把坏人改造成好人，或者消灭坏人，但从未想过万一改造不了，也消灭不了，又如何处之呢？曾国藩既不能把江西的官员变成明大义识大体的好官，也不能消灭他们，就应该思考一个问题：当自己周边全是颟顸奸佞的庸官时，如何协调斡旋，让庸官不来坏事。或者说，我能否凭庸官以成大事？统率好人办事不难，驱使庸人办成大事才是高水平的修养。

如前所述，骆秉章并非颟顸无能，也并非气量狭小之辈，他只是面对权力还不能完全廓然大公罢了。曾国藩面对这位比他资深得多的老前辈，既不持尊重的态度，也不采取合作的姿态，一心想架空这个平庸的老头，自己大揽大包，怎能不自取其辱呢？与骆秉章尚且无法相处，那与陈启迈、文俊、耆龄之辈就更不能合作了。曾氏面对阻力，并未想过如何与他人和解，如何以柔术应对，使之为我所用，只一心想着把这些人架空、踢开。自领军以来，曾氏先斗倒了清德、鲍起豹，再逼杀崇纶，而后又参倒了陈启迈，调走文俊，被他强力斗倒的巡抚、提督比被太平军逼杀的少不了多少。在咸丰和朝臣眼里，曾国藩根本就是个不懂规矩的野蛮人，把官场这种需要小心翼翼"斗而不破"的瓷器撞得千疮百孔。

对于有手腕的政治家来说，这些利欲熏心、鼠目寸光的庸官并不难对付。名利可动人心，只要利益给够，这些人是可以收服的，他们紧紧不放的权力，是可以赎买的。虽然这些人办不了正事，但处理得当，也可以让他们不出来坏事。宋太祖赵匡胤身为皇帝，欲收武将兵权，尚且要以良田美宅赎买，何况你一个侍郎？

胡林翼在湖北，遇到比陈启迈还要麻烦的总督官文，他的手段就高明得多了：胡先和官文的爱妾结为兄妹，再让义妹从中斡旋，协调和官文的关系，让官文少找自己麻烦；继而分润战功给官文，让官文赚足颜面又无须劳顿，减少对自己的干扰。官文在湖北开当铺赚钱，胡林翼也假装不知，让他专心赚钱，以钱财换取其在政治上放手，自己得以放手操办湖北事务。胡林翼之长，正是曾国藩之短。

曾氏这种蛮干作风，能够一路跌跌撞撞走来，虽经常困顿而一直不倒，主要倚靠皇帝的支持。咸丰与他多次冲突，大多数时候都以退让告终，偶尔对他加以惩戒，也都不算致命。尤其是曾国藩多次与同僚冲突，皇帝都顺从了他。实际上，咸丰并不喜欢曾国藩，对他的忠诚也不完全信任，反而处处设防，暗地打击。之所以在关键时刻支持他，是因为湘军乃当时长江上游唯一能打胜仗的军队，曾的军事能力实在太重要了。如果哪一天取而代之的将帅出现了，咸丰会毫不犹豫地闲置曾国藩。

【注释】

① 见江庸《趋庭随笔》，见《清代名人轶事辑览》第 6 册第 2743 页，中国社会科学出版社 2004 年版。

② "公临敌，负枪，腰五十矢，令二卒手蛇矛、持八尺刀以从。怒马直穿贼阵……楚人剽悍者低首，塔公亦艳称公。"见朱孔彰《中兴将帅别传》第 138 页，岳麓书社 2008 年版。

③ 朱洪章《从戎纪略》，见《近代中国史料丛刊》第 11 辑第 108 种第 54 页，文海出版社 1966 年版。

四　与皇帝的积怨

咸丰六年（1856）秋，太平天国发生天京变乱，洪秀全指使韦昌辉杀死实际掌控太平天国军政大权的东王杨秀清，天京城内两万多精兵也随之消亡。石达开原本奉命从前线撤离，回天京参加诛杨大计，但他赶到时杨秀清已死。晚到的石达开因劝解韦昌辉不要过多杀戮东王余党，引起韦昌辉猜忌，最后全家被杀。独自逃生的石达开从前线带兵十万回到天京，逼迫天王诛杀韦昌辉，天京变乱才结束。

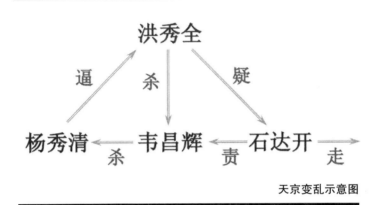

天京变乱示意图

这一场大乱，导致太平天国的中枢机构瘫痪，大批"干部"被杀害，基层士兵信仰动摇。尤其是前线作战的太平军主力开回天京参加内讧，撤出了与湘军犬牙交错的阵地，各路湘军乘机大举反攻。被湘军长壕围困的武昌守将韦俊，一方面因兄长被杀而心烦意乱，一方面也因军事上实无破局之法，最后弃城突围而走。胡林翼、李续宾攻占武昌，随后收复湖北全境。罗泽南死后，继续统领大军的李续宾率军近万人，从湖北出发，挺进江西，恢复对九江的进攻。杨载福的水师带着湘军后起之秀鲍超的霆军，与都兴阿的马队一起进占小池口，两军态势竟然恢复到了湖口大战之前。

与李续宾等人会师后，曾国藩感慨地说，李续宾统领的陆军，比当初塔、罗在时还要精悍，杨载福的水师也远胜往昔，言下之意留在江西的部队，比湖北来的援军大大落伍了。有这种想法的当然不止曾国藩，经过骆秉章在湖南、胡林翼在湖北的经营，湘军总兵力已高达七万。由胡林翼创建或者指挥的部队，大致有李续宾部八千，鲍超部三千，水师一万，襄阳驻守勇营七千，此外还有数千马队。以上合计，湖北湘军三万有余，数量是曾国藩的两倍，战斗力更远胜之。曾军周凤山、林源恩、李元度都不擅用兵，而湖北湘军李续宾被陈玉成推为天下第二，王闿运也说李续宾善战远在罗泽南之上，鲍超的霆军则是湘军后期战斗力最强的部队。

由湖南巡抚骆秉章和他的幕僚左宗棠直接控制的湘军，计有王鑫四千，刘长佑九千，赵焕联三千，江忠义二千，加上一些零散部队，数量也有二万以上，其中王鑫、刘长佑都能征善战，乃当世名将。如此一来，曾国藩在江西的部队与胡林翼、骆秉章两位巡抚的部队相比就相形见绌了，他手下只有水师四千，曾国华四千，曾国荃六千，李元度四千，合计不到二万，其中曾国华的部队是胡林翼拨给的，而曾国荃一军由骆秉章供饷。曾军数量已不如骆、胡两系，良将更是稀少。

原本湘军第一号人物是曾国藩，但在他坐困江西的两年里，骆秉章和胡林翼的实力都已远胜之。胡林翼的部队才收复湖北全境，骆秉章的部队又在江西连摧名城，曾国藩反而战功平平。在皇帝的眼中，曾国藩的替代者已经出现了，既然如此，这个脾气大个性倔的湖南蛮子，就可以退场了，卸磨未必杀驴，却可以把驴子打入冷宫。

在此之前，曾国藩和咸丰皇帝已经有多次交手。

清朝从乾隆末年开始，制度败坏，吏治污浊，又经历嘉庆、道光两位平庸之主，国家已现崩溃决裂之相。前述道光朝最得宠信的大臣曹振镛，做官秘诀是"多磕头，少说话"。道光才能平庸，又惧怕外间浊浪滔滔，也乐见得大臣唯唯诺诺、粉饰太平。经曹振镛等人的"陶铸"，满朝文武更加琐鄙无能，官员以不负责任、圆滑推诿为做官秘诀，"不出头、不负责、不立功、不反对"，多一事不如少一事，士风柔靡而荒唐。

鸦片战争后，秉持国政的重臣穆彰阿，比曹振镛更加不堪，曹振镛只是教人不做事，穆彰阿却专门打击做事的人，林则徐被贬远戍新疆，乃至鸦片战争期间清朝的和战不定、指挥失当，都与此人有关。道光驾崩后咸丰登基，这位十八岁继位的少年天子在帝师杜受田支持下，果断罢免穆彰阿、驱逐穆党，下诏让群臣上书言事，似乎有维新改制、中兴大清的气象。

时任礼部侍郎的曾国藩才三十九岁，正值有气敢言之年，见皇帝有振作之态，就在一年多的时间里，连上了《应诏陈言疏》《条陈日讲事宜疏》《备陈民间疾苦疏》等多道奏疏，痛斥当时官僚风气的堕落，世道人心的败坏，建议皇帝下决心彻底改革，整顿积习，力挽颓风。

世道人心的败坏，往往表现在群体性的圆滑。世人皆以世故圆滑为成熟，以勇于任事为幼稚，以颟顸粉饰为高明，以仗义执言为浅薄。这些奏折递上去后，群臣并不在意曾国藩骂他们琐鄙、颟顸、退缩、敷衍，他们倒是抓住曾国藩在《条陈日讲事宜疏》中所绘草图笔法拙劣、图形丑陋一事大加嘲讽，并引以为京城官场笑谈。士林风气败坏如此，官员已丧失理想和血性，成了麻木不仁的磕头虫。[①]

咸丰皇帝并非不知道吏治的败坏，但风气所趋，势难骤变，他一个少年也无可奈何。浊浪滔滔，大多数人只能随波逐流，即便有大毅力大智慧的人，也至多独善其身，想要重振风气谈何容易？咸丰之所以得到皇帝的宝座，并非他在诸皇子中最有才能，反而是因为他最为笨拙和老实。《春冰室野乘》有一则讲咸丰得位始末，虽是野史，却被《清史稿》收录，大概它符合时人"想象的真实"：道光帝叫皇子在南苑狩猎，咸丰的老师杜受田让他一只猎物也不要打。等到道光问询时，就回答现在是春天，万物生长的季节，不忍伤害生命，也不愿意靠弓马与兄弟相争。[2]

《清史稿》收录这条野史，主要是它非常符合道光的性格，道光是个质朴而胆怯的人，鸦片战争之后，传统王朝难逃的衰败宿命如泰山压顶，船坚炮利的西方殖民者又汹汹而至，他不敢面对这个惊悚的世界，只好选择逃避现实，挑选心腹时首选圆滑弥缝、善于粉饰欺骗的庸臣，选皇位继承人自然也会选一个"仁拙"之主。在他有限的智识里，大厦摇摇欲坠，动作越大坍塌越快，如果皇帝和大臣都不多事，不作为，大概崩塌得会慢一点。

咸丰才具远不及六弟奕䜣，杜受田的绝招，是利用大家对道家哲学的误读，把愚蠢包装成大智若愚，把无能包装成无为而无不为，把胆怯懦弱包装成治大国若烹小鲜的高明。咸丰甘心选择"藏拙示仁"之路，显然是有自知之明的人，他知道自己才能比不过六弟。以清朝积弊之深，以他能力之弱，能勉强维持局面不至糜烂崩溃就算祖宗洪福，怎敢大刀阔斧去改制？放逐穆彰阿，不过是帝师杜受田一党与穆党的权力斗争；下诏让群臣言事，不过是新皇登基故作姿态的表面功夫罢了。老臣们对此都心知肚明，只在上书里写点不痛不痒之事，满足皇帝好名的心态。唯有"愤青"曾国藩真的在思考应如何重振朝纲，而在这些世故的老官僚眼中，这是幼稚懵懂、滑稽荒唐的，殊为可笑。

道光在去世前的遗诏里，沉痛地检讨了自己一生的过失。他痛心地说，自己所作所为对不起列祖列宗，也不配为子孙后代效法，因此自己驾崩后灵位不进太庙供奉，也不举行郊祭。太庙是皇家供奉祖先的地方，郊祭是指皇帝在天坛祭祀上天时，以列祖列宗陪祀。不进太庙，不行郊祭，等于把自己从族谱中除名，不再享受后世子孙的香火祭奠，是非常严重的惩罚。既然道光留下了如此遗诏，咸丰就让大臣们议议，要不要遵奉遗诏。

清朝以孝治天下，哪个儿子敢议论父亲的过失？哪个儿子敢因父亲有过失把父亲的牌位撤下？民间土财主都会在墓志铭里把无赖父亲吹成乡贤，更何况皇帝？清朝不是宋朝，大臣一般不敢抨击皇帝，何况是先皇。朝臣都知道咸丰的想法，纷纷上书说大行皇帝仁德无双，太庙是必须进的，郊祀也不必废。先皇严于律己、谦虚过甚，他可以苛责自己，做臣子的却要看到他的功德。

这些奏折都深合上意，唯独曾国藩风骨峭峻，上奏赞成执行道光的遗诏。他说，本朝以孝治天下，既是先皇的遗诏，那就必须遵守，否则就是不孝，不合大清家法。再说道光皇帝如此谦虚自抑，抬高列祖列宗而卑屈自己，这种大孝大让，是古今难见的盛德，我们当然要玉成其美。当然了，对于子孙来说，父亲纵有过失，也不能不四时供奉，不进太庙说不过去，但郊祭就尊重其遗愿免了吧。何况天坛地方不大，列祖列宗的牌位都放上去，迟早放不下，就从道光皇帝这里立个规矩，不用每个皇帝的牌位都参加郊祭。[③]

这道奏折若放在唐宋，乃至明朝，都很常见，援引大义批评皇帝是当时士大夫的拿手好戏。但自乾隆说出他不过把大学士当作倡优蓄养之后，清朝的大臣就基本不敢写这种逆龙鳞的东西了。也许是荆楚蛮荒，楚地的士风还保留了宋儒的风骨，曾国藩受楚风陶冶，自然就敢写这样的奏章。这篇文章逻辑严密无可辩驳，又加持儒家大义，咸丰皇帝自然只能照章办理。曾国藩似褒实贬，让道光入了太庙，却不再配享郊祭，坐实了昏君之名，对于咸丰这个儿子来说，是极为恼怒的事。但曾国藩手持道义的大棒敲打皇帝，咸丰也只能夸奖他见事明白、办事有方。

如果之前的几封奏折只是让咸丰觉得曾国藩不通世故、迂腐可笑的话，那么这一次就让他记恨上了这个不知好歹的书生。咸丰早年坠马摔瘸了腿，望之不似人君，加上他又是靠装憨而得大位，因此特别在意他人对自己的看法，是个自卑而敏感的皇帝。正因为敏感，所以他心细如发，总能从臣子胡编乱造的奏折里寻到蛛丝马迹，从而发现真相，这是他远胜其父的精明之处。

咸丰自少年时就在六弟的光环下隐忍，老师杜受田也每每教他隐忍后发，故他又比一般的皇帝能顾大局。此后多年，在咸丰和曾国藩的交锋中，就很明显地体现出其隐忍和敏感的双重个性：他能为大局压抑怒火，忍让曾国藩的冒犯，但每一笔账都牢牢地记着，一旦大局稳定，就按捺不住要为难曾国藩了。

曾国藩连续给皇帝上书言事，咸丰大多给他回复三个字——"无（毋）庸议"，显得非常不耐烦。但在多次收到"无庸议"之后，曾国藩还是一封接一封地上奏，举凡财政节流、裁汰冗兵、民间疾苦、平抑物价、朝廷大礼，种种政务都论了个遍。京师官员都嘲笑、孤立曾国藩，把他当作了一个偏执狂、书呆子。曾氏被群臣讥笑，被皇帝无视，也怒火中烧，"书生之血诚，徒以供胥吏唾弃之具，每念及兹，可为愤懑"。曾国藩是越挫越勇的刚强个性，加上湘中好友刘蓉、罗泽南怂恿，干脆上了一份直刺皇帝之短的奏章《敬陈圣德三端预防流弊疏》，把皇帝直通通地怒骂了一顿。

这份奏折批评了咸丰皇帝的三个大毛病：

一是小事精明，大事糊涂，抓小放大，全无大局观。咸丰每天给朝臣礼节、服饰、仪态挑刺，把精力花在这些无关痛痒的小事上。真正的国家大事如广西打仗，却漫不经心，都开战一年了，连地图都没看过。——这是骂皇帝婆婆妈妈，没有大局观。

二是虚伪好名，不讲实际。咸丰下诏让大臣言事，大臣真的上书了，就一律回复"无庸议"三个字打发。可见根本不想听取意见，只是追求纳谏的虚名。——这是发泄皇帝对自己无视的愤怒，埋怨皇帝虚伪、好名，装腔作势。

三是高高在上，自以为是，刚愎自用。曾国藩在这里说了一段很重的话，说咸丰为人骄矜，视群臣如无物，先惺惺作态让大家说话，等大家发言了又不理睬，甚至加以打击，装出天威难测的模样，长此以往，有志之士都会劲节尽挫，最后无人可用。

清朝初年，政治的核心是满洲八旗武将，文士如洪承畴、范文程，不过是降虏附庸。随着版图扩大不得不借助文臣的行政能力，皇帝又时时摧残其风骨。自古经筵，是文臣主讲而皇帝听讲，讲官在朝堂是臣子，在经筵是老师，而康熙改经筵为先由皇帝主讲，定下基调再由讲官分讲，则文臣失去帝师名分，在经义上成了皇帝的学生，再也不能援引经义抨击皇帝。乾隆更直接说出大学士不过倡优蓄之，君臣之别已若天渊，大臣上奏都战战兢兢、字斟句酌，生怕哪一句话失了体统，哪儿还有人敢像曾国藩这样酣畅淋漓地骂皇帝？

咸丰读完奏章勃然大怒，把奏章摔在地上，立刻召集军机大臣要治曾国藩大不敬之罪，幸得大学士祁寯藻在旁劝说。祁寯藻知道咸丰好虚名，就进言说如果陛下因此治罪，就等于坐实了曾国藩文章所述，不如加以宽容，反倒成就君上虚怀若谷的美名。咸丰尚能顾全大局，又不是随便诛杀大臣的雄主，息怒之后在上谕里把对自己的指责批驳一番就此作罢。但他在账本里，显然又给曾国藩重重地记了一笔。

曾国藩在湖南办团练，因为形势危急，他又是实心实意为朝廷办大事，咸丰和曾氏这一段时间称得上是君臣相得。曾国藩违反朝廷制度冒天下之大不韪办湘军，皇帝替他打了掩护；他和湖南绿营冲突，咸丰罢免了清德，后来还办了鲍起豹；他在江西和巡抚冲突，皇帝连换陈启迈、文俊两任巡抚。咸丰有知人之明，知道谁在真心办事谁在破坏大局，但他对曾国藩的支持，是以曾国藩能为他办事为前提的。

在衡阳练兵的时候，君臣二人就发生过争执，咸丰数次调动湘军出省救援，一次救援安徽江忠源，一次救援湖北吴文镕，曾国藩都抗旨不遵。这一对君臣谁的决策正确姑且不论，将在外军令有所不受，但抗旨亦有讲究，一般都会姿态低下，言辞谦卑，先表明奉旨决心十分坚定，再把不得已违旨的原因归结于不可抗拒的客观因素。而曾国藩抗旨则是坦坦荡荡，生硬地和皇帝顽抗，他在讲述了不能出兵的具体理由外，还自述抗旨的主观原因如下：

"未敢因谕旨严催，稍事拘泥。"——不错，我就是主观上抗旨。

"事势所在，关系甚重，有不能草草一出者。"——前线的事情很复杂，行军打仗非比儿戏，不能草率出动。这是说皇帝为人草率不知轻重。

"臣若不督带同行，则殊失皇上命臣统筹全局之意，亦非臣与吴文镕等四省合防之心。"——之所以行动迟缓，是因为我负重前行。我统筹全局责任重大，仓促出兵违反我和吴文镕等四省长官的策划。这是我们好几个统筹全局的重臣着眼大局的共同决议，陛下您看着办吧！这是联合起来给没有大局观的皇帝施压。

整封奏折都是在骂咸丰为人草率，毫无大局观，拿军国大事当儿戏，自己这个忠臣恕不奉陪。咸丰精明过人，曾国藩不能出兵是出于公心而非畏缩避战他是看得出的，但哪个皇帝能忍受臣下这种生硬的态度？咸丰立刻把曾国藩嘲讽了一番：

"你大言不惭说自己统筹数省军务，可你有那能力吗？平时自以为是，以为自己天下第一，一遇到大事就只能退缩，你这不是自己打脸吗？"皇帝这是还记着曾国藩多年前讽刺他刚愎自用，但接下来咸丰笔锋一转，鼓励曾国藩好好办事，对于出兵一事，也没下达限日出击否则治罪这种死命令，只说你尽良心，能快就快一点。④

咸丰这道上谕，以清朝的君臣关系来说，已算得上是宽容有加，但若放在唐宋，那就是轻辱重臣，有失体统。曾国藩是古怪刚介之人，他立刻上折给咸丰顶撞回去：

"自兴工之日起，统计不满八十日，昼夜催赶，尚不迟缓。惟炮位至少亦须八百尊，乃敷分配。前次钦奉谕旨，令广东购办炮位千余尊，限三个月解楚。"——上谕给的办事期限是三个月，现在才八十天，我不出兵不算逾期。陛下催促现在动身，是不是朝令夕改？

"黄州以下，节节有贼，水路往援之兵，不能遽达皖境。前两奉援鄂之旨，命臣筹备炮船，肃清江面。后两奉援皖之旨，命臣驶入大江，顺流东下，直赴安徽等因。"——现在处处都是敌军，援军根本到不了安徽，陛下一时让我援助湖北，一时让我援助安徽，还要肃清江面。对不起，这是瞎指挥，不切实际。

"三省合力防堵之说，系臣骆秉章与臣函内言之；四省合防之说，系臣江忠源与臣函内言之；待南省船炮到鄂，即与北省水师合力进剿，系臣吴文镕与臣函内言之。"——陛下说我没有资格统筹数省军务，但此前的上奏，是和骆秉章、江忠源、吴文镕三位督抚商议的结果，我没有资格，他们三位总有资格吧？

"臣所练之勇，现在郴、桂剿办土匪，不能遽行撤回。……饷乏兵单，微臣竭力效命，至于成效，则不敢必。"——我的陆军都在各地镇压民变，仓猝之间撤不回，况且没有粮饷，出军实在不能。

"与其将来毫无功绩，受大言欺君之罪，不如此时据实陈明，受畏葸不前之罪。"——如果陛下非要逼我出兵，与其出兵后战败被治欺君，不如现在先受畏敌不前之罪。治罪可以，出兵万万不能。[5]

湘军由曾国藩一手操办，兵为将有，即便他如此生硬地把出兵的上谕顶回去，咸丰也无可奈何。如果因为湘军拒绝出兵而治罪，此例一开，那以后无论皇帝下达如何荒唐的军令，下边官员都只能硬着头皮执行。明末殷鉴不远，如是则必将重蹈崇祯覆辙，咸丰自然不敢因前线机宜处分曾国藩。但他心中恼怒，总要寻找其他理由惩治，于是就借劝捐一事发作。

湘军军饷自筹，由于当时尚未开征商税厘金，劝官僚士绅捐赠财物是其军费主要来源。因为很多富人不愿意纳捐，曾国藩往往会设法威逼，把劝捐变成逼捐。左宗棠的亲家，湖南名臣陶澍的儿子被逼捐银三万两，连左宗棠劝说也不能免。

在这种情况下，已故湖北巡抚杨健之孙杨江，却主动捐献白银两万两，堪为全省士绅模范。曾国藩为树立典型，带动全省纳捐，就上奏将杨健列入乡贤祠，以资表率。杨健在道光时因办事平庸，在朝堂只会随声附和被降职，依他的官声和政绩是入不了乡贤祠的。咸丰就以此发难，批评曾国藩袒护同乡，因私废公，"过于好名"，交部议论处。财政吃紧，花两万白银连知府的官位都能买到，更何况给祖父买个乡贤的名誉？皇帝借机发作，整治曾国藩的意图非常明显，尤其上谕中批评他"过于好名"，这显然又是对多年前曾国藩骂他徒尚文饰、虚伪好名的回应。迎合上意的官员给出的部议结果是将曾国藩革职论处，咸丰看曾国藩还有大用，就改为降二级留用。

衡阳誓师出兵后，湘军战事越顺，咸丰对曾国藩就越好，曾国藩要杀崇纶，咸丰就下诏处决崇纶。湘军战败湖口，曾国藩上折请罪，咸丰就回复这是偶尔的小过失，不必在意，反倒下旨痛斥江西文武配合不力。曾国藩弹劾江西巡抚陈启迈，也是奏章一上立马查办。皇帝和他公文往来也和言细语，"朱批手敕，剀切感人"。

但等到太平天国天京变乱，胡林翼崛起湖北，何桂清重振江南，咸丰对曾国藩就不客气了。之前的恩遇，是因为大江南北只有湘军这一支部队能打胜仗。天京变乱后，太平天国战力衰减，和春、张国梁主持江南绿营军队，张国梁悍勇无匹，"江南恃为长城"。得和、张二帅整顿，江南绿营战斗力大幅提高，不但重建了之前被太平军攻破的江南大营，还攻克镇江、瓜洲，再度围困天京。太平军骁将罗大纲被张国梁击杀，李秀成也屡遭张国梁挫败，长江下游形势大好，似有一举攻破天京的态势。

曾国藩的政敌何桂清出任浙江巡抚，此人善于理财，每月以六万两白银接济江南大营，还出军资把驻扎在皖南的邓绍良部发展到一万七千多人。何桂清在彭蕴章的保举下得两江总督之职后，举江南之财赋供养江南大营，每年提供军费高达五六百万两。何桂清还收张国梁为弟子，亲自教他读书识字，有江南的财源和张国梁这样的猛将，他有了排挤曾国藩的底气。何多次上奏朝廷，说自己目前有江南大营精兵八九万人，东南半壁尽在掌控，剿灭太平天国可以一肩承担。他还多次在奏折里中伤曾国藩，说曾国藩胆小怕事，坐观战局败坏，江西几个月不开一仗，不但江西大局败坏，连江浙一带都受牵连。

何桂清在朝廷有彭蕴章为依托，两人一外一内，联合打击曾国藩。他还在江西埋下密探，打探湘军虚实，

何桂清

一有不利消息就密奏朝廷。李元度战败抚州，曾国藩向朝廷回禀稍微迟了点，就接到咸丰的上谕，说何桂清已经告知朝廷战败详情，你怎么还不回报，是不是要隐瞒？有支太平军主动撤退，曾国藩得以轻松收复城池，上表请功，结果咸丰又提前得到何桂清的密报，下文申饬他夸大战功。

经过彭、何二人内外鼓噪，咸丰逐渐形成了一种印象，湘军师老兵疲，曾国藩精力衰退，已不堪大用。而何桂清整合江南资源，江南大营清军无论数量还是战斗力都超过了湘军，曾国藩再也不是无可取代的重臣。何况江南清军是以绿营兵为主体，乃国家经制之兵，远比湘军可靠。即使需要军队在上游策应下游的何桂清、和春，湘军系统里也已经分化出胡林翼的湖北湘军和骆秉章、左宗棠控制的新湘军，都比江西的曾系湘军要强大。骆秉章老成持重，胡林翼柔和圆滑，都比曾国藩听话。咸丰忍了多年，终于无须再忍，可以踢开这个湖南蛮子了。

后人多以为，咸丰始终不给曾国藩巡抚大权，是防备汉臣，怕湘军造反。但湘军的另一位统帅江忠源，在曾国藩出省打仗前就被封为安徽巡抚，胡林翼也在曾国藩坐困江西时得授湖北巡抚。咸丰不给曾国藩巡抚大权，除了设法限制湘军外，恐怕也是因为和曾国藩积怨太深。

曾国藩对自己的处境一无所知，还在为从两湖赶到江西会师的雄壮兵力而振奋。李续宾到达九江后，湘军在江西已有近五万军队，加上当地绿营和团练，已具备肃清上游，反攻江西的实力。问题只剩下一个，曾国藩还不是江西巡抚，不是巡抚，江西地方官就不会配合湘军作战，湘军的驻扎、筹饷就会有大问题。而且一日不掌控江西的人事大权，有功之臣就得不到实缺。

湘军从岳阳开始一路立功，很多基层军官都得保举官职，连哨长、什长都有得二三品官衔的。但保举得来的官衔是虚职，还得在地方上找到实际的职务任命，否则就没有实权，也拿不到相应的俸禄。江西的人事权不在曾国藩手上，这些军官不能得到实职，朝廷给予的升迁都是虚的，也很影响士气。

　　近两三年来，曾国藩虽然一直被江西官员排挤，但咸丰对他可谓恩遇有加，现在又有五万精兵在手，大可以伸手向朝廷要官了。只是他还未来得及上奏，就接到噩耗，父亲曾麟书去世了。

　　母亲去世时，曾国藩还在赴江西主持乡试的路上，奔丧路上又为飓风、兵燹所阻，一个多月后才赶回湘乡老家。他身为长子，自入官场，十几年未尽一日奉养之责，丧礼又迟到月余，之后也未在家中守孝，为此他心中充满悔恨。率军出省打仗后，又与父亲别离数载，他在军中也时常思念父亲，但前线兵凶战危，也无法将父亲接来尽孝。

　　湘军大举入赣后，江西战局稳定，长江水道也已肃清，曾国藩原本打算过年后接父亲来南昌侍奉。不料家书尚未发出，曾麟书已在咸丰七年（1857）的二月初中风去世，父子二人天人永隔。客居江西两年半，战局起起落落，内斗此起彼伏，这个四十多岁的中年人早已被折磨得遍体鳞伤，接到家中讣告更是五内俱焚。心力交瘁的他干脆不等朝廷批假，直接抛下江西军务，回家中治丧。

　　曾国藩自述当时"恨不得星飞抵里，抚棺一痛"，擅离职守后将要遭到的处罚，已完全不顾。此举既是奔丧心切，亦是对自己在江西所遇不公的抗议。经骆秉章和胡林翼上奏说情后，朝廷并未追究曾国藩的责任，而是给他补批了三个月的假。

　　因为彭蕴章、何桂清的毁谤中伤，咸丰已有换掉湘军主帅的想法，这次准假是他对曾国藩的最后一次优容，曾国藩对此却茫然不觉，在家休假的他还在为湘军盛大的军容振奋。

之前不待朝廷批复就回家办丧事，也可以视作他对咸丰的一次试探。两年来虽然地方官吏百般刁难，但皇帝对他是很支持的。如果这次弃军奔丧，朝廷没有问罪，那自然证明自己圣眷正隆，可以大胆地向朝廷伸手要官。如果皇帝不顾情面要治罪，有"孝义"的名分庇护，这罪也不会很重，正好借机卸下重任回家休整，再不受地方官的窝囊气。

咸丰这次优容，造成了曾国藩的误判，三个月丧假结束后，他就申请要在家守制三年。朝廷当即回复要再次"夺情"，让他速回军中效劳，无须守制。几番奏对，皇帝的惺惺作态让曾国藩误以为朝廷真的离不开自己，于是上了一个折子，说如果还要我继续在江西打仗，就得任命我做巡抚。曾国藩以咸丰心腹的口吻，在折子上告诉君上两个潜规则：

其一，军队打仗，要有激励机制，不但要发赏钱，还要能保举功臣做官。朝廷给了我保举部下的权力，对我的保举也很少驳回。但保举得到的官职都是虚衔，如果得不到实际的职务任命，就没有实权，也拿不到相应的俸禄。湘军屡立大功，很多基层干部都得保举官职，可惜我不掌控地方人事大权，没法把得了保举的军官任命下去，给他们实缺。所以湘军里很多有总兵头衔的人，还在干哨长乃至什长的活儿，一旦请假回家，哨长、什长的职位就丢了，不像绿营军官可以终身拿俸禄。不能得到实职，朝廷给予的升迁就都是虚的，很影响军队的士气。

其二，我是中央下来的侍郎，还持有钦差的官防，看起来既是中枢大员又是钦差，代表皇权威风凛凛。但对地方官员和百姓来说，这种官员不过是匆匆过客，远不如巡抚有威信。皇帝远在天边，钦差带来的圣旨是可以打折扣执行的，只有近在咫尺的巡抚才能决定他们的祸福荣辱。我虽可以用朝廷的旨意在江西劝捐军饷，但我又无权整顿吏治、科举、税赋来回馈江西士绅百姓，怎么取信于人呢？⑥

这封奏折写得很是坦率，如果不给主帅巡抚实职，湘军就很难打胜仗。曾国藩甚至担心皇帝不懂地方官场的游戏规则，苦口婆心地对皇帝推心置腹。就算皇帝不知道，他身边那些人老成精的军机大臣能不知道吗？不给巡抚实职，不过是对湘军采取利用和限制的态度。授予胡林翼湖北巡抚，也是为了在湘军里分化出新的派系。

曾国藩以丁忧守制不出向朝廷要官，咸丰当然是勃然大怒。当下既有胡林翼可以继续统带湘军，又有江南大营可堪大用，那就让他守制吧！收到奏折后，咸丰当即批复，准许曾国藩交割兵权，在家守孝。

咸丰这道上谕，就像一把冰冷的刺刀插进了曾国藩的心窝。同僚的斗争，不过是让他步步荆棘，但还不至于摧毁他的基业，凭着一口刚强之气，他还能咬牙苦撑。皇帝的过河拆桥，才真正让他摧心伤骨、如受刀锋。在家守制，实际上就是把湘军从他手中收走，曾国藩数年经营一朝成画饼，赫赫战功如梦幻泡影，转眼成空。

【注释】

① "庚戌年上日讲疏内，画一图甚陋，九卿中无人不冷笑而薄之。"见《曾国藩全集》第 21 册第 488 页，岳麓书社 2011 年版。

② 见《清代名人轶事辑览》第 1 册第 212 页，中国社会科学出版社 2004年版。

③ 见《曾国藩全集》第 1 册第 4 页，岳麓书社 2011 年版。

④ "今观汝奏，直以数省军务一身克当，试问汝之才力能乎？否乎？平时漫自矜诩，以为莫出己之右者，及至临事，果能尽符其言甚好，若稍涉张皇，岂不贻笑于天下？着设法赶紧赴援，能早一步，即得一步之益。汝能自担重任，迥非畏葸者比。言既出诸汝口，必须尽如所言，办与朕看。"见

《曾国藩全集》第 1 册第 112 页，岳麓书社 2011 年版。

⑤ 以上见《曾国藩全集》第 1 册第 114 至 116 页，岳麓书社 2011 年版。

⑥ 见《曾国藩全集》第 2 册第 221、222 页，岳麓书社 2011 年版。

五　曾左绝交

在江西饱受同僚攻击，又遇上父亲去世，眼见成了僵局，曾国藩未等朝廷批复，就离开江西军营回家处理丧事。战区主官未经上谕同意擅离职守，是非常严重的过失。但曾国藩弃军奔丧，有儒家孝义的名分在，朝廷也不能严厉处罚，加上之前他所遭各种屈辱，胡林翼、骆秉章等同僚也都表示理解。

偏偏此时左宗棠给曾国藩去了一封信，骂他负气出走是置天下大义于不顾。左在信中援引儒家经义，讨论曾国藩弃军奔丧、申请守制不出的行为是否符合礼教。按儒家的规矩，父母去世后官员应当离职在家守孝，称为丁忧守制。若有重大公务在身，朝廷可下旨"夺情"，即事急从权，让官员戴孝办理公务。左指出，《礼书纲目》里都是结合当事人所处的具体情形，来判断是否需要"夺情"。儒家为了维护伦理道德，为了警喻世人设立了守制之礼，但若遇到紧急情况，圣人是允许"夺情"的。尤其经义上直截了当地写着，遇到"金革之事"，即遇到战争是应当夺情的。所以曾国藩未经朝廷的许可而弃军奔丧，既不义，也非礼。①

在家守制的曾国藩"所至龃龉，百不遂志。今计日且死矣"，都已绝望到算着日子等死的地步了。左宗棠非但不在信中开解，反而怒斥他非礼不义，就好像有人因为受辱想要自杀，朋友却在旁边批评他自杀前的表演不够体面。可以想象这封信会把曾国藩激怒到何种程度。

如果对方批评自己莽撞，甚至愚蠢，曾国藩都不会如此生气。左宗棠在信里指责曾这种行为不符合儒家的"礼"，不符合儒生应守的大节，作为理学名臣的曾国藩遭到这种上纲上线的批判，当然暴怒若狂。

左宗棠对这封信的不妥之处茫然不觉，没有收到回信他还觉得奇怪，于是又给曾国藩的九弟曾国荃去信，在信中重申带兵将领必须"夺情"，否则就违背经义所定之大节——这是在伤口上又撒了一把盐。不但如此，他还在骆秉章幕府中评论说，曾国藩一辈子讲"拙诚"，经常装作"以诚示人"，但此次以军务要挟，向朝廷要官要权，哪里看得出"诚"了？

最致命的是，左宗棠给王鑫写信说，曾国藩的父亲曾麟书本是心地仁厚之人，可惜不通人情世故，常被小人欺骗做错事，为此被湘乡人诟病，我觉得老辈人多半如此，不应苛责，他还算是老人中的楷模。这段话看起来是为曾麟书辩白，其实在骂他是个不通人情世故、被小人玩弄于股掌之上的蠢货。既已辱及父亲，曾国藩就和左宗棠绝交，再不通往来。②

遭遇冷战，左宗棠竟然又给胡林翼去信一封，说我批评曾国藩几句，他就赌气不和我说话了，看来此人气量狭小，不能听取逆耳忠言，能力又比较差。他是没有剿灭太平军的能力了，我们只能把他晾在一旁，等战乱平定再说。③

湘军内部常嘲讽曾国荃为人"懵懂"，用现代的说法，就是情商太低，不知分寸。此次曾左失和，左宗棠的表现恐怕比曾国荃还要懵懂数倍。他早年是个狂生，虽有经世致用的才干，却不通人情世故，不懂为人处世之道。后来仕途不顺，蹉跎到四十几岁还未得朝廷任用，巨大的心理失衡使得他越发狂放、越发无所顾忌。进入湖南巡抚

左宗棠

衙门后，所遇上司无论张亮基、骆秉章甚至曾国藩，都是与人为善、胸怀广大的王佐之才，对他这种有能耐却性格古怪的大才子百般回护忍让，这才使得左宗棠有机会施展才干。

中国人向来对狂生抱有同情，加上传统舆论认为忠言必然逆耳，忠臣必然刚介古怪，天才必然放旷不羁，在特定时期特定场合狂生容易得到推崇。无论是皇帝还是督抚，为显得自己虚怀若谷，都必须表示出对狂生的包容，甚至为了博取爱才的名声，会格外施恩于狂士，借此沽名钓誉。左宗棠在四十岁以后逐渐洞悉世事、人情练达，可当他发现狂生这种"人设"对自己相当有利后，甚至会故意装出不通人情世故的模样，也即古人常说的"沽名卖直"。

久经宦海沉浮，能做到督抚大臣的人，不可能一直古怪懵懂。实际上左宗棠到四十五岁后，待人接物也颇有章法，甚至还懂得谦让忍耐。后世论者常说左宗棠做幕僚时深得上司尊重，巡抚骆秉章甚至甘愿做他的傀儡，这并不符合事实。骆秉章甘做傀儡的说法，是左宗棠的地位、功业都超过骆秉章后，为维护"人设"而捏造的。

骆秉章一开始对左宗棠十分不屑，深知内情的王闿运曾说，骆抚台待左师爷如同胥吏，左去找骆汇报事务经常受冷遇，只能像仆人那样垂着双手，站着一旁等待。④同是狂生的王闿运为此还当面讥讽他，但左师爷并未负气辞职，反而继续在骆抚台的幕府努力工作，直到以忠诚和才干打动对方成为心腹。可见他也不是完全不通人情世故。

只有面对曾国藩时，左宗棠才会表现得过于耿直，过于肆无忌惮。左对曾的态度非常复杂，一方面他觉得曾为人正派肯做事，要镇压太平天国就得与其合作；另一方面他有机会就要借狂生的"人设"遮掩，讥讽对方能力平庸。他曾讥讽曾国藩为"书憨"，犹如今人所说的书呆子，说曾"才干稍欠展开""才短""方略本不甚长"。除了曾国藩，左宗棠还批评过胡林翼不懂军事，不如坐镇湖北，专门负责后勤算了。而曾、胡二人，恰是湘军中最有能力的战略家。

曾国藩回忆和左宗棠的交往，怀疑对方一直心存芥蒂，是因为自己创办湘军时逼迫富绅捐款，伤及左的女婿陶桄。当时他要求陶家为湘军捐纳军费三万两，陶家只肯出一万两，于是请左宗棠出面周旋。曾国藩没有看左宗棠的情面，依然勒索了陶家三万两。⑤

但是，他这个回忆也颇有不合理之处。陶家家底丰厚，每年光土地收租就有三万石进账。三万两银子只是陶家一年的地租，损失这笔钱只算稍微散财，远谈不上破家。以曾国藩后来对左宗棠的帮助和提携，这点小矛盾早就应当化解了。学者张宏杰认为，左宗棠对曾国藩的种种不满，源于他的"瑜亮"情结，总觉得曾国藩夺走了原本属于自己的功勋。

左宗棠才高志广，又自视甚高，青年时以"乡上农人"为号，就是对标躬耕于南阳的"诸葛村夫"。中年后他干脆以"今亮""老亮"为号，直接宣布自己是当今的诸葛亮。左曾当着郭嵩焘的面骂儿子才能不及诸葛瞻，言下之意我这个"今亮"胜过了"古亮"，但我的儿子却比不上他的儿子。⑥属下林寿图夸奖他神机妙算，他也毫不客气地自夸"此诸葛之所以为亮"也。

但在出任浙江巡抚前，左宗棠又怎么比得上诸葛亮？诸葛亮既是宰相，亦是元帅，虽说蜀汉地方狭小，诸葛亮也至少治理了一省之地，是手握雄兵十万的豪杰。"今亮"很长时间只是巡抚的幕僚，论地位、权柄尚不及诸葛亮的幕僚马谡。在时人心中，以侍郎身份手握重兵的曾国藩，才是清朝诸葛亮，胡林翼就说"此老有武侯之勋名而尚未得位，有丙吉之阴德而尚未即报"，就是把曾国藩比作名相诸葛亮、丙吉。

论行军打仗、安抚地方的能力，左可能略胜过曾。左宗棠很早就被朝中大员赏识，湖南籍名臣贺长龄赞许青年左宗棠为国士无双，并将家中藏书尽数借给他学习。两江总督陶澍因为赏识他的才干，和这个没有功名在身的"布衣"结为儿女亲家。既然如此，为何当日的诸葛亮是曾而不是左？只因曾国藩是翰林进士，左宗棠仅是举人。

左宗棠很早就把精力放在经世致用的学问上，十八九岁起开始研究顾祖禹的《读史方舆纪要》、顾亭林的《天下郡国利病书》等著作，沉迷舆地、兵法不能自拔，醉心经世学问，八股文的功夫自然就松懈了。直到道光十二年（1832）乡试，左宗棠尚未考中秀才，为了争取时间，花钱捐了个监生的资格参加乡试，结果名落孙山。幸好这年道光皇帝下旨，多给天下考生一次机会，让主考官重新披阅落选的"遗卷"，再从中择优录取六人，以免人才遗漏，左就在这六人中。连秀才都没中过的左宗棠极幸运地捡到举人功名，这也是他在科场上最好的成绩。

在左宗棠看来，曾国藩的功业，由才能更高的自己来做一定会做得更好。曾国藩因擅写八股文中了进士，就得到了办大事的机会，而自己是举人出身，只好屈才做幕僚。这可能让他有一种藏在潜意识中的敌意：因为科举取士有问题，曾国藩窃取了本当属于自己的地位。如果不是朝廷看重进士，曾某人又恰好还有几分办事能力，办湘军的大任多半会落到自己头上。

在调任陕甘总督的路上，左宗棠遇到九江同知王某，因为王也是举人出身，左宗棠就问他，进士好还是举人好。此人深知制军大人的心意，就回答说举人好，中了进士如果在京师做翰林，就只能致力于写公文，如果外放做知县，就会公务繁忙，没时间学习经世致用的大学问。举人因为有空闲，可以研究实际学问，又因为经常进京考进士，有很多游历名山大川的机会，能以此恢弘志气，增长见闻。左宗棠见他把举人说得这样好，心下大悦，逢人便说九江官员虽多，却以王某最为杰出。而王某的诀窍，就是吹嘘举人而贬损进士，此举正中左宗棠之下怀。⑦

因为没有进士功名，左宗棠直至四十岁依然白身，不禁失望地对亲友说："非梦卜夐（xuàn）求，殆无幸矣！"梦卜夐求，指殷帝因梦而重用傅说，周文王因占卜而得姜太公的典故。早年的失意，让他变得狂妄而敏感，喜欢自吹自擂，也喜欢听别人吹嘘自己。曾国藩对赵烈文说，左宗棠爱听属下出格的恭维，因此常被人欺骗。

左宗棠也知道自己的个性不讨人喜欢，索性以此为荣。希腊圣哲苏格拉底自称是雅典的牛虻，"我就像一只牛虻，整天到处叮住你们不放，唤醒你们、说服你们、指责你们……我要让你们知道，要是杀死像我这样的人，那么对你们自己造成的损害将会超过对我的残害"，左宗棠也颇以此自许。

湘军三位统帅，胡林翼和曾国藩的个性可谓是一阴一阳，一柔一刚，形成互补，因而两人相处甚好。左、曾常有冲突，若即若离，因为两人的个性十分相似，而左的个性是曾的极端版、劣化版。曾国藩私下好品评当时人物短长，左宗棠也好臧否（zāng pǐ）同僚，而且是当面点评；曾国藩早年为人"长傲"，棱角分明，不能容人，左宗棠为人高傲、专断，盛气凌人；曾国藩不善人际交往，与那些蝇营狗苟的同僚关系恶劣，左宗棠连曾国藩这样的君子都能得罪。一山难容二虎，两个骄傲、尖刻的英豪就更难相处。左宗棠开府建牙后与曾国藩处处针锋相对，有时候甚至弄得和小儿斗气一般。

湘军将领李楚材，原本是太平军中的小头目，投降后在曾国藩手下当营官。他奉命率千人增援湖州，才三天湖州就陷落了。他回来禀告主帅说，自己趁夜色偷偷越过十几座敌营，摸到了湖州城墙根下查探敌情。穿越十几座敌营摸到被围困的城下，这种身手已超过人体所能达到的极限，曾国藩当然不信。因见此人平日说话荒诞不经，战事不利时又欺瞒上司，就把他那个营裁撤了。但湘军里仍有不少人相信李楚材有神异之处，说他有三大绝技：跑步比马快，下河游泳能几个小时身不沾水，黑夜里身上能发光。

当时科学落后，军中也有大量的术士神棍，李楚材显然是其中翘楚。被撤职后，李请欧阳兆熊帮忙推荐去左宗棠处求职，欧阳兆熊回复说无须写推荐信，只要面见左大帅时说自己是被曾涤帅弃用的人才就行。李楚材投奔左宗棠，声称自己被曾国藩屈了才，左宗棠果然立刻让他统带四个营，以表示自己远比曾国藩有眼光。[8]

咸丰七年（1857）的这次绝交，很快因曾国藩的大度而和好如初。曾国藩在家丁忧守制，读《老》《庄》大彻大悟，开始以柔术周旋官场，懂得与人和衷共济。在接到上谕复出之后，他先请与左宗棠关系不错的九弟曾国荃代为释放和解信号，后来又亲自到长沙拜访，两人关系因而恢复。左宗棠与曾国藩和解后，又帮曾国藩缓和了与湖南巡抚骆秉章的关系，自此湘军内部一团和气，最终能够同心协力在安庆城下击败陈玉成。此后因为攻打天京，洪秀全儿子逃脱的事情，曾左再次绝交，一直到曾国藩去世，关系都未有好转。

虽然曾、左二人时常斗气，甚至几度绝交，但两人都是不世出的英才，虽观点立场相左却不废公义，从未因私怨败坏大局。左宗棠在湖南辅佐骆秉章，改革吏治，整顿财政，招募兵勇，大力支持湘军作战；曾国藩在祁门受困，也是靠左宗棠拼死击退李世贤，才逃脱生死危机；左宗棠被"樊燮事件"卷入，幸得曾国藩奔走援救，后来又保举他独领一军，奠定毕生功业的基础；即使在两人关系最恶劣时，曾国藩也积极为出征西北的左军办理后勤，还派遣精锐支援。曾、左矛盾，不过是历史浪潮中微不足道的八卦罢了。

曾、左关系，其实越到后来越扑朔迷离。曾国藩去世时，左宗棠上了一副挽联："谋国之忠，知人之明，自愧不如元辅；同心若金，攻错若石，相期无负平生。"他生平最爱攻击曾国藩知人不明，此刻却承认曾氏有知人之明，自愧不如。最让人惊讶的是，左从不肯向曾低头，不以他的门生、随员自称，这副挽联却署名晚生左宗棠。左在给儿子的信中说，听说曾国藩去世了，心里十分悲伤，以前经常与他争论高下，现在觉得悲伤不已，从前自己真是太负气了。

左宗棠对曾国藩的后人也十分照顾，曾纪泽家人病重，缺钱治疗，左宗棠就赠送了数百两银子。他对此解释说，我和曾国藩有很深的交情，有所争执那是为了国家公事，其实我们两人性情非常相似，很是投缘，毫无芥蒂。

如果说左宗棠一生赌气和曾国藩相斗，直到对方去世才幡然悔悟，那么也不尽符事实。写下自愧不如元辅的同时，他依然在不停地攻击死去的曾国藩。朝廷下诏给曾国藩谥号"文正"，他就私下议论说此人既不文，亦不正，如果谥了"文正"，那我以后就谥"武斜"。⑨薛福成在笔记中也记录，左宗棠暮年和人聊天，就爱说两件事，自己在西北办事如何高明，曾国藩平生如何糊涂，甚至每接见僚属必骂曾国藩，他的下属很多是曾国藩旧部，这些人私下抱怨说，大帅自己不满曾国藩，为啥每天对我们聒噪？他骂曾国藩，理又不正，话也不圆，我们前后听了无数遍，翻来覆去就那几句，耳朵都听得起老茧了。⑩

潘祖荫的叔父潘曾玮的回忆更加生动,他去见左宗棠,想谈点公事,谁料才寒暄几句,"左相"(左宗棠)就开始吹嘘自己在西北的丰功伟业,然后骂曾国藩,一直骂到送客也没停。第二天,两人再次会面,潘曾玮以为终于可以谈公事了,没想到左宗棠又开始大骂曾国藩,一直骂到散场仍未停息。潘不得已离开,等了几天再次上门求见,这次左宗棠从曾国藩骂到了李鸿章,一直骂到手下出来送客,眼看再不说就没机会了,他站起身赶紧说正事,左宗棠又开始骂了,只好扫兴地走了。潘曾玮这段描述,可谓惟妙惟肖。[11]

不但当众大骂,左宗棠还经常给其他湘军大员发信指责曾国藩,曾国藩不做回应,也不准兄弟门人回应。

既已是"自愧不如元辅"的晚生,为何在前辈身后怒骂不止?尤其潘曾玮描述的左宗棠,出格的言行非常刻意,像是一种表演。有一个自晚清以来流行的说法或许能够解释:曾、左之间,因为性格冲突和公务分歧,确实有一些矛盾,但远不如表现出来的那样激烈。平定太平天国后,湘军将领们大多出任封疆大吏,天下督抚半湖湘,又有强大的军队在手,很难不引起朝廷的忌惮。加上民间隐隐约约流传的属下怂恿曾国藩黄袍加身的传闻,生性猜忌的慈禧太后一直想整肃湘军集团。曾国藩和左宗棠两人刻意装成势同水火,即使在曾国藩去世后左宗棠仍不停止对他的攻击,是在刻意表演,让朝廷以为湘军内部派系斗争严重,不能团结起来对抗中央,以此减少朝廷对湘军的戒心。这种阴谋论,虽无证据,但也可算是一种"想象的真实"。

【注释】

① 见《左宗棠全集》第 10 册第 208 页,岳麓书社 2009 年版。

② "昨夜得湘乡公牍,曾老伯已于二月初四日病故,殊为涤公悲。此老心地甚

厚，惟不晓世故，多为人所欺蒙，以故多为乡人所诟责，然究是老辈典型也。"见《左宗棠全集》第 10 册第 199 页，岳麓书社 2009 年版。

③ "此公才短气矜，终非平贼之人。仁先、霞仙知其为君子，而不以君子待之，殊可叹！此辈宜置之高阁，待贼平再议耳。"见《左宗棠全集》第 10 册第 262 页，岳麓书社 2009 年版。

④ 王闿运《论道咸以来事》，见《湘绮楼诗文集》第 2 册第 34 页，岳麓书社 2008 年版。

⑤ 赵烈文《同治六年七月十九日·论湘军诸英杰》，见《中国近代史资料丛刊续编·太平天国》第 7 册第 332 页，广西师范大学出版社 2004 年版。

⑥ "文襄尝对客问其子曰：'尔胡为无诸葛瞻之才略？'子不能对。郭筠仙侍郎在座，笑曰：'公既自比孔明，更责令嗣不如思远，噫！是何言欤？'文襄顾左右而言他。"陈灏一《睇向斋秘录》，见《中国近现代历史名人轶事集成》第 1 卷第 324 页，山东人民出版社 2015 年版。

⑦ 徐凌霄、徐一士《凌霄一士随笔》，见《清代名人轶事辑览》第 3 册第 1250 页，中国社会科学出版社 2005 年版。

⑧ 见《曾国藩逸事汇编》第 119 页，岳麓书社 2018 年版。

⑨ 见《清代名人轶事辑览》第 3 册第 1236 页，中国社会科学出版社 2005 年版。

⑩ 见薛福成《庸盦笔记》第 49 页，江苏人民出版社 1983 年版。

⑪ 见薛福成《庸盦笔记》第 50 页，江苏人民出版社 1983 年版。

三、湘军始末

一 事功本于学问

清朝在战区内委任数百名"在籍大臣"帮办团练，素有能臣之称的吕贤基、周天爵都没办出什么名堂，其余人更不足道。有的敷衍塞责，有的借机中饱私囊，还有的稍微认真却又能力不足，最后兵败身死……只有曾国藩借助帮办团练的名分成就了丰功伟业。

曾国藩本是理学出身的文臣，因丁忧守制在家，才接到上谕帮办团练事务。原本他只想为江忠源招募几千兵勇，被长沙文武逼迫逃到衡阳后，却赌气招募了上万大军，从此开创湘军半个世纪的基业，挽救了清王朝的命运。曾氏被历史的合力跟跟跄跄地推到了清王朝生死存亡的战争前线，虽然前路隐约，不知方向，但他努力前行，"强勉行道"，生生杀出了一条血路。

曾国藩天性迟钝而拙直，他的笨拙毫不掩饰地挂在脸上——左宗棠嫌他"才干稍欠展开"，李鸿章说他为人"儒缓"。这样一个普普通通的中年儒生，既无龙蛇之谋，亦无虎豹之机，如何能在乌烟瘴气的官场里克服困难另起炉灶？

在时人与后人的眼中，曾国藩的个人才干并不出色，甚至有人把他当作笨人崛起的典范。清朝咸同年间的"中兴将帅",论抚地方、安百姓的行政能力,胡林翼、李鸿章乃至左宗棠都要强过他;论运筹帷幄、指挥若定的军事能力,江忠源、左宗棠、胡林翼也都高过他;论平衡上下、协调部众、权谋机变,骆秉章、胡林翼就更不知胜他多少了。然而中兴名臣中的勋望,以曾国藩为最高,湘军事业的奠基者是曾氏而非旁人。

有论者认为,正因为曾国藩比其他人笨拙,所以他以"拙诚"为立身之本,立下目标,以"结硬寨打呆仗"的精神,一步一个脚印地向前走。正因他笨拙,所以肯下苦功,正因肯下苦功,所以他的根基比别人扎实,底蕴比别人深厚,越往后也就越厚积薄发,最终后来居上。

这种观点虽说没有错,但也不能完全解释他的成功。曾国藩的成就之大,已经远远超过了同时代的名臣能吏。按梅启照的说法,他是"武乡(诸葛亮)可拟,汾阳(郭子仪)可拟,姚江(王阳明)亦可拟","相业无双,将略无双,经术又无双"。与曾氏同时代,既有笨拙刻苦的人,也有聪颖刻苦之人,然而成就都不如他。"拙诚"只是曾国藩成功的条件之一而非全部,其秘诀,恐怕还要另外寻找。

以军事而论,曾氏和其他团练大臣一样,都是读书做文章出身的士大夫,没受过专业的军事教育,顶多把《孙子兵法》当杂书闲看过几页。而《孙子兵法》也只是春秋时军事家孙武提炼的一些战争中的基本原则,它从哲学的高度概括了战争,却不教授具体的战术。这种古兵法可以提高将领的思维水平却没有实操性。正如近代一个经验丰富的造船工匠看到了牛顿三大定律,一定会惊叹牛顿是天才:牛顿居然可以把造船必须遵循的力学原理简洁明快地概括为公式。但刚入行的工匠却不能拿着牛顿的著作学造船,书生也不可能靠读《孙子兵法》学会打仗。

只有发于卒伍、久历战阵的职业军人才懂得如何攻城摧坚、拔营夺寨，也只有职业军人才懂士卒一天能走多少里路，一个时辰能挖多少丈壕沟，能在密集的箭雨下冲锋多远而不崩溃。不懂这些专业知识，是没有办法建军打仗的。

文臣们大都没有军事经验，古代的兵书大多也帮不上忙，只有戚继光的兵书相对务实，可以当操作手册，但那也是两百多年前的战术了。曾国藩和那些仓促上阵带兵的文臣一样，只能在战争中学习战争。而这位天资本不突出的儒生，在上战场获得经验前就以极高的悟性创立湘军的营制，此后在几年的时间里迅速总结经验成为大军事家，他与那些到死都未能学会打仗的同僚们相比，在学问和思维方法上有何不同？难道他从孔夫子传下来的儒家学问里，发现了深藏其中的兵法秘诀吗？

近年从科幻小说中引申出一句流行语"降维打击"，指思维模式和知识水平已经超越时代的人，面对他人时所拥有的压倒性优势。比如说，一个在现代学习理论物理的大学生，即使只有中等智商，一旦回到十六世纪，依靠领先数百年的理论知识和思维方法，能轻易碾压当时最伟大的物理学家。十八世纪时一个中等水平的英国将领，依靠近代军事科学知识，可以轻易击败中国、埃及、日本等尚处于中世纪水平的名将。

曾国藩的厉害之处，不在具体办事的能力，而在于有极高的悟性，他以超人的悟性突破了传统学问的思维模式，拥有近代科学家才有的思维方法，所以他能对同时代的英才们实行"降维打击"。

曾国藩去北京做官前，只学过对付科举的应制文章，未得名师传授，学问一般。在京师做官十余年，遍访名师，才学到了真学问。他在京师学到的学问大概有如下几样：从理学家唐鉴、倭仁学到了理学，从刘传莹学到了考据学，从穆彰阿学习到了官场应对。

唐鉴、倭仁教曾国藩做学问，认为一切学问都是发于"义理"，先以朱子学为核心，定下根本，再以写札记内省和打坐养气的办法修身。朱熹以前的儒学家往往把精力用来规范自己的思想和行为，之后再去端正他人和社会。但传统儒学只告诉儒生应该怎么做，却没有说明为什么要这样做。朱子学则从本源讲起，认为在世界万物存在之前，先存在一个永恒不变的精神实体叫作"理"，大到日月星辰，中到国家社会，小到家庭个人，都受这个"理"支配。人当从万事万物中去体会把握"理"，然后再到社会生活中去实践"理"，最后就会成为圣贤。

唐鉴提倡朱子学，就是让门人不断提高自己的认识水平，从更高的层次去体悟"理"，然后居高临下，从容不迫地应对世事。而倭仁的"检身"之法，就是每天写札记，在札记中记录并反省自身的言行，发现自己思想中不符合"理"，不符合圣道的苗头，立刻把它掐灭，使自己一言一行都与圣人的要求吻合。

至于打坐养气，一方面是在静坐中反省自身，一方面也在静坐中求得内心的平静，消除性情中暴戾、急躁、浮夸等负面因素，养成浩然正气。钱穆先生曾说过这种静坐的妙处："一念起，即返观自问，我从何忽来此念？如此作念，则前念不禁自止。但后念又生，我又即返观自问，我顷方作何念，乃忽又来此念？如此念之，前念又止。初如浓云密蔽天日，后觉云渐淡渐薄。又似轻风微吹，云在移动中，忽露天日。所谓前念已去，后念未来，瞬息间云开日朗，满心一片大光明呈现。"[①]

从现代观念来看，唐鉴、倭仁传授曾国藩的，就是哲学教育和人格养成。朱熹开创的这套新儒家学问，"务虚"而不求实，把"寻理"这种经院哲学家的做派发展到了极致。他们重哲学思辨和个人修养，却不讲求实际学问，甚至认为做事的学问都是小伎俩，不需刻意讲求，因为"义理"通了，万事无师自通。这种务虚的哲学发展到后来，导致儒生毫无做事的能力，"百无一用是书生"。颜元曾讥讽这些人"无事袖手谈心性，临危一死报君王"。空谈义理固然百无一用，但是如果把义理之学和经世致用的实学结合在一起呢？

传承自朱子的义理之学，其实是曾国藩一生事业的根本。朱子之学，从宇宙本体的高度来认识世界，从宇宙规律的角度来理解儒家的纲常名教。这种恢弘的世界观赋予了曾国藩更广阔的胸怀，更开阔的视野，让他在此后的事业中能跳出局部得失，超越短期成败，拥有战略家运筹帷幄的大格局和高峻宏大的气量。

朱子门徒以对"理"的认知和实践为最高追求，把人生祸福、事业成败乃至王朝兴衰都视为等闲。对于他们来说，生死、功利都是置之度外的，只要认真地追求和实践"理"，不但死亡不可怕，就连能不能名垂青史都不重要了。朱子学的价值观给了曾国藩一种殉道者的自觉，这种看淡生死不计功名的态度，支撑他在险恶的形势下埋头苦干，知其不可而为之。

曾国藩的同僚们未能在太平天国战争那个大乱之世崛起，欠缺的就是这种学问根基，他们不能看淡生死成败，不能跳出局部得失去看待全局，也就无法做出宏大的事业。后世皆尊曾国藩为大战略家，他作为战略家的大局观，以及规划好战略后克服万难坚守战略意图的坚韧，就得益于朱子学。

湘军统帅罗泽南对弟子说，打仗的要诀，就在《大学》"知止而后有定"这句话里。战场瞬息万变，生死只在一瞬，寻常人身处其间六神不定，就无法正确地做出判断。要想心定，就先要"知止"。"止"并非适可而止的意思，朱熹对"止"的注解是"止者，所当止之地，即至善之所在也。知之，则志有定向"。按朱熹的解释，"止"

就是"至善"所在，就是最高的境界。知道自己应该达到的境界在哪里，有了一个高远的目标，就不会为眼前的琐碎小事心乱，就能心定。有追求天理至善这个高远的目标，曾国藩自然比一般人心定。

颜元嘲讽朱子学信徒没有具体做事的能力，是就朱子学的学术取向而言。实际上，朱子学对人做事能力最大的伤害，主要还是方法论的缺失——这也不是朱子学的毛病，而是中国传统学问共通的毛病。顾颉刚在《秦汉的方士与儒生》一书中说，现代人找规律，对事物进行分类，"是用归纳法，把逐件个别的事物即异求同；他们用的演绎法，先定了一种公式而支配一切个别的事物"。[②]

滥用演绎法的思维模式，是传统学者的弊端，中国传统文化重整体思维，认为全宇宙的运行都受同一种规律支配，这种简单明了、提纲挈领的规律一旦被找到、被掌握，世间万事万物的生灭循环法则都尽在掌中，人也就因全知而全能，随心所欲无所不能了。这种规律，有时候称为"道"，有时候称为"理"。而这个所谓的"道"，中国的儒生认为就是阴阳五行，反映在社会领域就是儒家的道德训条，所以他们倾向于用阴阳五行解释事物，用儒家礼教解释社会。

例如磁铁能指北，用现代思维，就应该做实验，然后从实验结果中去归纳磁铁的特性和规律。传统的儒生就不屑做实验，他们只会设法用阴阳五行来解读这种现象：磁铁五行属金，北方五行属水，金生水，磁铁犹如北方之母，所以磁铁永远指北，犹如慈母永远凝望儿女。这种思维方式阻碍了儒生求知，他们对世界的理解其实是一种解释学，把未知的现象通过牵强附会的解释纳入已知的定律里，如果实在解释不了，就强行删改现象以服从既有学说。这样一来，他们对世界的认知就永远停留在阴阳五行的范畴，也很难去认识、总结新知识，提出新的规律，被套在古老思维模式的圈子里无法自拔。

因为不懂归纳、实证、逻辑，古代读书人很难把自己从实践中得到的经验和感悟，归纳成系统可靠的知识，从而把具体做事的技术科学化、规律化地传承下去。一代又一代的官僚在走上行政、经济、军事岗位后，只得从零开始去查杂书琢磨实务能力，能从实践里学到几分就看天赋了。尽管说可以从战争中学习战争，但有天赋学到的还是少数。

曾国藩在京师时，除了研究朱子学，还跟从友人刘传莹研究考据学。清代的考据学，是中国古代经学研究中，思维方法最接近现代社会科学的部分。考据学兴起于明末清初，盛于清朝乾嘉年间。明末顾炎武等先贤认为，晚明社会的乱象，源于明儒随意解说儒家经典，空洞无意义地展开形而上的玄思，而忽略了从经典中寻找和现实相通的实际学问。因为对晚明空疏的玄思不满，对明儒随意解释篡改经文不满，他们提出要救世，先救经："经"已经被后儒改乱了，要从经书中寻求治世之道，就先要辨别出哪些"经"是真经，是真的圣人之言；宋明以来理学家随意发挥经义，要打击他们，也只有通过辨析儒家经典的本意，才能釜底抽薪地推翻他们立论的基础。考据学主要就是通过细致地考证，以"实事求是""无信不征"的精神，对古籍加以整理、校勘、注疏、辑佚，从而恢复经典的原始面目，让儒学的阐发扎实有据，从而实现"习六艺之文，考百王之典，综当代之务"。

考据学从一开始就具有科学精神。首先，考据学家打破了对古籍的迷信，具有怀疑精神，任何一本古籍，即使相传是圣人之言，考据家也先要根据各种史料记载来研究辨别，确认真伪。在辨别的过程中，他们以名物求实的精神展开科学归纳，最后发现了系统精密的逻辑推理方法。

考据学最初只是拿这种方法来考订古籍，从而为经学所用，尚未跳出传统经学的范畴。但是它孕育出了这样一套思维方式："第一步，必先留心观察事物，窥出某点某点有应特别注意之价值；第二步，既注意于一事项，则凡与此事项同类者或相关系者，皆罗列比较以研究之；第三步，比较研究的结果，立出自己一种意见；第四步，根据此意见，更从正面旁面反面博求证据，证据备则渐为定说，遇有力之反证则弃之。"③

乾嘉考据学蕴含着与现代科学相通的方法论，曾国藩学会考据学后，把其中怀疑、求证、实验的思维方式，移到兵学上，以他极高的悟性，戳破了近代科学与传统思维之间的那层窗户纸。曾氏超越其他清朝大臣，不是智商的碾压，而是思维层次的提升。江忠源、胡林翼、左宗棠等人都只是传统意义上的名臣，而曾国藩已经是一只脚迈进了近代社会的思想家。

曾国藩半生戎马，没把考据学的手段用来治学，却用来研究实务、兵法。因为传统兵书大部分都是由没有军事经验的文人撰写的，颇多凭空臆造的理论，他领军打仗，一面要从古代军事文章里鉴别出有益的部分，一面要从实践中总结有用的经验。怀疑和实证的思维方法，以及普遍采用的归纳思维，都使得曾氏在思维上靠拢近代军事家。

曾国藩之前的文人统帅，往往会熟读《孙子兵法》里的纲要，然后把自己在战场上的经验生搬硬套往里装，而曾国藩却不盲信兵法，他更习惯将自己战场上获得的经验加以归纳总结，形成自己的军事理论。如前所述，其他文人统帅用的是演绎法，而他用的是归纳法。

曾国藩梳理自己在战场上的经验，发现和古人兵法大为不同，因此他告诉弟子，古书中的兵法很多可能都是纸上谈兵，没有实际价值。他还从实例中分析了为什么古代军事记录大多不靠谱的原因：湘军大将很多都是文人，记录事件应该是他们的特长，但战争打完后让他们来复述自己的作战经历，很多都会与事实出入，互相矛盾。连他们都不能精准描述战况，那些没上过战场的古代文人记录的军事过程就更不过尔尔了。④

　　曾国藩曾用实践检验司马迁记录的韩信战例。按照司马迁在《史记·淮阴侯列传》中的记载，韩信在攻打魏王豹时，把战船集中在临晋迷惑魏军，陆军主力却在夏阳用木制的盆瓮渡河突袭。在与项羽的大将龙且交战时，韩信又用一万多个沙袋堵住潍水，趁龙且半渡之时挖开沙袋，引水冲垮了敌军。曾国藩做了盆瓮渡河实验，发现木制盆瓮根本就不可能渡过河流，何况临晋一带的黄河？如果木盆能渡河，历代军队哪里还需要打造渡船？他还做了沙袋堵河的实验，发现沙袋根本堵不住奔腾的河水，不可能在短时间内截断河流。即使动用大量人力堵住了河流，挖开缺口时河流决堤也是不可控的，不可能以人力让河流想停就停，想决口就决口。如果他不先做实验，湘军盲目地模仿韩信的战例，肯定会遭到挫败。⑤

　　湘军多用行政才能杰出而敢于牺牲的文人，杂以少量八旗、绿营军官，曾国藩选拔部下时并不考察他们对兵书是否熟悉。他说，古代名将如韩信、曹参，没听说过他们写什么兵书；近代的戚继光能写兵书，战绩却又平平；孙武能写兵书而不能实践，早就被苏洵讥讽过了。⑥

　　有的著作说曾国藩不信《孙子兵法》这种形而上的理论著作，却按照戚继光的《纪效新书》治军，其实他连戚继光也不全信，认为戚战功平平。

　　湘军打仗的办法，一部分是塔齐布、杨载福、鲍超等旧式军人带来的清军作战经验，一部分是书生们边打仗边总结出来的教训，学习前人兵法很少，而这也正是湘军得力之处。晚明西洋火器传入中国，红衣大炮、鸟铳、抬枪等热兵器大量投入使用，太平天国战争时期清军已经是一支半热兵器的部队，后期甚至还引入了西洋开花大炮、来复枪。这就使湘军的作战方法与冷兵器时代截然不同，即使是戚继光的鸳鸯阵一类战术也已过时，照搬必然落伍。无论是塔齐布等人带来的清军作战经验，还是湘军自己摸索出来的战法，都与当时的兵器相配套，是最接近当时技术条件的战术。

普通武将虽然有丰富的作战经历，但却没有总结归纳经验的能力，寻常文人带领军队，却又迷信古兵法。这种怀疑和实证精神，让湘军在战斗中总结提炼出了最适合自身技术水平的战法。曾国藩在给李元度的书信里说，有人想从史书里学到用兵打仗的办法，只会徒劳无功。想要学会打仗，应该亲自下营，点名、看操、站墙，兵法其实就在这些实际的功夫里。

朱子学博大，考据学细密，两者合一，学问上就能致广大而尽精微。除此而外，曾国藩受桐城古文派的影响也很深。他向倭仁学静坐、检身，因为自己体质羸弱，不耐久坐，打坐时耳鸣头晕，气血不通，身体越来越差，还得了失眠症，不得不放弃打坐养气。此后，曾国藩就从桐城派治古文诗词，阅读司马迁、班固、韩愈、王安石的文章开阔心胸，以古人的浩然正气养自己胸中之气。在研读历代古文名篇的过程中，他的视野更加开阔，知识经验也比一般只知道静坐的理学家更丰富。曾氏从历代古文名篇凝聚的那种深厚博大的精神力量中得到滋养，从古文家们的人生中汲取智慧。尤其是桐城古文的写作，使他练出一手好文章，进而能写出雄辩的案牍。在后半生的官场斗争中，曾国藩那一笔老辣、雄辩的文章，成了天下最有力量的奏折，帮助他战胜了众多政敌。

曾国藩在日记里说："若游心能如老、庄之虚静，治身能如墨、翟之勤俭，齐民能如管、商之严整，而又持之以不自是之心，偏者裁之，缺者补之，则诸子皆可师也，不可弃也。"⑦因为不尽信书，偏好实证检验，曾氏没有门户之见，诸子百家的学问经过实践检验都可以为己所用；因为始终坚信"天理"，以朱子学为根底，他博采百家却极有纲领，不至于变成支离琐碎的杂家。

正因如此，曾国藩包容百家的学术背景和拙诚笃实的做人风格，让他虽未有军事经验，就已经具备大军事家的潜质。而这些潜质，就来自儒学的修养。他从传统学问中悟出了指挥打仗的思维方法，进而青胜于蓝，突破传统学问在方法论上的缺陷，拥有了近代军事家的思维。正如武侠小说里从道经、佛经悟出绝世武功的侠客，我们可以说曾国藩得到了孔圣人的秘传心法。

【注释】

① 见钱穆《八十忆双亲·师友杂忆》第 81、82 页，岳麓书社 1986 年版。

② 见顾颉刚《秦汉的方士与儒生》第 1 页，上海古籍出版社 2005 年版。

③ 见梁启超《清代学术概论》第 59 页，岳麓书社 2010 年版。

④ "即于古人论兵成法，亦千百中而无什一之合。私心既深自愧叹，又因此颇疑古人之书皆事装饰成文，而不可尽信。敝部如塔、罗、李、鲍，外间有文人叙其战绩，已与当时实事迥不相符，窃疑古书亦复尔尔。"见《曾国藩全集》第 28 册第 611 页，岳麓书社 2011 年版。

⑤ 出处同④。

⑥ 见《曾国藩全集》第 13 册第 143 页，岳麓书社 2011 年版。

⑦ 见《曾国藩全集》第 17 册第 196 页，岳麓书社 2011 年版。

二 书生军团

湘军将领，除了塔齐布、杨载福、田兴恕、鲍超等少数人是武将出身，其余大部分是书生，他们至少有文童的学历，所以通常说湘军是以书生统带乡农。用书生组织军队，在中国历史上是极罕见的。汉唐时期，不少官员才兼文武，出将入相，缘于彼时文武官员尚未有严密区分，而世家子弟往往带有封建贵族特色，治民、治军都是他们的职责，两门学问合二为一。自宋明以来，文官出自科举，武将发于卒伍，文武严格区分，书生带兵就变得相当少见。即使宋代的范仲淹、明代的孙传庭，也多半是以文御武，驱使武将打仗。以现代的术语来说，军队元帅是文官，将军、校尉等军中骨干仍是职业军人。

尤其值得指出的是，从北宋、明朝一直到曾国藩的时代，"督师"的文官有名者如范仲淹、韩琦、卢象升，军事业绩与职业武将狄青、戚继光等人相比仍有较大距离。其余的统兵文官更是战绩平庸，甚至丧师辱国，留下一堆笑料。

宋仁宗时经史、百家、阴阳、律历，外至佛老之书，无不精通的宰相夏竦（sǒng），被调到宋夏交战的前线对抗李元昊（hào）。夏竦"纸上用兵"，召集大批"知兵"的幕僚，花了五天五夜撰写用兵方略，写成一份卷帙浩繁的"参谋预案"，这些文稿放在一起，连两个壮汉都抬不动。

夏竦会写草案，却连基本的谍报、警卫工作都不懂，李元昊的密谍把宋军军营渗透得千疮百孔，这份参谋预案很快就被夏军特务潜入盗走，过几天后又原封不动地送回锁好。夏军以此向宋军示威，同时也在嘲讽这位"知兵"的文臣。夏竦受辱后贴出文告说，若有壮士能暗杀李元昊，取其人头来投，赏钱五百万贯，封王爵。没几天李元昊的手下潜入宋军守卫的城池，也留下文告，有得夏竦首级者，赏钱两贯。

先于曾国藩镇压太平天国的文华殿大学士、首席军机大臣赛尚阿，在永安攻打太平军，因为听说瑶山一带有剧毒草药烂肠草，就采购了上万斤，妄图投入永安城外河水之中，毒死全城太平军。未经化学工业提纯的万斤草药，投入流动、冰冷的河水之中，除了"笑果"

显然毫无别的效果。能臣姚莹通过丁守存从洋人那里购得一大瓶浓硫酸，听闻此物毒性远胜传统毒药，就分为八小瓶，派密谍潜入永安城四处抛洒，希望以此毒死敌军。[1]如此种种，都显示了这些未经基层军事训练的文臣在战场上百无一能，徒增笑耳。

两宋元明的历史经验表明，专业的事就当交给专业人做，战争应当让书生走开。而曾国藩以书生统带乡农，打破历史规律，屡败屡战终成大功，秘诀究竟何在？

湘军中带兵的读书人与宋、明的"督师"不同，宋、明是以文官担任元帅，肩负军事指挥的责任，然而自元帅以下，军中骨干仍是武将。湘军中却连基层军官都是书生，军中不多的职业军人如塔齐布、杨载福、鲍超、多隆阿反而是高级将领，负责战场指挥。

所谓"运用之妙，存乎一心"，在近代军事家把军事指挥变成可以用定律、公式描述的军事科学以前，将领只能依靠戎马一生所得的经验去捕捉转瞬即逝的战机，决定军队的使用与火力的投放。除了少数军事天才初上战场就能依靠敏锐的嗅觉打仗外，一个优秀的指挥官需要无数的战斗才能脱颖而出。战场经验，将领必须作为基层军官和士卒一起冲锋陷阵才能获得。猛将必发于卒伍，远在战场数十里之外运筹帷幄的书生统帅，无论上阵多少次，都很难成长为名将。

为何要有基层军官的经验才有可能成长为名将？比如说，两军对阵多时，要不要把预备队压上去，彻底打垮敌人？这就需要将领判断在之前的战斗中，敌人士气有无崩溃。"一鼓作气，再而衰，三而竭"，曹刿论战的名言众人皆知，但何时是敌人士气衰竭之时？只有担任过基层军官，与士兵一起冲锋陷阵过的将领，才能推己及人，知道战斗多久、伤亡几何时人的精神会崩溃。又如趁夜偷袭敌营，在混乱中取胜也是古代战争常用的妙招，但黑夜时我方士兵能以多快的速度推进？夜盲症对战斗有何影响？黑夜中不辨敌我，士兵战力还剩多少？投入多少军队能达到效果？这些经验，也只有曾作为基层军官，和士兵一起在黑夜里偷袭过敌营的将领才能深知。再如遇到密集弓箭射击，是严令士兵坚守还是撤退？士卒的精神能不能在这种程度的箭袭中维持稳定？也只有和士卒一起体验过漫天箭雨的将领才能预估士兵的精神状态。

宋明以来文武殊途，科举文官地位清贵，他们平时没有上战场的机会。等走上战场时，都是以钦差大臣或一方牧守的身份，指挥数万大军战斗，最多能积累一些纸上作业、参谋擘画的经验，而很难掌握具体军事技能。他们的指挥只能是纸上谈兵，眼高手低。

曾国藩让大量书生出任基层军官，把正确的人用在了正确的地方。基层军官并不需要战场指挥，他们平日的功课是管理士兵，战斗时只需要服从命令。而管理士兵正是书生的特长，他们比职业军官更擅长治军。治军即管理军队，最需要有文化的管理人才，古代职业军人多半没有文化，很多不识字，不会算数，即使精锐部队实行的也是粗放式管理。不识字的军官统带士兵，主要靠高超的武艺身先士卒，激发士兵的斗志。这种野蛮人式的军官，只能凭血勇和威严鼓动士兵作战，由于没有文化，没有管理技术，连上司制定的营规条例都看不懂，因而不能建立制度，不能对士兵实行规范化的管理。一旦战斗中军官阵亡，没有领头人压阵，士卒就溃散了。

古代书生是作为官僚的预备役存在的，除了写文章之外，他们还学习了基本的"治人"方法，知道如何组织、动员、管理民众。配合统帅制定的营规和条例，他们能够把军营管理得井井有条，把队伍打造成一个精密运转的机器，不依赖军官带头冲杀就能打仗。甚至在军官阵亡之后，营制严谨的军队仍能继续作战。湘军军官多数是中小地主家庭出身的低级文士，他们日常参与家族事务的管理，管理属下的经验比一般进士还要丰富，是治军最好的人选。近代军队能胜过古代军队，是因为近代军队的训练和作战是标准化、条例化、精确化的，训练有统一的步兵操典，打仗有统一的作战条例，没有文化的基层军官是无法胜任的。

军队的运作，也需要军官有计算能力，部队的军械、粮草，要如何分配、流转、储藏，杀敌的军功如何计算，士卒的抚恤如何摊发，甚至大军远征要经常清点人数，这些都是文盲军官无法胜任的。有的军官靠身边充任参谋的小吏帮忙，有的军官就干脆大而化之粗放经营。曾国藩把大量受过教育的文人放到军中，湘军的运转和后勤就可以实行精准化管理了。

在科举文官统治的传统中国，书生的地位很高，士卒天生对读书识字的人有一种敬畏感，勇猛无敌的大将张国梁，因为何桂清这位大文士肯教他读书识字，就甘心为其卖命。湘军的军官既是书生，他们不依靠自身的武艺就能在士卒中建立威信。湘军兵为将有，士卒由将领自己招募，由于书生在社会上处于优势地位，他们握有比一般人更多的社会资源，招募士卒、筹措军饷也更容易。以书生领军，很快就能把队伍拉起来、管起来。

文人打仗最大的问题是没有军事经验，但他们被当作基层军官使用，平时和士卒同吃同住，战时带队冲锋陷阵，经过一段时间的锻炼，很快就能在战争中学习战争，成长为经验丰富的军官。由于读过书做过学问，相比一般武人，他们更擅长总结经验、提炼规律，把战场经验和史书、兵法相印证。加上从书中所得的学问，他们能看军事地图，能看官书户籍，更能把握战略大势，计算战争资源，一旦被选拔为高级将领，就有了名将之资。

宋明以来的文臣用兵，是把毫无经验的文官用来指挥以武人为骨干的军队，这些文臣没有指挥军队的经验，他们擅长的管理能力也不能渗透到基层，这种军队还不如纯粹由武将统领的军队。湘军把比普通军人更擅长管理的文士放到基层，加强了军队的管理，军队秩序就比传统军队稳定。只要不在战斗中一战覆灭，湘军就能越战越强。

即使曾国藩用兵为将有的方式提高了军队的凝聚力，增强了指挥的便利，又用文士牢牢管控了军队，这样的军队或许比一般的八旗、绿营能战，但仍不是太平军的对手。太平军将领都是农民中脱颖而出的军事天才，军队组织严密、训练有素，更重要的是，太平军以拜上帝教起家，士兵都相信洪秀全那套宗教理论，在信仰支撑下拥有巨大的精神力量。拥有信仰的军队，已有几分现代军队的色彩，非传统军队可以匹敌。

胡林翼就说太平军是汉唐以来未见的"杰贼"，而周天爵说太平军沉毅勇猛过于闯（李自成）、献（张献忠），非举世诸公可以匹敌。太平军中不算善战的李秀成部，都能在江浙大破英法正规军，打败使用西洋战术的洋枪队，足见其战斗力之强大。

湘军要以小得多的规模去对抗太平军，也必须要成为一支有信仰的军队。湖湘一带的书生，正好可以变成拥有信仰的军官团。湖湘士子研究程朱理学出身，以理学为信仰，愿意为天理献身，然后再研究经世致用之学，以实学弥补理学的空疏。与近代欧洲的军官团相比，这些经世派书生，虽无民族主义情怀，却有捍卫名教纲常的献身精神为补充；虽未受过严格的军事教育，却在经世致用的学问中掌握了兵法，称得上是半近代化的军官团。以程朱理学作为信仰，以经世派学问为方略，他们就是那个时代中国最好的军官。不但如此，儒家的书生，其实就相当于儒教的宣讲师，数以百计的书生进入军队，相当于军中拥有数百个做思想动员的随军宣讲师。

曾国藩建军的大原则是以血性书生为将，以质朴乡农为兵，但也另有严格的选拔标准，并非寻常书生、乡农就可以从军。他对将领的选拔标准在不同的场合有不同论述："'不苟求乎全材，宜因量以器使'，然血性为主，廉明为用"；"第一要才堪治民，第二要不怕死，第三要不急急名利，第四要耐受辛苦"[②]；"统领、营官须得好，真心实肠是第一义；算路程之远近，算粮仗之缺乏，算彼己之强弱是第二义。"[③]

湘军选将，并不像传统军队那样，要求熟读兵法，武艺精熟，曾国藩的要求更多在道德层面。血性、廉明、才堪治民、耐受辛苦，这些原则以往论者多有论述，主要保证军官团的精神意志。"真心实肠"，是要求为将者真诚朴实，不要滑头机巧。为人质朴的营官，能踏实操持营务，扎实训练士兵，一丝不苟地执行上级军令，不像绿营出身的老兵痞，遇事就偷奸耍滑，遇敌即退缩避战。

"算路程之远近，算粮仗之缺乏，算彼此之强弱"，这一条选将标准，往往被后世论者忽略。这是要求营官质朴但不愚蠢，有一定的文化水准，能进行简单的参谋计算。曾国藩从不把军事技能看作是《三国演义》里那种掐指一算、计上心头的玄学，而是把它分解为计算路程、粮草辎重、兵力强弱的"工程学""算学"，把军事指挥变成可以量化的计算。这种细化的军事运筹，已算得上近代的参谋作业。近代军队作战不同于传统军队，将领不是根据模糊的信息和经验来下命令，他们身边会有一批受过专业训练的参谋，提前根据双方的情报进行量化的分析、计算，从而制订作战计划。

湘军不靠主帅灵光闪现的临场发挥，而靠幕僚根据路程、粮草、兵力等情报，辅助统帅事先制定作战方略，再坚定地执行，这就是军事近代化。曾国藩没有接受过传统兵学教育，却从名物求实的考据学中锻炼出科学的思维方式，这使他跳出窠臼，碰触到了近代军事科学的门槛，从而超出了同时代的统帅。湘军以这种标准选拔将领，再训导他们用这种思维模式去思考战争，进而思考治乱之术，使得湘军在西方近代知识大规模传入之前，已先拥有一批具备近代思维的官僚。

营官要真心实肠，能做军事计算，那更高级的统领需要什么素质呢？"第一要才堪治民"，治民是对文官的要求，曾国藩却把它作为选拔将领的第一标准。何故？高明的军事家，首先得是政治家，军事是政治的延续，军队也仰仗良好的政治环境为其提供资源。将领才堪治民，才能知为何而战，如何去战，战到何时罢休。其次，传统军队，军饷由文官系统提供，将领无须操心财政，遇到紧急情况，就在战区使用暴力强制征集。湘军军饷大多出于自筹，尤其出省打仗后，高级将领往往要兼任地方官员，维持地方秩序，安抚百姓恢复生产，重建行政系统收取赋税。若无治民理政之才，就无法维系这种自收自支的军队。最后，湘军为平定太平天国而征召大批书生入伍，但书生的本业却不是打仗。战争结束后，这些书生还得回归他们的本业，去做顺天保民的文臣。若无行政专长，战后因军功而得高位的军官就无法胜任战后和平建设的工作。曾国藩深思远虑、布局辽远，初创军队时已在谋划战后重建，这也是其不可及之处。

一介书生若才堪治民，又会做一些计算，加上有血性不怕死，即使不懂军事，经过一段时间的沙场磨砺，也就历练出来了。但是练兵不会短期见效，上阵也不见得即刻建功，湘军习惯"结硬寨、打呆仗"，战争可能会持续很久。如果心浮气躁，耐不住寂寞就会半途而废。所以不急名利，也是湘军将领必有的品质。

尤为值得一提的是，湘军各大统领，都不喜欢能言善辩的书生，"一遇危险之际，其神情之飞动，足以摇惑军心；其言语之圆滑，足以淆乱是非。故楚军历不喜用善说话之将"[④]。若按湘军的标准，大将之才应该是这样的：出身湖南农村中小地主家庭，沉默寡言且性格坚毅；自幼读书识字，能看地图、能算账本，管理才能出众；身体健壮，做事持之以恒，敢于牺牲而功利心淡泊。

【注释】

①《赛尚阿奏》，见《清政府镇压太平天国档案史料》第 2 册第 421、422 页，社会科学文献出版社 1992 年版。

② 以上见《曾国藩全集》第 22 册第 215 页，238 页，岳麓书社 2011 年版。

③ 见《曾国藩全集》第 29 册第 221 页，岳麓书社 2011 年版。

④ 见《曾国藩全集》第 25 册第 57 页，岳麓书社 2011 年版。

三 编练"新军"

绿营的士兵编入军籍，隶属兵部，世代承袭，是固定在地方上的世袭兵，但绿营里的中下层军官却要经常调动升迁。因离任时不能带走熟悉的士兵，故军官和士卒往往是互不相识的陌生人，彼此不亲近、不信任，很难指挥。而绿营高级将领的管理就更加混乱，为了防止绿营兵变，绿营的军权统归兵部，以便将指挥大权集中在中央；军队节制权和局部调遣权"分寄"于各地督抚，以防"悍将跋扈"。遇突发事件，皇帝又临时钦命大将统辖。这样一来，兵部、督抚、钦差、提镇相互牵制，管理复杂且混乱。

现代国家常备军的士兵也通常是从天南海北招募而来，高级将领也常升迁更换。但现代士兵上战场前，在军营里封闭管理，加上严格的训练和思想教育，早把服从上级命令变成了一种条件反射式的本能。军营里士兵同吃同住，建立了深厚的战友情谊，尽管来自不同地域，但他们在数年的军事训练中彼此信任，相互配合，早已磨合成了有凝聚力的团队。现代军队采用统一的操典，统一的军令系统，高效而简洁，即使更换将领也能让士兵服从指挥，并不靠将领个人的威严和上下的恩情来推行军令。

绿营这种传统军队，操典、军令、营制不能统一，士兵又不能进行数年的封闭训练，如果再搞出兵不识将、将不识兵，内部大小相制的局面，就根本打不了仗。对于一支军队来说，士兵的武艺和技能并不重要，所谓精锐部队，无非就是能绝对服从上级命令，内部能够密切配合而已。以当时的管理能力和军饷水平来说，士兵最多不过五日、十日一操，这种间歇性的训练不能确保他们绝对服从上司命令，也不足以使他们内部形成团队精神。再把士卒分散各地，战时仓促拼凑，那就不是一支军队，而是一群匹夫。

古代战争史上，游牧民族的战斗力大多在水平线上，原因何在？游牧民族全民皆兵，战争爆发时，一个部落迅速转为一支军队，部落首领变成将军。因为将军在日常生活中就是部民的族长，组织部落进行游牧、围猎，部落男丁在日常生活中已习惯接受他的指挥，对他的服从已深入骨髓，无须长期训练就能令行禁止。一支游牧军队的男丁来自同一个部落，他们在日常的行猎、放牧中彼此配合，早已磨合成分工明确的团队，彼此之间也有血缘和友情，在战争中自会相互配合、相互协助。加上他们自幼练成的弓马骑射之术，自然战斗水平比农耕文明高。

曾国藩创立湘军，虽然也强调严格训练，但即使是湘军厚饷养兵，也不可能像现代军队那样让湘军士兵封闭训练数年。师从游牧军队的组织办法，把日常生活的习惯转变成战场上的优势，这才能让湘军迅速成军。

湘军各级军官，都由上级挑选任命，不接受朝廷的军阶、品级。曾国藩从他的亲戚、门生、友人中挑选有血性、才堪治民的书生为统领，统领从自己的故旧里挑选营官，营官再去挑选哨官，哨官挑选什长，什长亲自选拔士兵。这种具有私兵性质的组织结构，使湘军每一级军官对自己的手下都知根知底，能保证下级接受自己的军令。

例如曾国藩任命九弟曾国荃统领吉字营，曾国荃是他的亲兄弟，又得他提携而做官，恩出于上，当然完全服从兄长命令。曾国荃从湖南籍的军官里提拔和他有交情的吴宗国为营官，吴宗国是曾国荃提拔起来的心腹，也完全听从他的指挥。吴宗国再去任命自己的故人做手下，这样就上下贯通、同气连枝，即使仓促成军，军令也能借助上下级之间的情谊和利害关系，一层一层不打折扣地往下传达，做到令行禁止、如臂使指。

由于湘军兵由将募，兵为将有，而最基层的什长招募士兵，又是在同村招募，一个什的士兵就是一个村的同乡，他们参军前就在一起玩耍、劳作，甚至参加村落械斗，有一定的协作经验，这就形成一个封闭性、宗法性的军事集团。

这种军制不但纵向上打通了军令传导的渠道，横向上也加强了各部队之间的配合。湘军内部，曾国荃是曾国藩的弟弟，罗泽南是曾国藩的亲家，李续宜是罗泽南的学生，江忠源是曾国藩的好友，刘长佑是江忠源的郎舅。这些统兵的将领彼此之间都有亲戚、师生、好友、同乡的关系，以地缘、血缘、业缘三缘凝聚在一起，各营之间就能密切配合、守望相助。

四川的绿营将领见湖北的绿营兵打了败仗，是不太愿意损耗自己的力量去救援的，因他们没有利害关系，也没有私人情谊。但曾国荃打了败仗，罗泽南就会去救他，因为他们一个是曾国藩的弟弟，一个是曾国藩的亲家。湘军"维系力量，全建筑于各阶层首领间私人关系之上。非但彼此须相处日久，情谊相通，甚至性情嗜好，才能优拙，亦并明晰，了若指掌"[①]。

湘军的组织颇类似游牧骑士，这些士兵在平日的生活里，是将领的佃户、亲属、学生，对服从将领已经形成习惯。湘军又以乡土感情和地域观念所固有的排外心理来维持军队的团结，增强军队的向心力、凝聚力，"是以口粮虽出自公款，而勇丁感营官挑选之恩，皆若受其私惠。平日既有恩谊相孚，临阵自能患难相顾"，"人怀忠愤，如报私仇，千磨百折，有进无休"。②

靠宗法关系和私人情谊来维系战斗力也不一定完全可靠，为此曾国藩还有一手准备，就是"取具保结"。湘军士兵都由营官在本地招募，必须是身家可靠的农民，由地方官员为其作保后才可以从军。士兵入伍前都要登记原籍府县、里居、父母、兄弟、妻子名姓，附册以便清查。这实际上是把民间的"保甲法"移用到募兵制度上，它像一根无形的绳索，紧紧捆住兵勇的手脚，使他们不敢犯上作乱或临阵脱逃。从军的农民受到军队和地方的双重控制，一旦当了逃兵，将领就会按保结通知地方，由知县缉拿归案，甚至罪及乡族，因此湘军士兵为了宗族和妻子，不得不努力在战场上搏杀，不敢妄生私逃之心。

骆秉章就说："湖南勇丁所以稍稍可用者，原于未募之初，先择管带，令其各就原籍选募，取具保结，而后成军。成军以后，严加训练，层层节制。该勇丁均系土著生长之人，有家室妻子之恋，故在营则什长、百长、营官、将领得而治之；散遣归籍，则知县、团总、户长得而察之。遇有私逃，则营官、将领禀知本省，得按籍捕之。"③这样一来，湘军就"统领如根，由根而生干、生枝、生叶，皆一气所贯通"，成了枝繁叶茂的大树，这棵大树的根，最后就深扎在曾国藩那里。

湘军在组织、营制、选兵上有种种优越性，但这些特点，历史上一些优秀军队如戚家军，也大致具备。换言之，仅靠这些特点，湘军并未能超越传统精兵的范畴。

如前文所述，与湘军对阵的太平军，乃汉唐以来未见之"杰贼"，尤其在战争后期，李秀成、杨辅清等人大量装备走私的西洋军械，亲兵营甚至用上了欧洲的来复枪。在得到呤唎、白齐文等"洋兄弟"相助后，李秀成的部队甚至用上了西洋操典，与华尔的洋枪队乃至英法联军交手都不落下风。然而天京雨花台一战，李秀成以十倍于湘军的优势兵力，携带两万杆洋枪和若干门开花大炮，仍不能击败尚在瘟疫中的湘军。这种战绩说明，湘军有可能已经突破传统军队的范畴，具备了近代化的特征。

曾国藩以书生统带乡农，大量使用读书人充任军官，在中国古代乃至近代都是独一无二的，这种做法使湘军军官团接近了欧洲近代军队的水平。欧洲近代军队，军官都受过基本水平以上的国民教育，有相当的文化基础和精神自觉，再经军校训练而养成。如果按古代社会的标准，这些近代军官都算得上是读书人，他们的文化水平和精神面貌远远超过了传统军人。

近代军队的一个特点是标准化，军队的训练和战术写成步兵操典，全军上下执行统一的训练、军令系统。要使用操典进行标准化的军事训练，就必须让军官能识字看书。湘军诞生前中国很少有军队颁发统一的营制，下发作战手册，原因是基层军官多不识字，只能凭经验自我发挥。因为湘军连基层军官都有一定文化，所以曾国藩能够把湘军的训练和作战条例写成文字颁发，进而统一了军队的操作体系，这是湘军大大超越传统军队的地方，也是书生领军的真正优势。

但湘军为了在较短的时间里形成战斗力，军官和士兵以血缘、业缘、地缘为纽带凝聚在一起，又带有很强的封闭性和浓厚的人身依附关系。湘军更像是将领的私军而非国家常备军，就这一点而言，不但不能与近代军队相比，与秦汉以来的正规军相比也大有倒退。湘军的这种双重属性，对后来的历史产生了双重影响：以经世致用思想为指导，才兼文武又讲求实用主义的半近代化军官团，在战后纷纷升任地方大员，开启了引进西洋科技的自强运动，带动了整个国家的近代化；湘军军饷自筹、士卒自募的原则，使得晚清军队大多兵为将有，又开近代军阀割据之滥觞。功过是非，难以评说。

将领不强调兵法和武艺，士卒当然也就不强调聪慧。最早出来带兵的江忠源，规定选兵"胆气为上，坚朴次之，技艺又次之"。曾国藩对此更进一步，他的标准是"择技艺娴熟、年轻力壮、朴实而有农夫土气者为上。其油头滑面，有市井气者，有衙门气者，概不收用"④。

十二岁就杀过人的勇士秦舞阳，见到秦王政时却色变震恐。秦舞阳的武艺不是不高明，勇气不是不突出，但到了宫殿上被王家肃杀之气一压迫，立刻就害怕了。战场上千军万马奔腾，肃杀之气又比宫廷多出百倍，再勇于私斗的武士都会因感到自身的渺小而害怕。反倒是山里出来的质朴农民，粗糙的生活让他们精神麻木，他们的情感不够细腻，心理状态起伏更小，经过训练后畏大人胜过畏敌军，畏军法甚于畏刀枪，容易在战场的巨大压力下保持镇定。

湘军选拔将领的标准带有儒家化育人才的大气，选兵的标准却有申韩法家的功利，甚至带有几分恶毒。简言之，湘军用人，士兵要傻，甘心当炮灰，全是愚昧少心窍之人，才便于控制；将领要有文化能务实，但又要有一点呆气。

明清军队，能做到五日集中训练一次就算精锐，因为军队的军饷很低，供给的伙食也很差，没有足够的油水，过量体能训练可能导致士兵尿血甚至肌肉溶解。五日、十日一操，训练量不大，士卒还能在闲暇时兼营副业养家。湘军要练成精锐，就必须超过这个训练标准，曾国藩定下的规矩是湘军每日都要训练，以十天为单位，上午训练为三、六、九日携冷兵器练习阵法，四、七日学火器使用，二、八日跑跳练习，五、十日练习列阵连环放枪；每日下午统一练习枪、矛、刀、弓箭等个人武艺；除了日常训练，每天中午和晚上熄灯前要集合点卯，入夜后三分之一队伍轮流上营墙站墙值夜；三、八两日还有统帅亲自训话，组织政治学习。

　　湘军体能训练的标准也很高：纵身能上一丈高墙，跳跃能越一丈壕沟，手抛火球能及二十丈，身负沙袋能日行百里。这种高强度的训练，必须给士卒开更高的薪水，提供更好的伙食。绿营兵的薪水号称每月二两白银，但因将领克扣，实际下发很少。湘军普通士兵的薪水是一月四两二钱，几乎没有克扣，加上各种按时下发的赏格，收入三倍于绿营。湘军每月下拨的伙食费，分摊下来是绿营兵的四倍，这种

湘军士兵（存疑）

高薪水、好伙食的待遇就确保了士兵能够承受比绿营兵更高强度的训练。

湘军军官的待遇也很优厚，带兵五百人的营官，每年可以合法收入白银三千两，带兵万人的统领，一年最少收入白银六万两，他们无须克扣士卒的粮饷致富。绿营中最高级别的一品武将，年入不过二千两，还比不上湘军一个营官。收入低下的将领只能克扣士卒的粮饷维持生计，绿营士兵的待遇因此就更加低下，将领也就越加无法训练军队。

以厚饷养兵，从湖南山野出来的乡农自然乐意卖命，一个士卒在前线阵亡，后方家中男丁纷纷前来顶替，父死子继、兄终弟及。"陇亩愚氓，人人乐从军，闻招募则急出效命，无复绿营征调别离可怜之色。"⑤可见对湘军的统帅们来讲，只要有银子，就能有精兵。左宗棠曾问曾国荃："老九一生得力何处？"曾国荃回答："挥金如土，杀人如麻。"左宗棠听了，大笑说："我固谓老九才气胜乃兄。"⑥

在编制上，湘军自称模仿戚继光的经验，实际上曾国藩、罗泽南、王鑫做了很多创新。湘军以"营"为基本战斗单位，营下设"哨"，哨下设"队"，每营初设三百六十人，后增至五百人。十人为队，加上队长、斯养，每队十二人，然后八队合为一哨。每哨八队中，第一、五队配备抬枪，因为抬枪太重，所以抬枪队每队十四人，第二、四、六、八队配置刀矛，第三、七队配置小枪。一哨加上哨长有一百零七人，四哨合为一营，营官又另有亲兵六队，每队也是十二人。亲兵六队，第一、三队主炮，第二、四、六队还是刀矛，第五队为小枪队，六队亲兵共七十二人，不置哨长。⑦

湘军的阵法，每个哨八队一百余人，其实就是抬枪（一、五队）、刀矛（二、四、六、八队）、小枪（三、七队）组成三才之势，冷热兵器配合，两队纵列加一队横列。因为要预防敌人来自四面，所以一个营设置为四个哨，一哨防御一面，亲兵队在中间，合起来就是五百人的四面相应阵。

如果仔细看，湘军一个营排开阵型，四个方向各放一个装备抬枪、刀矛、小枪的哨迎敌，中间是亲兵队的炮兵，实际上就是四队步兵把一队炮兵围在中间的方阵，类似西方近代军队使用的空心方阵。后人都以为湘军阵法学自戚继光，其实更像西洋军队，唯一的区别是，湘军每个步兵小队（哨）装备的武器并不统一，而西洋军队每个步兵战斗单位的武器是统一的。

这种做法，现代军事研究者称为花队，即一个战斗单位里士卒使用多种兵器搭配，一个战斗单位兼具远程、近攻、贴身的作战能力，多种战斗人员相互配合，以适应多种战斗需要。西方近代军队那种统一武器的做法称为纯队，一个战斗单位全部配置一种兵器，比如一营五百名长枪兵，一营五百名火枪手。纯队更适用于大规模的阵列战，花队更适合狭窄地形分散战斗。湘军与太平军的战斗大多发生在河网密布、丘陵遍地的长江流域，双方都没有大规模的冲击骑兵，自然花队更加实用。

曾国藩是个非常复杂的人，他笃信传统文化的价值，相信所学的儒家文化中有不可遏制的生命力，但遇到西方的工业文明，他也能谨慎地思考其中的奥秘。与新派人物相比，曾是保守派，与保守派相比，他又是新派。尽管清军远未达到近代军队的水平，自康熙以后也更多仰仗红衣大炮和抬枪这类热兵器作战，曾国藩却更相信狭路相逢勇者胜的肉搏。他特意加强了湘军士兵的冷兵器训练，当他发现湘军将领、教官都不擅长使用长矛时，他还特意从长沙天妃宫请来邬家拳的传人，教授湘军邬家枪法。

他的这种顽固，却恰好与近代欧洲军队发展的路线相符合。因为近代军队的火器可靠性不高，杀伤力不强，17 世纪以后欧洲的骑兵开始复古，军官往往禁止骑兵开枪，让他们顶着枪林弹雨冲入敌军后以长矛和军刀作战。近代步兵方阵也强调在射击之后，抵近敌人以刺刀冲锋，直到一战大规模使用机关枪之前，欧洲军队都常常以白刃冲锋结束战斗。湘军对长矛的重视，与这种复古风气是相适应的。

湘军在士兵之外，又增加长夫之制和帐篷之制。长夫就是编入军队担任后勤和劳役的壮丁，而帐篷就是随军携带的行军营帐。传统军队不设长夫，战时临时抓捕战区民众随军。临战时强抓壮丁，极大地破坏了地方秩序，而且这些抓来的壮丁，不是军队在编人员，士兵也不把他们视为自己人，随意虐待甚而杀戮，因而常激化兵民矛盾。壮丁没有军饷可拿，又无随军作战的训练，后勤效率极低，战斗中容易成为累赘。

长夫编入军队编制，每月有军饷可拿，平时又常在军营，和士兵有深厚情谊，还接受过行军训练。平日长夫分担正兵杂役，使其集中精力训练，战时押送辎重和兴修工事，让士兵一心一意投入作战而无

湘军阵列（存疑）

后顾之忧，所谓"募一兵得一兵之用"。"长夫之制"已经有现代军队"辎重兵""工程兵"的雏形。而"帐篷之制"规定，湘军每营共用夹帐十八架、单帐八十架，这一制度建立后，湘军行军作战、驻扎时，士兵可以自支帐篷、自择营地、自设营房，而不用占住民房。自设营房，便于士兵的训练和管理，一旦有警，又能迅速集结和调动部队，且不扰地方。

曾国藩还成立了湘军营务处和粮台。营务处施号令、执军法，兼具参谋部、军法处、侍从室责任，既减轻统帅工作压力，也可以储备和培养人才。粮台负责后勤工作，类似现代军队的后勤站，一般设在大营四十里到八十里的距离内。大部分粮台只管后勤工作，掌握钱粮、火器、军械，而主帅直辖的粮台还加入了文案所、侦探所，等于把主帅的秘书机构和情报机关一并纳入。曾国藩把有军事才能的人罗致到营务处锻炼，有行政才能的人放到粮台培养。对于湘军将帅而言，曾国藩既是上司，也是老师，经过他的教导，湘军人才辈出，晚清名臣十之八九出自其幕府。

曾国藩对将领的管理非常严格，尤其对品德修养十分看重。湘军提倡勤恕廉明、简默朴实、坚忍耐劳。曾氏认为，治军之道，以"勤"为先，军勤则胜，惰则败。他要求将领在点名、查哨、修城、扎营、勘察地形等方面，事无巨细，事必躬亲。"恕"，指以仁治军，将领带兵要如同父兄带子弟一般，如此则士兵咸感知遇之恩；"廉"，是要求将领廉洁奉公；"明"，是指为将者必须知人晓事，是非分明。他还要求高级将领做到"高明"，即具有全局观念、远见卓识；要求一般将领做到"精明"，即对士兵、部下在作战中的表现，平时的贤愚优劣，都有一个大致的了解。"简默朴实"，指压抑军中投机取巧、钻营逢迎之风，主张"军营宜多朴实少心窍之人，则风气易于醇正"。

曾国藩说："大抵人才约有两种：一种官气较多，一种乡气较多。……吾欲以'劳苦忍辱'四字教人，故且戒官气而姑用乡气之人，必取遇事体察、身到、心到、口到、眼到者。"⑧行军作战是艰苦备尝的事情，湘军以"耐冷、耐苦、耐劳、耐闲"为警句，提倡"习苦为办事之本"。

曾国藩不但对将领有教育，对士兵也有思想、人格之养成。他曾言："训有二，训打仗之法，训作人之道。训打仗，则专尚严明，须令临阵之际，兵勇畏主将之法令，甚于畏贼之炮子；训作人，则全要肫诚如父母教子，有殷殷望其成立之意，庶人人易于感动。"⑨所谓"训作人之道"，就是向士兵灌输忠君卫道等儒家伦理道德，使士兵心甘情愿地冲锋陷阵。湘军每逢三、八操演，曾氏必亲到校场演讲，每次都一时数刻之久。曾氏苦口婆心说教的目的，就是要使士兵"有礼、有法、有号令"。他曾把军纪、营规等编成通俗易懂的"顺口溜"式的歌谣，教士兵们唱，使之深入人心，如《陆军得胜歌》《水师得胜歌》《爱民歌》《解散歌》等。

要言之，曾国藩创立的湘军，在训练上，已达到近代军队一日一操的标准，再辅以古代军队罕见的思想教育，士兵的水准大幅度提升。湘军军官和近代军官一样，有思想觉悟，有献身精神，知为何而战，接近近代军官团的要求。在军制上，湘军制度严整，增设了类似粮台、营务处、侦探所、长夫，担任专业的后勤、参谋、情报、工程事务，也超越古代军队，达到近代化的基准。与西洋军队相比，只有两处不如：兵器还处于冷热并用的时代，武器尚未完全现代化；为缩短训练时间，减少指挥困难，使用了血缘、地缘等关系凝聚军队，与近代国家常备军建军思路背道而驰。

初起的湘军，战斗力强，同时尚能保持保境安民的作风，是清王朝最有朝气的军队，这是曾国藩和他的同僚能建立功勋的基础。但随着战争的持续和扩大，湘军财政困难，长期欠饷，不得不放纵士兵掠夺财富。多年战乱把质朴的农夫变成了兵痞，加上后期湘军没有训练军队的时间，不得不打破只招募乡农的原则，大量吸纳绿营兵和降卒入伍，湘军逐渐沾染暮气，士兵变成了杀人放火的暴徒。这是非常遗憾的，"靡不有初，鲜克有终"，意志坚定如曾国藩也未能善始善终，惜哉！

【注释】

① 见王尔敏《清季军事史论集》第 31 页，广西师范大学出版社 2008 年版。
② 以上见《曾国藩全集》第 10 册第 437 页、第 14 册第 329 页，岳麓书社 2011 年版。
③ 转引自崔之清《太平天国战争全史》第二卷第 1017 页，南京大学出版社 2002 年版。
④《曾国藩全集》第 14 册第 406 页，岳麓书社 2011 年版。
⑤ 王定安《湘军记》，见《湘军史料四种》第 674 页，岳麓书社 2008 年版。
⑥ 见《清代名人轶事辑览》第 3 册第 1338 页，中国社会科学出版社 2005 年版。
⑦ 湘军配置参见王定安《湘军记》，见《湘军史料四种》第 675 页，岳麓书社 2008 年版。
⑧ 见《曾国藩全集》第 23 册第 663、664 页，岳麓书社 2011 年版。
⑨ 见《曾国藩全集》第 13 册第 218、219 页，岳麓书社 2011 年版。

四 创办水师

行军打仗，徒有强大战斗力的军队尚不够，还得行动迅捷，拥有强大的机动力。强大的机动力，能在最短的时间内集结和进攻，甚至可以利用速度优势在局部战场上形成兵力优势，造成全局上以少胜多，局部战场上以多打少的局面。在北方平原争雄，保持机动力需要大量的骑兵，南方少马，地形也不适合骑兵驰奔，但北人习马，南人泛舟，长江流域的军队可以利用舰船机动。

早在太平军围攻长沙时，郭嵩焘就已发现，清军围困太平军，往往不能彻底合围。南方战场处处临水，清军没有水师，只能从陆地上包围对手，而对于战场临水的一面就只能徒呼奈何。即使清军在陆地取得巨大优势，把敌军围困起来，太平军仍可从水面运送弹药补给，调入援军，不至陷入无援之绝地。实在战事不利，大队人马也能从水面突围，保持有生力量。

步兵在湖广、江南作战能乘船机动，太平军水营舟船近万，大军顺江而下，乘风而行，数百里江面可一日往返，竟比骑兵在草原机动还快。太平军利用水面优势，可以在漫长的长江沿岸任意选择据点集中兵力攻击，没有强势水师的清军只能被动挨打。长江之上，每见太平天国旌旗蔽日，浮江万艘，行则帆如叠雪，住则樯若丛芦，每当乘风疾驶，辄大军所向无前，清军如鸟兽散。

不单如此，优势水师还意味着强大的机动力、运载力，船队在江面行驶远快于陆地行军，火炮等人马难以负担的重器也能用大船运载。而且士卒坐船行军，体力得到保持，下船即可作战。没有水师运载的步兵携带大量辎重武器，行动极为迟缓，即使勉强追及敌人，也已体力耗尽无力再战。湘军要想战胜太平军，就必须建立比对方更为强大的水师，控制长江，夺取上游重镇，再以高屋建瓴之势，顺江而下直捣敌巢。

太平军水师以岳阳洞庭湖船家为基础，装备多是民船，战斗力并不强大，只是以数量优势弥补了装备之不足。清军饷源、人手有限，只能建一支小而精的专业水师，以装备、训练压制数量。

御史黄经很早就上奏朝廷，要求恢复清军水面战斗部队，在两湖和四川办理水师。郭嵩焘和江忠源也上奏朝廷，请从广东调集战船，在湖广设立水师，但郭嵩焘没有名分、资源，江忠源又忙于在各处战场救火，湖南巡抚骆秉章只想守住本省，不愿跨省打仗，也不想接下创办水师的累活。直到曾国藩衡阳建军，才有了建立水师的可能。

知道朝廷想在湖南办水师，衡阳又是开厂造船的好地方，曾国藩就给咸丰皇帝上了《请筹备战船折》，请求朝廷把办水师的差事交给他。咸丰知道水师的重要性，但湖北战斗不休，骆秉章又不愿意接手，就只好同意曾国藩在衡阳创办水师。

曾国藩办湘军本是以"在籍大臣"的身份办民间"义师"，既无实际职务，也不能调用地方财政，只能靠自己的名望在民间自筹资金。咸丰给了他办水师的上谕后，曾国藩就成了创办水军的钦差，可以拿着朝廷谕旨正大光明地动用地方物资。他先请皇帝下旨，允许他截留广东经湖南送往江南大营的银饷，以为办理水师的军资，咸丰很大方地批准他可截留白银四万两（占总数一半），又让骆秉章从湖南财政拨出三万两支持。不但如此，咸丰还准许曾国藩把广东、湖南送往京师的粮食截留部分以作军用，长期困扰曾国藩的名分和银饷两个难题就这样解决了。

创办水师，是曾国藩被逼离开长沙之后，妙手偶得的一步好棋，之前因是帮同巡抚办团练，只是湖南巡抚的助手，骆秉章以下文武大员都敢反对他。现在因办水师而得皇帝的钦命，就再也没有人敢在建军的事情上掣肘，湘军也因此拥有了此后纵横长江的资本。

钱、粮都有了，就是一帮湖南人不知道怎么造船，江忠源提议直接从广东抽调战船、水兵。广东临海，造船业非常发达，而且从林则徐开始，就在积极改良战船，仿造西洋炮舰。广东水师虽然打不过英国海军，但也是当时清朝最高水准的水军。只是广东制造的战船送往湖南路途遥远，且沿途多有反清武装阻挠，曾国藩就决心在衡阳设厂自行造船。湖南当时找不到会造战船的工匠，他就自己动手设计战船。

受早年所学考据学影响，曾国藩注重名物求实，凡事都要自己钻研，亲自动手做实验。他还受墨家思想的影响，胼手胝足，事必躬亲。在衡阳大办水师的曾国藩不像一名士大夫，反而更像一个工匠，他亲自参与设计、制造战舰，也在这个过程中逐渐掌握了水战知识。

二品大员操持工匠的贱业制造战船，这种勇于实践的"理工男"作风在士大夫里是一种异数，也是值得赞许的新风气。若晚清的士大夫都能如曾国藩一般不轻视工程技术，亲身试验器物"小伎"，中国的近代化进程或许还能稍微提前。但他毕竟没有受过专业训练，异想天开地造船，闹了一堆笑话。

曾国藩最初设想，水面作战大多以枪炮对射，然枪炮利于仰攻而不利俯击，如果我方船身矮小又与敌人距离较近，敌人的枪炮就很难攻击到我军，不如用木头扎成筏子、水排对敌。他指挥工匠费尽心力造了一大堆木排，自以为比大船灵活，又不像小船摇晃，简直是攻守兼备的水面利器。结果造好后下水试验，木排顺江而下还有几分速度，逆流则完全不能行动。加上木排简陋，不能在大江上行驶，不但不能载重，稍有浪头就会倾覆，只得作罢。

木排不行，曾氏又想到湖南一带的民俗赛龙舟，龙舟以人力驱动，水面竞速来去如风，既然木排无法人工驱使不能逆流而行，不如改良龙舟一试。可惜龙舟平常用在风平浪静的水面竞赛，追求速度而不求稳定，船身轻而吃水浅，若在龙舟上开炮，大炮的后坐力就能把船掀翻，更别说遭遇惊涛骇浪。龙舟的设计思路是应付短时间体育竞赛，可以大量、密集地使用人力竞速，不考虑持久保持运动员体力，而战船打仗很可能要持续数日乃至十数日，必须节约水手的体力。让龙舟上战场，只怕还没划到敌船之前，水兵就疲惫脱力无法再战了。

一个人的智慧，怎比得上千百年众人积累的经验？曾国藩在衡阳的此番造作，枉费心力而徒劳无功。直到遇上广东过来的水师守备成名标、同知褚汝航，才知道闽粤一带通行的战船如长龙、快蟹、三板（舢板）的形状。褚汝航和成名标都是官员而非工匠，只能描绘战船大体形状和用法，不能给出精准的图纸和零件式样。曾国藩只能根据粗略的描述带领工匠摸索，他的办法是在衡阳和永州各设一个船厂，给出方案后，让两个船厂的工匠各自试造，等两边的船造好后，再由他主持比较两种设计方案的优缺点，彼此印证，然后吸收各方优点，最后定型。

虽说曾国藩办洋务要到太平天国战争末期，大规模采用西洋装备比门生李鸿章还晚，但他是一个务实派，并非一味保守顽固。湘军在衡阳截留了广东工匠铸造的大炮，经试射实验，因为工艺不过关，炮管多气泡、沙眼，很容易炸膛，射程和用药也没有标准。为保证器械精良，曾国藩托人在广东走洋商的门路购买西洋大炮，一共购得洋炮三百二十余门，列装在湘军战船上。

儒家虽把工程技术视为奇技淫巧，是贩夫走卒操持的贱业，但汉唐以来的文官多有因兴趣或职业而成为能工巧匠者。宋代理学大兴，士大夫醉心于心性义理，不肯关注器物之用，即使工部的大员，也没有主持工程项目的能力。曾国藩为创办水师，亲身参与战船制造，确是艰苦卓绝，能人所不能。

四、后方建设

一　骆秉章规划湖南

曾国藩在家丁忧守制期间，湘军失去了主帅。幸而湖南大本营由骆秉章、左宗棠看守，湖北新基地有胡林翼周旋。

据说藩司林寿图在和左宗棠聊天时，夸奖上司神机妙算，深可佩服。左宗棠听得高兴，也一拍桌子，说："此诸葛之所以为亮也。"（亮，指聪明智慧，明见万里）然后又唾骂如今僭称诸葛亮的人太多了。林寿图就说，僭称诸葛亮的人太多，"此葛亮之所以为诸也"（诸，很多位）。因"诸"与"猪"同音，左宗棠认为林寿图在骂自己，从此一直找他麻烦。[①]

抛开谐音不说，林寿图所说"葛亮之所以为诸"一点没错。当时自比诸葛亮的人实在太多，仅就湖南人而言，原本有湖湘三亮："老亮"罗泽南、"今亮"左宗棠、"小亮"刘蓉。罗泽南死后，左宗棠也称"老亮"，刘蓉有时称"赛诸葛"，郭嵩焘自称"新亮"。此外，胡林翼也说曾国藩是诸葛亮加丙吉。

上述诸葛亮都是民间认证的，还有一位经过史传确认的，是湖南巡抚骆秉章，"遗爱之深，世与汉诸葛亮、唐韦皋并称云"[②]。

湘军初起时，大多都看不起骆秉章，认为他只是个寻常昏官。因为看不到击败太平军的希望，骆秉章一度绝望，对公务非常懈怠。曾国藩创办湘军，他也认为这是于事无补的胡闹，并不给予支持。骆抚台最初只打算勉强守住湖南，熬过任期就告老还乡，不想大动干戈。

骆秉章

有大本领的人，未必同时就是有远大目标和坚强意志的人，英雄未发迹时也会和庸人一样意志消沉、虚度光阴，因为他们看不到希望，觉得努力毫无意义。湘军在湘潭击败太平军主力，此后又出省增援湖北，收复了武昌，一系列重大胜利点燃了骆秉章心中的火焰。既然曾国藩开创的道路已经被证明是正确的，骆秉章就决心振作起来，沿着这条路走下去。

湘潭大胜前后的骆秉章判若两人，此前他是个颟顸、不想承担责任的老官僚，而一旦见到了破局的希望，他就变成了鞠躬尽瘁、勇猛精进的贤臣。骆在湖南苦心孤诣、竭尽血诚，整顿吏治、改革财政，把湖南的财政收入提高了七八倍；然后选用人才，编练新军，前后训练出了十余万湘军征战四方。不但以湘军四处救火，他还积极以钱粮周济周边各省。

太平天国战争期间，湖南为湘军提供的军费加上支援各省的钱粮，一共为白银三千二百多万两，大米近六万石，"任一省之力，廓清东南数省"，"以一楚支持两粤、黔、蜀、江、皖、豫、兖于天下"。湖南此前不过一偏僻省份，除了产粮较多，财赋尚不及东南一大县。经骆秉章的经营和曾、胡、左的征战，"湘军则南至交趾，北及承德，东循潮、汀，乃渡海开台湾，西极天山、玉门、大理、永昌，遂度乌孙，水属长江五千里，击柝闻于海"③。

湘军战败湖口，虽有咸丰战略处置失当，曾国藩指挥不力等原因，但最大的问题恐怕是湘军规模太小。纵然湘军湖口侥幸获胜，石达开仍然能不断动员军队开战，以车轮战耗光一万湘军。清廷在长江上下游除湘军和江南张国梁外，无精兵可用，不把湘军提高到六七万人的规模，是无法应对如此广阔的战场的。

兵以饷聚，摆在骆秉章面前的问题就是，如何把湖南财政收入提高三倍以上。恐怕就连历史上著名的敛财高手桑弘羊，也无计可施。而骆秉章在左宗棠的辅佐下，神乎其技地把这事办成了，在财政收入提高的同时居然还减轻了民众的税负，这不得不说是中国经济史上的奇迹。

历代理财，无非开源和节流两种办法，骆秉章也只能从这两方面入手。首先要做的事情是开源，他敏锐地发现了雷以諴（xián）、郭嵩焘（tāo）所提倡的厘金的伟力，决心在全省推行厘金。

咸丰三年（1853），在扬州帮办军务的副都御史雷以諴经门下策士建议，开始在扬州抽取厘金作为军费。④厘金即近代所谓商品流通税，通常在交通要道设卡，对过路的行商抽税。最初税率很低，只抽百分之一，因中国古代称百分之一为一厘，所以叫作厘金。

自秦以后，虽然历朝历代都号称重农抑商，但实际除了汉朝曾对商人课以重税外，历代政府的商业税都低得可怜，中央政府在商业中的收获，主要是靠专卖获利和关、盐两税。作为一个农业大国，古代中国政府的财政收入，靠的是田赋和丁税，纳税主体是农户。

从明朝开始，中国商业发展迅速，工商业创造的财富已不逊于农业，然而朝廷沿用旧规，缺钱时只知道在农业上加赋，很少想到向商户索取。明末流民四起，清军逼迫，崇祯皇帝手头无钱，只能不断向农户加税，加税后逼反的农民更多，起义军声势更大，朝廷的收入却仍旧少得可怜。后世大多认为明朝亡于财政破产，可明朝灭亡时，江南的工商业经济正如日中天。

近代欧洲财政收入主体是工商税，明清之际的中国统治者囿于成见，只知压榨农民，不知收取商税，与时代严重脱节。雷以诚的举措，在商业大发展的环境下，于传统的赋税之外，开辟了比田赋和丁税丰厚数倍的财源。这一政策在被湘军模仿后，成了清帝国最有效的"还魂丹"。

骆秉章设立的湖南厘金局对商人抽取厘金，一千文的商品抽取二十至三十文钱，税率在3%左右。为了专事专办，后来又设立东征局，除了原本的厘金外，每千文再加抽十至十五文钱，专门用于出省湘军的作战开销。

厘金是解决财政问题的好办法，但传统中国最大的问题是吏治腐败，各级官吏都在税收过程中大肆贪污。民众上缴一千文钱，能有一百文钱入库就算难得了。

向国家财政伸手的，除了朝廷任命的流官，更大的蠹虫群体是那些体制边缘的书办胥吏。朝廷委任的官员，因为受教育程度较高，有一部分尚能清廉自守，或者因在仕途上有更大的追求，捞钱比较节制。而胥吏们思想上无信仰，政治上无前途，除了捞钱没有别的出路。加上世代为吏，深通各种搞钱的门道，敲诈贪墨方面他们比官员更胜一筹。

湖南要想把厘金搞起来，先要解决好吏治。骆秉章在这个事情上有两项优势：一方面，骆和他的主要助手都是清官。"巡抚骆秉章简廉率下"，主管吏治的"藩司文格无所取求"。[5]骆抚台的师爷左宗棠更是清廉为官的典范，"其身正，不令而行"，这就为湖南重整吏治创造了重要条件。另一方面，曾国藩创办湘军，大张绅权，为骆秉章排斥贪官污吏提供了新的思路。

绅士，或称士绅，是中国传统政治中的一种半体制身份，由尚未做官的文士、退职官员以及获得政府嘉奖的地方贤达组成。地方士绅因为曾经做官或者具备做官资格，与朝廷有着千丝万缕的联系，故他们有时能够调动一部分行政资源。作为地方上的首领，民众的拥戴和道德上的感召力是其权威的来源，为了不丢掉这种权威，他们不敢大肆贪腐。士绅出来牵头做事，往往带有理想主义色彩或者为地方上办事的初衷，因而操守比官员和胥吏都可靠。即使某些士绅借助朝廷给予的差使弄权捞钱，上级撤换他们也比撤换官吏容易。

正因如此，曾国藩创办湘军，为了避开朝廷正规军的暮气和腐朽，就大规模借助士绅之力。湘军自称以书生领军，而非官吏领军，就因为湘军中层干部多是体制边缘的书生、士绅。湘军崛起后，湖南绅权大幅扩充，士绅们往往家中有子弟在湘军带兵，或者自己就在当地办有团练。有武装力量支持，他们甚至可以凌驾于朝廷正式任命的基层官员之上。士绅可以逮捕犯法或者起义的民众，对他们处以刑罚甚至动用极刑。地方有大事，士绅一旦集体商议形成决议后，地方官只能拱手画诺，照章办理。基层官员和士绅起了冲突，结局一般是地方官被以湘军为后盾的士绅挤走。

绅权的扩张，为湖南整顿吏治创造了条件。在高层，骆秉章大量招募湖南地方士绅入幕办公，起用以左宗棠为首的士绅成功架空政府原来委任的官员，从而操控了政权。在基层，他用士绅来代替流官和胥吏，为朝廷征收赋税、维持治安、招募军队。以体制边缘的新生力量来冲击暮气沉沉的官场，收到了很好的效果。

有了大批以名教自任、以清廉自励的士绅，湖南的厘金收缴效率有了很大提高。湖南厘金局表面上由朝廷委任的盐法道管辖，实际上由士绅主持工作。厘金局日常事务由黄冕、郭崑焘掌管，此二人又向湖南士绅总代表左宗棠负责。各地收缴厘金的干部，虽然名义上由官员充任委员，实际上是当地士绅负全责。委员对士绅言听计从，若委员和士绅发生冲突，上头就将委员裁撤。湖南厘金局、东征局，加上后来专门征收川、粤盐商税收的盐茶局，每年为湖南提供一百四十万两以上白银的财政收入。而厘金开征以前，湖南一年的财政收入，还不到一百万两。

除了开源，还要节流。湖南军费开销极大，减少财政支出不太可能，要节流就只能减少传统农业税征收中因贪墨造成的损耗。湖南的农业税如地丁、漕粮能收上来的很少，太平天国战争爆发后，每年实际收缴只有定额的十分之一。

按规定，湖南的地丁银是每丁一两，漕粮是一石折成白银一两三钱，税负很低，然而民间实际承担的税负超过规定数倍。基层官吏以兑换、运输等损耗为名义，在正税之上又加征了几倍的税。地丁银原本是一两，实际向地方上征收了一两七钱，漕粮原本一石折一两三钱，实际征收竟然高达七两！加上征收过程中的敲诈和贪污，民众实际税负接近国家规定的六七倍。

厘金局

厘金局所铸银锭

明朝时官绅有免税特权，税负由小自耕农承担，沉重的压力引发了农民起义。为了避免这种现象，清朝从雍正开始"士绅一体纳粮"，官员和士绅都不得免税，相对减轻了小农的税负。在雍正改制前，有免税特权的地方士绅，帮助朝廷压榨、勒索小农，官员与士绅是利益共同体。雍正改制后，士绅也要缴税，由于他们远比小农富裕，就成了官吏的敲诈对象。太平天国起义时，税官、胥吏专门敲诈没有做官的士绅，是中小地主倒霉的时代。

大量缺乏政治地位的中小地主在胥吏的敲诈下纷纷破产，这使得朝廷的根基更加不稳（韦昌辉一家就是因官吏敲诈而参加起义）。以前是朝廷和中小地主联合统治小民，现在中小地主也开始抗税。这些人的能耐比普通贫农要大得多，掀起的抗税运动也更持久。尽管地方官逮捕甚至处死了不少抗税者，赋税依然征收不上来，各地赋税纷纷拖欠，每年完税不过十分之一。

左宗棠在骆秉章的支持下对湖南的赋税进行了大刀阔斧的改革。骆秉章的思路是，为了缓和社会矛盾，应该给地方上减税，为了支撑战争，又要增加政府收入，两者合计，只能拿各级税吏开刀了。左宗棠经过计算，把地丁银改为一两四钱，比之前少了三钱。漕银每石折为三两，比之前少了四两。这一减税举措，极大减轻了农户的负担，地方上也再没有抗税的理由，就痛快地把拖欠的税上缴了。

收缴的税减少了，政府的实际收入反而增加了。以漕粮为例，改革之前每石征收七两，政府拿到的只有一两三钱，其余五两七钱都被基层私吞了。改革后，每石只征收三两，却不准基层吃"耗损"，三两全部都要入库。农民减负，政府增收，只有基层官员和税吏吃了大亏，他们就以各种理由搪塞和对抗。骆秉章找借口将反抗的地方官员罢免和撤换，将消极怠工的胥吏裁撤，改由地方士绅自行设局、自行完税。因为士绅背后有湘军和团练支持，加上曾国藩此前以审案局大肆屠戮胥吏的殷鉴不远，胥吏们和士绅的对抗宣告失败。⑥

除了开征厘金征收商业税，改革地丁漕粮提高农业税之外，湖南还通过摊派各地富人捐输等方式筹措资金。骆秉章整顿湖南财政，湖南财政收入从每年不到一百万两，提高到近四百万两。除去维持政府运转的开销，每年可以投入军费三百万两，能维持六万军队作战。骆秉章对湘军的功劳，实不在曾国藩之下。

除了整顿吏治，扩充财政，骆秉章还在军事上做了很多努力。湖南境内会党、教门势力雄厚，起义规模庞大。远在湘军创立之初，被江忠源镇压的浏阳周国虞起义，部众就号称十万。湖南不但要派遣湘军出省作战，更要应付省内层出不穷的民变和起义。而要应付庞大而频繁的武装暴动，就必须强化省内的各级武装。

骆秉章在湖南武装了大量由巡抚直辖的勇营，如周金城之南勇、何忠骏之平江勇、李辅朝之楚勇、刘腾鸿之湘勇、田兴恕之虎威勇等，多者两三千，少者也有数百人。这些勇营平时在省内镇压民变，战事紧急就整编为大团出省作战，成为湘军的预备役和生力军。除了由巡抚直接掌控的部队外，骆秉章还准许各府各县自筹武装，如蓝勇、永勇、东安勇等，这些部队大多经过严格训练，统带他们的士绅也凶悍敢战，成为镇压农民起义的先锋。

在这种严密的军事体系里，勇悍的团练士卒选入府县，府县的锐卒选入省里的大团，大团扩充成军再派遣增援出省湘军，精锐士卒由下向上流动，不断补充出境湘军，为大部队提供新鲜血液。湘军中的许多精锐部队，就是由省内镇压农民起义表现突出的府县勇营扩编而来，如田兴恕、李金旸、刘腾鸿就是如此。（本章关于湖南税制和军制改革的内容，主要参考了龙盛运先生的《湘军史稿》。）

湖南大本营稳固了，湘省大员们开始筹划扩军建军。湖南拨给曾国藩白银八十万两，建造舰船二百艘，充实内湖水师；新练湘军陆军二万余人，在湖北、江西战场上投入战斗。

骆秉章是湖南巡抚，曾国藩办团练，得到的上谕是帮同巡抚办理团练，原则上要以骆秉章为主，曾国藩为辅。即使曾国藩嫡系湘军兵为将有不受巡抚控制，但在江忠源去世后，刘长佑的楚勇是听从骆秉章调遣而不受曾国藩控制的，其余如王鑫、刘腾鸿、田兴恕等军都受巡抚节制。若论湘军主帅，在江忠源、曾国藩、胡林翼、左宗棠之外，还应有骆秉章。但因骆秉章是洪秀全同乡广东花县人，不是湖南籍，所以后来湘军将帅们都极力抹杀他这个外省人的功绩，把骆描述为左宗棠的傀儡，把他抚湘时的功绩都算在左宗棠头上。左宗棠独自领军出省打仗后，又说骆秉章幕府的谋主是刘蓉。

张集馨说：骆秉章向来不管事，在湖南十年，所有事都听命于左宗棠，左宗棠带兵去江西打仗后，刘蓉接班左宗棠，骆秉章又拱手听命刘蓉。[7]

徐宗亮在笔记里有这么一段记载：左宗棠以举人身份担任骆秉章的幕僚，事无大小，都由他专断处理。骆秉章每日只和姬妾设宴饮酒为乐，左宗棠甚至当面嘲讽他说，公好像傀儡，没有东西牵引，怎么能动呢？骆秉章被嘲讽也只能干笑而已。手下官员向骆秉章汇报请示，他都说去请示左三先生就行了。[8]

薛福成也如此记录：骆秉章大用左宗棠，湖南筹集饷银，选将练兵，多次击败敌军，还两次大败石达开；后来援助各省，骆的功业几乎和曾、胡相当，其实都是左宗棠运筹帷幄的结果。骆秉章偶尔去幕府，听左宗棠议论大事，也只能静坐聆听，不能发表意见。听说某日他在辕门听到炮声，赶紧问左右发生了什么事，下人回答说这是左师爷在以您的名义发军报奏折，骆秉章方说，那取稿件来我看看。[9]

这些记载可能都是捕风捉影，事后为谀颂左宗棠而写。和曾、左都有很深来往的同辈人王闿运就曾记录：骆秉章任用左宗棠，其实是张亮基移交给他的。骆待左宗棠如寻常胥吏，左宗棠汇报工作他常傲慢地对待，召见时左宗棠必然像下人一样垂手侍立，我因此当面讥讽过左宗棠。刘蓉也做过他的幕僚，做事被其他人掣肘，很难做主。骆秉章大事只肯听杨重雅的，不太理会刘蓉。⑩

王闿运的本意是说骆秉章并不信任湘军，所以湘军的功劳不必算骆一份，但也从侧面证明了骆秉章并不是被左宗棠、刘蓉操纵的傀儡。左宗棠自己也在给郭嵩焘的信中说，他在骆秉章幕府的第一年，骆对他并不信任，直到办出了成绩后才得到重视。⑪

骆秉章后来总督四川，没有左宗棠，政务依然井井有条，靠几万杂牌军就抓住了石达开，还以四川兵勇增援陕甘、贵州。尤其值得注意的是，他的师爷刘蓉虽在政务上极有才干，对军事却一窍不通，四川用兵，显然只能是骆秉章自己当家。对骆不太满意的王闿运也说："秉章督四川三年，平群寇，禽大酋，遂以知兵闻于天下。"⑫传闻骆秉章还写过一本名为《用夷图阵》的兵书，可惜已失传。

骆秉章本人的才干不出名，原因在于他长期以督抚之位坐镇后方，并不亲自上前线作战，故不以知兵著称。而他又擅长用人，幕府中人才济济，个人的光芒就被幕僚掩盖了。经骆秉章提拔和培养的大员，除了左宗棠、刘蓉外，还有席宝田、周达武、黄鼎、刘岳昭、唐友耕、胡中和等。所以世人不称道骆秉章个人的才华，反而称赞他用人的能力，在古人眼里，"将将"是比"将兵"更高层次的才能。

骆秉章死在四川总督任上，蜀人罢市戴孝，处处为其立祠，哀思比于蜀汉诸葛亮，以至有人书"如丧考妣"四字榜于门首。有官员嫌蜀人祭奠的规格超过体制，下令禁止，百姓就聚集于衙门呼喊：

"公等他日为川督而死，民不必尔。"左宗棠晚年与幕僚谈及此事，常说骆秉章才不逾中人，不料如此得民心，殊为不解。左宗棠又问属下，我与骆秉章相比如何，幕僚中有大胆地说："公自不及文忠（骆秉章）。"左宗棠追问缘故，回答说："当日公佐文忠，文忠能用公，若今日文忠佐公，公未必能容文忠。此公所以不及文忠也。"左宗棠闻言嘿然。这就是朱孔彰说的："天下不多左公之才，而多骆公之能用人也。"⑬

【注释】

① 李伯元《南亭笔记·遗闻拾零》，见《清代名人轶事辑览》第 3 册第 1255 页，中国社会科学出版社 2005 年版。

② 见《清史稿》第 13 册第 9184 页，吉林人民出版社 1998 年版。

③ 王闿运《湘军志·湖南防守篇第一》，见《湘军史料四种》第 3 页，岳麓书社 2008 年版。

④ "因思江都仙女镇各会馆旧有抽收厘金章程，于是仿行以济军饷。"《平贼纪略》，见《太平天国史料丛编简辑》第 23 册第 220 页，中华书局 1980 年版。

⑤ 王闿运《湘军志·湖南防守篇第一》，见《湘军史料四种》第 13 页，岳麓书社 2008 年版。

⑥ 见龙盛运《湘军史稿》第 142、143 页，四川人民出版社 1990 年版。

⑦ 见《道咸宦海见闻录》第 366 页，中华书局 1981 年版。

⑧ 见《太平天国战纪（外十一种）》第 183 页，北京古籍出版社 1999 年版。

⑨ 见《左宗棠逸事汇编》第 45 页，岳麓书社 1986 年版。

⑩ "其用左郎中（左宗棠），由张石卿（张亮基）移交，待之同胥吏，白事不为起，见必垂手侍立，余尝面诮之。刘霞仙（刘蓉）出幕署藩司，见辄龃龉。凡事皆主于杨重雅。侈然自大，垂拱仰成，则其所长也。"王闿运《论道咸以来事》，见《湘绮楼诗文集》第 2 册第 34 页，岳麓书社 2008 年版。

⑪ "骆文忠公初犹未能尽信，一年以后，但主画诺，行文书，不复检校。"见《左宗棠全集》第 12 册第 718 页，岳麓书社 2009 年版。

⑫ 王闿运《湘军志·川陕篇第十三》，见《湘军史料四种》第 145 页，岳麓书社 2008 年版。

⑬ 江庸《趋庭随笔》，见《清代名人轶事辑览》第 6 册第 2743 页，中国社会科学出版社 2005 年版。

二　胡林翼主持湖北

湘军在江西作战失利，却也有巨大收获：胡林翼率兵勇六百前来会师，湘军副帅从此正式加盟，开始了他和曾国藩长达七年的精诚合作。胡林翼兵援湖北，得授湖北巡抚之职，湘军因而有了地方实权。

湘军的两位主帅，曾国藩像太阳，而胡林翼像月亮。

曾国藩以刚强示人，遇事从不退让，脾气发作时敢和皇帝硬顶；胡林翼以柔术著称，既能以和柔取悦皇帝，也能以灵活的手段协调同僚关系。

曾国藩以血性激励同人，做事堂堂正正，凡事必讲道义名分；胡林翼以权术笼络部下，成大事不择手段；曾国藩是由圣贤而豪杰，而胡林翼则是由豪杰而圣贤。

曾国藩农户子弟出身，生活节俭，持身严谨，是贫苦出身的道学先生；胡林翼是显宦公子、名臣女婿，生活风流奢侈，是高门大姓的纨绔子弟。

曾国藩口味极重，嗜吃肥美辛辣之物；胡林翼因长年肺病，口味十分清淡。以今日之饮食而论，曾国藩好吃重油火锅，在红浪翻腾中大汗淋漓，而胡林翼就只能吃蔬果白粥，细嚼慢咽地品尝滋味。

然而正是这两位个性、为人极不相同的主帅却走到了一起，阴阳合德，刚柔有体，才使得湘军发展壮大。

胡林翼是湖南益阳人，系探花郎胡达源的儿子，他年方八岁就被曾任两江总督的湖南名臣陶澍预定为女婿。道光十六年（1836），年仅二十四岁的胡林翼就考中进士入了翰林院，可谓少年得志。但胡林翼虽然进士出身，却不好读书，也不喜欢作诗写文，他以过人的天分很早就拿到了科举的敲门砖，随即就把砖头丢在一旁。胡本是浮华子弟，喜欢声色犬马，常去青楼纵情声色，却又未留下诗词佳作，很可能只是下流而不风流。

黄濬在《花随人圣庵摭忆》中记录了这样一段往事：某日，在京为官的胡林翼和长沙人周寿昌在青楼过夜，半夜遇到了纠察人员。按大清律令，官员逛青楼会被杖责且开除公职，一旦被抓到后果非常严重。周寿昌为人机警，听到门外有动静就跑进厨房，换上大厨的衣服伪装成青楼的佣工，顺利蒙混过关。他只顾自己躲避，却不通知隔壁的朋友，以至胡林翼被坊卒抓了起来。幸亏当时没有照片和身份证，胡林翼打死不承认自己是官员，也不吐露姓名，因而被刑讯逼供吃尽苦头。胡林翼脱难后责怪周寿昌不讲义气，是不能共患难的小人，中年带兵后连周寿昌的同乡湖南善化（今长沙）籍人士都不用。[①]

佛教禅宗传法讲究当头棒喝，祖师遇到迷途之人，劈头盖脸一棒打去，将学人从执着的迷梦中打醒。浑浑噩噩的青年胡林翼，很快就遭受了生活迎头一棒。道光二十年（1840），胡林翼到江南担任乡试副主考，恰逢主考文庆病重，就由他代阅全部考卷。胡独自一人看不完试卷，就与文庆合谋让举人熊少牧进场帮忙阅卷。科举乃国家抢才大典，考场是神圣的场合，考官怎么可以找人代阅试卷呢？不但请熊少牧代阅试卷，还因为文庆病重神志不清，胡林翼办事大而化之，在录取时误将下江（安徽）标为上江（江苏），使安徽录取人数比实际名额多出一人。出了这样的大事，文庆作为主考官负主要责任，扛下请熊少牧代阅试卷的责任，受到革职处分，胡林翼作为副主考，以失察被处降级留用。

文庆出身满洲镶红旗，是天子家臣，很快就再度崛起，三年后重新成为吏部侍郎、内务府大臣、兵部尚书，重回朝臣的行列。胡林翼是入仕不久的青年官员，这一次处罚就把他降为了从七品。加上岳父和父亲都在此期间去世，胡就待在老家丁忧守制，一共在家蹉跎了七年。

做官以前，胡林翼是个冶游放荡的浪子，做官以后，仍是个落拓不羁的狂生。后世官场学盛行，论者多称赞隐忍、内敛、圆滑的官场老手，而蔑视狂生，认为这些狂生都办不了大事，只会吹牛使性。其实古代的狂生大多有本领在身，他们比一般人聪明，看问题也更通透，因为不拘世俗，格局远比循规蹈矩的官吏开阔，唯一的问题是个性有缺陷，不容易在体制内生存。如果他们有幸进入体制掌握权力，又未在早期被淘汰，经过实务的磨砺和世事的挫折，很快就能成为名臣。譬如汉季名臣诸葛亮，在入仕前也是豪放不羁的名士，但他有幸生在乱世，是能者居上的时代。为了在剧烈的斗争中求生存，志在天下的刘备并不介意他的狂傲，反而三顾草庐，诸葛亮也因此从狂生变为名臣。但若生在太平年月，英雄无用武之地，不遵守官场规则的狂生就只好怀才不遇了。

胡林翼青年时代放纵荒唐的行为，并不能证明他无能。虽然他不像曾国藩那样肯脚踏实地下苦功，但因为天资聪明，别人需要苦学而得的学问他一看便知，需要反复实践才能习得的能力他一学就会。由于出身显宦之家，又久居京师，胡很早就接触到清朝官场的游戏规则，对官员们逢迎市恩、纵横捭阖的权术十分了解。他比农户出身的曾国藩更了解上层政治，只是在青年时代不屑使用罢了。

他的幸运在于，人生挫折来得较早——可以庇护他胡闹的岳父去世，自己又因科场案走了霉运。因为人生的大起大落来得早，在还来得及浪子回头的时候，胡林翼就有机缘反思之前种种过失，进而在人生受挫时道德学问增进，从狂生转变为能臣。

佛教认为人生的觉悟，来自本心的觉醒。人的自性中本有清净的佛性，由自性散发的光芒可照见宇宙万物的本来面目，让人求得真实不虚的意义。可惜人在后天受欲望的迷惑，误把世间的爱欲嗔痴当作真实，迷乱了本心，无法求得本来真实。若在某一个契机受到棒喝，就有机会大彻大悟，斩断枷锁，绽放出自性的光明，即所谓"得道"。胡林翼的转变，也大致如此。

生而为人，总会追求自我的意义和永恒的价值，胡林翼早年浑浑噩噩，沉迷于声色犬马，把这些短暂而低级的感官刺激当作了人生追求。当他走入人生低谷，在家蹉跎七年，过往的一切都被否定时，他就有了一个反省自我的契机。

倘若此前胡林翼把自己的人生投入了伟大的事业，无论是立德立功还是立言，纵然此刻事业受挫乃至生命终结，之前的种种作为仍是不朽，他的自我不因此刻的失败而减少价值，他的人生经历是真实不虚的。而因为胡林翼把光阴都耗费在冶游饮宴这种毫无价值的事情上，一旦人生走入低谷，他所骄傲的一切在世俗的层面被否定，就会发现之前的作为毫无价值，一切过往如梦幻泡影，如果生命就在此刻终结，自己只能与草木同朽。

科场案后的重大挫折，否定了胡林翼之前的人生，也成为他重新思考自我价值的契机。他开始追求人生的真谛，而只有以天下为己任，把天赋和生命投入"治国平天下"的大道，人生才能重新获得意义。道光二十年的这场科场舞弊案，让胡林翼涅槃重生，京师的风月场里少了一个倚马红桥的荒唐翰林，清朝却因此多了一个披肝沥胆的能臣。

虽然曾国藩也曾称赞胡林翼"进德之猛",但胡林翼大彻大悟之后,仍未转变成一个以德行文章著称的大儒。年轻时他聪明、轻浮,不可能像曾国藩那样下苦功去治学,荒唐放荡的贵公子更不愿意学"存天理,灭人欲"的理学,甚至连写诗都不用心,因为写诗也要沉下心思用功琢磨。

在家蹉跎七年之后,胡林翼性格变得内敛,心思变得深沉,还立下了尽忠报国的大愿,但立下大志后他仍未在理学和诗文上下多大功夫。胡更像一个近代的实务官僚,一个讲求效率的现实主义者。他不相信道德的感召力,也不信道义能救天下,而是更相信做实务的能力,如理财、治水、盐务、兵法,半点也不想在务虚的事情上耽误。

胡林翼一生的伟业,从任职贵州安顺知府开始,这个官职是师友合资一万五千两银子替他买来的。因国家财政吃紧,清廷允许富绅、在籍大臣出钱捐官,知府实缺要价一万五千两。因为看好胡家这匹千里驹,许多师友积极奔走,为其筹钱。两淮盐运使但明伦主持集资,大学士潘世恩、安徽巡抚王植、陕西巡抚林则徐等襄赞其间,很快筹集到白银一万五千两,而且无需归还。

按惯例,捐官花了大价钱,就要设法在当官后赚回来,如果有可能选职务,当然要挑一个富庶之地的肥缺,胡林翼却挑选了地处偏远的贵州安顺府。他在家中蹉跎七年,日日修身进业,此刻是以天下为己任的志士,能再度为官,想要的是能办正事能出政绩的岗位,而非敛财。贵州经济落后,官员贪污较少,吏治较清,又因地方贫穷而民变四起,正是锻炼办事能力的好地方。加上父亲胡达源曾任贵州学政,胡林翼去贵州任职,一是表明自己尽忠为国,绝不贪污,二是表明自己将继承父亲的清誉和事业,可谓忠孝两全。[②]

还在少年时,陶澍就夸这个未来的女婿是"横海之鳞","勺水"

不足资其回旋。折节从政后的胡林翼确实没辱没岳丈的眼光，在知府任上，一切政务都亲手为之，有人劝他休息，他回答说："必如此则僚属精神一振，否则将付诸耳旁风矣。"胡林翼为整顿地方治安，遂以剿匪为主业。贵州民变四起，历任地方官大抵有两种作风：一种是对民变视而不见，得过且过，设法粉饰遮掩，拖到自己离职；一种是头痛医头脚痛医脚，遇到民变就调集军队暴力镇压；他却决心从根本上解决问题。

要彻底解决民变，首先就要调查民情，了解民变产生的根源以及民"匪"关系。于是胡林翼身着短衫麻鞋，率几个随从风尘仆仆地奔走于贵州山林之间，深入"匪患"严重的地区查探民情。

贵州群山巍峨、绵延起伏，山川雄浑无比，但山区海拔较高，日照较少，时时云雾缭绕，外人就更难深入。昔日的京城风流翰林，晨光初起就带着仆从在山区跋涉，每日必至暮色四合、天光暗淡时才休息。他身上最后一点浮华之气，就在这雄浑壮美的天地间剥落，湮没的才情，也被山间的雾水洗净，渐渐尘去光生。

深入实地查探之后，胡林翼感到形势非常恶劣，他调查过一个村庄，全村五十多户人家，只有三户和反抗组织没有联系。即使在靠近城市的村庄，忠诚于清朝的农户也不过七成。

乾隆以来日益严重的人地矛盾和官僚系统的腐败，导致反清组织在贵州这种偏远地带非常有号召力。因为有民众掩护，官军进剿时，他们就分散藏匿，等官军撤退后再度聚集。朝廷绿营兵虽然人多势众、武器精良（相比山民），但差遣调配这些士兵非常困难。纪律涣散的绿营兵无法在崎岖的山路里快速行军，"贼行如鼠，兵行如牛，以牛捕鼠，必不可得"。大部分时候，官兵只能借助声势浩大的调动震慑反清力量，让他们不敢出来活动。但这种军事震慑的代价十分沉重，官兵每次开拔打仗，都需要地方政府额外支付一大笔赏金和粮草，还要动员大量民壮供使唤。两千人的官兵过境，往往要抓五六千壮丁来担任后勤，绿营兵还时不时地劫掠地方，"过兵"对民众来说比"过匪"还可怕。

既然以绿营兵镇压民变费时费力，胡林翼就发动当地士绅率领乡农剿匪。士绅可以得到体制内的荣誉头衔赏赐，普通民壮每逮捕一个匪徒可得赏银五两。以士绅取代胥吏，以乡民取代官兵，不但军费开支大为减少，也分化了当地农户。很多士绅和农民通过"出卖"村里的反清人士，或者帮助胡林翼镇压民变获得了丰厚的回报，受利益的诱惑，投靠官府的人越来越多。他就这样以收买的手段撕裂了民间，成功地挑动了民众内部的猜忌，民变的组织者发现贪图赏赐而出卖他们的人越来越多，也就无法信任原本庇护他们的村落。离间了反清力量和民众的关系，胡林翼又组织了一支几百人的勇营，在士绅的配合下四处猎杀叛军。他的办法取得了很大成效，贵州各地都请他去帮忙维护治安。

但胡在贵州做事并不顺心，贵州地方贫瘠，他又坚守原则不贪钱财，家丁、幕僚都只能靠微薄的薪俸供养，很快就入不敷出。不少家丁都因欠薪而离开，他自己则欠下了一千八百多两的债务。与此同时，因为逮捕的盗匪太多，贵州官场不少人抨击他"贪功擅杀"，为了升官不惜杀良冒功，以鲜血染红顶子。

胡林翼分化、收编了不少叛军，麾下也多用降卒，用他的话说，贵州地方虽然偏僻，然而仍有不少将才，可惜都参加了叛乱，如果能收编为官府所用，就不会投靠到"贼匪"一边。自古以来能成大事和败大事的人，很多都出身草莽。用他们，他们就是朝廷的臣仆；不用他们，他们就会成为"盗贼"。因为大量招抚纳降，有人污蔑他和匪徒勾结，以匪杀匪。曾国藩在湖南被称为"剃头"，胡林翼在贵州被视为"官匪"，这两位湘军主帅可谓是难兄难弟。

太平军西征，湖北成了主战场，湖广总督吴文镕手下缺乏干才，曾国藩就推荐胡林翼去帮恩师做事。胡林翼率领六百名贵州练勇奔赴湖北战场，可惜还未抵达武昌，吴文镕就在黄州兵败自杀，这让他进退维谷。关键时刻又是曾国藩收留了胡林翼，从湘军的粮台拨给军饷和物资，让他屯兵岳阳等候会师。后来曾国藩攻打九江，胡林翼率部并入了湘军序列。至此，副统帅胡林翼终于加盟湘军。

湘军两位统帅，理学宗师曾国藩谋事辽远，模范官僚胡林翼只争朝夕。因为有肺病缠身，此前又虚度了七年光阴，胡林翼总是忧心忡忡，担心来不及把事办完——他只活了49岁就因肺病去世，未能看到太平天国的平定。因为操切从事，胡林翼不得不借助权术阴谋，他甚至并不隐瞒自己好用权术的事实。和一般阴谋家的差别是，阴谋家以权术谋私利，胡林翼以权术济公义，他生平机关算尽，却从未有一计是为自家私利所设。

甚至可以说，曾国藩以血性、公义名世，却仍免不了牟取私利，道学家的面孔下总藏有几分人欲；胡林翼以玩弄权术著称，本人却大公无私。江南大营崩溃后，咸丰皇帝调湘军去下游作战，胡林翼立即劝曾国藩募兵增援江南，即使之前和浙江巡抚王有龄多次冲突，他也毫无芥蒂。曾国藩却一心想保住湘军的利益，一直拖到王有龄被李秀成逼死，江浙地盘都落入太平军之手才肯发兵。曾国藩本人不贪钱，但对九弟曾国荃劫掠财富之事睁一只眼闭一只眼，胡林翼会聚敛钱财，但所得银钱都拿来拉拢、资助将领，并无分文带回家中。

湘军攻打安庆，议立统领，曾国藩提名鲍超而胡林翼提名多隆阿，两边公文往来，争论不休。多隆阿所统军队本就较鲍超为多，品行又远高于滥杀的暴徒鲍超，为何曾国藩偏要提拔鲍超呢？实际上还是宗派主义作祟。鲍超虽是四川人，但融入湘军已久，对曾、胡二帅言听计从。多隆阿虽也被算作湘军，但他所率的礼军却保留了较大独立性，与曾国藩的关系也始终是若即若离。以此来看，被讥讽德薄好权的胡林翼确实大公无私，以道德文章名世的曾国藩反倒有点小家子气。

曾国藩为人持重坚韧，胡林翼为人明快果断；曾国藩做事谨慎多虑，胡林翼做事气魄宏大；曾国藩以道义感孚世人，胡林翼以权术收买人心。二人恰好形成互补，无胡林翼周旋，湘军很可能刚而易折，被官僚集团吞噬；不得曾国藩定心，湘军也可能会半途而废，为太平军击败后一蹶不振。如安庆之战，没有曾国藩持重坚韧，坚决不肯撤军去救湖北，胡林翼恐怕早就撤了安庆围城之兵；又如曾国藩得两江总督后，如履薄冰小心翼翼，不敢大包大揽，若非胡林翼定下三路进军、上下游一盘棋的宏大布局，湘军的胜利恐怕要延后多年。无曾国藩的道德感召，仅靠权术支撑，无法吸引天下志士共襄大业；无胡林翼以权术周旋折冲，湘军也难以应对官场的攻讦和拆台。胡林翼英年早逝，湘军少了这位长袖善舞的权谋大师，本是巨大损失，幸好曾国藩在家守制悟道，也逐渐精通权谋，变得刚柔相济，才能维持住局面。

在同代人眼中，胡林翼有坚苦贞定的志节和超卓弘忍的胸怀，丝毫不逊色于曾国藩。如王闿运就说："曾起农家，胡称贵胄，诸所措置，曾不及胡。"③赵烈文则说胡林翼的才干或稍逊江忠源，但品德在江之上，乃是天下第一。④

为何后世胡的名声不如曾？王闿运说，因为曾国藩早年至诚而贤明，虽然后来有所不足，然而后事不足掩盖前事，所以曾国藩名声不坠，言下之意曾国藩靠早年积累的好名声胜出，而胡林翼为权术所累。孟子曾云："予岂好辩哉？予不得已也！"胡林翼也非好权术之辈，乃是"不得已也"。他本不徇私自利，为了湘军事业，不得不委身于污秽的名利场，压抑心中的厌恶而周旋其间，既要运用权术与小人周旋，又不能沾染因果而使自身堕落，身处黑暗又必须时刻心念光明。他身如柔雪而心似玄铁，在官场浊流里兴风作浪却不教一点尘埃沾染赤心，其中的艰难苦楚，比曾国藩所说的"打落牙齿和血吞"又更难几分。

其实曾国藩也并非不用权术，他只是能不用尽量不用，权术只在决定性的场合突然用出，如堂堂之阵中奇兵突出，瞬间翻转乾坤。即使用了权术，曾国藩也非常注意遮掩，用其实而讳其名。玩弄权术之后，他一般会让幕客设法弥缝粉饰。欧阳兆熊曾记录过这样一桩往事：湘军将领李金旸（yáng），作战非常勇猛，但因早年出身绿林，为人不知礼仪，跋扈异常，人称"冲天炮"。李金旸原在左宗棠麾下作战，战败后被太平军猛将谭绍光俘虏。谭绍光的上司李秀成爱才成癖，就想收他为己所用。李金旸坚决不降，李秀成不但不加杀害，反而赠送盘缠让他回家。

李金旸脱难回到江西省城向曾国藩述职，其部下张光照向江西巡抚告发他投降"通贼"。因李为人跋扈，许多湘军将领对他都不满，也鼓噪要主帅惩办这个"通贼"的叛徒。以曾国藩的精明，当然不会相信他已投降，立刻就以诬告上司为名，反坐诛杀张光照。李金旸对曾国藩的知人之明佩服得五体投地，下定决心要对这位湘军主帅尽忠职守。但事情却在第二天发生了逆转，李来大营向曾国藩谢恩，当场感激涕零，谁料曾国藩宣布，李金旸虽未"通贼"，但打了败仗亦是大罪，应受军法处决，不等他反应过来，就令亲兵营哨官曹仁美将李金旸推出斩首。

曾国藩对幕僚解释说，李金旸跋扈难治，在军中人缘极差，左宗棠觉得不好安置才把他丢到自己这里来。左宗棠说此人虽能打仗，但极难驾驭，能用则用，不能用就杀掉，以免后患。这次江西众将都指责他通贼，既然群情如此，为避免将来众人排挤逼他叛降，我只能把他杀了以安众心。

李金旸的冤案，说明曾国藩不但玩弄权术，行事手段更是阴险残暴。但欧阳兆熊却给这个故事加了一个结局：处决李金旸的哨官曹仁美是李金旸的师弟，两人都拜了神棍为师，常以符水巫术治病疗伤，非常灵验。曹仁美监斩李金旸，特意让行刑者下手轻了几分，没把他的头彻底砍断。后来又把他的尸首停在江岸，让十个亲兵看守，不准外人靠近。到了夜间，曹仁美救活李金旸，让他坐了一艘船逃跑，从此不知所终。后来听闻李金旸脱难后改作和尚打扮，起名更生，还娶了妻妾三人，都是尼姑。⑤

这个故事一看就知是凭空编造，即使以现代医疗条件，斩首时即便刽子手手下留情，不彻底砍断脖子，犯人也会因大动脉出血而死，颈部的骨头哪怕只砍断一小部分也是无法救活的。欧阳兆熊也知道此处不合常理会引起怀疑，特意加上李金旸和曹仁美学过符水治病且十分灵验这段神来之笔，用巫术来解释砍伤脖子还能救活这个漏洞。可李金旸本无杀头之罪，曾国藩若有保全之心，只需不问其罪即可。如果要安抚和李金旸关系不合的将领，也只需找个借口将他革除军职，完全不用搞假死脱身这样麻烦的套路。尤其在处决张光照和李金旸两人后，曾国藩还给朝廷上了奏折，若真在此后放纵李金旸逃跑，岂不成了欺君大罪？李金旸假死逃脱还娶妻生子的故事，欧阳兆熊说是传闻，当然毫无可信度。另一个当事人曹仁美也已战死沙场，更是死无对证。

曾国藩的幕僚对此事还编造了另一个骇人听闻的版本。在这个故事里，李金旸已经通贼叛变，准备举兵响应李秀成。曾国藩前一日杀张光照，是以苦肉计引李金旸入局。李金旸以为曾国藩不知他通敌的阴谋，还假装前来谢恩，立即被曾国藩拿下处决。诸多版本真真假假，把事情真相搞得一塌糊涂，于是就再也没人去思考曾国藩玩弄权术的事情了。

胡林翼不如曾国藩好名，他从不为自己遮掩，幕府中也不供养耍笔杆子的文人。正因如此，在世人的眼里，中年之后的胡林翼务实、能干、勤勉，却始终不是道德楷模、士林首领，他虽是那个时代最有才干的官员，号召力却始终不及曾国藩。因为曾国藩是理学家，是为一代人开风气、兴教化的大儒，他的思想不但惠及当时，还将泽及后世。而胡林翼所干的实务，很可能只对当下发生影响。

但若胡林翼泉下有知，听到后人如此评论，他只会置之一笑：当前的事情都做不过来，谁还顾得上那么久远的事？正如明人钟惺所说："书生轻议冢中人，冢中笑尔书生气。"

【注释】

① 黄濬《胡林翼逸事二则》，见《近代史料笔记丛刊·花随人圣庵摭忆》第687页，中华书局2008年版。

② "黔本为先严持节地，兄亦曾淹留多时，风俗夙所习闻。天下官方，日趋于坏。输金为吏者，类皆择其地之善者，以为自肥计。黔，硗瘠之所，边僻之境也，为人所掉首而不顾。然兄独有取于黔，诚以黔之官吏尚能奉上以礼不以货，以礼则知自重，不以货则知恤民，而治理庶几可冀。兄初为政，遇贫瘠之士，当可以保清白风，而不致负国。……苟有以一钱肥家者，神明殛之。"见《胡林翼集》第2册第962页，岳麓书社2008年版。

③ 王闿运《论道咸以来事》，见《湘绮楼诗文集》第2册第36页，岳麓书社2008年版。

④ "江烛照机先，其敏快似较胜胡，而晚年名望益高，不免矜持，转有沾皮带骨之处。胡则恢廓无外，日进其德，始犹英雄举动，继遂渐入道域，几几不可限量。视国事为身事，视天下为一家，公尔忘私，一人而已。"见赵烈

文《能静居日记》第 2 册第 1083 页，岳麓书社 2013 版。

⑤ 见欧阳兆熊《水窗春呓》第 3 页，中华书局 1984 年版。

三　督抚"相和"

胡林翼在湖北，恢复生产增加税收，选拔人才扩大湘军，把湘军兵力扩充了一倍以上。他能在湖北取得巨大成就，得益于与湖广总督官文的良好关系。清朝督抚同城，往往内斗不休，而胡林翼却能处理好和总督官文的关系。

满大臣官文任湖广总督，明显有监视、牵制胡林翼的意图。[①]胡最初的想法是把官文一举拿下，这得到了曾国藩、左宗棠、骆秉章的支持，于是整个湘军集团团结起来，文攻武斗官制军。这时期的湘省大员，在政治上都还不成熟，被监视的人哪儿能斗倒监视者呢？

为了搞垮官文，胡林翼首先动手裁汰官文统带的湖北兵勇。他先大造舆论，说官文手下的湖北兵将都不可用，为了战争必须裁汰，接着不断上折请裁湖北兵将，竟有一日连上五折的举动。为了配合胡林翼，曾国藩也写了《湖北兵勇不可复用折》，恳请皇帝准许裁汰湖北兵勇，编练新军，其实也就是以湘军代替官文的嫡系。

咸丰的态度很坚定，湘军想扩军，只要有钱当然可以，但是官文直接控制的湖北军，也要跟着扩，质量可以不管，数量一定要跟上。官文心领神会，开始大量收编土匪当兵，这些湖北军不但不能打仗，反而时时闹饷闹兵变。可官文就是要把他们供起来。王鑫说，官文手下的杂兵多达五万，不兵变就算幸运了，哪里还能打仗呢？[②]官文养了五万杂兵，用意十分明显，咸丰皇帝想让湘军当炮灰打冲锋，八旗和绿营来冒功，那他手下的兵就不能少，总不能说五万湘军没打胜仗，功劳全是官文手下几千杂牌军的吧？为了冒功，官文手下的士卒，至少编制上要与湘军相当，才好分润功劳。

裁兵不成，胡林翼又策划在人事上架空官文。国家政权不稳定，首先要抓兵权，如果中央集权成了气候，兵权不抓也可以，但是人事任免权一定要拿在手上。胡林翼以整顿部队为由，谋划把官文的心腹马秀儒等参倒，以逐步控制人事大权。为此，胡林翼上奏《敬陈湖北兵政吏治疏》，用含蓄的语言告发了官文的许多不是。

这次上奏可视为双方矛盾的激化，湘省大员纷纷上奏声援胡林翼。咸丰回复说，所奏恳切详明，实为当今要务，对胡林翼的军事规划大加赞赏。但是在实质问题上，咸丰表态说，我之前已经下旨让官文统筹办理，你只需要会同办理就行了。这等于明确态度，你胡林翼只能在官文的手下干，不要僭越！胡林翼不甘心，又要求查办被他参劾的官员，这次咸丰的回答更明白，官文有钦差大臣关防，一切事务"均该督专责"，以上谕的形式明确，人事任免必须经过官文才能生效。③

扳倒官文不成，胡林翼遂采取极端的办法予以对抗，所有调兵请饷、办案抓贼，他都独断专行，坚决不同官文商量，把总督大权硬夺了过来。官文被伤了面子，也采取手段和胡林翼斗争起来，湖北官场乱成一团。湘省大员纷纷支援胡林翼，官文到湖南劝捐，骆秉章、左宗棠直接把他的办事大员赶了回去；官文要调兵，湘军也拒绝出动。胡、官二人闹得不可开

太子太保原任文华殿大学士一等果威伯谥文恭官文

官文

交，为博取同情，胡林翼甚至自比伍子胥、屈原，以自杀威胁朝廷。

左宗棠率先看出问题，他指出，湘省斗官文，如果一击不中，后果不堪设想，如果朝廷震怒，把闹事的官员革职，搞不好整个湖南都要落入官文掌中。为保住湖南，最好同官文休战。许多人都在试图调解这场纠纷，江忠源生前的好友魁联就一意从中调解。阎敬铭更一针见血地指出，湘军是斗不垮官文的，即使官文离职，新上任的满大臣一样会掣肘，"公欲去官公，保来者非官公耶？以一巡抚能去若干总督，即曰能之，满人不能与闻军计，公又何以自保？"④

胡林翼终于意识到自己斗不垮官文，而且阎敬铭更是特意指出，只有给官文分功，湘军才不至于功高震主。胡林翼自此采取和官文修好的办法，道家的柔术在这时候派上了大用场。除了通过跟官文的小妾认亲戚拉近关系之外，胡林翼以后在大事上更是尽量保证官文的面子，上奏每每称赞乃至推功官文。最要紧的是，胡林翼不但不再反对官文发财，反而襄赞其捞钱大业。官文在胡林翼的纵容下在湖北发了大财，以至回北京后，"银多不能悉载归，乃连开九当铺"。胡林翼还特意召集文武官员，告诉他们自己和官制军已经和好如初，有再言督抚矛盾者将治以重罪。

从此以后，官、胡相处甚好，胡林翼在湖北办事也十分方便。有论者认为，这是胡林翼用"外圆内方"的柔术迷惑了官文，成功夺取了官文的权力。若我们仔细研究官文在与胡林翼和解前后的表现，可知事实并非如此。

官文在政治上非常成熟，他深知做事的分寸。只要胡林翼不和他搞你死我活的斗争，他在不涉及个人权力的问题上一般会做出让步。官文在湖南劝捐被骆秉章、左宗棠伤了面子，却表示自己不打算因此和二人打笔墨官司，表现出"廓然大公，所见者大"的态度。他处处表示，自己愿意和湘军各位大佬捐弃前嫌、和衷共济。同时，他也对下属说，胡林翼才高志大，天下无人出其右者，湖北无胡林翼不能御敌。所以官文虽然和胡林翼时常吵闹，却没有把胡林翼搞下台的打算。即使在双方吵闹最严重的时候，关于用兵的事，他也一般不反对胡林翼的主张。

官文虽然"遇事茫然"，却绝不糊涂，他的地位和功劳都出在胡林翼身上，只有湘军能打太平军，只有抓住湘军，自己才能分功上进。所以湘军要扩军，官文尽量支持，胡林翼要策划战役，官文一般不发表意见。反正曾、胡都是给他们旗人打工的，只要不关系人事大权，官文对湘军还是十分配合的。官文的高明就在这个地方，他知道自己的无能和湘军的强悍，所以他支持湘军打仗，但是，不让步的地方他绝不让步。

后来采取怀柔政策，也并不是胡林翼棋高一着，反倒是官文熬熟了胡林翼。值得注意的是，官、胡和解后，官文并不是什么事情都交给胡林翼操办，甘心当傀儡。龙盛运先生就曾指出，人事和财政，胡林翼必须报官文副署，否则不能推行。官文私下仍不时地分化胡林翼的部下，湖北官吏如张曜孙、庄受祺等，唯官文之命是从，绝不接受胡林翼的命令。

在湘军扩军问题上，官文也大做文章，他最舍得出钱出装备的，是都兴阿和多隆阿的部队。都、多二人，名义上隶属湘军战斗序列，其中多隆阿完全就是湘军编制；但他们都是旗员，官文大扩都、多二人的军队，尤其是用黑龙江、吉林的骑士把多隆阿的马队扩充至数千人。多隆阿骁勇善战，指挥才华出色，官文协助多隆阿招募的东北骑士也大多保留了北方游牧民族的凶悍，这数千马队成了湖北极强大的一股战力。可见，官文也并非完全不懂军国大事。多隆阿战功日隆，官文就不断给他调拨兵马，最后多隆阿拥兵一万五千人，成为抗击陈玉成的头号主力。

胡林翼对此也采取了措施，他大量地调拨湘军老营充实多隆阿下属，又尽心传授多隆阿湘军营制。这样，多隆阿部下，又多了不少来自湖南的步兵，多隆阿如果和湘军反目，他的骑步配合战术就不太玩得转。官文对此又发动反击，努力收买分化湘军中级将领。李续焘、何绍彩、赵克彰等人，因战败被胡林翼处分，官文就想办法撤销这些处分，并给他们重立新营的机会。这些败将重新立营，虽然还是按湘军的营制来，却大量补充了来自河北、山东、四川的老兵，和胡林翼没有同乡之谊。官文让他们带队并入多隆阿的部队，时间一长，多隆阿麾下的精兵，就从胡林翼的湘军，慢慢地变成了官文的湘军了。湘军兵为将有，除了湖南的大员，谁也指挥不动，官文竟然能从湘军里分化出多隆阿这一支劲旅，手段实在高明。

　　胡林翼和官文明争暗斗多年，各有胜负。由于官文深刻地认识到，曾、胡都是朝廷培养出来的官员，不可能造反，而且才华出众，于是放手让湘军大干。官文治下的湖北，成为清廷打败太平天国最重要的军事基地，从这个角度讲，官文是相当有魄力的。

　　官文在放手让湘军大干的同时，牢牢地把持住了人事大权，正如曾国藩所说，官文城府甚深，"面子极推让，然占其地步处必力争"，这就保证了湘军只能与官文合作而不能反客为主。曾、胡浴血拼杀，官文"日日深杯酒满，朝朝小圃花开，自歌自舞自开怀"，一路加官晋爵，最后连攻克天京的捷报都要由他领衔。不得不承认，官文非但不是糊涂蛋，反而精到家了，堪称权术大师。

　　胡林翼不但稳定了湖北，还在曾国藩丁忧隐退之时协调将领矛盾，维持湘军不分裂。湘军诸将不少本有矛盾，如李续宾与蒋益澧，彭玉麟与杨载福。主帅隐退，若无胡林翼这个副帅居中协调、弥合将领关系，湘军很可能因内部的分裂而被其他官员分化控制。

　　胡林翼并未参与湘军建军，将领本非他所提拔，与其并无恩义，加上胡林翼早年是浪荡公子，私下也并不被这群"君子"尊重。胡林翼为了维持局面，可谓竭尽血诚，或动之以情，或诱之以利，甚至不惜卑身屈己来讨好地位比他低下的官员。为拉拢李续宜兄弟，胡林翼把李续宜的家人接到府衙，当成自己的父母供养；为了协调彭玉麟和杨载福的矛盾，他把两人劝到一起，不惜下跪恳求二人为天下大业捐弃前嫌。为了弥合湘军内部矛盾，胡连上官的尊严都丢掉了。曾国藩就说，外人看我们湘军内部一团和气，其实那都是胡林翼协调得当。⑤

不但为了协调内部矛盾，胡林翼心思用尽，而且为了保护左宗棠，推动曾国藩复出，他也是四处奔走。胡林翼因家庭出身，比曾国藩更加精通官场上层的派系分化、贿赂请托乃至各种纵横牵扯的秘诀。若非胡林翼苦心周旋，曾国藩扶植左宗棠独领一军的计划可能会因"樊案"受阻。曾国藩隐退后，胡林翼已是湘军主帅，他却始终努力让曾复出，四处请托为曾的复起造势。曾复出后，他将扩充的湘军人马乃至自己提携的鲍超等军，尽数交给曾国藩统带，毫无宗派私利。

【注释】

① "胡文忠公（林翼）巡抚湖北时，方手握重兵，朝廷忌之，特任官文督鄂，阴为监视，识者忧焉。"陈灏一《睇向斋秘录》，见《清代名人轶事辑览》第 3 册第 1211 页，中国社会科学出版社 2005 年版。

② "北岸冗杂之众，数至五万，求其不酿成大变，斯为幸耳，尚望其能剿贼耶！"见《江忠源集·王鑫集》第 669 页，岳麓书社 2013 年版。

③ "官文有钦差大臣关防，军务营伍，均该督专责，若委之巡抚，殊非朕倚任该督之意也。"见《胡林翼集》第 1 册第 247 页，岳麓书社 2008 年版。

④ 转引自龙盛运《湘军史稿》第 176 页，四川人民出版社 1990 年版。

⑤ "大凡良将相聚则意见纷歧，或道义自高而不免气矜之过，或功能自负，而

不免器识之偏，一言不合，动成水火。近世将材，推湖北为最多。如塔齐布、罗泽南、李续宾、都兴阿、多隆阿、李续宜、杨载福、彭玉麟、鲍超等，胡林翼均以国士相待，倾身结纳，人人皆有布衣昆弟之欢。……外省盛传楚师协和，亲如骨肉，而于胡林翼之苦心调护，或不尽知。"见《曾国藩全集》第3册第228页，岳麓书社2011年版。

五、大盈若冲

一　愤怒中年的彻悟

咸丰七年（1857），盛夏的热浪蒸腾着白杨坪，四十六岁的曾国藩站在老柏树下沉默不语。出湘三载，征战不休，却带着半头风霜和一身火气归来，他眼中透着两个字——"不甘"。勇猛精进的刚介儒生遭遇中年危机，自然抑郁苦闷。上司的猜忌，同僚的中伤，友朋的死难，凡此种种，与壮志难酬的忧愁缠绕在一起，灼烧着曾国藩的神魂，令其寝食难安。

曾国藩立志要在乱世做圣贤，以"忠义血性"感化同人，然后移风易俗，再造太平，所谓"致君尧舜上，再使风俗淳"。然而湖口惨败，南昌坐困，江西战局一筹莫展，他在事业上寻不到出路。对比胡林翼和骆秉章的成功，曾氏对自己的能力产生了怀疑；面对皇帝的猜忌与同僚的排挤，他甚至萌生世道不值得拯救的绝望想法。

曾国藩四顾茫然，觉得举世皆与自己为敌，颇有"苌弘化碧""眼悬国门"的冤屈。他在给刘蓉的信中写道：义士荆轲之赤心化为长虹，围观的人却以为是灾祸；忠臣苌弘之鲜血化为碧玉，赏玉的人却把它当作烂石头，这种心情可谓沉痛之至。①从老师唐鉴、倭仁那里学来的养气功夫丝毫不能排解内心的苦闷，他甚至起了就此放手、一死了之的念头。曾国藩在给刘蓉的另一封信里说，到处都是掣肘捣乱之人，怎么也不能一展抱负。现在数着日子等死，到时候你给我写墓志铭，如果不为我鸣冤，我在九泉之下也不瞑目。②

当人走投无路之时，最盼得到同人的支撑，纵然举世皆敌，只要有二三志同道合者声援，尚可坚信"吾道不孤"。谁料连左宗棠都来信责备他抛下江西军务回家是不顾道义之举，曾国藩就真正绝望了。长沙、岳阳、武昌、湖口，从洞庭湖到鄱阳湖，从湘江到九江，数年努力之经营，在炎炎烈日的炙烤下如露消逝。

枯坐家中等死，曾国藩每日心烦气躁，抑郁难当，不是写信骂同僚，就是与家中子弟吵架，甚至辱骂弟媳，这是以理学名世的曾国藩一生最失态之时。为收束情绪，他常在老家屋前静坐，仰观高嵋山上阳春烟霞，俯瞰白杨坪前翠竹松涛，心情渐至和缓，打消了死志。死志既消，他又开始反思过往几年种种得失，然而越反思就越纠结，情郁于中，不能释怀。因为每日思绪万千，又得了失眠症，心情越加低落，心中的煎熬与暑气的烘烤内外交加，白杨坪宛似烘炉。

好友欧阳兆熊得知后，推荐长沙名医曹耀湘（字镜初）为曾国藩治疗失眠症，又劝谏说："曹镜初的医术可以治你的身病，而黄老道之书，却可以医你的心病。"③经欧阳兆熊和曹耀湘推荐，曾开始读老庄等道家著作，早年匆忙一过的名言如"大象无形""大巧若拙""强大处下，柔弱处上""日中则昃，月盈则食"，此时再读真如一缕春光，照到他被黑暗重重包围的心上。

夏日过后，天气渐凉，身心稍有恢复的曾国藩走出白杨坪，四处访友。看到湘水潮起潮落，不舍昼夜，江上往来的轻舟顺流而下，倏忽之间，已越十里。曾国藩忽然领略到"上善若水"的境界，明悟了"天下莫柔弱于水，而攻坚强者，莫之能胜"的道理。

曾国藩最崇拜的祖父曾玉屏，留下祖训"男儿以懦弱无刚为耻"，母亲也是倔强刚强之人，曾国藩自述"吾兄弟皆禀母德居多，其好处亦正在倔强"。受家庭的影响，曾氏的个性倔强刚强，这也符合湖南人霸蛮的风格。

曾国藩到京师读书后以程朱为宗，而程朱的传人多半有几分孟子式的迂阔天真与屈原式的自恋清高。此后常年带兵打仗，以申韩之术治兵，又不免学到了法家的霸道。他以刚强、迂阔、自恋、霸道的态度周旋于晚清陈腐的官场，当然不免四处碰壁，待碰壁之后再用这套观念去反思，不但不得要领，反而如火上浇油，越烹越烫。得欧阳兆熊提醒后再读老庄，受"中年危机"困扰的曾国藩才算是找到了突围的办法。

道家人生观的要义，首先在"顺其自然"四个字上。自然规律不可抗拒，天命不可揣测，人力终究有限，历史的大势往往不受个人的意志和努力而转移。儒家强调遇事当仁不让，舍我其谁，知其不可而为，总想以一己之力撼动大势，往往徒劳无功。曾国藩得老庄的启发，感悟到在浩瀚的宇宙里个人的渺小，继而又认识到在浩浩荡荡的历史浪潮中，个人只能努力实践而不能妄求一定成功的道理：

人生在世，做事只求尽心，而成败不必强求。如果大事有成，那也是个人的努力符合了自然规律或者天命，不必把功劳都当作自己的；若大事无成，也不必沮丧，因为世事的发展本就不受个人掌控，"尽其在我，听之在天"。一旦看破这个道理，不再执着于成败，不再汲汲于功名，那之前所遭受的各种挫折，也就不必时时挂念在心了。

所谓中年危机，无非就是人到中年因事业无成而产生的焦虑和惶恐，一旦跳出功名利禄的圈子，从宇宙的维度来看待世事，以恬淡冲融的态度来重新看待人生，危机带来的抑郁也就消泯了。

曾国藩在家日日阅读老庄之言，水静山青，日升月落，境界也逐渐提升。他的心境，初如黑夜将至，密云遮掩，风雨欲作；稍后却仿佛风流云散，清辉乍现；再后来如满天星芒，人间灯火，交相辉映，在黑暗中寻得光明自在。这一刻，曾国藩大彻大悟，将平生学问，凡程朱之学、申韩之术、黄老之言，连同汉学之考据、桐城之古文，融会贯通，别开生面，达到承前启后、继往开来的大宗师境界，而他为人处世，也变得智慧通达、游刃有余。

丁忧守制前，曾国藩的学问，是以程朱理学为统摄的，而程朱理学，是儒学中的激进派。理学家讲求天理道德，认为个人通过格物致知、存天理灭人欲，就会掌握天理，最终与天理同在。天理在手，我就可以匡扶正义，改造社会，最后化成天下。而理学的流弊，大致有两端：

一是空疏不实。理学指引儒者追寻世间的终极真理，通过研究事物中蕴含的道理，进而认识天理。理学格物致知的理念与近现代科学相同，但理学家知道要格物致知，却不知道"物"应当如何去"格"。换言之，理学家欲求道，却无求道的方法和工具。传统儒学没有发展出实验试错、逻辑分析、归纳总结这样的实证方法，就无法分析"物"中所蕴含的"理"。理学家的所谓格物，并不是研究事物变化，从中归纳规律。他们只懂得演绎法，只能假定阴阳五行和儒家伦理纲常是先验的真理，然后借助事物展开联想，以此来印证圣人所传的心性义理。譬如王阳明格竹子，并非用科学方法去分析竹子的生长规律，而是通过竹子的形态、特性展开拟人的联想，用来比附伦理道德。因为缺乏求道的手段，只有空疏的联想，理学的发展只能在纲常名教里打转，发展不出自然哲学。而近现代思想的发展，正是从自然哲学中发展出近代科学，再以自然科学的研究方法来研究社会，发展出社会科学。

二是处处诛心，自视过高，为人极端。理学的祖师爷朱熹，认为李密、李世民、项羽、刘邦都是利字当头，即便三代以下践行大义的第一人诸葛亮，也"所学不纯"。对古之英雄都如此苛责，对同时代的平凡人又何来尊重？理学家自以为因格物而得天理，一朝天理在我，则我即天理，可以代天化人，让天下万民都齐于我。这就不免狂妄，在他们看来，凡与我不同心的人，都是异端。

曾国藩自认笨拙无才，后世也多称他为笨人，然而曾虽然不够聪明机巧，却有穿透历史迷雾的悟性。他虽未接触过近代科学，却从考据求实的汉学里得到启发，无师自通地开创出把事物分为两半进行探讨，穷尽其理后再继续分割下去，进行精密研究的思辨方法。不但懂得剖析，他还知道合并消减同类项，最后加以综合的研究。这种思维，已经跳出了传统学术的限制，与近代科学方法接近。④曾国藩讲求从实际中去验证知识，从经验中去总结规律，这也有几分近代实证主义的神采。他把充斥着玄学的古代兵法，变成以实证经验为基础的军事工程学、军事运筹学，这是曾氏远超同时代所谓天才的地方。

胡林翼早年也久经战阵，却在很长时间内，都只是三流军事家，直到得罗泽南传授湘军营规，才跻身一流。李鸿章早年带兵以浪战为能，带兵十年也只是个逃跑知府、绿林翰林，直到入湘军幕府学了老师的办法，才能统领淮军青出于蓝。

理学空疏不实的弊端，被曾国藩以极高的悟性突破了。从某种程度上讲，他这种实证思想具有的革命性，还要超过朱熹和王阳明。曾国藩之所以没有在思想史上获得和朱、王一样的地位，是因为这种实证思想在近代西方早已成熟，很快就被成体系地引进中国了。

虽然没有染上空疏不实的毛病，但理学家自视甚高的毛病，在早年曾国藩身上是非常明显的。他曾说"不为圣贤，便为禽兽"，这种极端的思想，用来责己倒还无妨，用以责人，就大错特错了。不为圣贤，并非就是禽兽，因在圣贤和禽兽之间还有凡人，圣贤、禽兽都是少数，凡人才是大多数人。按朱熹的说法，三代以下，只有诸葛亮能躬身践行大义，然而仍有缺点，离圣人尚有差距，那岂不是三代以下的政治家都是禽兽？

曾国藩的上司和同僚，如咸丰、骆秉章，有的好名虚伪，有的贪权懦弱，但总有几分精明能干，是可以共谋大业之人。即便如陈启迈、官文，虽政见不合，官声不佳，也未必见得就是无可救药的禽兽。古往今来的大事业，都是少数英雄带着大多数凡人做成的，如果要每个同僚都是圣贤，那天下哪还有可以共事之人？君子之间也常政见不合，纵然满朝文武都是君子，也需要相互妥协、调和矛盾，才能共举大事。哪能遇事不顺，就刚强到底，寸步不让呢？

过分强调道德修养，使得理学门徒脱离实际。理学家不了解人性的弱点和社会的复杂，不懂得因势利导、循循善诱，只当天理在手，一切就会屈己从我。事实上，道德教化，律己可以昭昭如烈日，律他却只能浸润如春雨，强他人、社会就我，以自我为尺度去纠绳他人，只会四面皆敌。

曾国藩前半生天真迂阔，只知道用理想去改造社会，却不知世事的复杂，尤其他自觉真理在手，目的正义，道义名分在我，手段也就不必讲求。用迂阔的理想主义去碰撞黑暗而坚固的现实，自然不免头破血流。碰壁之后，又认为我绝对正确，攻讦我的都是宵小之徒，这样不知自省，没有灵活的手段，怎么能在吃人的官场立足？

到长沙治军后，因为军队最讲杀伐决断，法令森严，曾国藩又开始信奉法家的手段。法家以暴力服人，只信奉实力，曾氏强兵在握，实力雄厚，在官场就更不知进退，甚至连皇帝都敢要挟，这样做事又怎能不举世皆敌呢？你"曾剃头"自恃湘军在手，丝毫不肯妥协，那就怪不得同僚用官场上的明枪暗箭给你添堵了。后人常说法家可恨处，在于使用律令杀人，而理学家可恨处，在于挥舞道德杀人。曾国藩一手握住湘军这把锋利的屠刀，一手握住名教这根道德的大棒，百无禁忌，四处攻伐，当然人人诟病，处处射来丛镝（dí）了。

自读老庄悟道，曾国藩懂得了在官场上"知雄守雌，卑弱自持"。第一个改变，就是懂得自省和谦虚，凡事先找自己的不足，而不再一味抱怨他人无理。他反省自身，了解了自己"长傲"和多言的缺点。以前与人冲突，都以为自己必然正确，但回头反思，自己又真的事事占理吗？在湖南练兵打仗，自己暗示下属不必听从骆秉章的调遣，因为骆秉章毫无才能，只会坏事；与骆秉章文书往来，也只有简单粗暴的通报，而无请教、商榷的口吻，只因为看不起骆秉章的才干。然而骆秉章在曾国藩出省后，把湖南的财政收入提高了三四倍，练出了四五万精兵支援各地作战，又哪里颟顸昏庸呢？

咸丰多次强令曾国藩出省救援，曾国藩把咸丰的上谕当作乱命不从，结果是江忠源、吴文镕败亡，两座省城丢失，局面为之大坏，损失又岂是几千湘军可比？纵然陈启迈在江西克扣湘军的军饷，除了限制湘军发展之外，他也是想筹饷自练一军。陈启迈最后没来得及练成赣军就被撤职，但曾国藩何以知陈启迈就一定不行呢？

此前种种冲突，固然因为湘军的存在触动了官场原有的利益格局，但与曾国藩的桀骜孤僻又何尝无关？出江西后，其他湘军统领和骆秉章相处甚得，曾与陈启迈不和，而胡林翼却能与官文共事。在晚清官场，想要做一番大事业，不但要踏实苦干，更要有灵活的手腕和高明的权术。如果把当时的局势比喻成黑夜，曾国藩是想化身太阳，驱散黑暗——然而他终究不是太阳，至多是一盏明灯。明灯妄图代替太阳照亮四方，必然把自己烧得油枯灯灭而徒劳无功。胡林翼更像是黑夜中的舞者，在黑夜中小心翼翼地游走，与黑暗虚与委蛇、若即若离，寻找着还能点燃的灯芯，把它们一一点燃，最终汇成万家灯火。

曾国藩懂得谦虚自省后，说反躬自身，全无是处，以前总自负本领大，总去看别人的不是，自从悟道后，才知道自己并无什么特别的本领，凡事能看到别人有几分长处。[5]知道自己不足，而能看到他人长于己处，道德文章方能因此长进，人际关系方可改善。此前的曾国藩，别说同僚，就连亲兄弟也受不了他那种"天下皆浊而我独清，世人皆醉而我独醒"的姿态，曾国荃、曾国华到北京投奔，也很快受不了他的态度而离开。

张宏杰先生曾举例，此前曾国藩给骆秉章写信，说湖南湖北"唇齿利害之间，此不待智者而知也"，不但没有商量的口气，几乎就在嘲讽骆秉章不智了。关于筹办水师，他不肯让骆秉章插手，说"水路筹备一端，则听侍（我）在此兴办，老前辈不必分虑及之，断不可又派员别为措置"——办水师舍我其谁，您就别管了，也别派手下来添乱，你们都是不行的。这些书信，口气生硬，态度跋扈，字字如刀，怎么不让人生厌？[6]

儒家讲究知其不可而为之，强调"富贵不能淫，威武不能屈"，传到宋明理学的末流，又更是舍我其谁、高己卑人。这种人生态度，若在奋发进取、士风良好的时代当然是不错的，但在暮气已深的晚清，只能处处碰壁。若曾国藩的目标是立德立言，当然可以刚强，不与污秽的官场合流，即使碰得头破血流乃至粉身碎骨，他这个人却是立住了，虽不能成大事，却可凭借劲然的风骨名垂青史，兴许还能感动少许同时代的人，使风气有所好转。但若目标是立功，就不能一味刚强了，身处衰世，举目可见皆是庸人，要办大事就要团结庸人、俗人，那就只能以恭敬、柔弱、谦卑的态度，隐藏锋芒保存自我，再设法调和众人，隐晦曲折地达成目的。

道家的柔术启迪了曾国藩，让他知道如何在颟顸、琐屑的官场中寻求出路：暂时无力改变政治环境，那就改变自己去适应环境，先以谦卑的态度获得上司、同僚的好感，再积极参与官场的应酬，和光同尘，把自己融入官僚之中。这样自己就不再是他人眼中刚介古怪、难于共事的酷吏，不再是黑天鹅中的白天鹅。磨去棱角就不再容易被他人攻击，成为官僚们的自己人，行事就会容易。

曾国藩过去很讨厌官场应酬，不喜欢与人客套交往，只喜欢公事公办，认为官场往来是浪费时间。但咸丰八年（1858）复出后，他积极参与官场的应酬，上到总督巡抚，下到推官县令，他都亲自拜访，或者致以书信，以谦恭的态度、和蔼的语气，小心翼翼地争取他们，笼络他们。之前与左宗棠失和，现在他就请与左宗棠友善的九弟曾国荃帮忙斡旋调解，然后亲自致信，以大义和情理动之，修复两人感情。得左宗棠谅解后，曾氏再请左宗棠弥缝与骆秉章的关系，又请胡林翼帮忙联络与官文的交往。这些官场应酬虽然花费了大量的精力，却因此少了很多掣肘。过去他办大事，十之七八的精力是在和官僚斗争，现在虽花费了十之三四的精力来应酬，却减少了和官僚的斗争、扯皮，办事反而更为利索。

曾国藩过去办事，总想把无能的庸官一脚踢开，然后换上自己信任的正人君子，同心同德改易风气，共创大业。经过屡屡挫折，他也开始熟知人性的弱点，知道自己究竟不能隔绝所有不一心的人，何况他所信任的“正人君子”，又何尝没有私心杂念？

老子的权术，是君子行事如水，讲究因势利导，不与人欲对抗，而以柔术驯服人性，以共同的利害关系，引导他人顺遂自己的意图。清高好名之人恭维之，退让琐屑之人安抚之，贪婪好货之人利诱之，团结一切可以团结之人，把自己的事业变成大多数人的利害所在，办事自然无往不利。左宗棠清高、自大、好名，曾国藩就在日常交往中时时恭维，把他捧成天下第一能臣；官文贪权好利，曾国藩就推功相让，每次获得战功，都分润官文，每次攻破城池的奏折，都请官文领衔；骆秉章以老前辈自居，曾国藩就日常请教、咨询、问候；基层官员缺乏认同感，曾国藩就谦卑以待，召见下属不坐中堂，不让他们站立，每逢节日还贴心问候；幕僚、弟子都惧怕他严厉、刻薄，他就每天和弟子一起吃早饭，讲学问、说笑话，到李鸿章入曾国藩幕府时，往日刻薄迂阔的恩师已经是一位每天给下属讲段子，让人如沐春风的长者了。

江南大营被攻破后，原不打算授予曾国藩地方实权的咸丰，任命他为两江总督，究其原因，虽是形势危急无人可用，但也有曾国藩变得更加深沉老辣，让皇帝觉得可以信任了。

曾国藩此次因研习老庄哲学而悟道，此后也经常借助道家的柔术以济功业。友人欧阳兆熊因此在笔记中说他变成了道家人物，并总结说曾国藩一生三变，在京师求学从词臣变为程朱理学的门人，到长沙练兵从理学家变成申韩之徒，咸丰八年守制悟道后最终变成了道家门人。这个解读，虽出自友人观察，却是对他的误读。曾国藩一生三变，变的只是做事的手段，变的只是术，而他一生的根本，仍是程朱理学，他的道，始终未变。

曾国藩在创办湘军时，确实用严刑峻法，但严刑峻法只是实现目的的手段，而非目标。他带湘军打仗，还是为了捍卫儒家文化，捍卫儒家文化影响下的社会。他打这场仗，还是为了天下太平之后，移风易俗，让天下变成儒家理想中那个人人有德的社会，其根本目的并没有变。而且在创办湘军时，曾国藩让自己手下的将领，按时到军营里给士兵讲儒家的道理，教士兵唱《爱民歌》，把士兵当成儒家门徒来训导。他招募将领，也只招募道德出众、才堪治民的书生，并不招杀人狂魔。可见曾氏仍是一介儒生，只是这个儒生懂得用一些法家刚强的手段，来弥补儒家的平和，以适应现实需要。

而他晚年，为了和官场上各种官僚打交道，确实用了道家的柔术，和皇帝、同僚"打太极拳"。但曾国藩这样做，也是为了协调各种关系，以实现儒家理想。如果他成了道家门徒，那还办什么大事呢？道家讲究的是小国寡民，无为而治，圣人不作为最好，还打什么仗呢？如果太平天国当兴，那就顺其自然吧。可曾国藩到生命的最后一刻，都还想做大事业，想改造社会风俗。他在给曾国荃的信中也说，人力可夺气数，努力能克天命，可见他始终都是知其不可为而为之的儒生。只是用了道家的柔术，作为一种手段，来弥补儒家的刚强。

那曾国藩真正的处事方略是什么呢？其实就是儒家提倡的"中庸"。儒家思想认为，万事万物中都存在着一组对立的矛盾：有阳就有阴，有刚强就有柔弱，有生存就有毁灭，有光明就有黑暗。中庸就是取矛盾的中端，不偏向任何一方。后人对中庸思想有一个误会，认为中庸就是不偏向左，也不偏向右，站在中间；遇到事情，我不说对，也不说不对，模棱两可，谁也不得罪。这是把中庸思想庸俗化的理解，本质是胆小怕事，做骑墙派，当好好先生。那么中庸是什么呢？中庸是指，由于我站在矛盾的中间，所以我守住了事物的本质。守住中庸，就能"执两用中"，是因为我拿住了事物两极变化的中端，所以对立的两边都可以为己所用。

也就是说，中庸不是不左不右不刚不柔，而是平等看待这两边，根据形势的需要，该左就左，该右就右，该刚强时就刚强，该柔弱时就柔弱。不是刚柔兼具，而是时而刚时而柔，根据时势的发展灵活选择。但不管选哪一边，自己都要守住本心，也就是"执中"。

曾国藩守住自己的本心，守住儒家理想的同时，根据时势选择手段：带兵打仗，需要刚强，就用一下法家的手段；官场斗争，需要柔弱，就用一下道家的手段。无论道家和法家，都是达成目标的手段，是拿来用的"术"，而程朱理学，则是不变的"道"。用一句时下流行的歌词来说，曾国藩是"做了那么多改变，只是为了我心中不变"。

【注释】

① 见《曾国藩全集》第 22 册第 466 页，岳麓书社 2011 年版。

② 见《刘蓉集》（下册）第 333 页，岳麓书社 2008 年版。

③ 见欧阳兆熊《水窗春呓》第 13 页，中华书局 1984 年版。

④ "其治之之道三端，曰剖晰，曰简要，曰综核。剖晰者，如治骨角者之切，如治玉石者之琢。每一事来，先须剖成两片，由两片而剖成四片，由四片而剖成八片，愈剖愈悬绝，愈剖愈细密，如纪昌之视虮如轮，如庖丁之批隙导窾，总不使有一处之颟顸，一丝之含混。简要者，事虽千端万绪，而其要处不过一二语可了。如人身虽大，而脉络针穴不过数处；万卷虽多，而提要钩元不过数句。凡御众之道，教下之法，易则易知，简则易从，稍繁难则人不信不从矣。综核者，如为学之道，既日知所亡，又须月无忘其所能。每月所治之事，至一月两月，又当综核一次。"见《曾国藩全集》第 17 册第 65 页，岳麓书社 2011 年版。

⑤ "兄昔年自负本领甚大，可屈可伸，可行可藏，又每见得人家不是。自从丁巳、戊午大悔大悟之后，乃知自己全无本领，凡事都见得人家有几分是处。"见《曾国藩全集》第 21 册第 476 页，岳麓书社 2011 年版。

⑥ 见张宏杰《曾国藩的正面与侧面》第 34 页，民主与建设出版社 2014 年版。

二 曾国藩肖像素描

司马迁在《史记·留侯世家》中说，自己原以为"运筹帷幄之中，决胜千里之外"的留侯张良，应该是个魁梧伟岸的男儿。后来见到张良的画像，画中男子相貌却如美女一般，很难把这个秀美的男子和雄才英伟的留侯联系到一起。

正史多记帝王将相的光辉伟业，很少描述他们在生活中的言行举止。依传统礼制，若非形貌有大异常人之处，传主的长相一般不会载入史册，后人只能通过他们的"行状"去想象、臆造其"形貌"，追求"历史的真实"。而这种想象，正如司马迁所举的例子，很可能不符合真实的历史。曾国藩的时代离我们较近，史料保存也较丰富，后人可以从同时代人的笔记中拼凑出他的生活细节，甚至还可以看到他留下的照片。

同治十年三月廿六日（1871 年 5 月 15 日），曾国藩的幕友冯树堂、吴子登请人为曾国藩拍了一张照片。[①]把照片上曾国藩的眉眼蒙住看，他脸颊瘦削，鼻梁微扁，口宽唇薄，乍一看并不威武，不似镇守一方的帅臣，在中国传统相术里，亦是福薄之相。但他有一把浓密

曾国藩照片（可能为 1871 年所拍）

曾国藩先生

曾国藩晚年照

的络腮胡，修饰了长而瘦削的脸颊，显得面容比实际要大气饱满一些，弥补了脸形的刻薄相。他额头很宽，耳朵极大，加上明显的法令纹和深深的眼袋，倒还有几分儒臣的气派。但如果加上浓黑而上挑的眉毛，一对醒目的三角眼，尤其是眼中射出的摄人心魄的光芒，整个人突然就变得杀气腾腾。

据曾国藩研究专家唐浩明先生说，这张照片在眉眼之间有修饰加工的痕迹。[②]据笔者推断，很可能摄影师在冲洗时对照片做了一些微调，让照片看起来更符合人们对曾国藩的想象：不看眉眼，像一个饱经世事、个性刚强的儒者；加上眉眼，像一个沙场纵横的元帅。

晚清留下的老照片大多有一个特点，无论王公大臣还是贩夫走卒，在照片上都面如死灰、目光呆滞。李鸿章本是仪态优雅的儒臣，时人皆称赞他翩翩如云中之鹤，老照片里的李鸿章却面色蜡黄，神情落寞，就是一个普普通通的老头子，毫无风度仪态可言。以"今亮"

神情呆滞的左宗棠

自居的左宗棠，在陕甘任上所拍照片，拘谨、压抑，故作正经，眼神露出几分迟钝，不但不像"逸群之才，英霸之器，身长八尺，容貌甚伟"的诸葛亮，看上去还有一点滑稽的呆气和落后于时代的土气。

有人认为曾国藩带有杀气的犀利眼神是十数年征战生涯带来的，但这无法解释同样久经沙场的李鸿章、左宗棠为何眼神如此平缓乃至迟钝。晚清重臣们在照片里毫无威仪，可能是因为照相较少，面对镜头比较拘谨、尴尬，不像现代人能自如地展现自我。

曾国藩照相时个性流露，可能和他善于修心养性有关，面对陌生事物能以寻常处之。

即使在数码照相普及的现代，也不能靠一张证件照了解他人的风度仪表，想要勾画出曾国藩的形象，还得依靠同时代人对他的描绘。门生晚辈描写前辈上司，很少会细致刻画其外在形象，因而留下资料不多，常被引用的史料有两则，一则来自《容闳自传》，一则据说来自英国军官戈登的回忆录——《戈登在中国》，这两则史料对曾国藩的描述恰好相反。

耶鲁大学留学归来的容闳如此描述他眼中的曾国藩："他身高五英尺八九英寸（约1.77～1.80米），体格魁伟健壮，肢体匀称协调；他方肩宽胸，头大而对称，额宽且高；其眼睑成三角形状，双目平如直线。……他那浓密的连鬓长髯直垂下来，披覆在宽阔的胸前，使他威严的外貌更增添几分尊贵。他的眼睛为淡褐色，双眼虽然不大，但目光炯炯，锐利逼人。他口宽唇薄，显示出他是一个意志坚强、果敢明决和有崇高目标的人。"[③]去掉对上位者的谀美之词，容闳刻画的曾国藩外貌特征，与我们从照片上观察到的比较接近。

在另一段据说来自戈登回忆的史料中，曾国藩的形象就相当不堪："他在各个方面都与李鸿章成对比。后者身材高大，举止稳重，神态威严，眼睛里闪烁着智慧，每句话、每个手势都表现出他思维敏捷，行动果断；他的服饰也显示出了他的家财和修养。而另一方面，曾国藩却是中等个子，身材肥胖，脸上皱纹密布，脸色阴沉，目光迟钝，举止行动表现出优柔寡断的样子——这与他过去的历史是不相符合的；他的穿着陈旧，衣服打皱，上面还有斑斑的油迹。"[④]

因为是外国人的观察，不像容闳有着对高官的仰慕、夸饰，尤其与李鸿章对比之后一扬一抑，这段描述看起来更加真实。但这段文字虽然号称来自《戈登在中国》，却有很大可能是虚构的情节。《戈登在中国》一书是伯纳特·M.艾伦根据戈登的档案、日记、书信写成，其中并无对曾国藩外貌的描述。上海古籍出版社出版《戈登在中国》时，在书后附录了马士所撰《太平天国纪事》中有关戈登的章节。对曾国藩外貌的描述，就出自马士的《太平天国纪事》，而非《戈登在中国》。马士的文章假托戈登的翻译丁建昌，口述了戈登与曾国藩见面的经过。但马士本人并未参加这次会面，他1872年才来到中国海关工作，他承认这本书里有一定的虚构成分，连一些次要的历史人物都是他杜撰的。

马士写曾国藩穿着陈旧应当有可靠出处，赵烈文就回忆曾国藩"所衣不过练帛，冠靴敝旧"，但衣服打皱和油迹斑斑就属于历史发明。曾国藩是持身严谨、一举一动都按照儒家礼仪严格约束的儒生，他会因简朴而穿旧衣服，但一定会把旧衣服收拾得素净齐整，绝不会带着一身油渍接见外国人。马士还即兴发挥了一段戈登与曾国藩的对话，说曾并不关心国内外大事，只是兴致勃勃地和戈登聊起英国军服的颜色，还伸手摸了摸戈登的肩膀。

这段发挥就更加离谱，别说曾国藩这种能臣，即使是昏庸无能的官文、琦善，也不会在接见外国军官时表现得如此失态。中国官员自诩天朝上国冕服华章尽善尽美，根本不会关心"蛮夷"的服饰。马士又自作聪明地解释说，中国的大人物如果对客人不感兴趣，不想和客人聊天，就会闲扯衣服颜色这种无意义的事情。可惜他不知道，当时官场送客的规矩，不是聊衣服而是请喝茶。

薛福成给曾国藩看相，说他"须眉稍低，生平劳多逸少"，而王闿运说他一副该受大刑而死的薄命相，这两人都看得很准。其实并非相术真有如此神奇，而是他们对曾国藩的生平十分了解。曾国藩一辈子小心翼翼、如履薄冰，游走在败亡和杀头的边缘，他时刻被艰难困苦和忧患恐怖困扰，仿佛身处地狱，日日忍受煎熬，只能靠理学的信仰支持。他时常天人交战，日夜恐惧忧愁，曾的痛苦折磨主要来自三个方面：战事的凶危，朝廷的猜忌，对自我的压抑。

战事之凶险危急，朝廷、同僚的猜忌攻讦，在此毋庸多言，而曾国藩对自我的压抑，却往往被人忽略。人们常夸奖他的隐忍和克制，却忽视了压抑自我所受的煎熬。

官场、战场上的表现，让人觉得曾国藩城府极深，说话做事滴水不漏，为人谨慎而正直，不苟言笑且物欲极低——作为朋友是一位了无生趣的道学先生，作为臣下却是一名完美的孤臣。但这一切，都是他努力压抑天性，克制真实的自己，努力按照理学家范本生活的结果，为此不得不像苦行僧一样以极强的意志力抹杀人欲。

曾国藩本是骄傲、幽默的外向型性格，喜欢讲笑话，喜欢品评他人，喜欢以刻薄的口吻评论上司。他好为人师，恨不得把自己所知道的知识全放在门生面前。他欲望极重，喜欢辛辣肥腻的食物，还喜欢漂亮的女人。

他不像胡林翼、江忠源那样，以流连风月场所而闻名，也不像胜保、陈玉成那样，娶了很多房小妾。在门人眼里他是好德而不好色的君子，以至于后来纳了一房小妾都引起轩然大波。但曾国藩的本性，是极喜欢美女的。

在曾国藩早年的检身日记中，有不少骂自己好色的记录：在朋友田敬堂家见到对方老婆长得漂亮极了，就一直行注目礼；好朋友纳了个漂亮的小妾，他就再三强求朋友把小妾带出来欣赏，还调戏了几句；和友人恽浚生参加进士同年团拜，看到朋友身边美女如云，回家见到老婆欧阳氏因生病不断呻吟，便厌恶地半夜出走；五日后他到汤鹏家里，看到两个漂亮的小妾，又加以调戏。[5]

身为血气方刚的清要官员，见到京师友人都情场得意，曾国藩也

"闻色而心艳羡"。羡慕之后，他却也未曾纳妾，或者冶游放荡，每次动心都回来写日记骂自己无礼，禽兽不如。写日记反省自身，正是倭仁传授他的检身之法，写反思札记时发现自己有任何不符合礼教的思想苗头，就把它消灭在萌芽状态。曾氏以极强的忍耐力克制住了青年人的本能欲望，因此过着极为压抑的生活。左宗棠后来批判他行为和思想不一，是个十分虚伪的人，或许就缘于此。

从到长沙帮办团练开始，曾国藩与欧阳氏分居九年，一直没有纳妾。咸丰十一年（1861）十月，尚未过咸丰皇帝的百日忌期，他却突然纳一陈姓女子为妾。道学先生常借口正室无子嗣而纳妾，曾氏却儿孙满堂，并无这个需求。何况在皇帝驾崩不到百日的敏感时期纳妾，于礼大大不合。这次纳妾在门生幕僚中引起了一场风波，时人笔记对此多有记载，还夹杂了大量的花边。

黄濬在《花随人圣庵摭忆》中记录了这件事的多个版本。第一个版本是彭玉麟劝上司纳妾，欧阳夫人听闻后吃醋，从湘乡赶来责问，曾国藩赶紧让小妾从后门跑了。这则传闻极富戏剧冲突，但黄濬后文就辨析说这个传闻来源不可靠。他提供的第二个版本，说彭玉麟不但没有建议曾国藩纳妾，反而在听闻此事后，把老师大大地骂了一通，彭玉麟说："老师勋望冠绝一世，怎么可以因为一个女人而玷污生平名节呢？老师严令禁止属下奸污掠夺民妇，怎么可以带头破戒呢？何况按惯例，官员不得娶属下民妇为妾，军中有妇人又会令士气不振。纳妾一事，请老师三思。"曾国藩听了彭玉麟的劝谏十分惭愧，就把小妾送走了。⑥

这第二个版本仍不符合事实，曾国藩倒是在日记里大大方方地记录了纳妾始末。按他的说法，这位小妾陈氏乃是湖北人，纳妾是属下韩正国所张罗，⑦包括彭玉麟在内，属下没有公开发表不同意见（可能私下抱怨不少）。陈氏本有肺病，和曾生活一年半后就去世了。

为何在皇帝丧期未过就迫不及待地纳妾？曾氏自述原因是皮肤病日日发作，苦不堪言，夜里需要有人陪床、抓痒。从他此前的日记和旁人记录来看，曾国藩确实患有严重的皮肤病，多年未能治愈，发作时遍身奇痒，常抓得浑身是血，通晚不能入睡。加上他身体一直较差，还患有失眠症，确实需要一个体贴人照顾生活。之所以等不及皇帝的百日过去，可能当时身体状况太差，难以忍受，而一直压抑他的皇帝驾崩，新君年幼，也难得放纵一回。

　　既然此次纳妾不为好色，而是为照顾生活起居、缓解病情，那就不应当看重对方姿色，何况曾国藩又是标榜不好色的道学先生。于是他那不解风情的弟弟先前就给他找了一个五大三粗的强壮女子。但曾的本性毕竟是喜欢美女的，既然已经突破清规戒律的束缚，怎么肯纳这种女子。所以曾国藩在日记里写，季弟给他买了一婢，"体貌颇重厚，特近痴肥"，他难以忍受就果断拒绝了。⑧

　　虽然曾国藩一直装得很禁欲（实际上也确实很克制），但老师喜欢美女的事情，门生弟子都是知道的。所以纳妾的事又被他们编出了别的版本。欧阳昱在《见闻琐录》里记载，听说曾国藩需要纳一个小妾抓痒，某提督就进献了一个美女，能诗善画，还会下棋，据说是洪秀全的侧妃。彭玉麟得知后就提刀闯入，告诉老师这是逆贼之妇，必须杀了以全老师名节，曾国藩默然不语。彭玉麟见老师不肯杀妾，只好去杀进献"贼妇"的小人泄愤，曾国藩无可奈何，就找了一个犯人给他杀。欧阳昱还写道，曾国藩生活极为简朴，这个小妾在洪秀全那里过惯了奢侈的生活，进门后过不了清贫日子，每天又要辛苦挠痒，不到半年就抑郁而亡。后来又听说此女不是洪秀全的妃子，而是属下花重金买来的名妓。⑨

　　这篇八卦虽不是事实，但通篇都在刻画曾国藩既好色又虚伪的形象，传播甚广，影响极大。连英国人赫德都在他的日记里写道："攻下某座城市时，一家上等妓院发现有两个非常漂亮的少女，曾国藩占了其中一个，而郭（嵩焘）发妻已故，得到了另一个。随着时光流逝，两人各有子女——一个是男孩，另一个是女孩。孩子们后来彼此订婚。"⑩

多欲之人，性格中往往有暴力倾向。曾国藩在长沙办审案局，杀了两百多人，被人骂为"曾剃头"，他不以杀人不多来辩解，反而以此为傲，说"书生好杀，时势使然耳"，言语之间颇沾沾自喜。曾国荃在安庆杀降，事后内心不安，怕遭报应，曾国藩给他回信说，"既已带兵，自以杀贼为志，何必以多杀人为悔"，"虽使周孔生今，断无不力谋诛灭之理"。李鸿章在苏州杀降，中外舆论哗然，曾国藩却在日记里夸奖门生"眼明手辣"。

曾国藩对太平军和被他定为"附匪"的民众极凶狠，但对属下和辖区内百姓还算温和。安庆会战时，有营官犯错当杀，文书已经拟定，他却迟迟不下决断。幕府中请他速下命令，他对幕僚们感叹说，身怀利器杀心自起，我经常告诫自己要慎杀。以前我对部下心狠手辣，那是形势使然，非严不济，现在形势稳定，我当行仁慈。⑪

咸丰七年（1857）在家守制思过时，曾国藩总结自己的缺点是"长傲""多言"，即骄傲和话多，他本不是言语谨慎的人。还在京师做官时，赛尚阿奉命赴广西镇压起义，因为生死未卜而在大学士卓秉恬的践行宴上老泪纵横，曾国藩就讥讽他是"千金之弩，轻于一发"，言语极刻薄。因为这句话刻薄出了水平，曾还得意洋洋地把它写进了劝谏皇帝的奏疏中。他日常生活里也很喜欢讲笑话，说"人当愁思之际，一闻谑语，开口便笑，百忧顿解"。

但官场斗争的恶劣形势，逼迫曾国藩不得不改变自己"多言"的习惯。世人皆以为曾国藩"儒缓"，反应比正常人慢一拍，其实他反应未必真有那么迟钝。而是强迫自己在每句话出口之前，先在心中反复琢磨思量，算好所有可能后才出口，其用心之深，可想而知。

曾国藩青年时代仕途坦荡，和老师穆彰阿的提携有关。咸丰皇帝上台后清算穆党，竟无确凿证据把曾国藩列入穆党。辛酉政变后清算肃党，也找不到曾国藩和肃顺有文字往来的凭据。这种超乎常人的谨慎，背后是夜以继日的忧患，处心积虑的算计，只有每时每刻都在和自己本心作斗争，随时随地撕裂、拷问灵魂的人才能做到，他把真实的自己完全压抑、隐藏了起来。

曾纪泽做了外交官后，提出一个重要的原则，即使外交官本人会外语，也不应当与谈判对手直接用外语交谈。使用汉语既是表示体统，也是利用翻译官翻译的时间得到缓冲，仔细思考下一句要出口的话。这是把他父亲与人交谈的技巧移到了外交上，只不过曾纪泽有翻译为他的思考遮掩，曾国藩就只能以迟缓示人。

这种对自己的本心和欲望的克制，超过了常人所能承受的极限，后人在感慨其超人意志力的同时，也应当看到曾国藩的可怜和痛楚。在这种隐忍中，他的生命失去了活力，自我失去了光彩，内心也日渐扭曲。在湖南、江西和同僚的激烈斗争，某种程度上就是其内心冲突的一种外化和释放。

朱熹讲"存天理，灭人欲"，把天理和人欲对立，把抹杀人欲当作求道的先决条件，把超道德行为当作道德标准，违逆了人之本性，是儒家的极端派。尽管朱熹也说过"饮食者，天理也；要求美味，人欲也"，用这种温和的词句为其极端理论打了补丁，然而在他之后，理学家越来越极端，禁欲倾向越来越严重，已和儒家先圣孔子的教诲背道而驰。孔子本人并不提倡极端的道德标准，他把道德限定为普通人力所能及的水平。孔子提倡"饮食男女，人之大欲"，在他看来，道德不是禁锢欲望、堵塞人性，而是对人性的疏导和引流。

曾国藩原本的心性不但不完美，甚至可能在众人中处于下等，他暴躁、多欲，还有暴力倾向。对成圣来说，这种个性犹如洪水猛兽。中年以前，他以理学的戒律与自己的本性死斗，用超常的忍耐力和后天习得的理性，不断地给洪水加高堤坝，给猛兽围上栅栏，想彻底降服自己的本心。

他勇猛精进地追求自我净化，决绝地告别自我，使自己成为了受人尊重的道学家。但随着走上战场，战场上的杀戮和暴力，掌握千万人生死的权力，刺激着人欲滋生，本性的洪水更加猛烈地冲击着理智之堤，曾国藩不得不痛苦地一再加高堤坝，然而溃堤的危险也越来越大。尤其是在江西时，战场失意、官场失意，曾国藩的理智已到了崩溃的边缘。然而因为对朱子的迷信，对清规戒律的遵守，他仍不断地与自我斗争，时时天人交战，他的内心仿佛置于无边的黑暗之中，却寻求不到光明。如果一直这样压抑下去，很有可能在某一时刻崩溃，而他也确实表示出以死亡结束一切的自我毁灭倾向。

咸丰七年，朝廷解除了曾氏的兵权，让他回家守制，这在某种程度上对他是一种解脱和拯救。如果不是回家守制远离斗争前线，按下人生的暂停键，让他得到一个释放压力、反思过往的机会，他很可能在江西遭遇大祸。

欧阳兆熊劝其读道家经典，他也因此寻到了"心药"。道家也求"道"，但姿态更柔和，态度更随意。朱熹教弟子灭绝人欲，勇猛精进地追求天理，其天理是三纲五常，是拘束的、霸道的、容不下缺陷的完美之道。道家讲求顺其自然，道家之道，是自然而然、无为而为的。上善若水，人性亦如水，道不拘束人性，只让人性自然地发展。道家承认大盈若冲，不求做完美的圣人。

曾国藩悟道后，以道家之道的温和、自然，中和了理学之道的拘束、霸道，他不再压抑自己的个性，开始显露出本性和欲望。之前十几年的苦行，极暴力地镇压自己的本心，以堵塞的方法对付内心的洪流，虽然未能成功，却已大挫其锋锐，此时得了道家的智慧，在层层加高的堤坝上小心翼翼地挖开一条沟渠，让洪水得到宣泄，避免溃堤的危险；再以儒家的美德为规范，慢慢地将洪水引流，终于驯服了本心。他不再躲避真实的自我，不再苦苦地压抑本性，甚至不再关注自己的清誉。然而曾国藩并没有因此堕落，其为人反而变得开阔、真挚、洒脱，面对各种问题更加从容不迫。如果说懂得谦虚做人，以浑含的态度与同僚和光同尘，是他实现了与世界的和解，那么不再压抑自我，是他实现了与自己的和解。

曾国藩欲望强烈，吃饭口味也极重，他喜欢重辣重油的烹饪，喜欢肥腻的肉食。原本他也假惺惺地修身养性，吃清淡精致的时蔬，现在他突然悟道了，人生在世，连饭都不能痛痛快快地吃，那成圣还有何意义？他开始顺着本心胡乱饮食。柴小梵在《梵天庐丛录》里写道，曾国藩中年时特别喜欢吃肥腻之物，如山猪野鹿，甚至连狐狸肉也吃。《清稗类钞·饮食类》也有一则《曾文正嗜辣子粉》，说他无辣不欢，有属下送他燕窝，厨房也要加了辣椒才送给他吃。

不但在无伤大雅的事情上不违逆自己的欲望，为了减少他人的反对，他还开始自己发明理论。别人都说吃清淡的饮食养生，他就发明一套吃肥腻养生的理论。曾国藩在日记里洋洋自得地写下新创的养生之道：曾家的祖训是要慎重服药，不但药剂要少吃，连人参鹿茸燕窝之类也多吃无益。胡林翼把人参燕窝当饭吃，身体也不见好，可知古人的养生理论是错的。真正的养生之法是要吃肉，配菜的时蔬要用肉汤慢煮，主食要吃炖得极烂的鸡鸭鱼羊，加上大量的腌菜、酱菜为佐料。⑫他大量摄入脂肪，又多吃亚硝酸盐浓度极高的腌菜，后来中风而死，想来与此有关。

曾国藩在咸丰十一年（1861）这次纳妾，既是压抑很久之后对自己的补偿——毕竟一个中年人与妻子分居九年大违人性，也是把对清规戒律的违反当作政治斗争的武器。之前他小心翼翼地遵守禁欲的道德规范，搞得自己天人交战痛苦不堪，反而因此遭到朝廷的猜忌。在朝廷的眼中，能压抑欲望的人所谋极大，名声极佳的圣贤必是朝廷心腹大患。他故意在皇帝百日忌期纳妾，甚至放纵门客编造各种骇人听闻的八卦，也可能是一种自污的手段，因为只有不守清规戒律，才会赢得朝廷信任。

悟道复出的曾国藩，从一位连亲弟弟都无法忍受的道学先生，变成了一位与人为善、休休有容的夫子。门人对他的幽默多有记载，如李鸿章就回忆说："我老师文正公，那真是大人先生。现在这些大人先生，简直都是秕糠，我一扫而空之。……在营中时，我老师总要等我辈大家同时吃饭。饭罢后，即围坐谈论，证经论史，娓娓不倦，都是于学问经济有益实用的话。吃一顿饭，胜过上一回课。他老人家又最爱讲笑话，讲得大家肚子都笑疼了，个个东歪西倒的。他自家偏一些不笑，以五个指头作把，只管捋须，穆然端坐，若无其事，教人笑又不敢笑，止又不能止。这真被他摆布苦了。"⑬

湘军攻克金陵，各处纷纷给曾国藩发来贺信，不外乎都是歌功颂德之词，曾国藩把这些文稿编辑起来，在封面题签"米汤大全"（即"马屁大全"），门人见后都大笑。

李鸿章说曾国藩是最好的老师，那是因为他遇到了悟道之后的曾国藩，不再掩饰自己的曾国藩。曾的本性就好为人师，现在是真的把自己所知都拿来教给门生。甚至连收礼这种上不得台面的事情，他都让门生发表意见：这个人的馈赠该不该收？符不符合道德和规矩？等门生各抒己见后，曾氏再对他们的处世之道加以点评。对这些弟子他完全做到了推心置腹，连很多大逆不道的话，都敢告诉他们。比如他和幕僚赵烈文讨论，说京城现在气象不好，民穷财尽，会不会有大变？该不该南迁？他还当着弟子的面点评朝中权贵，说两宫太后才能平庸，与人说话不得要领，恭亲王人极聪明，可惜是个不能立足的晃荡之人。

曾国藩虽学问极精，又久经磨练，尤其中年遭遇大变之后，阅世阅人的本领更是达到大成之境，但仍不免犯错。后人多称曾国藩有识才的眼光，他晚年却经常悔恨用错了人，"余生平好用忠实者流，今老矣，始知药之多不当于病"。

湘军攻克天京后，有一浙江萧山籍骗子，自称是原浙江学政官员，前去拜谒曾国藩，此人"雄谈大睨，不可一世，文正（曾国藩）心奇之"。某日他与下属谈起下级欺骗上级的事情，此人正色道："属官欺与不欺，不值得讨论。上司受不受欺，全在自己。文忠（胡林翼）那种人，人虽不欺已疑其欺，自然人不能欺；左大帅（宗棠）严气正性，人不敢欺，这两位都不愧是当代豪杰。但胡公和左公，比之中堂，已经落了第二义。因为中堂以至诚感人，已经做到了'人不忍欺'的境界。"

一番马屁拍得曾国藩十分舒畅，曾便又试着让他品评幕府人才，考验其眼力。这个骗子精通江湖上看相算卦之类骗术，用精准的看相术语称赞了涂宗瀛和郭柏荫。曾国藩喜欢以相术取人，也很欣赏涂、郭二人，听了骗子的点评后顿感知己难求，于是派他督造船炮。几天后，骗子辜负了曾的栽培，携巨款潜逃。属下欲发海捕公文缉拿，曾国藩默然良久，说："止，勿追也。"回到内室，他黯然独坐，捋其须，自言自语："人不忍欺，人不忍欺，人不忍欺？"后属下传为笑谈。

门生们为了给老师遮羞，又翻古籍查得一典故，四下传播。据说，北宋时韩琦经略西北，有人持伪书拜访，骗得大量金银而去。属下建议追捕，韩琦却说，此人敢在百万军中骗我，其才华胆识，都是一流，如果追捕得急了，不免逃往西夏，则西夏又多一员虎将也。幕僚们四处宣讲这个典故，说曾公用心，也与韩琦相同，曾公谋国深远，又何惜区区之金和受欺之名？于是谣言被压了下去。⑭

有一些神话看相，抑或神话曾国藩的文章说，曾国藩看人的功夫出神入化，某日李鸿章带了三个人去见老师，曾国藩大约只花了数秒略微一看，就告诉门生：这三个人，一个是小人，不可大用，因为他眼睛东看西看，不老实；一个是老实人，进来后低眉顺目不敢直视，可以做后勤工作；只有刘铭传双目平直，堂堂正正，是大将之才。这个故事把曾国藩的相术吹嘘到近乎神话的境界。然而就更可靠的记录来看，许刘铭传为大将之才不过是在刘成名后的附会，曾国藩最初看好的是刘秉章。

汪兆镛在《清芬录》里完整地给出了这三个人的名字，除了刘铭传，另外两人是吴长庆、刘秉章。曾国藩的评价是，刘秉章"骨重神寒"，是"封疆之器"，要大用；吴长庆听话，精力过人，是值得重用的人才；至于刘铭传，跋扈不平之气流露而不知，"能用则用之，不能用则杀之"。⑮

被骗子骗走巨款，看相走眼的曾国藩，其实远比成功学书籍里那个古怪的奋斗狂人亲切，也远比官场学书籍里那个算无遗策的老权奸可爱。

【注释】

① "树堂约吴子登来，以玻璃用药水照出小像，盖西洋人之法也。为余照一

像。"见《曾国藩全集》第 19 册第 427 页，岳麓书社 2011 年版。

② 见唐浩明《唐浩明评点曾国藩日记》第 259 页，岳麓书社 2016 年版。

③ 见容闳《容闳自传——我在中国和美国的生活》第 132 页，百家出版社 2003 年版。

④ 见《戈登在中国》第 277、278 页，上海古籍出版社 1995 年版。

⑤ 以上见《曾国藩全集》第 16 册第 124、138、150、151 页，岳麓书社 2011 年版。

⑥ 见《曾国藩逸事汇编》第 316 页，岳麓书社 2018 年版。

⑦ 见《曾国藩全集》第 17 册第 220 页，岳麓书社 2011 年版。

⑧ 见《曾国藩全集》第 17 册第 215 页，岳麓书社 2011 年版。

⑨ 见《曾国藩逸事汇编》第 180 页，岳麓书社 2018 年版。

⑩ 见《赫德与中国早期现代化——赫德日记（1863～1866）》第 301 页，中国海关出版社 2005 年版。

⑪ 见《曾国藩逸事汇编》第 187 页，岳麓书社 2018 年版。

⑫ 见《曾国藩全集》第 21 册第 453 页，岳麓书社 2011 年版。

⑬ 见《庚子西狩丛谈》第 122 页，中华书局 2009 年版。

⑭ 见《清代名人轶事辑览》第 3 册第 1190 页，中国社会科学出版社 2005 年版。

⑮ 见《清代名人轶事辑览》第 3 册第 1194 页，中国社会科学出版社 2005 年版。

三　重新站在历史风口

曾国藩在家守制一年多，光阴仿佛走到白杨坪就慢了下来，孔子说逝者如水，白杨坪的时光却浓稠如密云。但在白杨坪之外，世事变幻却如风驰电掣，仿佛他只是做了黄粱一梦，醒来世道已经大变。

英国人想借十二年换约的机会扩大在中国的特权，遭到拒绝后联合法国策动了对中国的战争。就在曾国藩父亲去世那个月，第八代额尔金伯爵率领一千七百多名士兵从英国出发，前来征讨清帝国。只是才走到斯里兰卡，印度就爆发了大起义，二十万印度土兵发动了对英国的反抗，驻印英国总督兵微将寡，只得把额尔金手里这支经历过克里米亚战争的精兵借走。额尔金被迫停下来等了好几个月，才等到第二批从欧洲赶来的军队。

包括曾国藩在内，很多清朝官员长期将英国人当作倭寇一类袭扰海疆的"夷贼"，不把他们视作对等外交的国家。根据天朝上国的理念，中国是天下文明的中心，中国的皇帝是全世界的教化者，是全世界的共主，世界上不存在可以与中国对等外交的政权。英法等"化外蛮夷"只是中国边疆的藩属，英法等国家首脑的地位只和中国的封疆大吏相当。

在道光和咸丰眼里，和英、法、美等国的外交只是"粤事"，统统交由两广总督办理，中央政府不能自贬身份去与藩属交涉。英法请托江南、天津的地方官帮忙牵线，想与清廷直接对话，这些官员也多以粤事由粤督专办，其他地区主官不得僭越为由推诿。

最为离奇的是，鸦片战争后，英国是与清朝中央政府签订的《南京条约》，清政府却设法在形式上让中央政府摆脱了干系，让它看起来只是两广总督和英国的交涉。这份重要的文件也不交给中央，而是由两广总督衙门保管。既然按照天朝体制，"粤事"只由两广专办，即使战争爆发，也不能当作国与国的战争，只能由两广督抚对这些"海盗""流寇"进行剿抚。

两广总督叶名琛，在当时也算得上半个熟悉洋务的能臣，他利用一知半解的国际外交准则和英国人打太极，一度颇有实效。而且他善于"用计"——在香港埋伏了很多谍探。然而，最败坏大局的往往是"半吊子"，叶名琛如果完全不知洋务，一味莽撞蛮干，或许还能博得英勇抵抗的名声，说不定还有机会获得局部胜利，偏偏他多少会用点计谋，事情就麻烦了。清朝的谍报水平在近代国家眼里完全就是笑话，叶的间谍很可能被英国人骗了，给他传回了几条莫名其妙的情报：一、英国女王愿意和清朝交好，现在的紧张气氛是英国外交官不明事理造成的；二、克里米亚战争英国战败，将要支付俄国七千多万两赔款；三、额尔金的军队在印度被打得大败，英国人在印度山穷水尽；四、法国人不会参战。

与"半通"洋务的叶名琛不同，英国人非常了解对手。《伦敦新闻画报》刊登过一篇文章《在中国的战争》，里面提到叶名琛刚愎自用，嗜杀成性，曾经屠杀十几万叛乱的民众。其中值得注意的是这段话：叶名琛在广州城内外张贴布告，号召所有的守法公民都起来抵抗英国的"不宣而战"，说英国由于在克里米亚战争中输给了俄国人，所以现在要来欺压中国人民，以求抵消在上一次战争中花掉的军费。[①]英国人连叶名琛获得假情报的事情都堂而皇之刊登在新闻媒体上。

差不多同一时期，这份报纸还刊发了一篇报道《深入叶总督管辖腹地的一次狩猎经过》，记者记录了自己一段奇特经历："我应邀参加一支狩猎队伍，前往离海岸约 30 英里的内地。……我们于夜晚登陆，先侦察了一下猎物的情况。……这些位于山谷之中的农庄景色很美，村前有大片的稻田，正在成熟的稻穗呈现出棕黄色，像金子般闪耀，使人感到和平与安宁，根本就没有我们所预期的那种恐惧感。……我们连续几天坐舢板换了好几个地方狩猎，在阴凉处休息吃早饭……而狩猎队员则从陆路穿过地峡，在经过了一段旅程之后回到了香港。他们的头颅还长在脖子上，而且为他们从中国村民那儿得到的款待感到非常得意。"[②]

战争状态下，人种特征完全不同的敌方士兵和记者，大摇大摆地摸进叶名琛的腹地狩猎几天，还可以在当地雇佣劳力和购买食物，实在是难得一见的奇闻。叶名琛屠杀太平军残部和天地会起义军非常得力，然而他对英法列强一知半解，他的部署宛如儿戏。因为之前对起义军的疯狂屠杀，他失去了两广地区的民心，又没有足够的力量控制社会，洋人进入他的防区如入无人之境。

叶名琛

叶名琛的战备如此松懈，和兵力不足有很大关系，两广能战的部队，多在几年前随向荣、张国梁追击太平军，一直追到了江南，新组建的部队战斗力低下，又多数在镇压天地会"洪兵起义"的战斗中损耗。"粤事粤办"，朝廷忙于和太平天国打仗，也不会增援叶名琛。得到英国人无法发动战争的情报后，叶名琛把当前局势定为小规模的武装对峙和冲突，对即将到来的悲惨命运一无所知。

很快，英法联军冲进了总督衙门，俘虏了毫无防备的叶名琛。因为幻想要和英国国王见面讲理，以儒家的礼仪教化蛮夷，他就没有自杀。被英国人送往印度的加尔各答后，自比"海上苏武"的叶名琛在绝望中绝食自尽。

英法军队部署对广东用兵的同时，湘军也在紧锣密鼓地筹备攻打九江。九江乃太平天国名将林启荣把守的重镇，此前曾国藩多次攻九江不克，反因此在湖口遭遇了生平最大的挫败。

曾国藩回家丁忧守制，湘军就在胡林翼、骆秉章的指挥下作战，因为胡林翼得授湖北巡抚，又攻下了武昌，有了稳定的基地，粮饷逐渐充裕，军队的战斗力也稳步提升。罗泽南战死武昌后，其弟子李续宾继统大军，李续宾之善战，又远在罗泽南之上，在胡林翼的支持下，李续宾逐渐拥有近万精锐，堪称湘军第一劲旅。太平天国诸王内讧，天京变乱爆发，实力折损大半，湘军兵势复振，也仅能围困九江却无法攻克。太平军守将林启荣坚韧不拔，任湘军如何攻打，九江城岿然不动。

经过多年的战斗，湘军已不再像塔、罗领兵时只会凭蛮勇仰攻，湘军在武昌发明了挖掘长壕围困城池，用消耗战拖垮守军的战术。李续宾又从对手那里学来了"穴地攻城"，即在城外挖掘地道直抵城墙根部，在地底引爆火药炸塌城墙。但无论湘军如何改进攻城战术，林启荣总能从容应对。

林启荣善守，野战却远不是湘军的对手，他也不是掌控方面的大将，只能守住九江城消极防御，不能主动出击策应其他战场的援军，以打破僵局。太平天国欲救九江，以名将陈玉成督军数万攻打湖北，企图围魏救赵，调动李续宾九江围城之兵。而李续宾也知晓陈玉成意在救援九江，只要九江围军不撤，陈玉成就不可能在湖北大有作为，于是死死围住九江，不去理会湖北。

湖北太平军号称数十万，扣除虚报、老弱，战兵至少有五六万。在湖北的湘军李孟群、多隆阿虽然善战，可惜兵微将寡，对手又是太平军中第一骁将，用兵神出鬼没。陈玉成以偏将率大队正面迎战湘军，自己率亲兵"或潜出林莽"，出湘军之后，"或伏匿穷谷"，邀湘军之前，以飘忽不定的运动战拖垮了湖北湘军。李孟群、多隆阿东走西顾、跋前踬后，疲苦不堪。两个月间，清军"马队不能施展，步卒亦复艰难……日日拔营，日日出队，奔驰暑雨，力倦精疲，马匹亦日有倒毙"[③]，如果不能阻止陈玉成，胡林翼保楚图皖的计划很可能破灭。

时值雨季，气候湿热，道路多被滂沱大雨冲坏，太平军又专在险峻的山岭和水田泥淖作战，多隆阿的骑兵无法冲锋，相对太平军，"重装"的湘军步兵也很难展开战斗阵列。湘军疲惫不堪后，陈玉成发动突袭，打垮了李孟群，兵锋直指武昌。

李续宾本不愿救援湖北，但此刻武昌兵少，恩主胡林翼危急，他只得以一半军队围困九江，自率一半军队赴鄂救援。李续宾离开九江后，九江城外只有四千多湘军，且无大将坐镇，林启荣在九江有精兵二万以上，策应他的黄文金也有两万大军，数量是湘军十倍，林、黄二将若在此时分兵一部突围策应湖北太平军，江西、湖北的战局将有很大改善。然而林启荣对野战缺乏信心，并不出城作战，浪费了陈玉成创造的战机。

九江守军不出，李续宾后顾无忧，一路疾行直扑湖北。他不愿意在湖北和陈玉成多作纠缠，打算迅猛出击，以迅雷不及掩耳之势，打垮陈军的建制后即刻赶回九江。他亲率精兵二千五百人，以惊人的速度突袭陈玉成在童司牌的防御工事。因未料到九江湘军来得如此之快，太平军猝不及防，一战即被击退，不得已撤回长江北岸。湘军远来穷斗，趁北岸太平军尚未列阵，连夜搭好浮桥渡江追击，又打垮了陈玉成指挥的亲卫三千人。陈玉成败退后，湘军马不停蹄，穷追猛打，数日间交手三次，太平军三战皆北，营垒全部丢失。

湘军连战连捷，拔掉多处据点，打乱了敌军的建制，目标达成后迅速渡江撤回南岸。陈玉成以为湘军连日苦斗精力已疲，已经全员返回江西休整，不由得放松了警惕。谁料湘军渡过南岸后，从另一个渡口秘密渡江返回，再度从侧翼发动攻击，连破敌营十三座。陈玉成中计后大怒，尽发部下精锐来战，谁知李续宾用兵虚虚实实，这次真的留下空营数座退回了九江。

湘军以往的战术，是结硬寨打呆仗，持重缓行，每日行军不超过三十里。李续宾此次作战，极为大胆，他疾进快战，数日间连续发起多次战斗，不让敌军有休整的机会，以迅猛的攻击连续打击对手。达成战斗目标，挫伤太平军士气后，不与敌军大队缠斗，火速行军撤回九江。利用快速行军和闪电攻击，在江西太平军尚未做出反应之前，就结束湖北战斗撤回，这支突击队利用速度优势打时间差，几乎同时打击湖北和江西两省太平军，相当于一兵两用。

湘军挫败陈玉成后，太平军在湖北攻势减弱。石达开又在此时与洪秀全决裂，率十万精兵出走，自立山头。为壮大阵营，石达开派人前来动员陈玉成加入他的队伍。陈的叔父陈承瑢是诛杀杨秀清的主要执行人，洪秀全诛杀北王韦昌辉时将他定为"韦党"一并处决。石达开以杀叔之仇动员陈玉成带兵分裂，陈玉成却感到十分矛盾。虽说他对陈承瑢一案耿耿于怀，但对洪秀全仍然忠心不减，况且洪秀全是被石达开逼迫才不得不诛杀"韦党"，相比洪秀全，他可能更仇恨韦昌辉和石达开。

陈玉成内心矛盾，举棋不定，太平军在湖北的战略反攻就停了下来。胡林翼得此缓和，抓紧调兵遣将，在李续宜、鲍超、多隆阿、杨载福等人配合下，消灭了鄂东地区的太平军，又修建大量防御坚固的碉堡、卡哨以助军威。成功扫荡鄂东后，李孟群、都兴阿两部也进至湖口，应援九江城外的湘军。

李续宾得到增援，加紧围攻九江，湘军以明暗两手攻城。明的一手，是以敢死队昼夜不休地猛扑城池，迫近城墙后一半士兵以云梯、冲车攻城，一半士兵以火药炸炮轰击城墙，血战两月，湘军仅火药就消耗五十万斤。太平军比湘军兵员多，且湘军蚁附攻城，伤亡又比守军大，因此林启荣并不慌乱。但这仅仅是湘军明面的一手，伤亡惨重的攻城部队其实是在为开挖地道的友军做掩护。

一个月后，湘军把地道挖到了九江城下，"穴地攻城"的部队点燃火药，在多个支撑点同时起爆，炸塌了一百多米城墙。大队湘军从缺口冲入城中，与守军展开巷战。林启荣坚守九江六年，此刻终于不支，守军一万六七千人，尽数遭到屠杀。

当年曾国藩在九江、湖口战败，是湘军成军后最大的败仗，此后数年战局不利，他也因此回家守制赋闲。如今攻破九江，湘军于九江跌倒，再从九江崛起，重新确立天下第一军的威名。李续宾因此得赏黄马褂，加巡抚衔，获得向皇帝专折奏事的权力。水师杨载福也得赏黄马褂，官文、胡林翼均加太子少保衔，成了宫保。

曾国藩昔日的部下如今都已大有作为：胡林翼以巡抚实职加宫保衔，李续宾以布政使实职加巡抚衔，水师武将杨载福也得授提督，只有他还只是在籍侍郎。他不仅感慨这些部下"大有长进，几于一日千里，独余素有微抱，此次殊乏长进"④。他虽自谦"殊乏长进"，但居家年余，自觉学问道德大有增长，养气功夫和待人接物的本领更非昔日可比。因见属下立功，他也想早日出来做事。湘军经过数年的扩张，如今水陆各军兵力多达八万，诸将都是他捡拔于微末之中，湘中名士也大多愿意追随他。胡林翼继曾国藩之后统领湘军，虽然擅长市恩笼络、调和派系，欲统领全军却还差点威望。

胡林翼在湖北时，最注意拉拢李续宾、李续宜兄弟，平日送礼送钱，各种关怀无微不至，亲厚同于兄弟。二李常年出征在外，不能照顾父母，胡林翼就把他们的父母接到官署赡养，每日早晚必上门问安，如同亲儿子一样孝顺。胡林翼还私下给李续宾戴高帽，称之为圣人，又称其弟李续宜为亚圣。他对李氏兄弟如此关怀，李续宜却给曾国藩写信说，胡宫保对我们兄弟这样好，好得近乎伪装，会不会是一种市恩的权术。曾国藩只好回答说，胡林翼对别人常用权术，对你兄弟二人却是出于至诚，李续宜也不太相信。⑤

胡林翼一直尊奉曾国藩为师长，自居游、夏（即子路、子夏）

之徒。非但他如此自谦，湘军将帅也多视胡为曾国藩的晚辈、副手。这又是何故？盖君子以义聚，小人以利合，湘军将领，并非久历官场、志气消磨的官僚，而是治理学、习经世致用之术的儒生，彼此以忠义相激励。虽然这些书生也免不了有算计和私利，但他们和一般官员大为不同。如果放宽标准，这些人都是古之所谓君子，既是君子聚合的群体，所拥戴的当然是在理学造诣上堪为宗师，在道德修养上能为模范，方正、博大的学问家。曾国藩从唐鉴、倭仁治理学，是道咸年间的名儒，他持身严谨，清廉自律，能不遗余力推举人才，能冒杀身之祸批评皇帝。在湖湘士子眼中，曾国藩乃士林的良心、儒者之模范，是可以追随的道德首领。

若论登科之先后，胡林翼点翰林还在曾国藩之前，但他于经学并无太深造诣，只是才子而非大儒，不足领袖群伦。曾国藩清廉简朴，胡林翼生活奢侈；曾国藩为人自律，胡林翼行为放纵；曾国藩以血性忠诚待人，而胡林翼却擅长利益收买、市恩笼络。两相对比，胡可称能臣，而曾可称大臣。曾国藩早年的刚介、迂阔，让他无法融入官场，无法与颟顸琐屑的官吏打交道，却让他对民间士子拥有巨大的号召力。正因如此，胡的智谋、权术，可以补曾之不足，他的威望却不足以取代曾统领湘军。

尽管官职上胡林翼已超过了曾国藩，他也只能以副帅自居，替主帅代摄湘军事务。一年多过去，朝廷和曾国藩的矛盾逐渐缓和，胡林翼也希望这位老前辈出来掌控全局。他先给咸丰上奏，要求朝廷夺情起复，让曾国藩主持江西战局，统领全军，"以一事权"。咸丰并不反对曾国藩出来带兵，但胡林翼要求给曾国藩地方实权，甚至要皇帝明发上谕确定其钦差大臣的身份。咸丰当然不肯让步，于是回复说曾卿在家太久，早就不了解前线战况，不适合主持江西军务。⑥

湘军攻克九江，立下巨大的战功——李续宾是曾国藩发掘的人才，这份功劳他也理应有份。乘此东风，胡林翼又发动同僚上折，请朝廷起用曾国藩。

恰在此时，石达开和洪秀全分裂，率军十万出走，进入浙江，威胁浙、闽。胡林翼是鄂抚，因守土有责必须坐镇湖北，最远只能在湖北与皖、赣二省交界处遥控军队，无法兼顾浙江。江西与浙江接壤，负责江西军务的主帅福兴毫无才能，闽、浙本地既无能臣亦无强兵，无法抵挡石达开，曾国藩的机会就来了。

浙江巡抚晏端书上奏朝廷，想请调江南大营副帅张国梁去浙江主持大局，何桂清则想调动江南大营主帅和春亲自增援。江南大营围困金陵，是当时最有机会攻克太平天国首都的军队，守着这盖世奇功，和春当然不愿意分兵去浙江，干脆装病不出，也拒绝派张国梁去浙江。和、张不能出动，咸丰就计划调九江新胜之师入浙救援，李续宾是浙江布政使，率军援浙名正言顺。

调湘军援浙，是咸丰的一步好棋，于湘军却大大不利。虽然预定的援浙主帅李续宾是浙江布政使，但浙江大权却在巡抚晏端书手上，远离两湖基地作战，势必如同当初曾国藩在江西一般，沦为乞食于地方的客军。石达开大军号称二十万，即使打上好几层折扣，也远非区区一万湘军可以抵挡。

为防止李续宾孤军深入、后援不济，他的恩主胡林翼势必要率鲍超、多隆阿增援——胡林翼率军远离湖北，朝廷很可能借机撤去他的巡抚职务，苦心经营的湖北基地就为他人做了嫁衣。只有把九江城外的湘军继续留在江西、安徽作战，让曾国藩另率新军援浙，才能让湘军利益最大化。即使曾国藩不能得到地方实权，有胡林翼掌控湖北，仍可以从湖北得到粮饷。两位主帅，一在前线作战，一在后方统辖，湘军才有可能打胜仗。

欲让曾国藩复出，就要说服朝廷不调李续宾入浙。胡林翼请官文联名上奏，说李续宾一军，"历年训练，调遣将士，诚信相孚，如身之使臂，臂之使指"，如果交给其他人恐怕指挥不甚灵便。且皖北之战事关乎全局，陈玉成一军又颇有威胁，李续宾应当在胡林翼的策应下从江西进攻皖北。因为官文是满洲贵族，是咸丰的心腹，连他都上奏说李续宾不能援浙，咸丰就只得同意了。

朝廷同意不调李续宾去浙江，就等于批准了曾国藩复出。胡林翼一边会同官文上奏保举曾国藩督师浙江，一边又让左宗棠劝说骆秉章上折声援。经左宗棠的周旋弥缝，曾、骆关系已大为好转，骆秉章就给朝廷上了一道奏折，指出浙江军事非曾国藩不能办：

太平军中最能战的将领，当数石达开、陈玉成。李续宾忠勇善战，以他负责剿灭湖北、安徽之敌，必定能打胜仗，陈玉成这一支主力被李续宾看住，暂时不用担忧。唯独石达开率领大队人马进入浙江，浙江清军多数是零星拼凑起来的，士气低落，又没有得力的将领。石达开狡猾凶狠，十倍于其他人，实在非浙江将领能对付。胆怯避战的福兴，必定打不过石达开，即使朴实勇敢的邓绍良、周天受，也绝非石达开之敌。[⑦]

骆秉章为人向来温和，此刻竟然言辞犀利地抨击福兴、邓绍良、周天受等宿将，显然为保举曾国藩押上了名誉和声望。骆秉章的奏折还没有送达，朝廷就寄发上谕，令曾国藩急赴浙江主持军务。曾国藩能重新复出，虽有同僚相助，但更应该感谢宿敌石达开为他创造良机。

上谕只命令曾国藩主持浙江军务，却仍未授予他督抚实权，经过几番磨砺的曾国藩，也不再向朝廷伸手要权。在接到上谕的第四天，曾国藩就从家中起程上任，先在长沙会见了骆秉章和左宗棠，以及一众湖南官员。哪怕是七品小官的府衙，他都一一拜访，嘘寒问暖，感谢他们一直以来支援湘军作战的辛劳。以前极其厌恶的繁文缛节，也被他一一拾回——他和大家一起摆起仪仗车驾，做足了排场。

从曾国藩创办审案局开始，为了提高行政效率，湖南大量任用士绅设局，以士绅局取代流官衙门，很多基层小官沦为士绅的橡皮图章。这种变革是对官员权力的剥夺，且违反朝廷制度，若要推广必须让基层官员心甘情愿交权。

当初曾国藩野蛮压制，遭到剧烈反弹。骆秉章则用恐吓加赎买的办法，一面严厉惩办贪腐官员，恐吓地方官；一面在剥夺了他们的事权后，仍保留薪俸、养廉银，有了战功也一体分润。这些被架空的官吏，丢失了事权，可以告慰自己的，只有官场的仪式和排场。湘军主帅亲自拜访，和他们一起大摆排场，过去反对曾国藩的湖南官吏也觉得他比以前亲切多了，加上主官骆秉章与曾国藩和好，曾氏总算赢得了湘军总后勤基地的全面支持，比前番率军东征时底气更为充足。

离开长沙，曾国藩又赶赴湖北武昌，与湘军副帅胡林翼会面。他隐退一年多时间，全靠胡林翼苦心孤诣地主持大局，协调与满大臣官文的关系，发展湖北生产，还要调和湘军派系，选将练兵，确实是呕心沥血。曾、胡声气相求、生死相依，此次会面更是亲如一家。两位主帅日日会谈，商议军国要务，常聊至深夜，最后定计由曾国藩驻军浙江，对抗浙江、福建一带的石达开，胡林翼支援李续宾进图皖北，对付陈玉成（当时李秀成还只是小股部队）。两军夹江而进，寻机消灭太平军两大主力。

与胡林翼会谈后，湘军将领李续宾、李续宜、杨载福、彭玉麟等人前来拜见。见主帅手下精兵不多，李续宾拨出两营精锐，充作主帅亲卫营。曾国藩重返江西，于七月十二日到达湖口，率众凭吊之前湘军血战的旧战场，祭奠塔齐布、萧捷三等阵亡将士。

七月盛夏，曾国藩沉默着凝望江水：离开战场不过年余，世事变幻恰如江流不息，之前厮杀的痕迹已被奔腾的江流洗刷干净，原先搁浅的战船与沉浮的兵甲，早已灰飞烟灭。数年来九江、湖口战斗不休，无数湘军、太平军战士血染江湖，兵燹（xiǎn）仿佛永无尽头。夏风烈烈，江流嘶吼如雷，无数故人的面容历历浮现，他却面如平湖。

此次出山，虽仍未得督抚大权，但曾国藩也是有备而来。湖南、湖北两省都由湘军掌控，李续宾又得了巡抚衔，湘军人脉已极大扩充。两湖财税改革后，每年可得军饷六七百万两，曾国藩麾下的一万多军队每月有五万两白银供应，已不惧驻地官府掣肘。江西巡抚耆龄，原本与曾国藩关系不睦，还曾授意部下逼死毕金科，但几年下来，他早被十万湘军的赫赫军威震慑，再不敢生对抗之心。似乎一切都完美无缺，只待击败陈玉成和石达开，就可大功告成。恰在此时，噩耗传来，湘军败于三河，猛将李续宾以下数千人战死。

【注释】

① 见《遗失在西方的中国史——〈伦敦新闻画报〉记录的晚清 1842～1873》上册第 136 页，北京时代华文书局 2014 年版。

② 见《遗失在西方的中国史——〈伦敦新闻画报〉记录的晚清 1842～1873》中册第 289、290 页，北京时代华文书局 2014 年版。

③ 见《胡林翼集》第 1 册第 273 页，岳麓书社 2008 年版。

④ 见《曾国藩全集》第 20 册第 340 页，岳麓书社 2011 年版。

⑤ "昔李勇毅公尝告曾公曰：'胡公待人多血性，然亦不能无权术。'公答之曰：'胡公非无权术，而待吾子昆季，则纯出至诚。'勇毅笑应曰：'然，虽非至诚，吾犹将为尽力以灭此贼也。'"见《薛福成选集》第 118 页，上海人民出版社 1987 年版。

⑥ "上谕：'……曾国藩离营日久，于现在进剿机宜，能否确有把握，尚未可知。若待其赴浔督办，恐有需时日，转懈军心。'"见《胡林翼集》第 1

册第 309 页，岳麓书社 2008 年版。

⑦ "贼中著名头目能为患者，无过石达开、陈玉成两逆。……浙江布政使李续宾忠勇善战，责其剿办鄂、皖之贼，必能以次歼除，克期藏事。逆贼陈玉成一股，尚可无虞。惟石达开率大股窜浙，而现在援浙诸军多系零星杂凑，气势未完，将领无久练之兵，统帅无素习之将，望其指挥如意，固已为难。况石逆狡猾凶顽，十倍他贼，无论惯于避贼如福兴者，断难遏其凶锋；朴勇如邓绍良、周天受，恐亦非石逆之敌。"《湖南巡抚骆秉章奏请敕曾国藩精选劲旅迅赴浙江援剿折奏》，见《清政府镇压太平天国档案史料》第 20 册第 383 页，社会科学文献出版社 1992 年版。

本部堂奉天子命，统师二万，水陆并进。

誓将卧薪尝胆，殄此凶逆，救我被掳之船只，拔出被胁之民人。

不特纾君父宵旰之勤劳，而且慰孔孟人伦之隐痛；

不特为百万生灵报枉杀之仇，而且为上下神祇雪被辱之憾。

是用传檄远近，咸使闻知……

战安庆

曾国藩的 中年突围

克复岳州图

攻破田家镇收复蕲州图

肃清浔江图

克复湖北通城图

克复武昌省城图

克复瑞州府城图

克复安庆省城图

英王（陈玉成）以童子从军，威寒敌胆，所向无敌，二十岁就统领大军『三洗湖北，九下江南』，攻破省城三座，活捉钦差大臣四位。他一生威名，此刻皆在安庆城下化为尘埃。陈玉成撤离后叶芸来等一万六千多人死难，军兴以来最为惨烈的安庆攻防战，最终是湘军取得了胜利。

战安庆

曾国藩的 中年突围

六、打破僵局

一 三河惨败

李续宾是湘乡人，据传猎户出身，骑射精熟，能挽强弓。他和兄弟李续宜俱在罗泽南门下读书，后来中过秀才，却未能得中举人。李续宾最初是湘军右营谢邦翰属下，谢邦翰战死南昌，补李续宾为营官。罗泽南战死武昌，李续宾又接替老师指挥这支精锐大军，在胡林翼的支持下，他扩军至一万人。

湘军在湖北大肆扩军，军官紧缺，不得已补充了不少行伍出身的武人，只有李续宾一军仍以书生为主。他行军打仗，遇到战败的同僚，常施以援手，遇敌则把弱敌让与友军，由自己独当强敌。若因战术需要，不得不分兵袭敌，他往往分强兵给同僚，自带老弱残兵。正因如此，李续宾在湘军中人缘极好，加上理学功力深厚，被人称为"湘军圣人"。

在曾、胡看来，太平军的主战兵团主要有两支，一支是石达开，一支是陈玉成，石达开军队较多，号称二十万，经过训练和战斗的老兵约有十万；陈玉成军队较少，号称十万，骨干不过四五万，其余多是临时纠合的捻军。陈军在鄂东的战斗中被李续宾、李续宜、多隆阿、鲍超多次击败，湖北基地基本沦丧，在江西只有吉安还在坚守，稳定的后方只剩安徽北部。

因为连遭挫败，加上清军在安徽还有袁甲三、胜保、李孟群三支大军，陈玉成看起来已不是李续宾兄弟的对手。胜保曾在镇压太平天国北伐军的战斗中立下战功，麾下又多骑兵，声望正隆。李孟群亦是湘军名将，有胜保、李孟群配合，李续宾似乎不难击败陈玉成。石达开一军人数虽多，但与洪秀全分裂后士气低落，在衢州就被二流将领饶廷选的一万多绿营兵击败。曾国藩统领湘军万人，在浙江尚有饶廷选、周天受的绿营军两三万人相助，合军后以三四万正规军配合浙江团练，大可以借助坚城与石达开对峙。等江西全境肃清后，刘长佑等

李续宾

人也可以赴浙助战，击败石达开将不成问题。陈、石两军一败，太平天国的覆灭就指日可待了。

但形势并未按照曾国藩、胡林翼的设想发展，陈玉成坚韧不拔，愈战愈勇，此前虽在鄂东被李续宾、鲍超等人击败，其核心力量却并未折损。陈玉成败而不馁，很快就以精锐老卒为骨干，招抚安徽流民，联合捻军恢复了实力。李秀成此前仅有军队数千，素来不被湘军将帅放在眼里，但李秀成的才能比陈玉成、石达开更突出，在被任命为五军主将之一后，他一路招抚捻军，将军队扩充至六七万，成为陈、石之外的又一主战军团。几项合计，太平军可用的兵员已超过林启荣殉难之前，又多了李秀成这位足智多谋的元帅。湘军连胜之下，士卒已经疲惫不堪，加上胡林翼母亲逝世，不得不回籍治丧，曾国藩又还未接管前敌军务，湖北湘军无人总领全局，祸事很快到来。

太平军将领陈玉成、李秀成、李世贤、韦俊、吴如孝、黄文金等人会同捻军首领在枞阳集会，决心集中力量，统一指挥，在皖北和清军打一场大会战。陈、李二帅商议后决定，参与会议的诸将组成两路联军，东路以李秀成为帅，西路以陈玉成为帅，两军配合，先扫荡皖北，再回师消灭江北大营。陈玉成自率两万精锐先行，攻打舒城、庐州一线的清军，在他身后是三万援军。

西路太平军有战兵四五万，驻守舒城的清军名将李孟群兵力还不到一万。李孟群自太平天国广西起义起就率兵作战，经验丰富、作战勇猛。他原本是安徽布政使，在安徽巡抚福济去世后，暂时署理安徽巡抚一职，是江忠源、胡林翼、曾国藩、李续宾之后又一个获得巡抚衔的湘军将领。

按照湘军的传统，将领带兵多少不看朝廷授予的官职，只看其在湘军体系中的地位。李孟群是河南人，在湘军中向来遭排挤，所带湘军不过两千人，其余部属多是不堪大用的杂兵，自然不是陈玉成的对手。陈玉成很快击败李孟群、翁同书，攻克安徽省城庐州。

稳定皖北后，陈玉成留一部军队扼守安庆，然后亲率主力南下，与李秀成合军一处，攻破了围困天京的清军江北大营。乘此大胜之机，李秀成迅速挥军攻克江南重镇扬州。清军在安徽地区的三支主力，李孟群遭到惨痛打击，躲在六安休养生息；翁同书的部队几乎全军覆没，逃往定远依附胜保；而胜保加上地方武装也才一万多人，在太平军的重压下岌岌可危。

皖北在手，江北大营告破，陈玉成的大军就获得了战略主动：陈军可以东进，与李秀成联合，两路大军夹击江南大营。若攻破江南大营，就消灭了清廷在长江流域规模最大的绿营兵团，江苏、浙江这两个最富庶的省份就将落入太平天国之手，断去清朝一半的财源。陈军也可以北进，从庐州北上进入河南，联合中原捻军再度北伐，进逼直隶。无论陈玉成向北还是向东，清朝都将遭到无可避免的重创。

陈玉成以皖北为基地，在皖北设立了乡官制度，建立了较为坚实的基层政权，他一面在皖北源源不断地扩军，一面以皖北粮草供应天京。既然他如此重视皖北，家眷自然也都放在了安庆。清军唯一的破局之道，就是以大军猛攻庐州、安庆，围魏救赵，攻敌必救，逼陈玉成把北伐或者东进的大军调回皖北。

要想攻取庐州、安庆，必须集中六七万精锐大军才有可能。为了避免陈军北伐，咸丰想出了弃子求胜的险招：清军虽不能集中六七万人攻打皖北，但李续宾一军战斗力强大，如果他不惧伤亡一路往庐州猛打，想必也能撼动皖北战场，吸引陈玉成回援。只是李续宾仅以万人孤军深入，势必损失惨重。但因湘军不是朝廷嫡系，此刻正好用作弃子——此前太平军尚未有一次全歼湘军五千人以上的胜仗。咸丰不知道陈玉成、李秀成的厉害，他最多估计到湘军会伤亡惨重，却没想到竟然全军覆没，不然也不至于让良将锐卒去送死。

孤军深入后援不继，战场又在太平天国群众基础深厚的皖北，纵不败亡，也会损兵折将，曾、胡当然不同意这样的军令。湘军是曾、胡的子弟兵，他们怎么会舍得让湘军去做弃子？曾国藩告诫李续宾，庐州肯定打不下来，你可以稍微突出战线，做出靠近庐州的姿态应付一下皇命，但一定要等各路湘军会齐后，才可以真正北进。而且水师不到，粮草、火药不容易运输，最好别打大仗。他还写信给李续宜，让他务必要看守好兄长的后路，千万不能让李续宾分兵前进，以免孤军深入，势穷力竭。①

李续宾才得浙江布政使的职务，就被加赏巡抚头衔，一个秀才出身的生员，几年就升任巡抚，可谓"深受皇恩"，他实在无法拒绝皇帝的上谕。李续宾个性耿直，不像老奸巨猾的曾国藩、胡林翼，懂得保存实力。朝廷眼下捉襟见肘，他这忠臣又如何能袖手旁观？在接到咸丰的严旨后，李续宾分一部分兵力留守九江、湖口、彭泽，后又分出一军驻扎湖北，然后率其余大军向庐州开拔。归他指挥的湘军原本有两万人，现在留下了一半多。

向皖北进军的清军除李续宾外，还有旗将都兴阿，都兴阿手下有多隆阿、鲍超两员悍将，也有一万军队。李军号称天下无敌，而多隆阿、鲍超亦是湘军后期能征善战的"多龙鲍虎"，这两万军队人数不多，战斗力却很强大。

出兵皖北后，湘军先在太湖与太平军骁将叶芸来交战，两万湘军击败叶芸来，夺占了太湖。太湖是皖北门户，叶芸来在此苦心经营多年，如今太湖失守，太平军在皖北打造的防线就被撕开了一道缺口。两万多精锐清军突入腹地，连克潜山、石牌，兵锋所向，莫不披靡，十万太平军被打得丢盔弃甲溃不成军。

安徽的省城本在安庆，后为太平军长期占领，是太平天国保卫首都天京的门户，也是太平军在长江中上游的主帅驻地。丢失安庆后，清朝改庐州为安徽省城，名将江忠源就败亡于此。要规复安徽，把陈玉成的兵团拖在皖北，就得拿下庐州和安庆。

曾国藩曾指示李续宾，进入皖北后不可分兵，应先合兵打下安庆，等到后援会齐，才可以攻打桐城，对庐州方向用兵。但湘军出兵不过二十几日，就连克太湖、潜山，占领多座重要据点，深入敌军防区五百里，李续宾不免对太平军的战斗力产生了轻视。

湘军奉上谕出兵安徽，目的是在皖北燃起战火，替江南大营和北方清军解困。既为解困，那皖北打得越热闹，战场铺得越广，吸引的太平军越多，解围的任务也就完成得越完美。于是李续宾决定，兵分两路，一路由他亲自指挥，经桐城、舒城向庐州，一路由都兴阿指挥，以多隆阿、鲍超为主力，会合湘军水师，直取安庆。

曾、胡战前推演，认为要先打下安庆，再集合数万精兵才有攻打桐城的可能，结果湘军分兵后，李续宾只用了三天就攻克了桐城。桐城大胜，他留部将赵克彰守城，自率七千人攻打舒城，这次仍是三天不到就拿下舒城，庐州门户顿时洞开。

以不到一万兵力，在一个月内打下如此多城池，李续宾的表现足以与古之名将媲美。但这些城池都是他令士卒强攻而得，破城速度虽快，士卒伤亡却不小。尤其打下桐城后，为了提升士气，湘军纵兵抢掠，士卒都发了大财，反而失去了血战到底的决心。

另一路负责攻打安庆的清军，人数比李续宾这一股还少，却同样精悍无比，多隆阿、鲍超合力只用五天就夺占了安庆城外重要据点集贤关。见安庆危急，太平军名将韦俊从池州派出一万军队进援，但也被湘军击败，多、鲍顺势攻克重镇枞阳，合围安庆。

此次出兵的目的是吸引太平军主力回撤，不料战果意外显著。两路湘军胜利大进军，李续宾离庐州已经不远，都兴阿也把安庆团团围住。如果再努把力，将庐州和安庆一并攻下，战争可能会在一年内结束。攻克九江后李续宾本已声名远播，此时更称得上是威震江南。三国名将关羽虏于禁斩庞德后"威震华夏"，不久却丢了荆州，兵败身死。武圣人殷鉴在前，他也有一点心虚，但骑虎之势已成，只能硬着头皮打下去了。

幕僚建议李续宾不要继续向前，应立即缩回桐城休整，一面应援安庆围城之兵，一面等待湖北援军前来。李续宾"木强敦厚"，又为名声绑架，当然不肯退后，但他也抓紧向湖北求援。当时湘军尚有两支部队可以增援，一支是在黄冈的李续宜部，有兵四千余人，还有一支是在英山的唐训方部，有兵三千多人，两支合计七八千，如果能赶到增援，战局会有很大不同。

李续宜和唐训方在战斗序列上归属湖北，只有官文和胡林翼有权调动。胡林翼还在家治丧，暂时兼署湖北巡抚的官文却不肯下令让李、唐增援。官虽被胡以权术笼络，对湘军打仗还算配合，但湘军并非官文的子弟兵，只要自己能立功，自己的安全得到保护，他是不惜让湘军遭受损失的。

以当时的局势而言，皖北的战斗本是弃卒保车，是为防止陈玉成北伐、东进而做出的战略牺牲。朝廷已经做好让李续宾伤亡惨重的心理准备，如果再增派两支援军，就从弃一卒变成了弃三卒，对朝廷是得不偿失的。官文知道湘军会吃亏，却也没想到会败亡，因此不但不派援军，为了防止李续宾后撤，他还致信挤兑李续宾："李九所乡（向）无前，今军威已振，何攻之不克，岂少我哉？"[2]李续宾知道官文在敷衍，但想到自己已名满天下，也拉不下面子停顿不前，让人嘲笑怯懦。无可奈何之下只得硬着头皮往前冲，希望能抢在陈玉成回援前攻取庐州。

太平天国在皖北的统治非常扎实，不但民心所向，连很多文人都乐为陈玉成所用。湘军进入皖北，很多当地文人前来投奔，被湘军收留充任文员，而他们大都是太平军派来的卧底。湘军本想以快打慢，在陈玉成反应过来前打下庐州，但有渗透进湘军的文人帮忙，太平军的情报准确而及时，太平军主力回军的速度非常快。不但如此，湘军本应不顾一切直取庐州，速战速决，这些皖北文人又欺骗李续宾，说三河一地有很多钱粮辎重，守军又没有太高战斗力，应该先拿下三河。因见士卒恶战一个多月疲惫不堪，李续宾就暂停向庐州进军，准备打下三河休整补给，这就一头撞进了圈套。

湘军先攻三河外围的营垒，战场在一个河流淤积形成的大沙洲上，地势平坦，最利骑兵纵横冲突，如果再有水师依托，万余湘军是有可能击败陈玉成主力的。湘军本有天下第一的马队多隆阿部，以及天下第一的水师杨载福部，此刻却都滞留安庆没有前来。相反，陈玉成麾下有数千擅骑术的太平军，还有捻军马队配合，战马奔驰，势若雷霆，仅靠步兵势难抵挡。

才打下三河外围的太平军营垒，湘军就折损士卒近千，只剩下五千多人。这时陈玉成亲率大军来援三河，陈军号称十五万，实数至少也有六七万。李续宾并不害怕，他对士卒说"贼可战，我亦可战"，他不撤退，也不守营，反而抽调三千五百员精兵，趁夜偷袭陈玉成。

当夜四更天时，湘军悄无声息地摸到了太平军营垒旁，陈军远来疲惫，放松了警惕，没有发现湘军靠近。如果按李续宾幕僚的建议，四更时分发动冲击，黑暗之中，精锐部队的优势会倍增。数千湘军在夜色中突袭，尚在熟睡中的太平军惊慌失措，必定阵营大乱，而且若早一个时辰开战，湘军就能在天明大雾前结束战斗。所以李秀成回忆说，当时若是湘军提前一个时辰开战，太平军必败。[③]

可是李续宾临阵突然胆怯了，他见陈军亲卫队大多雄壮能战，湘军士兵却有些疲惫，害怕不能占据上风，就下令停下休息，让士兵将养体力，等到黎明时分再发动攻击。等到黎明来临，湘军迎着曙光发起总攻，利用精良的火器猛烈攻击。太平军突遭打击，阵脚不稳，又见四面火光冲天，不少士兵夺路而逃。陈玉成不得已率军后撤，湘军则在后面穷追猛打，上演了几千孤兵追赶数万大军的场面。

然而天时终不利于湘军，其时天降大雾，咫尺之间莫能相辨，李续宾追得发了狠，竟然从陈玉成大军之间的缝隙穿过，冲到了前面。原本是太平军在前逃跑，湘军在后追击，现在变成了李续宾率湘军冲击在前，太平军大队反落在后头了。

陈玉成的大军半是乌合之众，打硬仗打不过湘军，但陈本人却是战场嗅觉灵敏的大将。李续宾没有发现自己冲过了头，陈玉成却提前发现了，胜负之势就在这一瞬间转变。陈玉成果断决定，收拢部队向湘军后方发动攻击。湘军一路猛冲，本来在前方的敌人失去了踪影，后方却突然杀声四起，士兵们误以为中了埋伏，全军大乱。

湘军之所以慌乱，是因为不知道身后之敌其实就是被他们一直追击的陈玉成，误以为遭到了前后夹击。以当时的情况，他们只要镇定下来，回身迎战就行了。但湘军因为前方敌人神秘失踪，惊惧不已，一时很难恢复阵列，而奉命增援的李秀成也非常果断，他听到前方炮声震天，立刻带大队人马来援，这下就真变成了两路太平军前后夹击湘军，化虚为实了。陈军见援军赶到，军心大振，发狠攻破了李续宾的营门。三河守军吴定规也带兵杀出，三股大军把湘军裹在阵中，牢牢将湘军困死。

军心已乱，人力岂能回天？穷途末路的李续宾仰天长叹，他纵横半生，不料今日却败于此地。他下令士兵各自分散突围，向着有月光的地方跑。士兵趁夜色冲出不久，李续宾又突然后悔，下令收队坚守营盘。黑夜里咫尺莫辨，士兵已经出奔，哪里还收得拢？他带少数亲兵反复冲杀，也无法鼓舞士气重新列阵。这一仗，只见月光如水照地，太平军如墙而进，四面伐鼓三军呼，三河城外旄头落，湘军猛将李续宾在绝望中死去。④

这一战，李续宾全军覆没，损失精锐士卒五千人，是湘军建军以来遭遇的最惨痛的歼灭战。随李续宾战死三河的官员有四百多人，曾国藩的弟弟曾国华也死于阵中。湘军湖北扩军后，已很难保证军官全是书生，只有李续宾一军文人最多。三河一战阵亡官员多达四百多人，等于湘军近半文员阵亡。胡林翼说："惟三河败溃之后，元气尽伤，四年纠合之精锐，覆于一旦。而且敢战之才，明达足智之士，亦凋丧殆尽。"⑤

湘军最能战的部队，江忠源部早就溃散，刘长佑始终未能恢复楚勇的巅峰状态；刘腾鸿战死江西，王鑫被曾国藩排挤出了湘军序列，要等到左宗棠领军出征才重整老湘营；曾国荃和李续宜的部队还未形成战斗力。三河惨败后，湘军能倚仗的多隆阿和鲍超两部，数量也都只有数千人，无法左右战局。而驻扎在江西建昌的曾国藩只得放弃援浙的计划，亲到皖北救火，胡林翼也停止守孝，夺情回湖北主持大局。

【注释】

① "若能先破安庆，则杨、彭水师可由枞阳河以达桐城，并可由运漕河以达巢湖而抵庐州。贵军能与水师处处相依，米粮、子药庶几易于运解。若全由潜、舒等处陆运，军行终不免于濡滞。""迪公处兵力虽强，而断不可分。分则力单，且无统领之才，一败则大势为所掣动。"见《曾国藩全集》第22册第661、660页，岳麓书社2011年版。

② 王闿运《湘军志·湖北篇第三》，见《湘军史料四种》第39页，岳麓书社2008年版。

③ "次早〔李〕续宾领精锐四更仆（扑）到主将营边，依〔李〕续宾要黎明开仗，李家手将要五更开仗，〔李〕续宾云：'陈玉成兵庄（壮），恐战未

成，各将岂不误我之事？'是以五更未开战也，若衣（依）其手将五更开
仗，陈玉成之兵而败定也。"《忠王李秀成自述》，见《中国近代史资料丛
刊续编·太平天国》第 2 册第 362 页，广西师范大学出版社 2004 年版。

④ "续宾自搏战，不能进，还营，闭垒门。七营已先陷，寇来如墙，续宾叹
曰：'今败矣！'令军中曰：'见月照地而走。'军皆束载而待月出。续宾终
耻于溃围，谋复固守，军已动，遂大奔。续宾驰督战，军不复成列，遂陷
陈死。曾国华、何忠骏从之，皆死。"王闿运《湘军志·湖北篇第三》，见
《湘军史料四种》第 40 页，岳麓书社 2008 年版。

⑤ 见《胡林翼集》第 2 册第 233 页，岳麓书社 2008 年版。

二　多龙鲍虎

　　清军的形势，在咸丰七、八年间本来已有很大好转，清军利用天
京内讧与石达开分裂出走的机会，把被太平天国攻陷的战略要地逐个
恢复，巩固后方、添募军队，逐渐占据上风。在下游，和春、张国梁
搜罗江南大营残部重建军队，何桂清、王有龄又每年拨给和、张近千
万两饷银。下游清军军威复振，屡败李秀成等太平军名将，逐渐夺占
天京附近据点，将天京重重围困，实力比向荣时期更为强大。

　　在上游，湘军夺回湖北，在骆秉章和胡林翼的经营下，两湖基地
巩固，湘军扩军数万，势力进一步扩张。尤其攻克重镇九江后，李续
宾锐不可当，一万精兵冲锋陷阵，所向披靡，将皖北的十几万太平军
驱赶至三河附近。如果三河再胜，李续宾就能攻克庐州，再会师多隆
阿、鲍超，联军攻下安庆，截断天京粮道，撤去天京屏障，与江南大
营会师天京，一年内定可消灭太平天国。

　　不料陈玉成、李秀成联手在三河歼灭李续宾，遏制住了湘军的狂
飙突进，夺回了太平军在上游战场的主动权，让清军一年内打到天京

的计划破产，这一仗在战略上的意义比石达开的湖口大捷还要重大。湘军起家时不到两万人，即使经过骆秉章、胡林翼的苦心经营，陆军最多也不过六七万人。李续宾部是湘军起家的老底子，八千士卒皆是敢战的健儿，在三河一朝覆亡，湘军的脊梁骨都被打断了。这是整个太平天国战争时期，湘军所遭受的最沉重打击。

这一仗之所以获胜，在于太平军两大主力协同作战，而清军没有重臣主持大局。原本陈玉成坐镇上游，李秀成关注下游，为了围歼李续宾，李秀成亲率主力兵团前来会合，太平军上游、下游两个兵团集合在一起，拥有绝对优势。如果清军也有重臣居中协调，那么下游的李秀成兵团参与三河之战，江南大营就应该大举出动增援李续宾。即使江南大营不到上游增援，也应趁李秀成离开的空隙在下游攻城略地，江西、安徽的清军尤其是湘军各部也应该尽量向李续宾靠拢。但湘军和江南大营不能配合，湘军主帅胡林翼因丁忧暂时去职，曾国藩复出尚未全盘接手，湘军失去主脑，连集合上游兵力都做不到，就只能让李续宾孤立无援了。

三河战败后，皖北湘军可恃者唯有都兴阿，然而这路湘军已成惊弓之鸟，太平军若能抓住三河大捷创造的大好形势，再持续给湘军重创，一举消灭都兴阿，湘军陆军再无老兵，基本上就被连根拔起了。

可惜陈玉成大胜之后开始轻敌，在他看来，连李续宾都不挡自己雷霆一击，当然老子天下第一，都兴阿、多隆阿、鲍超等人可一扫而空。对于将要爆发的战斗，他没有认真筹算，用李秀成的话说"其军乘胜，不知自忌"。

都兴阿不过中人之资，他手下的多隆阿、鲍超却非比寻常。"多龙鲍虎"是战争后期清军战斗力最强的两员大将，多隆阿是陈玉成的克星，而鲍超则是李秀成的克星。

"多龙鲍虎"和其他将领大为不同：湘军将领多为湖南籍人士，多隆阿是黑龙江旗人，鲍超是四川人，都不是曾、胡二帅的湖南同乡。湘军喜用书生，鲍超识字不多，是以绿营兵身份发迹的草莽，多隆阿干脆连汉字都不认识。

多隆阿，字礼堂，呼尔拉特氏，达斡尔族，满洲正白旗人。旗人世代从军，以骑射为本，虽然在关内富庶之地驻防的旗人很多已不能打仗，但关外旗人在恶劣的自然环境里，还保留了质朴敢战的风气。多隆阿自幼习得一身好武艺，十六岁时就因为骑射出众，被选入前锋营，后因为长期没有打仗的机会，直到三十五岁才升为骁骑校。

太平天国北伐，为驻防北方的旗兵创造了机遇。多隆阿最初跟从胜保在河南怀庆一带作战，立下功劳，后转入以指挥骑兵著称的蒙古王爷僧格林沁麾下，负责指挥两支来自黑龙江的马队。他随僧格林沁在山东、直隶一带和北伐军交战，逐渐从擅骑射的武士，成长为一名战场嗅觉极其灵敏的骑兵指挥官。和北伐军打仗这段时间，他从僧格林沁处学会了全套游牧骑兵战术，也在和太平军的对抗中领悟到步骑对抗、步骑配合的经验。多隆阿不识汉字，不能读兵书战策，他在军营想学点谋略，只能请师爷读《三国演义》来听。[①]他的军事才能，一半在战场上习得，一半来自胡林翼的言传身教。

平定北伐军后，升为协领的多隆阿受官文邀请，带北方马队南下湖北增援。他汉语水平不高，在以湖南人为主体的军队里深受排挤，能打硬仗而功不得赏，很不得志，只有胡林翼拼命笼络他。湘军最初只有步兵和水师，没有马队，湖南不产马，来自山地的军官和士兵也不擅骑射，故短期内无法组建骑兵。太平军因为有淮北的捻军为盟友，大队骑兵来去如风。陈玉成更想方设法从捻军那里挖掘人才，组建了直属自己的太平军骑兵，日日操练，精锐无比。吸纳来自北地的骑兵军官进入湘军系统，是湘军组建骑兵的唯一选择，胡林翼不得不借重多隆阿统带骑兵的能力。

多隆阿

多隆阿进入湘军系统，给湘军带来了上千名精悍的骑手。胡林翼又向他传授了湘军的制度和战术，他以北地骑手为基础，以湘军的营制、军纪约束，就拥有了当世无匹的马队。在北方时，多隆阿对骑兵的理解还停留在传统游牧战法的水平，以草原上自幼学习骑射的牧民为基础，实施机动灵活的大迂回、大包抄。

游牧骑兵打仗依靠骑手个人的骑术和灵感，只有粗疏的纪律约束。因为没有严格的营制和团队训练，作战时骑兵都四散开来，以弓箭自由射击。这种骑兵生存力、机动性很强，特别擅长骚扰迂回，但正面作战缺乏冲击力，不能对抗阵形严密的步兵和西方的近代化骑兵。南方没有广袤的平原，若把他们用在南方作战，因为缺乏严格的纪律和团队配合，无法在短距离提速实施突击。得到胡林翼传授后，多隆阿的马队开始具有强大的冲击力，能够在复杂的战场条件下运用更多变的战术。他还把从北方一路追随投靠的步兵，用湘军的战法训练起来，和骑兵配合作战，战斗力更加强大。

多隆阿有了这样一支强大的军队，很快就在战场上所向披靡。他与鲍超配合，在一系列会战中，击败了太平天国最强大的陈玉成兵团，后来又配合曾国荃攻克安庆。安庆之役，多隆阿的部队多次打援，屡创太平军援军。安庆会战后，他又一路追击，攻破太平天国在皖北的城池桐城、舒城、庐州，逼得陈玉成走投无路，最后被苗沛霖诱捕杀害。湘军击败陈玉成，多隆阿作战最多，功劳最大。但湘军终究以湖南人为基础，多隆阿战功再大，也不能改变被排挤的命运。他性格刚介骄矜，经常不听从上司节制，不但曾国藩讨厌他，其他湘军将帅也不能和他很好合作。

因为遭同僚排挤，多隆阿虽在攻破安庆的大战中功劳突出，却被曾国荃夺了首功，心中十分郁闷。胡林翼去世后，湘军内部唯一的后台没有了，曾国藩也经常找事情批评他。多隆阿不禁自叹伯乐已去，开始考虑离开湘军系统独自发展。曾国藩策划打天京城，再度安排多隆阿负责打援，配合曾国荃主攻天京。多隆阿再次被安排打最苦的仗，分最少的功，大怒之下决心和曾氏兄弟分道扬镳。当时西北战乱，朝廷正要调精兵入陕西增援，他就借机率兵万人开赴陕西，从此和湘军脱离关系。

多隆阿与敌人对决，往往身先士卒，每次战斗必将顶戴花翎佩戴齐全，让随从士兵一看就知他在前方冲锋陷阵。胡林翼知道这样很危险，就写信告诫他：你经常冲锋在前，从敌人的炮子中穿梭，这很不妥。打仗靠的是审查时机，运筹帷幄，你作为大将攻城时亲临前敌，一直冲到距离城墙四五十步的地方，如此不惜身，万一被枪炮打中，置国事于何地？攻打城池，我军在城下仰攻，敌人以静制动以逸待劳，我军无从防备而对方可以有心偷袭，冒这种险不能说是真的英勇。名将不易有，你不知爱惜自身，东南半壁还能倚仗谁？[②]

他不听胡林翼的劝告，永远冲锋在前，到了陕西打仗，多隆阿依然着黄马褂戴顶戴花翎，逼近城池指挥。由于打扮十分显眼，他被敌人用鸟枪击中头部，最后因伤而死，结局果如胡林翼所言。

多隆阿带兵打仗，军纪最严，从不扰民，反而热心调解地方纠纷。乱世中常有民众结寨自保，他遇见了，一般都会加以安抚，再发放钱粮，教授战阵守御之法。民众进献酒食，他从不收受，所以深得民众喜爱，所到之处都有人在土地庙里替他立下长生禄牌位。

湘军将帅、幕僚对多隆阿颇多诋毁，独王闿运在《湘军志》中为他写了不少好话。王闿运说，湘军军官多靠打仗发财，带兵一万的统领，年收入六万两银子都算廉洁。只有多隆阿统率万人，身上没有好衣服，家里没有好房子，儿子几乎穿不上鞋子。多隆阿的廉洁，超出常人想象，以至于王闿运惊呼为"天人"。③

总督官文知道多隆阿家中贫穷，有点余钱都拿去赏赐功臣、抚恤士卒家属，于是给他家里送去三千两银子。多隆阿知道后，派士兵把送钱的信使追了回来，三千两都拿来给士兵买了战袍。他去世时，儿子自黑龙江奔丧，竟然没有盘缠，得到黑龙江将军的资助才能上路。许多年后，徐椒岑去黑龙江，见到多隆阿的老宅，只有几间破屋子。④

与多隆阿齐名的湘军名将鲍超，个性与之截然不同：多隆阿刚介，鲍超媚上；多隆阿爱民，鲍超残暴；多隆阿清贫，而鲍超阔绰。两人的相似之处，只有英勇善战这一项。

鲍超和多隆阿一样不通文墨，却懂得讨好曾国藩，在主帅面前插科打诨，卖丑诮谀。清代笔记史料有载，因鲍超身有癫癣，曾国藩就引用历史上几个"癫而污"的名人事迹嘲笑他。这件事如果发生在多隆阿身上，多隆阿定会当面斥责上司无端折辱大将，有失朝廷体统。而鲍超不但不生气，还诮媚地问道："今有鲍癫狗，可与古人媲美耶？"借此博上司一笑。军中此后都叫他"鲍癫狗"，他却说这是名实相当，大帅这外号着实起得好。⑤曾国藩虽然自居圣贤，但有时也喜欢粗鄙的部下如小丑般献媚。所以尽管鲍超军纪败坏、纵兵扰民，多隆阿带兵与民秋毫无犯，他还是喜欢鲍超而厌恶多隆阿。因时代的局限，古代再英明的首领，也不免喜欢滑稽谄媚的下属，何况鲍超还有真本事。

鲍超是四川奉节人，祖上是绿营兵，因为家贫曾在一家豆腐坊做杂工糊口。西南地区有句谚语："人生有三苦，撑船、打铁、推豆腐"，因为这三样营生都要下苦力。常年在豆腐坊推豆腐，鲍超打熬出了一身好筋骨。隆冬时节豆腐坊不开工，他就在一家盐场帮工拣煤炭花。当地人没有将煤炭磨粉掺黄泥做煤饼的手艺，只会把煤炭整块丢进炉子里。因为燃烧不充分，熄火时煤块中间有些部分还未烧尽，称为煤炭花。他的任务就是在煤渣里挑出煤炭花，再送进炉子里。这份工作很脏，做事的人每天都是黑乎乎的，人称"煤黑子"。

"煤黑子"鲍超后来带着老婆逃荒到了长沙，在本地结识了一个讲义气的好兄弟，外号"雷脱皮"。雷脱皮在长沙绿营当兵，他介绍鲍超去给军营挑水，每天可以赚一百六十文钱。太平天国起义后，雷脱皮奉调随向荣去广西打太平军，鲍超也有绿营军籍，为谋出路设法混了个差使，同去广西打仗。因为向荣的大军被太平军击溃，鲍超和大军失散，只得逃回长沙。

逃回长沙后，因为没有赚钱的门路，鲍超坐吃山空，穷困已极，实在无法度日，就想自杀解脱。他用最后的积蓄买了一顿酒肉，在里面下了毒药，钉上房门后准备和老婆做对饱死鬼。邻居家老太太听见他们夫妻的哭声出来打探，发现房门被钉死，就赶紧出去找男丁救人。也是鲍超命不该绝，老太太一出门就撞见湘军将领黄翼升，黄翼升随老太太赶到鲍超住处，把门撞坏冲了进去。两人进去时，鲍氏夫妇正举起筷子，准备饱食下了毒药的饭菜。黄翼升大声喝问鲍超，像你这样的好男儿为何要寻死？鲍超苦笑着回答，大好男儿无用武之地，生计断绝，连饭都吃不上，除了一死再无出路。黄翼升就劝慰他说，男儿不怕一时穷困，只要不死就有希望，你应当振作发奋，以待将来。现在天下大乱，好汉子王侯将相都能做得，又何苦寻死？[6]

听说鲍超原来是当兵的，还在广西打过仗，黄翼升就招募他加入湘军，顺便把雷脱皮也带去了。鲍、雷二人得黄翼升推荐，在曾国藩手下做了戈什哈（侍从护卫）。某日，曾国藩让鲍超送军令给一个防营，因为在传令路上遇到故交，鲍超就停下来和老友喝了顿酒，因酒醉误事，没有按时传达军令。曾国藩治军极严，就下令将他处斩，雷脱皮见状不妙，跳出来为鲍超求情。曾国藩坚持不允，雷脱皮就拖着鲍超的大腿号啕大哭，说一世好兄弟，要死一起死，求大帅赐自己与兄弟同死。这更激怒了曾国藩，于是下令将雷脱皮也拖下去斩了。

雷脱皮大哭大闹，倒给他们二人惊动出一个救星来。后来官至山东巡抚的陈士杰正在湘军营务处帮办文案，听到喧闹就出来察看。陈士杰擅长看相，据说他能得曾国藩信任，就是因为二人均好相术。他平日在营中见过鲍超，觉得这个小兵天生一副大将的面相，举动之间皆有英气，将来必定大有前途。见主帅要杀鲍超，陈就赶紧带了一帮文案出来求情作保。曾国藩见幕友都来求情，就改判鲍超军棍八百，雷脱皮六百。（鲍超与雷脱皮险些被杀的经过，在汪康年的《汪穰卿笔记》中有详细记录，但汪康年记录的救鲍超的人仅是某文案，而《清史稿》里则记救鲍超之人为陈士杰。）

八百军棍把鲍超打成了重伤，没能赶上曾国藩衡阳誓师，等养好伤后他就跟着杨载福的水师前去攻打岳州。也许是几百军棍把他的霉运都打掉了，一去战场，鲍超否（pǐ）极泰来，行军打仗无往不利，如有天佑。他一路随水师攻略，参加了攻克岳州、武昌、汉阳、田家镇的战斗，立功颇多。

太平军二破武昌，鲍超奉命前去增援，划归胡林翼指挥。当时胡林翼驻军高庙，被韦俊指挥的太平军水营包围。鲍超率水师左冲右突，接连放火焚烧敌军战船，终于攻入高庙救出胡林翼。这一仗，他不但救了上司性命，还带伤攻克了金口，因功被保举为游击，赐号"壮勇巴图鲁"。因拯救胡林翼于间不容发之际，胡林翼与他结为昆弟之交，称他为"大弟"。⑦

湘军在湖北扩军，胡林翼让鲍超回湘募勇三千创立陆师新营。鲍超原本字春亭，胡林翼帮他改作"春霆"。春霆者，春日之雷霆也，春霆不但气势威猛无比，象征着猛将的勇气，更是大地回春、万物复苏的征兆。胡林翼替鲍超改字春霆，又将他的军队命名为霆营，既是勉励他英勇作战，也寄予了以此强军横扫天下，为天下开太平，为清廷谋新生的希望。

可实际上，霆营在湘军中军纪最差，经常抢掠民财、杀良冒功。曾担任张学良秘书的民国文士陈灨（gàn）一在《睇向斋秘录》中记录，鲍超带兵经过江西黎川，住在陈家的园林石竹山房，回来后对曾国藩说江西某处有石竹山房，风景很好。曾国藩回答说那是陈侍郎陈硕士（陈灨一的祖父陈用光，字硕士）读书的地方，我一直想去参观却没有机会，你倒是眼福不浅。鲍超粗鄙，也不知道陈用光是谁，说我也久闻陈侍郎大名，但这次去没有见到他。曾国藩大笑说，陈公已经去世很久了。鲍超见闹了笑话，干脆继续装傻，说陈家怕是绝后了吧，这次我去石竹山房，没见到一个人，园林是空的。旁边的人听了都大笑。陈灨一说，鲍超军纪败坏扰乱地方，自家就有人无辜被霆军杀害，所以石竹山房里哪儿还见得到人呢？听说湘军来黎川大家都逃走了。⑧

鲍超不但不约束军纪，还有意培养部下嗜杀的风气，以此激发军人的兽性来增强战斗力。他向部下灌输这样的观点：咱们霆军能四处抢掠发财，那是因为能打胜仗，哪一天打不了胜仗，好日子就到头了；要抢劫快活，就得打仗勇猛。霆军平日军纪败坏，到了战场上却能勇猛冲锋，遇到战事，军官带头冲锋在前，士卒紧随其后，个个士气高涨，发奋死斗。鲍超赏罚又极其分明，他战斗时总是靠近前沿用望远镜观看，哪个士兵勇猛，哪个士兵怯懦，统统看在眼里。战后他按自己观察的结果来议论赏罚，十分公平，不像别的部队是由军官上报战功，基层士卒不容易得到提拔。

鲍超

湘军不崇尚个人勇武，讲究团队配合、服从命令，整个军队像一架机器，"结硬寨、打呆仗"，行动持重而缓慢。因此大部分湘军擅长防御而不擅长进攻，利于久战而不擅长突击。湘军的战斗表现并不凶狠，却坚韧难缠，一旦修好战壕工事，无论多少敌军都难以冲破防线。这种战术虽然十分厉害，但在关键时候少了带头冲锋、撕开敌人防线的突击力量，不容易速战速决。

鲍超的作战风格恰好和多数湘军将领不同，霆军行动敏捷崇尚进攻，在战场上疾如风雨、势若雷霆，正好补上了湘军的短板，成为曾国藩、胡林翼手头最锋利的战刀。不过有的著作说鲍超生平未逢一败，这种说法并不严谨，太平军中亦有猛将专克鲍超，那就是黄文金。同治元年（1862），黄文金在安徽宁国府外五十里击溃霆军六营，原定到天京增援曾国荃的霆军溃逃至宁国府。几天后，他又在宁国县外攻击守城的韦俊和增援的霆军，二败鲍超。过了一个月，鲍超进犯西河，再一次被黄文金击败。两个月内，黄文金就三败鲍超。

湘军的传统，士卒要招募诚朴憨厚的乡农，鲍超却喜欢招募市井游民、亡命之徒，再以升官发财引诱之，以暴虐的督战队镇压之，充分利用这些好勇斗狠之徒。可是霆军虽然善战，维系的成本却太高，对地方秩序的破坏和威胁太大，在战争年代还可以容忍，战事结束后就成了棘手的祸害。

湘军原本不准士兵结社拜会，以乡农为主的士兵都能遵守这条禁令。因为质朴的农民害怕军令惩罚，而且他们都是整村从军，有自己的宗族组织，无须另外结社。霆军军纪不严，四方纠合而来的游民又有拉帮结派自保的需求，于是鲍超的军队里哥老会特别多。哥老会的发展让朝廷对霆营的控制逐渐减弱，加上霆营经常闹饷兵变，朝廷只能把他们裁汰了。

三河大捷后，陈玉成和多、鲍的碰撞，首先发生在宿松。他亲自统率大军主攻宿松，对阵都、多两将，又派猛将李四福阻击鲍超。都兴阿和多隆阿手头有数千马队，机动力很强，在正面战场打响的前一天，都兴阿留下多隆阿与陈玉成对峙，自己先带马队进攻李四福。李四福本想阻击鲍超，结果鲍超没等到却等来了气势汹汹的骑兵马队。都兴阿擅长审时度势浑水摸鱼，遇到勇猛过人却不够灵光的敌手，正是他大显身手的好时机。

李四福所列军阵本为防御鲍超的步兵，遇到骑兵全无用武之地，被高速前进的骑兵轻易冲垮。冲垮李四福后，都兴阿马不停蹄赶回正面战场。他的骑兵实在太快，打完李四福还能抢在迂回多隆阿的太平军发动前，把他们堵在山口。几处布置都被破坏，陈玉成只能率队退却，多隆阿趁势追杀，连夺三十多座营垒，获得宿松之战胜利。陈玉成，人称"三十检点回马枪"，惯用回马枪战术，而宿松之战，他并没有如往常一般布置预备队，所以撤退后没有后手，被多隆阿大破之，诚所谓骄兵必败也。

英王陈玉成

三河大捷以来陈玉成部下连番苦战，损耗很大，且士卒久已疲惫。宿松一战，多隆阿所部又展现了不逊于李续宾的战斗力，如果继续交战，形势并不乐观。李秀成不愿意继续打下去，提议休战守城，收缩战线，巩固战果。心高气傲的陈玉成哪里肯听？他坚持要打下去，啃不动多隆阿，至少也要在二郎河把鲍超击退。面对陈玉成的坚持，李秀成也只能勉强配合打下去。

李秀成觉得己方形势不乐观，孰料清军一方更是惊恐万分。宿松一战虽是清军获胜，可面对号称十数万人的太平军，都兴阿等人惶惶不可终日。都兴阿是旗人，不可能让他像李续宾一样送死，湖广总督官文必须积极增援。

官文自知无能应对局面，一面飞檄四方军队来援，一面奏请咸丰下旨夺情，让丁忧的胡林翼复职回来主持大局。尽管清廷多方筹措，皖北清军所能获得的援军却很少：张乐行断了胜保粮道，让胜保这支大军无法驰援都兴阿；李世贤在皖南声势浩大，江南大营也不敢分兵来援。因此陈玉成得以集中主力，在二郎河实施围歼鲍超部的计划。

鲍超所部不过三千人，离宿松的都兴阿、多隆阿等人有三十多里，陈玉成坚信以太平军数万人围攻，可以很快打下来。但三十多里的距离对骑兵出身的都兴阿、多隆阿来说，两个战场近乎就是连接在一起的。

太平军刚一调动，就被清军斥候（探子）发现了，多隆阿猜到陈玉成要打二郎河，立刻率队增援鲍超。二郎河战场最初只驻扎了鲍超一军五个营的兵力，因为湘军反应迅捷，陈玉成率军逼到二郎河时，援军已增加到五十五个营，兵力比之前多了十倍。敌军力量猛增，陈玉成仍"骄气过甚，直期将营踏平"，虽然在宿松折了一阵，但他仍然坚信，倚仗绝对的实力，无须任何计谋和布置，大军一线平推就能碾碎对面一切敌人了。于是陈军大举出动，分布数十层，延绵二十里，浩浩荡荡扑向二郎河。

二郎河附近的地形散漫，沟渠纵横，不利于骑兵大规模突击。传统游牧骑兵缺乏近代化军队那种团队作战训练，即使来自草原的骑士个个骑术精良，也无法在狭小的战场上进行短促冲锋。他们需要广阔的平地来展开骑兵队伍，狭窄的战场很可能导致冲锋时人马自相践踏。都兴阿和多隆阿的马队虽然仍以传统游牧骑士为主，但经过了湘军严密的纪律训练，即使不能和欧洲的近代骑兵相比，战术规范和作战能力也已超越了传统游牧骑兵。尽管还做不到冲锋的骑士膝盖挨着膝盖、手臂碰着手臂如墙而进，实施短途冲击已经没有问题。

多隆阿把步兵分为多层，正面迎击太平军，骑兵以数十人为一伙，在步兵各层之间往来策应。一旦某一队步兵顶不住太平军的冲击，往来机动救火的骑兵就发动短促突击，把太平军的攻势打下去，然后等下一层的步兵赶上来替换再下去休息，如是再三。这种战术最利久战，太平军前锋与清军鏖战多时后显露颓势，都兴阿亲率另一支骑兵抄袭后路，太平军前锋当即败下阵来。

太平军前锋败阵后，陈玉成又派张宗禹率捻军出击。捻军多骑兵，擅迂回机动，陈玉成希望以骑对骑，破掉清军的骑兵。张宗禹、任化邦整顿捻军前，江淮的马匹和骑士本就不敌关外马队，何况是以湘军营制布列的精兵。捻军骑兵刚进战场，就因为战场的狭小发生拥堵，后队撞击前队，不少骑士在"连环追尾"中纷纷落马。湘军马队大笑过后，以数十人为一梯队，向前突击，与捻军最前排骑士交锋后从旁撤离，留出空间让下一梯队继续冲撞，以不间断的冲击驱赶捻军前队后撤，把敌人逼到一个小范围内自相践踏。不间断的短促突击战术是对付乌合骑兵的绝佳办法，被湘军砍杀的捻军很少，因自相践踏而堕马的却多不胜数。

陈玉成见战场上乱作一团，怒发冲冠，自带中队出战。见太平军主力出动，都兴阿带马队开始在太平军后方四处纵火，往来冲突，扰乱其军心，鲍超则率湘军正面拼死抵抗陈玉成的冲击。太平军和鲍超部鏖战三个时辰，杀声震天，太平军将士疲劳不堪，很多人都站不起来了，加上后方火光四起，军心动摇，渐渐不敌清军。

陈玉成仍不泄气，他身骑白马，着黄袍，使部下擎黄缎麾盖，靠近前线鼓舞士气。鲍超看见这阵仗，知道是陈玉成亲至，心中不禁一阵狂喜。他赶紧调集二百杆火枪，集中对着陈玉成射击，火枪打中了陈玉成的麾盖，麾盖起火烧了起来。虽然没击中陈玉成，但太平军士气先已大挫，此刻见主将仪仗起火，心道主帅莫不是阵亡了，当即丢弃军械溃逃。清军一路掩杀、斩杀数千人，陈玉成的营垒皆被攻破，只有李秀成的六个营垒勉强保存。[9]

二郎河战败，陈玉成被迫在皖北转入防御，两军进入相持阶段，太平军在三河大捷中取得的战略优势丧失殆尽。

【注释】

① "素不识汉文，公牍书函，幕客诵以听，指论是非悉当。尝坐帐中令人读《三国志演义》以为乐。"见朱孔彰《中兴将帅别传》第 125、126 页，岳麓书社 2008 年版。

② 王之春《椒生随笔》，见《清代名人轶事辑览》第 6 册第 2722 页，中国社会科学出版社 2004 年版。

③ 王闿运《湘军志·湖营制篇第十五》，见《湘军史料四种》第 167 页，岳麓书社 2008 年版。

④ 陈康祺《朗潜纪闻二笔》，见《清代名人轶事辑览》第6册第2722页，中国社会科学出版社2004年版。

⑤ "常侍曾文正侧，文正引古人懒（癞）而污者以讽之。鲍曰：'今有鲍癞狗，可与古人媲美耶？'文正为之大笑。自此军中皆呼'鲍癞狗'。鲍曰：'名我固当。'"邵镜人《同光风云录》，见《清代名人轶事辑览》第6册第2815页，中国社会科学出版社2004年版。

⑥ 见《清代名人轶事辑览》第6册第2813页，中国社会科学出版社2004年版。

⑦ "胡公之营高庙，黄州、德安援贼麇聚，围攻甚急，公以单营飞棹驰救，力战却之。胡公由是益知公，视为布衣交，尝呼为弟。公初字春亭，因改亭为霆，状其勇也。"见朱孔彰《中兴将帅别传》第127页，岳麓书社2008年版。

⑧ 陈灨一《睇向斋秘录》，见《清代名人轶事辑览》第6册第2813页，中国社会科学出版社2004年版。

⑨ 刀口余生（赵雨村）《被掳纪略》，见《太平天国资料》第210页，科学出版社1959年版。

三 "败保"大将军

以全局而论，太平军和清军的主要战力分布在两个战场上，在长江上游，是湘军主力和陈玉成对峙；在长江下游，是江南大营会同南下的胜保和李秀成对峙。上游战区，尽管二郎河会战之后陈玉成的攻势被遏制，但陈玉成相对于湘军仍有巨大的兵力优势，在与湘军形成对峙之势外，还有余力抽调机动兵力，增援下游天京附近。下游战区，由于李秀成兵微将寡，面对江南大营长期处于下风。如果不是陈玉成多次从皖北抽调军队增援，并输送安庆周边粮草援助，天京有可能早就被江南大营攻陷了。换过来说，若无下游清军牵制并多次重创李秀成，李秀成腾出手全力出兵上游，并力攻安徽、湖北，湘军也肯定立不住脚。二破江南大营之前，江南大营于全局的贡献，并不比湘军低。

对清军来说，自天京变乱后，太平天国整体实力已不如清朝一方。之所以迟迟不能攻克天京，横亘在其面前的，是陈玉成这座大山。陈玉成不但固守上游，还能分兵援助下游战场。曾国藩就说过：自从天京变乱后，清军收复镇江，太平天国就已经大大衰落了。只因为陈玉成凶猛，往来江北，收抚捻军，多次击败清军，导致皖北长期被太平天国掌握，天京也因此粮草不绝。①

正因陈玉成太过强大，清军也调集了重兵来对付。在皖北安庆附近，湘军集中了数万军队，是清军与太平军对峙的主力；在六安、舒城一线，湘军旧将李孟群会同安徽原有兵力，牵制陈玉成一部分兵力，阻挡其向长江下游和华北发展的道路；庐州一线，是北方南下的胜保和翁同书等人，与李孟群成掎角之势，共同牵制太平军。三路清军，严密设防，希望切断陈玉成和下游战场的联系，把太平军两大主力分割开来。

二郎河战败后，陈玉成计划集中力量，打垮安庆附近的湘军主力，复二郎河会战之仇，稳定住安徽，再徐图下游。不料此时下游战局发生了很大变化，原捻军首领李昭寿和薛之元叛变，天京战场危急，下游太平军撑不住了。与湘军决战，复二郎河会战之仇的计划只能搁置。

咸丰七年以前，曾国藩视野狭窄，只知执行自己的战略，孤军奋战，视其他清军如无物。现在他虽然不能指挥下游清军作战，但已懂得利用下游作战创造的战机。陈玉成赴下游平乱，湘军赶紧巩固二郎河战果，竭尽全力从后方增派兵勇进驻皖北，又招募饥民大修碉卡战壕。从这一刻开始，战略态势发生了巨变。

李昭寿是河南捻军首领之一，为人反复无常。李昭寿在咸丰五年率捻军投降清廷，由于纵兵抢掠，怨声载道，上司准备杀之除害。不料秘密败露，李昭寿抢先杀了道员何桂珍，投降太平天国。李人品很差，为人暴虐，但特别会搞人际关系，在捻军里颇有人脉。投靠太平天国后，李昭寿帮助李秀成招抚了捻军张乐行、龚得树，让天京变乱后兵力空虚的太平天国一下子得了十几万捻军，渡过了兵力不足的难关。但洪秀全防备李昭寿反复无常，不肯重用。李秀成因招抚有功升职，归顺的捻军首领包括李昭寿旧部薛之元都得封赏，李昭寿却只得了几个虚职，他也因此在太平军中郁郁不得志，只有李秀成与之交好，结为八拜之交。

李部捻军军纪败坏，经常纵兵抢掠。李军驻扎地方，若太平天国基层官员供给的粮草不能满足，他就任意责打官员。这一行为激起很多人的不满，只有李秀成肯包容他。因为殴打陈玉成辖区的官员，加上各种其他罪行，李昭寿激怒了陈玉成。陈玉成差点把他抓起来斩首，在他磕头认罪后才予以释放。从陈军大营获释后，他一度想带队和陈玉成火并，因害怕不敌才作罢。[②]

既不被洪秀全重用，又与太平军中头号大将势同水火，加上太平天国形势不稳，李昭寿准备再度投靠清廷。三河之役前，李秀成败于全椒，只剩下五六千兵马，陈玉成被湘军击败于鄂北，太平军的士气一度非常低落。驻守滁州的李昭寿感觉前途不妙，和清军李孟群、胜保私下通信，准备献城投降。因为三河大捷，太平军形势好转，他又犹豫了一段时间。咸丰得到胜保、李孟群奏报后，下诏赦免李昭寿一切罪行，赏三品顶戴。李昭寿终于率四万军队叛降，改名李世忠，所部改编为"豫胜营"，辖一万八千人。[③]

李昭寿的叛降，李秀成要负很大责任。李秀成宽容大度却缺乏原则，李昭寿率部扰民，他出于私谊包庇。李昭寿显露出对太平天国的怨恨，其至暴露叛降的迹象，他也不加制止。其至李昭寿已经投降清朝，李秀成还与之书信往来，弄得洪秀全以为他也要叛变了。

除了李秀成的放纵，陈玉成的排斥也是李昭寿叛降的重要原因。陈玉成欲砍李昭寿的脑袋，看起来是因为李昭寿纵兵扰民，事出于公。但事实上，依附陈的捻军部队，扰民比之李昭寿部更甚，他也未曾责罚。陈玉成之所以痛责李昭寿，一是因为李昭寿在他的地盘上撒野，损害了集团利益；二是借机敲打太平军里冉冉升起的新星李秀成。太平军另一重将韦俊的叛降，也和陈玉成的逼迫有关。李秀成待人过宽而近于骄纵，陈玉成则以自我为中心而不顾大局，为人都有很大缺陷。

李昭寿投降清朝，清军凭空得了一万八千精兵和一座久攻不下的坚城，在下游的优势扩大。不但如此，李昭寿还继续诱降其他捻军将领。击溃江北大营后，洪秀全把江浦一带编为天浦省，作为天京在江北的门户。天浦省不但捍卫天京，还肩负着保护粮饷、维持航道畅通的重任，理应由可靠将领把守，李秀成却推荐捻军薛之元担任此要

忠王李秀成

职。薛之元是李昭寿的拜把兄弟，两人最为莫逆。既然李已叛降，薛就应该被调离要职，李秀成却坚持向洪秀全推荐薛之元，使之得到重用。

忠王的历史文化知识多来自"演义"和"话本小说"，而明君对一位受到百官猜疑的大将委以重任，因用人不疑最终获得彻底效忠是传统演义里最常见的一种桥段。他自幼受这些故事潜移默化，很可

能也想模仿一番。加上李昭寿投降后，对太平天国忠心耿耿的李秀成同样受到猜疑，感到委屈和彷徨。他将心比心，以为人心皆同己心，对薛之元产生了同情，想给受委屈的薛送温暖，顺带得到薛的效忠。

可惜真实的世界不同于说书人的臆造，李秀成不是《说唐》里的李世民，薛之元也不是尉迟敬德。薛之元最终向清军名将张国梁投降，清军不战而得江浦、浦口两城。李昭寿提兵进驻浦口，江北清军连成一片，江南大营借此收拢了对天京的合围，李秀成不得不从皖北赶回下游，试图收复浦口。

李昭寿依托坚城顽抗于内，张国梁在两浦间攻击于外，复有胜保的马步军八千断绝后路，李秀成督军血战多日，始终无法取胜。江南大营因而扼住了交通要道，天京城内粮草断绝，这次被李秀成称为"三困京城"的危机，其实是他自己玩火的结果。

李秀成自知不敌清军，情急之下，请天王下急诏调陈玉成来援。陈玉成留下部分军队监视安庆附近湘军，自提数万精锐，会合各处太平军、捻军增援下游。"英王"声望当世无匹，一声令下，各地豪杰纷纷前来会师，"数百里外，驰一纸伪檄，逆旅则星飞而至"。陈军来势汹汹，负责监视陈军主力的安徽代理巡抚李孟群率军至官亭阻挡。陈玉成带来的兵马有好几万人，各处捻军又不断来投，官亭一线漫山遍野，尽是长发红巾。

其时皖北正闹饥荒，赤地千里，李孟群军饷不继，麾下军队早已饥疲过度，只能以四千衰卒依托营垒自保。两军相持十日之后，陈玉成发起总攻，全歼清军，生俘李孟群。胜保尽起大军空巢来援，亦被击溃于护城。两路清军溃败极快，皖北湘军来不及增援，只能目送陈玉成烟尘滚滚马不停蹄，增援下游而去。

李孟群是河南人，太平天国起义之初就出任桂平知县，是最早参与镇压太平军的官员。他善于用兵，自广西起多次击败太平军，连曾国藩都许他为一流干才，将其招致麾下，纳入湘军系统。李最初经营水师，与彭玉麟合作，在攻克武昌、汉阳的战斗中屡立战功，后转为陆军，战绩也颇为不俗，是太平天国的一大劲敌。

李孟群被活捉后，陈玉成也看中他的才干，请他一起吃饭，希望能够收降这位能臣。《被掳纪略》中说，李孟群被擒，"即英王亦常称赞（李孟群）云：'忠肝义胆，不易才也。惜用人未免疏忽耳。'"④ "用人未免疏忽"，是指李孟群为人迷信，笃信算命、风水、巫术，军中好用术士。李是清朝忠臣，被俘后已有以死相殉的念头，怎可能投降？在招降他的酒宴中，李孟群挺身站立，手指陈玉成骂声不绝，骂得兴起就抓起席中饭碗砸碎，手持碎片袭击陈玉成。陈玉成见招降不成，只好下令将其处决。陈玉成曾说清军将领，最为善战的是"二李一鲍"，此刻"二李"李续宾和李孟群都被他消灭，只剩下鲍超一人。

长久以来，官亭大捷被很多著作描述为不逊于三河的大胜仗，理由是生俘安徽巡抚李孟群，全歼李军精锐近万，还让来援的胜保两万骑兵匹马不归。如果真能生俘安徽巡抚，再歼灭骑兵两万，这场大捷当然超过了三河一战。但李孟群当时并不是安徽巡抚，只是被革职的安徽布政使。巡抚福济亡故后，李孟群代理过十天安徽巡抚，十天过后非但没有做成真巡抚，连布政使的职务都被革除了。

至于官亭大战歼灭胜保骑兵两万，就更不是事实。胜保被歼灭二万骑兵的出处是《陈玉成受擒记》，后来收入了《洪杨异闻》。《陈玉成受擒记》说，陈玉成被抓获后，胜保去找他耍威风，陈玉成怒斥胜保："吾自投网罗，岂尔之力？吾今日死，苗贼明日亡耳。尔犹记合肥官亭，尔骑兵二万，与吾战后，有一存否乎？"《陈玉成受擒记》的作者名字不可靠，据分析很可能是好事之徒根据张祖翼的《胜保事类记》发挥敷衍而成。张祖翼的原文并无这句话，是作者自己加上去的。若考之史实，陈玉成击败胜保，并不在官亭，而在护城。护城战斗的规模不大，胜保也未全军覆没。后来胜保上奏朝廷，把护城战败说成了获胜。

讳败为胜是清军的普遍做法，但前提是没有一败涂地。如果全军被歼，大量军官战死，胜保是无法向朝廷交代的。敢讳败为胜，至少说明胜保手下军队损失不多。而且胜保也不可能有两万骑兵，太平天国战争时清朝骑兵已衰，不可能集中两万骑兵在胜保手上。太平军北伐，震撼京师，胜保和僧格林沁两军也才凑出一万多人的军队，这一万多人里骑兵不到四成。英法联军攻打北京，僧格林沁集中了中国北方大部分机动兵力，骑兵也才近万人。胜保曾经上奏朝廷，说他部下骑兵阵亡二百多人，病故遣散一百多人，人员损失很大，剩下的已无法成军。如果三百多人的损失就能让胜保"不成军"，那他的骑兵总数应该不过千人而已。况且骑兵机动性极强，两万骑兵，一个也逃不出来，这种战例，自古未有，只能是胡乱演义罢了。

胜保是清军将领中被羞辱最多的一个人，他为人荒唐，留下了很多黑材料。胜保是满洲镶白旗人，道光二十年中过举，习文无所成后，便学着班超等先贤转投行伍，当起了武将。他本事一般，但为人非常自恋，对自己的"文韬武略"十分自负，喜欢讲排场，动不动就模仿古代风流人物、百战名将，附庸风雅、装腔作势，一贯是士林的笑柄。他非但不以为耻，还随身带有两方印章，一刻"我战则克"，另一刻"十五入泮宫，二十入词林，三十为大将"。

比他年轻得多的英王陈玉成一贯称呼他为"胜小孩"，又戏谑他为"败保"，对其十分轻蔑。陈军士兵私下也说，"胜小孩"不懂兵，和英王开战四十次，每战必败。这些言论不过是太平军丑化敌人、扬己军威的说法。如果刻意去搜集，这种黑材料几乎每个清军将领都有。有人为了论证满蒙八旗和绿营兵战斗力低下，就大量引用这种材料。其实胜保在北方和僧格林沁联合镇压了太平军早期精锐组成的北伐军，战功很大，率部南下后与陈玉成交战，也不尽是打败仗。胜保在河南就曾击败陈玉成和韦俊的联军，用兵也颇有可观之处。类似的还有江南大营的李若珠，太平军蔑称其"李跛子"，常被拿来证明李若珠昏庸糊涂，然而李若珠却有多次击败李秀成、陈玉成的战功。

官亭、护城大捷后，陈玉成率军增援李秀成，清军立刻处于不利局面。江南大营可用的野战兵团不过三四万人，不算李秀成原来的部队，仅陈玉成带来的援军就高达七万人。这支劲旅一路摧城拔寨，把分布在各战场上的清军逐个击破。胜保、张国梁、冯子材、张玉良、李若珠都纷纷败下阵来，其中，李若珠军一次被歼灭超过六千人，张玉良和富明阿被击伤，猛将周天培死于军中，只有叛徒李昭寿倒是打赢了陈玉成几回。

陈玉成在江北横扫清军，江南大营一路溃败，和春、张国梁只能苦苦支撑残局。如果这种猛烈的打击再持续几个月，江南大营很可能垮台。偏偏在这个时候，上游发生了惊天事变，池州守将韦俊叛降清朝，湘军借机发动攻势，皖北形势再度恶化。

韦俊是太平天国五军主将之一，地位与陈玉成、李秀成相当（五军主将，起义初是萧朝贵、冯云山、石达开、韦昌辉、杨秀清，天京变乱后是陈玉成、李秀成、李世贤、蒙得恩、韦俊）。韦俊乃北王韦昌辉兄弟，从金田起义开始统兵作战，李秀成和陈玉成还在当大头兵的时候，他已是声名远播的大将，地位几与燕王秦日纲比肩。论资历，他是首义的首领之一，曾是李秀成、陈玉成的上司；论能力，韦俊打仗的本事比陈、李二人更胜一筹。如果不是受天京变乱的影响，太平军主帅应该是他而不是陈玉成。韦俊的叛降，实在给了太平天国一记重创。

韦俊在太平天国西征时期，三次参加攻克武昌的战役，功劳很大。他在黄州和曾天养一起逼迫湖广总督吴文镕自杀，立下消灭封疆大吏的功劳。湘军反攻湖北，韦俊坚守武昌，湘军名帅罗泽南也因他而死。天京变乱后，韦俊的哥哥北王韦昌辉成了逆贼，他也受到牵连，胡林翼趁机想招降他，可惜没有成功。天京变乱后太平天国一度前途惨淡，韦俊身受猜疑、朝夕不保也没有投降，后来受到陈玉成的排挤却叛变了。

韦俊叛降，清廷得到了池州和两万精锐士卒。韦俊所部，皆是百战余生的太平军老兵，是天京变乱后罕见的能战之兵，战斗力不逊色于陈玉成的核心刘玱琳部。接受韦俊投降的是湘军水师杨载福，由于不相信韦俊这样的高级将领会投降，杨载福并没有立刻上奏清廷，只私下知会了曾国藩、胡林翼。曾、胡也怀疑韦俊是诈降，没有立刻派湘军接应。

韦俊为纳投名状，就亲自率军攻打芜湖。他手下四将，古隆贤、刘官芳、赖文鸿、黄文金都是太平军名将。韦俊派四将督师攻打芜湖，结果四将临阵倒戈，他们撤芜湖之围，调头围攻韦俊把守的池州。皖南的杨辅清又率军两万增援四将，韦俊遭前后夹击，池州旦夕将破。由于曾国藩、胡林翼还不信任韦俊，只有几百湘军增援池州，杨辅清加紧政治攻势，号召韦俊部下反正杀贼。军心动摇的韦俊被杀得大败，只剩下数千人，借助湘军水师撤离，后被整编为五个营两千多人，池州终被杨辅清收复。

因为古隆贤、黄文金等四将临阵倒戈，杨辅清应援及时，曾、胡等人却徘徊不前，池州最终被太平天国夺回，投降的两万精兵丧失，看起来战局又恢复到韦俊叛降之前。但韦俊之乱时，皖南太平军杨辅清等人集中力量讨伐池州，陈玉成的军队又远在江北，各路清军如周天受等人趁机在皖南反攻，加之湘军从两湖源源不断地调援兵进入皖北，安徽形势比陈玉成离开前大大恶化了。二郎河会战前，太平军在安徽有压倒性优势；二郎河会战后陈玉成增援下游，双方力量持平；直至韦俊叛降，安徽的形势逐渐倒向清军。

大后方起火，陈玉成只得从江北折回。陈军撤离，太平军在天京附近顿时丧失了优势。张国梁趁机反攻，李秀成独木难支，上下游两个战场都陷入困境，只能寄希望于陈玉成在两个战场来回机动救援了。就这一段时间来说，尽管因为曾、胡不信任韦俊，未能最大限度利用韦俊叛降制造战机，但也成功地和下游清军形成了钳形攻势：陈军用兵下游，上游清军就高歌猛进；陈军回师上游，下游清军就绝地反击，硬生生把陈军拖成了疲军。

陈玉成回师皖北，希望集中力量，再和湘军主力打一场大会战，彻底消灭湘军，然后回头解决江南大营。而此刻，湘军也正策划和陈玉成决战皖北。

【注释】

① "自洪杨内乱，镇江克复，金陵逆首凶焰久衰，徒以陈玉成往来江北，勾结捻匪，庐州、浦口、三河等处，迭挫我师，遂令皖北之糜烂日广，江南之贼粮不绝。" 见《曾国藩全集》第 2 册第 369 页，岳麓书社 2011 年版。

② "（陈玉成）自楚来会。昭寿往谒，玉成怒其逗留，且军咴莺粟，多卤获，将斩之。昭寿跪谢，久之乃已。出，怒勒众，将攻之，惧弗敌而止。" 张瑞墀《两淮戡乱记》，见《中国近代史资料丛刊·捻军》第 1 册第 296 页，神州国光社 1953 年版。

③ "胜保攻天长，昭受内应献城，遂克之。诏改昭受名世忠，赏花翎参将。胜保裁其众，留万八千人，号'豫胜营'。" 王定安《求阙斋弟子记》，见《中国近代史资料丛刊·捻军》第 1 册第 80 页，神州国光社 1953 年版。

④ 刀口余生（赵雨村）《被掳纪略》，见《太平天国资料》第 207 页，科学出版社 1959 年版。

四　多隆阿新贵

二郎河战胜，池州韦军投降，陈玉成增援下游，湘军得到喘息之机，加紧增募士卒扩军。李续宜收拢了李续宾在三河之役溃散的老兵四千多人，又添募新丁组成了一万新军；曾国荃、鲍超和多隆阿也分别扩军至近万人；常年在骆秉章处担任幕僚的左宗棠此时也离开幕府独领一军，以王鑫留下的老湘营为基干，募勇五千八百人。湘军可用的大军又恢复到六七万人的规模。

曾国藩原本得到的任命是带军援救浙江，兼顾福建战局，但石达开很快就离开了闽浙，经江西转入湖南，在湖南宝庆战败后，又率队经广西进入四川。四川为天府之国，物产丰富而人口众多，尤其地势险要易守难攻，是理想的割据之地。清廷对石达开进入四川非常惊恐，胡林翼就趁机举荐曾国藩带兵入川镇压石达开，希望曾国藩能获得四川总督一职。咸丰同意曾国藩率军入川，但仍不想授予他地方实权，胡林翼的计划落了空。

四川总督辖区广大，如果曾国藩被实授川督，对湘军的扩张非常有利。但湘军入川若仍为客军，就大为不妙了。曾国藩说，凡治事公则权势，私则情谊，二者必居其一。他如果入川，既无实权，也无友人帮扶，情况比当年在江西更加恶劣。但经过在家守制的磨砺，曾国藩早已修炼得炉火纯青，他既不在江西停留，也不上奏抗辩，带上随员就取道湖北入川，只委托友人帮忙周旋。胡林翼请官文帮忙上折子挽留，官文此前坑害了湘军李续宾，这时正要尽力修补关系，着实用心为曾国藩请托。最终咸丰听从了建议，让曾国藩留驻湖北，与胡林翼协力图皖。

自此曾国藩和胡林翼合军一处，这是他自创立湘军以来最舒心的时刻。此前无论在湖南、湖北、江西，巡抚都不是自己人，处处遭到排挤，办事总有人掣肘，有时候还要遭到凌辱。胡林翼是他肝胆相照的朋友，胡任鄂抚，就如同他自己是巡抚一般，粮饷有了来源，办事也有帮手。另外，还有官文这个原本监视湘军却被湘军笼络的满人总督做挡箭牌，曾国藩终于能大展拳脚，一展平生之志。这也是他白杨坪悟道之后，奉行柔术所得的收获。如果曾国藩对援浙、入川的上谕还如过去那样强硬反对，由自己出头要官要权，而不是像现在这样伪装恭顺，咸丰也不会允许他与胡林翼合军。当此衰世，疾行不如缓行，顺取不如逆取。

曾国藩的舒心，来自于胡林翼的努力，在他守制赋闲的一年多时间里，胡林翼以其绝世天才，把湖北经营得如铁桶一般。曾国藩选拔的名将，江忠源、塔齐布、罗泽南、刘腾鸿都已战死，新崛起的名将都是胡林翼培养的。曾国藩不在的时间里，也是胡林翼苦心孤诣护持诸将，使他们不被胜保等人吞并。

曾国藩一直强调，无地方实权不能打仗，当初他一直想获得湖北巡抚或者江西巡抚的职位，结果只当了七天署理湖北巡抚。胡林翼本是他的部下，手下能打仗的嫡系只有六百人，居然一跃而成为封疆大吏。朝廷任命胡林翼为湖北巡抚，显然是经过深思熟虑的。之所以不给曾国藩巡抚大权，是因为湘军是不受朝廷控制的军队，不给地方实权，就能在粮饷上卡住湘军，确保对这支军队的控制权。

湘军湖口战败后，这支长江上游唯一还能打仗的军队锐气大挫。为确保上游的战局，朝廷不得不考虑给湘军松绑，让他们能有可靠的后勤基地扩军再战，因此湖北巡抚就应当授予湘军首领。但曾国藩声望太高，湘军又是他一手创办，若得到督抚大权，就形同唐末之藩镇，因此鄂抚之衔只能授予湘军里排序稍后的将领。此人若得巡抚之任，湘军就会得到稳定的粮饷后勤，内部也能因此分化出两个山头：建军者曾国藩、执政者湖北巡抚，有利于朝廷对湘军的分化控制。

湘军统帅，有名的如罗泽南、李续宾、彭玉麟、杨载福都没有进士功名，没有重大战功不能超阶提拔。胡林翼是翰林出身，本身已在高级文官的预备队里；作为名臣陶澍的女婿，在朝中有文庆、潘世恩乃至林则徐一脉帮衬，咸丰对他的印象非常不错。湘军里另一位通晓军事的进士李孟群，道光二十七年（1847）才中进士，比胡林翼登科晚了十一年，资历尚浅。加上李孟群是河南人，很难掌控湘军，那就只能由胡林翼出任湖北巡抚了。

湖北巡抚到手，但省城武昌还在太平军手里，为了尽快攻克武昌，胡林翼请求曾国藩把罗泽南这支精兵派给他指挥。胡林翼这个请求可以说是非常无礼，甚至有漠视曾国藩性命强挖墙脚的嫌疑。湘军陆师劲旅有两大支，分别是塔齐布和罗泽南。塔齐布在九江身故，继任者周凤山平庸无能，这支精兵魂魄被夺，已不堪重用；罗泽南是曾国藩在九江面对太平军的围攻唯一可恃的军队，若罗泽南去了湖北，曾国藩在江西很可能会被太平军消灭。

虽然对罗泽南改投胡林翼门下大为不满，但曾国藩的胸怀毕竟非常人可比，他毅然决定，派罗泽南增援湖北，自己率数千残兵独自在江西支撑残局。曾国藩这次舍身相助，对胡林翼的触动很大，胡林翼本来就十分佩服曾氏的志节才略，经此一事，对他更是感恩戴德。按清朝的规矩，胡林翼点翰林比曾国藩早，他当为曾国藩的"老前辈"。但此后一生，胡林翼始终以师长之礼敬奉曾国藩，以子游、子夏自居。

在罗泽南带来的精兵协助下，胡林翼攻克了武昌，控制了湖北这个长江上游基地。虽然罗泽南在武昌城下阵亡，但胡林翼已深得罗泽南的传授，对于湘军的各种营制军令了如指掌，比曾国藩的兵法更加精进。石达开就自述湘军诸将他谁都不放在眼里，唯独佩服胡林翼的将道。

胡林翼在湖北选贤任能，罗致各方人才，他曾说："得一正士，可抵十万金。"他在任上拣拔而陶铸之人，文官如毛鸿宾、阎敬铭、卫荣光、严树森、罗遵殿，后来皆官至督抚；武将如鲍超、多隆阿，成为湘军后期最为善战的将官。

胡林翼不是开创型的人才，在军事上，他没有曾国藩那种超越时代的悟性，能无师自通地开创出湘军营制；在行政上，他也不像曾国藩、郭嵩焘、左宗棠那样能变革地方行政，开创出绅士立局取代基层官府的办法。但他聪明能干而又善于学习，能青出于蓝而胜于蓝地把别人开创的路拓得更宽，推得更远。湖北肃清后，胡林翼把当初曾国藩调拨给他的部队扩充了好几倍，战斗力也比曾国藩掌控时提升不少。

曾国藩复出后，湖北每月接济他三万两白银，此外还要供养五六万人的军队。以湘军的军费计算，五六万人一年的开销至少是四百万两白银。而湖北此前一年财政收入多的时候七八十万两，少的时候六十万两，连维持官府正常运转都不够。厘金制度被骆秉章用到湖南，每年在农业税之外可以征收一百多万两的厘金，比农业税还高。胡林翼从湖南学去厘金制度，因为执行得更加严格完善，湖北商业又超过湖南，所以每年厘金收入高达四百万两，甚至有的史料估计高达五六百万两。骆秉章在湖南实行由士绅设局，不经官府胥吏而自行包税的办法，也被胡林翼学去。经过整顿，湖北每年农业正税也可收获一百七十万两以上，是胡林翼主政前的近三倍。以上合计，湖北财政收入比之前提高了七倍，每年可以开销四百万两白银在军事上。因而胡林翼得以扩充六万湘军，是曾国藩的三倍多。

曾国藩不去四川，与胡林翼合军一处，两人因而在武昌会面，共商大局。曾、胡都是战略高手，几个昼夜的商讨后，很快从一堆乱麻中理出了头绪。自杨秀清死后，太平军失去了强力中枢，此后石达开出走，太平军带兵将领割地自守，已分为多个派系，其中以石达开、陈玉成两军最强。湘军略有十万人，除去看守地方的留守军队，能集中野战的大军不过五六万人，比太平军任何一系兵力都少，只能集中兵力，攻打一路。选择哪一股军队为主要对手，是当前大问题。

天京变乱以后，太平军大多已失去了信仰，又没有能统领一方的强人，只要能歼灭其中最主要的一二路主力，其他各路就会丧失斗志，纷纷瓦解。但湘军集中攻打一路，则无力兼顾别的地盘，势必将在局部战场退却，其余诸路太平军就会有机会发展壮大，乃至攻陷城池。因此，湘军必须保证先把最有发展潜力、最有政治头脑，能够巩固根据地发展壮大的一路打掉。这样，其他几路太平军纵然能趁势攻下一些地盘，但由于没有政治手腕把新占地盘的资源化作军力，丢掉的城池可以很快打回来。

太平军当时有三大主力：石达开、陈玉成和李秀成。在朝廷看来，石达开威胁最大。石达开是太平天国首义六王之一，又在六王中最有贤名，他在湖口大败曾国藩，一举扭转当时惨淡的局势，是太平军中声望最高的将领；他经营江西，不搞上帝教迷信，恢复秩序组织生产，颇得民众和士绅支持，又是著名的政治家。

石达开的军队号称二十万，其中很多是天京变乱前组建的部队，军力似乎也最强。曾国藩却一眼窥破了石达开的虚实，他说洪秀全占据金陵，陈玉成驻扎安庆，立下正朔，是建号称王的大敌，而石达开四处流窜，已经成"流贼"，不值得记挂。[①]

石达开虽威名最盛，其实出走后威胁最小，他擅长前敌指挥，特长是把握战机，以强击弱，但无战略眼光，亦无练兵的才能。他此前屡屡获胜，是因为彼时杨秀清尚在，有杨秀清把握战略布局，负责选将练兵，他只需要负责前线指挥。换言之，石达开只可为大将，而不可独当一面：他分裂出走后，虽然统率的多是精兵，却无切实的战略规划，只能走一路看一路，搞机会主义；他虽有治理地方的才能，但用兵又惯于取巧，不敢血战，而城池又非血战多日不可得，他不肯血战，就拿不下城池，也就无法建立基地；石达开不擅治军，不能严肃军纪，在出走后既无地盘可休整，也无远略以鼓舞军心，加上御下不严，精兵被带成了弱兵，逐渐成了骚扰地方的"流贼"。

陈玉成忠诚于洪秀全，在太平军中有大义名分，士气有保障。他本人又擅长练兵，无日不操练，无一队不精壮。陈军虽较石军为少，但战斗力要强得多。胡林翼就说："贼势（陈玉成）较石逆（石达开）为少，贼计较石逆为狡为悍。"[②]

更重要的是，陈玉成奉洪秀全之命在皖北建政，是与清朝对峙的政权，立有正朔设有职官，在地方上建立了牢固的政权组织，也有较强的号召力。尤其是他背靠洪秀全，拥有一部分能施行地方治理的文官，能把所占地区的资源化为战斗力，发展潜力很大。就一般人看来，石达开要比陈玉成厉害，实际上陈玉成才是清朝的心腹大患。

曾、胡把石达开和捻军一样视为"流贼"，"流贼"只能骚扰破坏，却不能动摇根本，对于这些"流贼"，只需要动员地方军坚壁清野，坐等其崩溃即可，只有陈玉成才是需要大兵剿灭的。而要对付陈玉成，就要先剪除枝叶，攻其所救，才有机会聚歼其主力。安庆既是屏蔽天京的门户，又是陈玉成的根本，湘军就决心围攻安庆，以吸引陈军主力，在安庆城下与其决战。歼灭陈玉成后，再顺江而下，攻打天京，天京一破，外围的太平军就不战而灭。

集中兵力攻打陈玉成，这个战略决策是符合实际的，但稍有缺憾的是忽略了李秀成的潜力。整个太平天国战争期间，李秀成才是最伟大的战略家、政治家。他以几千弱兵就打下了坚城杭州，调出江南大营主力，会合诸军攻破江南大营，夺占了天下最富庶的浙江、江苏大部。如果不是洪秀全瞎指挥，湘军差点就要吃败仗。只是李秀成在太平军中发迹较晚、兵力较少，长期只是作为陈玉成的配角出现，才让曾、胡对他有所疏忽，险些酿成大祸。李秀成后来因一系列原因速败，曾国藩的这个失误便被忽略了。

从前曾国藩用兵，因为本钱少，只能集中一路出兵；现在本钱比之前丰厚许多，加上李续宾孤军深入的教训，他用兵更加持重，总要设法布置多路军队齐头并进。他和胡林翼商议，集中湘军主力分四路进攻安庆，并以安庆为诱饵围城打援，消灭陈玉成的主力。要夺安庆，先要打掉安庆周围的据点，所谓先剪枝叶，再图根本。

按照这个大战略，湘军设计了四路进军的计划：第一路，曾国藩亲率一军，从宿松、石牌进攻，围困安庆；第二路，多隆阿、鲍超两军，先取太湖、潜山，再围桐城，阻击、切断来自庐州方面的援军；第三路，由胡林翼亲率，从英山、霍山直取舒城，一面阻击太平军救援安庆，一面防止太平军进攻湘军后方湖北；第四路，由李续宜率军攻打庐州。③因李续宜一直未能前来会师，最后变成三路进军，李续宜迟来后变成了游击救火的部队。

曾国藩和胡林翼把一切都布置好了，却不料湘军起了内讧。进攻安庆的第二路军队，战斗任务最重，因为太湖必然是陈玉成重点保护的城池。这一军除了多隆阿和鲍超外，还有唐训方和蒋凝学，都是骄兵悍将。多、鲍、唐、蒋之上原本有统领都兴阿，可惜他临战告病。都兴阿对外极其奸滑，对自己人却比较忠厚，处理内部事务心胸宽阔，是个老好人。多隆阿自恃战功，欺凌上官，连胡林翼都看不下去，都兴阿却对多隆阿从无怨言。二郎河会战时，都兴阿作为全军主将，可以把主力部队交给多隆阿指挥，自己仅率少数骑兵迂回敌后，以主帅而代行裨将的苦活，足见其护持部下。正因都兴阿宽仁忠厚，几路骄兵悍将在他手下都还能维持住局面。但在湘军图皖的关键时刻，都兴阿告病回家，临走前推荐多隆阿继任统领，这下湘军内部就闹翻了。

"多隆阿新贵重，诸将不乐出其下"④，湘军各路将领都以不同方式抵制多隆阿：鲍超准备请假回家；曾国荃本来要参战，一看多隆阿做了统领，于是也不来了；唐训方等人本来没资格和多隆阿争统领，这时也到处游说，反对多隆阿升职。（有说李续宜也因此请假回家怠工，但实际上李续宜请假在此之前，回家后滞留不归是赶上了石达开攻打湖南。）

为什么诸将都反对多隆阿升职呢？作为"倒多"的总后台，曾国藩列了几条理由：一、多隆阿凌辱士绅，人品太差；二、多隆阿好管闲事，民间老百姓发生争斗，诸如坟山祖地引发诉讼和冲突，他都要去管一管；三、多隆阿为人骄纵，目空一切，不善于搞关系，不能团结众将，只能带少数士兵冲锋，不能统率太多军队；四、多隆阿战功不如鲍超，把鲍超放在多隆阿下边不能服众。⑤

上述理由，乍一看似乎都出于公义，然而仔细推敲，全都站不住脚。

说多隆阿凌辱士绅，可能是指他和文官的关系恶劣。多隆阿是在旗武人出身，不识汉字也讨厌文人，他四下对人说文官都不值得信任。但清朝文武两班，文官瞧不起武将、武将猜忌文官本就是常态。至于欺凌普通士绅，常年在外带兵的湘军将帅为了粮饷都没少干过这种事。湘军元老江忠源，在浙江地方上劝捐时强迫不纳捐的士绅悬挂"为富不仁"的匾额；曾国藩逼迫陶澍的儿子捐三万两白银，连左宗棠说情亦不能免，难道就不是"凌辱士绅"了？曾国藩在长沙、南昌，多次因为和士绅关系恶劣被排挤、驱逐，他似乎没有指责多隆阿的资格。

多隆阿喜欢管地方上的诉讼和冲突，这怎么是好管闲事呢？曾国藩自己就说湘军的将领，要才堪治民，驻扎地方要能管民事，这分明在鼓励部下"管闲事"。他只批评多隆阿管闲事而不说他拉偏架枉国法，可见多隆阿处理地方诉讼是公正的，这又有何不可？

说到为人骄纵，多隆阿岂有左宗棠骄纵？

若说多隆阿战功、能力不如鲍超，所以不能做统领，那就更滑稽了。胡林翼就说过，多隆阿"临阵料贼，明决如神，骁果冠伦，实有可凭"⑥，是第一流的将领。曾国藩又说鲍超的霆营战斗力太强大，哪怕是李续宾活着，都压不住鲍超，何况多隆阿尚不如李续宾。如果翻翻曾国藩的旧账，就知道他之前自己说过，多隆阿的军队比李续宾强大，"多公所挟以傲迪（李续宾）军者"⑦。再说，如果打仗不如鲍超的将领就不能统领鲍超，那岂不就是说鲍超也很骄纵，目空一切？若多隆阿因为骄纵气盛不能做统领，那同样骄纵的鲍超又如何做得？曾、胡这两位统帅打仗也是比不上鲍超的，怎么不辞职呢？

儒家讲究"正名"，曾国藩凡事都要抢占道义上的制高点。可反对多隆阿升职，却是出于湘军集团的私利，上述四条看似公允的理由不过是挡箭牌。虽然多隆阿长期在湘军系统里战斗，礼军也采用了湘军营制，但他毕竟是半独立于湘军系统之外的武装，实际后台是官文，只是按战区划分他应该接受湖北巡抚的领导，胡林翼又以较高的手段笼络了他。

对湘军集团来说，多隆阿是一个不可信任的外人，是官文暗中安插的钉子。鲍超也不是湖南人，但他是曾、胡的门人，他的军队是在湖南招募的。多隆阿不是汉人，也不是读书人，更不是湖南人。他的马队，是来自黑龙江的满蒙骑士；他的步兵，来自河南、山东、湖北、四川，湖南人的比例不到十分之一。像湘军这种以汉族书生为主组建起来的地方本位军队，排斥他似乎不需要太多理由。

胡林翼不同意曾国藩的意见，坚持要提名多隆阿。曾国藩带兵初期遭到各地官绅排挤，所以宗派意识较为浓厚。但他努力揽权不是出于私而是出于公，认为只有把地方大权和军队都抓在手里，由亲信代为掌控大局，才能贯彻自己的意志，抵抗众多庸官的侵蚀。曾氏复出后虽然多行柔术，但也只是在礼节和颜面上抬举他人，对实权是毫不放松的。胡林翼很早就当了巡抚，所受排挤较少，又善协调关系、笼络人心，他最大的本事就是驱使庸官和小人办事，何况多隆阿这种为人质朴的大将。所以胡林翼并不介意多隆阿这个"外人"任统领。

多隆阿做统领当然比鲍超合适。统领需要率兵数万坐镇一方，属于高级将领序列，除了打仗还要安抚百姓、镇守地方。多隆阿仁慈爱民，又爱介入地方行政，是个才堪治民的贤帅。鲍超暴而寡恩，所过多有杀戮，又不通治民之术，只能冲锋陷阵而不能出镇一方。加上多隆阿本非湘军嫡系，如果坐不上统领很可能含恨离去，让安庆之役少一支劲旅。而鲍超、李续宜即使当不上统领，因为是湘军嫡系，胡林翼这个元老总有办法施展手段劝解他们服从大局。

曾国藩虽反对多隆阿做统领，但经胡林翼提醒后，便也不再坚持让鲍超做统领了。因为他知道，鲍超的资历和心性比多隆阿差得远，且纵兵扰民的恶名在外，提名鲍超比提名多隆阿还要不服众。但曾国藩不让鲍超做统领，也不愿意让多隆阿升职，于是就干脆提议不任命统领，让鲍、多各自为战。他说不设统领，可以让多、鲍二人争胜，更能激发他们的斗志，这就近乎拆台胡闹了。

自古以来，从未听说大敌当前，不设统领，让几路军队各自为战的。胡林翼当然坚决抵制这个提议。胡林翼说，这次战斗，多隆阿的马队极其关键。一万步兵，对敌人士气的打击，不如一千奔驰的骑兵。和陈玉成对敌，用马队抄后非常关键，有马队机动迂回，可以一当十；而目前能动用的骑兵里，只有多隆阿可靠。事权不一乃兵家大忌，尤其多隆阿是旗人，乃"天子之使"，排斥多隆阿，不利于协调和朝廷的关系。统领只能让多隆阿来当，如果鲍超不乐意，可以请假回家，把军队留下就行。⑧

【注释】

① "今之洪秀全据金陵，陈玉成据安庆，私立正朔，伪称王侯，窃号之贼也。石达开等之由浙而闽、而江、而湖南、而广西，流贼之象也。宫、张诸捻之股数众多，分合无定，亦流贼之类也。"见《曾国藩全集》第 2 册第 369 页，岳麓书社 2011 年版。

② 见《胡林翼集》第 2 册第 409 页，岳麓书社 2008 年版。

③ 见《曾国藩全集》第 2 册第 369 页，岳麓书社 2011 年版。

④ 王闿运《湘军志·曾军篇第二》见《湘军史料四种》第 41 页，岳麓书社 2008 年版。

⑤ "近年鲍之战功比多更伟，而多好理坟山争斗等讼事，又凌辱绅士，颇为官民所憾。其才似宜将少，不宜过多。"见《曾国藩全集》第 23 册第 307 页，岳麓书社 2011 年版。

⑥ 见《胡林翼集》第 2 册第 369 页，岳麓书社 2008 年版。

⑦ 见《曾国藩全集》第 23 册第 311 页，岳麓书社 2011 年版。

⑧ 见《胡林翼集》第 2 册第 286、365 页，岳麓书社 2008 年版。

五　小池驿大捷

曾、胡文书往来，争论不休，为了赶紧定下统领人选，胡林翼干脆不再通知曾国藩，单方面宣布了对多隆阿的任命。见老友如此坚持，曾国藩只得让步，他也是顾全大局的人，见事不可为，就帮忙劝说曾国荃和鲍超服从指挥。等湘军调停好内部斗争，陈玉成的十万大军也快要来了。

陈玉成来得很快，湘军行动就迟缓多了，原定和陈玉成决战的四路主力，眼下只有两路有战斗力。曾国藩这一路虽然有兵万人，但还缺张运兰和萧启江两员宿将。张运兰在家休假三月未归，萧启江的军队滞留广西。曾的手下没有冲锋陷阵的猛将，缺乏战斗力。因为石达开进攻湖南，李续宜的部队滞留宝庆（今邵阳），也还没有跟上来。

面对陈玉成号称十几万人的攻势，曾国藩突然紧张起来，为了保证胜利，他建议暂停进攻安庆的计划。不但暂停进攻安庆，而且已经围起来的据点都不要了，最多围住太湖。在太湖能顶得住就顶，顶不住就全军撤回湖北去，等四路大军齐装满员了再来。曾国藩凡事求稳，这次也不例外。

胡林翼的看法却不同，他观察了地形，觉得以湘军的实力，很可能会打一场大胜仗。太湖被湘军重重围困，陈玉成要给自己的部下解围，必然出兵太湖。因为太平军若能稳定太湖、潜山，就可以主动出击，打出外线，从安徽杀到湖北去。判定了太平军主攻方向后，鲍超向胡林翼建议，放弃攻城而专心打援，把太湖围城的精兵大部调出来，在城外迎战陈玉成的主力。

陈玉成远来穷斗，不利久战，他部下多是新招抚的捻军，捻军擅长机动作战，却缺乏在山区里与敌人争夺堡垒的耐性。湘军擅长阵地战，能以比对方少得多的精兵在这里抵挡住太平军的冲击。最重要的是，太湖和潜山之间，有一个天堂镇，地势很高，是群山之中最高的一个平地，胡林翼早就拿下了天堂镇，驻扎了余际昌所率九营湘军四千多人。天堂镇有驻军，一旦战事爆发，湘军就能以最快速度攀上潜山的高横岭，从高横岭向下俯冲，袭击太平军侧后。陈玉成部下杂牌甚多，纪律不严、斗志不强，与大队湘军相持时被另一支部队冲击侧后，进退不能之际，溃散的可能性极高。

胡林翼盘算许久，觉得鲍超的建议毫无漏洞，唯一的问题就是撤走包围太湖的精兵打援，太湖城中的太平军很可能冲出来威胁湘军后方。因此他计划实施欺诈，用一支弱旅"李代桃僵"，把太湖围城的精兵替换出来，于是请求曾国藩增援八千弱卒。

曾国藩拒绝了胡林翼的请求，觉得这个计划太过冒险，一旦挡不住陈玉成的主力，湘军将遭受重创。他一直以来遭受清廷排挤，资源、饷银都很紧张，好不容易培养出这点军队，十分怕有闪失，一点风险也不敢担。李续宾战死三河后，曾国藩对湖北湘军的指挥水平也不信任。尽管多隆阿和鲍超打赢了二郎河会战，他也觉得这是一时侥幸，并不信任多隆阿的指挥水平。加上胡林翼让他拨麾下兵马去太湖替换自己的嫡系部队，让湖北湘军出来和陈玉成打硬仗，这隐隐有一种对他所部战斗力的藐视，把曾军当作弱旅，自尊心也不允许曾国藩支持这个计划。

曾国藩不肯增援，坚持要等萧启江、李续宜来后才肯发兵，胡林翼却执意现在就要开打。湘军两位大帅争执不休，前线湘军只能暂停进攻，转入防御。曾、胡二位主帅书信往来争辩时，在前线的多隆阿以统领的身份擅自做出了惊人的决定：下令将围困太湖的鲍超霆营调动至太湖和潜山之间的小池驿，阻击陈玉成的援军。

就地形而言，小池驿是对湘军最有利的战场，相比鲍超建议的在太湖附近十里处迎战要好得多。太湖地势低洼，"北负山，西南瞰河"，陈玉成率援军过来正好居高临下俯攻湘军，地形对其有利。而且太湖附近的战场距太湖城只有十里，太平军援军和守军信息交流方便，可以相约城内城外夹击湘军，陷湘军于死地。

多隆阿选择的小池驿在太湖和潜山之间，是陈玉成进援太湖的必经之路。小池驿地面状况复杂，不利于太平军大兵团的展开，反倒是湘军这种精悍、灵活且组织力强的军队能够来去自如。小池驿复杂的地形，也很适合防守方修筑多重、立体的防御工事，层层拒守以逸待劳，正契合湘军结硬寨、打呆仗的战术。从战场的选择来看，多隆阿不愧是"临阵料贼，明决如神"。两相比较，鲍不过是能冲锋陷阵的斗将，而多则是大将。

只是多隆阿的决定，必把阻援的鲍超置于险地。作为抗击十几万援军的第一线，霆营三千人驻扎小池驿，面对数十倍于己的敌军冲击，处境极为艰难。胡林翼反复与曾国藩交涉，想的就是用曾国藩的七八千人去围太湖，好把蒋凝学、多隆阿等军一起替换下来，凑出一两万主力在太湖、潜山间围歼太平军援军。多隆阿在曾国藩下定战略决心前就把鲍超调去小池驿，以霆军三千人独挡陈玉成，确实太骇人听闻了。这下气得胡林翼破口大骂，把多骂作胜保一般的蠢货。

驻扎小池驿不但让鲍超的处境变得很危险，连太湖边上的围城军都因此动摇。太湖围城的军队主要是由鲍超、唐训方、蒋凝学带领。蒋凝学打仗的水平一般，唐训方更是个常败将军，鲍超走后，围城军失去了主心骨。太平军的太湖守军见鲍超撤走，立刻主动出击攻打蒋凝学，蒋凝学竭尽全力才勉强顶住。毫无疑问，下一次太湖守军换个方向去打比蒋凝学还弱的唐训方，湘军很可能就要顶不住，太湖围城大军也许就此崩溃。

但不管曾、胡如何反对，多隆阿不为所动，既然统领有前线指挥权，可以不受主帅遥制，他就坚持自己的计划，宁可撤了太湖围城军队，也要和陈玉成在小池驿决战。多隆阿的冒险，反而逼迫曾、胡两帅提前结束争执。曾国藩本来不同意在此时进攻，所以压住援军不发。多隆阿调走鲍超，他再不发援军，太湖城下的唐训方必死无疑，鲍超得不到增援也很可能崩溃，无奈之下曾只能妥协，从手下调拨两批共八千五百人赶往太湖增援。曾国藩的援军既已出发，大战就可以揭幕了。

曾军替换了太湖守军后，多隆阿调蒋凝学驻扎在小池驿西南的龙家凉亭，作为鲍超的预备队；自己带骑兵驻扎在更西南的新仓，作为游击之师。陈玉成的大军恰好也分三路而来，看到凉亭和小池驿都堡垒密集，只有新仓没有坚实的营垒，就率先攻打新仓。新仓之所以没有坚实密集的营垒，是因为多隆阿的礼军以炮队和骑兵为主力。多隆阿以骑兵迂回攻击后，以炮队配合少数步兵正面坚守，陈玉成攻打了几次都没得手，只得集中力量攻打小池驿。

　　太平军攻打小池驿的第一天，多隆阿下令鲍超按兵不动，坚守不出，以麻痹敌军。到了第二天，多隆阿、鲍超、蒋凝学突然联合出击，遇到陈玉成的营垒，霆营的精悍步兵就扑上去强攻。霆军先以抬枪密集射击营垒，压制太平军的远程火力，然后军官带头冲近营垒，将随身携带的油罐点燃丢入，选锋锐士趁火势爬进去，与守垒的太平军肉搏。一旦打开缺口，后边大队步兵就蜂拥而入，以密集阵型围歼太平军。

　　太平军火器很少，不能远程压制湘军，近距离作战士气也不佳，分散守垒的士兵被集中的湘军以多打少，各个击破。如果太平军其他营垒抽调兵马来援，阻援的湘军马队就以强大的冲击力在平地上蹂躏这些失去营垒保护的轻步兵。

　　陈玉成虽带了很多捻军骑兵，但捻军缺乏严格训练，在这种敌我交错的战场上发挥不了作用，反而经常被己方崩溃的士兵冲垮。"多龙鲍虎"，最好的骑兵配合最好的步兵，再加上蒋凝学在旁补刀捡漏，不到半日，湘军就攻破了太平军十三座营垒。

　　交战不及半日，太平军被歼超过六千人，而湘军损失不过数百。陈玉成勃然大怒，亲率军中精锐来援。此时多、鲍二人打得正顺手，不知不觉脱离后方太远，太平军大队人马赶到后，很快把多、鲍两军重重包围起来。湘军总数一万多人，被超过六万大军裹在阵中。

少数强兵被数倍于己的敌人围住，必须靠有强大冲击力的马队撕开缺口，才有可能突围。陈玉成深通兵法，知道要想困死湘军，就要先歼灭湘军骑兵。他亲率精锐冲阵，近万太平军骑兵死死地咬住湘军的马队厮杀。湘军马队被陈军精锐阻挡，未能撕开太平军防线，随后太平军步兵密集向中间靠拢，不断压缩包围圈，限制湘军骑兵的机动性，使其丧失了冲击力。

这一场血战，从巳时战至酉时，湘军先胜后败，号称天下第一的礼军骑兵，有四个副都统被斩杀于阵中。但湘军终究更有韧性和耐力，太平军最后还是因体力不支，撤围而去，湘军硬是守住了阵地！

小池驿爆发的第一次激战，尽管湘军的攻势被挫败，太平军前后却损失了七八千人。由于太平军集中力量攻击礼军马队，湘军损失的一千三百人中，近一半是多隆阿的部下，鲍超的霆军反而建制完整，为接下来的大战保存了实力。

这次战斗之前，胡林翼非常"痛恨"多隆阿，以为自己选错了统领，他甚至怀疑多隆阿调鲍超去小池驿是打击报复。这次激战，多隆阿救援及时，冲锋在前的礼军损失比霆军大得多，胡林翼终于相信多隆阿让鲍超进驻小池驿是出于公心。另外，此战虽然湘军攻势受挫，但消灭的太平军超过自身损失五六倍，这也证明了多隆阿选择的战场是很恰当的。

激战过后，多隆阿和蒋凝学都退回驻地，只留下鲍超一军把守小池驿。陈玉成为报上一仗之仇，又从后方抽调军队，合军六七万人，号称十万，再攻小池驿。这一次，多隆阿和蒋凝学都不再增援，鲍超部被太平军以二十倍兵力围了个水泄不通。

太平军兵员比霆军多得多，可以轮番上阵，日夜不休。他们白天黑夜不停地攻击鲍超的营垒，霆军损失惨重。曾国藩很担心这支铁军葬送在小池驿，于是传讯给鲍超，若实在支撑不住，可以撤退向太湖围军靠拢。鲍超却胆气粗豪，死战不退，发誓要和陈玉成战斗到底，一个堡垒也不放弃。

霆军舍生忘死地与太平军展开激烈的堡垒争夺战，尽管暂时还没有堡垒被攻陷，但终因兵力不足，许多堡垒之间的空地被太平军夺占。前沿阵地犬牙交错，两军营垒混在一起，连敌营的咳嗽声、口令声都听得到。

太平军逼近鲍超的营垒后，在湘军左营驻地附近的山头架起大炮轰击，炮子如雨，湘军左营血肉横飞，士卒死亡枕藉。更要命的是，连续多日的围困，鲍超粮道断绝，营中开始缺粮了。被兵力多了近二十倍的敌人重重围困，粮道断绝、援军不继，敌人又占据高处以炮火轰击，换作任何一支清军都会崩溃。霆营在这种情况下，仍然坚持战斗，血战多日，没有粮食就派敢死队冲进陈玉成的营垒夺粮。这一场厮杀，霆营的英勇天下闻名，超越了之前李续宾的威名，成为当之无愧的天下第一步兵。

小池驿战况不明，加之前一场战斗损失惨重，多隆阿不敢贸然率大军来援，但不援又恐鲍超全军覆没。他在营中"坐胡床、传契箭，雪风裂肌，危立达旦，不少休"。踌躇数日后，多隆阿把自己麾下最精锐敢战的士卒抽调出来，由参将杨朝林统带，杀开一条血路，冲进霆营损失最惨重的左营，把左营的袍泽替换下来休息。太平军炮兵在左营附近高地逞威，他又抽调一百名敢死队，星夜潜伏上山，袭击太平军的炮兵。

杨朝林冲进战场后，霆营的战况才为外界所知。获悉血战多日后，鲍超主力尚存，而陈玉成的大军已经开始疲惫，多隆阿知道最后的决战将要来临。他率大队打通粮道，把后方的援军源源不断地送入战场。曾国藩派遣的第二批援军到了太湖后，唐训方也移师增援鲍超。胡林翼从后方抽调曾贞干、朱品隆等部到新仓替换多隆阿，让礼军全军进驻小池驿。湘军援军厚集，后方军械、粮草、火药大量运抵小池驿，战场逐渐呈现相持的局面。

小池驿打成僵局，胡林翼之前在天堂镇埋伏的杀手锏就可以动用了。金国琛率十四营湘军，会合天堂镇原有的九营驻军，冒着暴风雪登上潜山高横岭，冲击太平军后方。

金国琛从潜山往下看，太阳初升，朝霞相映，大地上树叶枯黄，白雪皑皑，正是厮杀的好时辰。他率一万多湘军居高临下，猛攻陈玉成后卫，多隆阿、鲍超、蒋凝学、唐训方也发动进攻。大战在风雪交加中展开，湘军内外夹击，太平军立脚不稳，加上营垒起火烟炎张天，遂全军溃散。多隆阿率马队一路穷追不舍，沿途消灭太平军两万多人。援军溃退，太湖守军也丧失斗志，被湘军破城而入。太湖、潜山防线被湘军控制，陈玉成遭遇惨败，皖北战场的节奏开始由湘军掌握。[①]

小池驿会战，湘军重创陈玉成的军队，夺取了太湖重镇，确立了湘军在安庆附近的优势地位。由于陈玉成的大军离开下游，到皖北参加小池驿会战，天京附近又只剩下李秀成独自对抗江南大营，李秀成挡不住张国梁的四万大军，接连战败。之前陈玉成横扫江北建立起来的大好局面又丧失了，尤其在张国梁攻克九洑洲后，江南大营再次完成了对天京的合围，开始紧锣密鼓地筹划攻陷天京。

后人可以清楚地看到，如果陈玉成军团在上游，上游战场太平军就能有微弱优势；如果陈玉成军团赴下游，陈玉成和李秀成合力就能压制江南大营。虽然后世常说陈玉成和李秀成是太平天国后期的两大支柱，但此时李秀成的军力还十分孱弱，实力远不如陈玉成，也无力抗衡湘军与江南大营。既然像陈玉成这样强大的军团只有一个，太平天国就只能在一个战场上占据优势。

太平天国对上游、下游两个战场，一个都不肯舍弃。陈玉成先在皖北占据优势，但还未能彻底解决湘军，江南大营在下游的攻势就迫使他必须放弃对湘军的压制，到下游救火，湘军在皖北就获得了反守为攻的机会。陈玉成横扫下游，大破清军，还没来得及消灭张国梁的主力，湘军在皖北的攻势连连，他只能撤军回师上游；他一撤，江南大营不但死灰复燃，反而把天京彻底围了起来。陈玉成在两个战场之间来回奔走，疲惫不堪。等到他在小池驿战败后，太平天国在两个战场都失去了优势，陷入空前危机。

如前文所述，清廷在两个战场上投入两个军团，湘军攻上游，江南大营攻下游，正好形成钳形攻势。陈玉成用兵上游，江南大营就猛攻天京；陈玉成率军往下游援救，湘军就在上游攻城略地。陈军主力在两个战场上来回奔波，清军在两个战场以逸待劳，等敌军疲惫之时将其彻底打垮，大局就定了。

站在历史巨人的肩膀上，后人不禁思考，太平天国要如何才能破局呢？李秀成的战略是当时唯一可行的方案。按李秀成的想法，既然两个战场不能同时兼顾，那就先选择一个战场，集中优势兵力彻底解决一部清军，其他战场可以暂时退却，这就是"伤其十指不如断其一指"。

他想让皖北、皖南太平军集中到下游天京附近，合力消灭江南大营，确立下游的优势地位后，占领江浙地区。为了达成这个目标，太平军要最大限度地集中优势兵力，上游安徽战场可以暂时不顾，像安庆这样的城池实在守不住可以放弃。消灭了江南大营，拿到江浙这块富庶之地，等实力壮大了，再回头和湘军决战，到时别说安庆，连武昌、长沙都能打下来。李秀成调动大军二破江南大营时，差一点就达成了这个目标。可惜李秀成不是天王，他的战略目标贯彻不下去。

考察曾国藩的战略思路，会发现他和李秀成的思维方式非常相似。曾国藩专注于上游，为集中优势兵力，放弃下游不顾。太平军二破江南大营，在下游获得了巨大优势，曾国藩的处境刚好和之前的陈玉成调了过来。江南大营崩溃，清军少了一个兵团，而李秀成实力扩大，太平军多出一个兵团，湘军要以一军之力在两个战场同时对抗陈玉成和李秀成。（之前是陈玉成要在两个战场上对抗湘军和江南大营。）

清廷要求曾国藩率军增援苏南，同时确保上游、下游两个战场，他却坚决不去苏南。曾把所有的军力集中在皖北，暂时放弃了苏南、浙江。等稳定了上游，灭了陈玉成再去和李秀成军团对决。他和李秀成的差异只有一点，湘军老巢在上游，优势也在上游，所以曾国藩可专注上游不顾下游，而太平天国的首都在下游，所以李秀成一直想放弃上游专注下游。

【注释】

① 小池驿战况详情见《胡林翼集》第 1 册第 606、607 页，岳麓书社 2008年版。

七、变局悄至

一　英法突入

因为恪守天朝上国体制，清朝一直不肯设立外交部门与欧美诸国办理外交。鸦片战争后，为了处理和列强的通商往来，道光帝决定让两广总督兼任五口通商大臣，负责与洋人交涉。道光帝以地方大员而非中央官员负责外交，是想继续维持天朝体面，把欧洲"蛮夷"定为与封疆大吏地位相等的诸侯，双方的交流只限于通商，不能发生朝贡之外的政治交往。两广总督叶名琛被俘，列强就只能和同样管辖通商口岸的两江总督交流，曾国藩的宿敌两江总督何桂清就这样被推到了台前。

数百年来，京师一直靠南方的粮食和银两供养，走大运河运送物资进京的漕运是皇城命脉。太平军占领金陵，截断了漕运，南方的漕粮和漕银就只能运到上海，变漕运为海运，改走海路北上。何桂清的军队都在和李秀成作战，无法抽调兵勇抵抗英法联军，一旦因战败丢失上海，导致京师断绝银、粮，他就会被咸丰皇帝拿下泄愤。

何桂清是个寡廉鲜耻却又机关算尽的官场老手，他立即想出一个在中外历史上罕见的荒唐办法。按照天朝上国理念，普天之下莫非王土，英法诸国只是和两广对等的"藩"。既然如此，这场战争就可以用一种荒唐的理念来"变通"处理。何桂清发明了一套理论：这场战争不当视为英法对清朝的战争，因为大清乃天下共主。既然朝廷认为两广和英法对等，可以视作地位平等的"藩"，目前进行的战争就不妨看成是在天朝皇帝治下，"内臣"两广和"外臣"英法的战争。

思路一打通，灵感就纷纷涌上何桂清心头，他当即想出三条妙计：负责和外洋打交道的是两广，和我无关，我也不用负责；和英法开战的是两广，不是两江，我这里仍然可以和洋人继续通商，"粤事应归粤办。上海华夷并无嫌隙，应仍照常贸易。"广州沦陷，当地已经无官，可以鼓动士绅组织团练，以民间"义师"的身份和英法打仗，万一打不赢，皇帝还可以最高仲裁者的身份，调解"民"与"夷"的纠纷。

生搬硬套西周时代天下共主和封建诸侯的观念，巧妙地为不抵抗政策打掩护，这种"妙计"只有何桂清这种饱读诗书且厚颜无耻之徒才想得出。这个掩耳盗铃的办法，竟然还得到了咸丰皇帝的赞同。①于是就出现了历代罕见的战争奇谈：一个统一的中央集权国家和英法爆发战争，居然除了广东一省在打仗外，中央政府不宣布断交、不禁止通商、不封锁港口、不全国动员。除广州之外的四个通商口岸，尤其是上海，英法的军舰商船可以照常停靠获得补给，两边的官员和商人还能像老朋友一样坐下来觥筹交错、谈笑风生。不但可以商谈生意，双方甚至还能像盟友一样商谈联合出兵打击太平军与海盗。广州已经沦陷，朝廷和各省居然真的像看待藩镇战争一样严守中立，不向广东派出援军，也不考虑收复失地。

欧洲人对于清朝的这种反应深感诧异，但也并不上当。英法联军很快兵临天津，惊恐万分的咸丰皇帝只好同意议和，由钦差大臣桂良出面签订了《天津条约》，时间在曾国藩接到复出上谕前一个月。

《天津条约》规定，英法的商船可以在中国长江各口岸往来经商，兵舰也可以驶入长江，从此长江流域就成为列强尤其是英国的势力范围。英国的船队控制长江航道，操纵了中国的大动脉。而长江恰好是太平军与清军交战的主战场，双方激烈争夺的四座城市——汉口、九江、南京、镇江都被划为了通商口岸。其中，汉口和九江在湘军手中，镇江在一年前被江南大营夺回，南京则是太平天国的首都天京。

因为通商口岸有一部分在太平天国手中，长江流域又是两军激烈交战的战场，英法就不得不认真考虑他们在这场战争中所处的立场。在此之前，英法等国对中国的这场战争采取"严守中立"的态度。他们的政策基于两个重要原因：英美民间对太平天国有良好的印象，宗教界甚至将这场战争视为基督教在东方扩张的机会；法国在策划对俄罗斯的战争，英国的印度殖民地开始出现不稳定的苗头，太平军能征善战，英法暂无兵力介入。

太平天国兴起时，由于洪仁玕在香港的出色宣传，西方传教士对太平天国的印象相当不错，不少传教士尤其是新教徒把太平天国运动视为在中国传教的机遇。英国圣公会香港维多利亚主教史密斯（Rev. George Smith）就如此称赞洪秀全："洪秀全的文学才能、道德修养、行政才干、精神智力、领导气魄，为众人所拥戴。"在史密斯看来，洪秀全不是清朝对外宣称的叛乱者，而是被迫害的中国基督徒的保护者，是在中国传播上帝福音的圣徒。这场起义不是有预谋的叛乱夺权，而是由于清朝对基督教的压迫，中国的圣徒们被迫拿起武器反抗，最后不得不走上军事叛乱的道路。和史密斯一样，很多英美传教士盛赞太平天国，他们称赞太平军的军纪甚至比西方的清教徒更为严格，是道德的奇迹，是文明的曙光。

与传教士不同，欧美官方的态度更加实用主义。负责东方事务的列强官员和在华使节并不关心洪秀全的上帝教是正教还是异端，他们在乎的是利益。在战争中确保列强在华特权不受侵犯，保证各国商人在中国通商口岸的贸易，才是列强政府的头等大事。

尽管太平军在崛起之初多次击败清军，占领了南方的一些重要城市和港口，但太平军在战场的表现还不足以让列强相信这群农民有推翻清朝的能力。太平天国的辖区如此狭小，还不到清朝控制区的十分之一。通过《南京条约》获得的五个通商口岸都在清军的控制下，列强的在华特权只能靠清政府保障，何况列强并不清楚洪秀全对《南京条约》及对外贸易的态度。

英法外交官普遍认为，若选择支持太平天国，会让战争持续的时间延长，而长久的战争会破坏西方在中国的贸易。在起义最终失败后，清廷可能会报复支持太平天国的列强，撕毁不平等条约。既然如此，援助清王朝以期在最短的时间内镇压起义，恢复和平环境发展贸易，甚至以军事援助利诱清政府出卖更多主权，就应该是列强应有的立场。英国驻上海领事阿礼国（Rutherford Alcock）就提出："把当前的时机，看作一个机会，以无限制进出最僻远的禁区为条件，把皇帝从迫在眉睫的瓦解情势中挽救出来。"如果按照这种想法，英法很可能直接出兵协助清政府镇压太平军。

但在最终确定是否支持清朝镇压太平天国之前，英国公使文翰派自己的特使密迪乐以宣示中立为名义去了天京，和太平天国领导人直接接触，并近距离刺探情报，稍后文翰自己也去了天京。

包括书面沟通，英国人一共和太平天国高层交流了三次。第一次是与受洪秀全委派的北王韦昌辉面谈，第二次是收到杨秀清的书面回复，第三次是收到罗大纲和吴如孝发来的公文。因为与英国人进行三次交流的代表身份不同，传达的信息也各有不同，但这也恰好代表了太平天国对列强的几种态度。

韦昌辉代表洪秀全会见密迪乐，密迪乐向他陈述了不少经济和外交上的事情，韦昌辉都不感兴趣，他只关心宗教问题。尽管韦昌辉只肯谈宗教事务，密迪乐还是得到了重要情报。北王对他们说，洪秀全是上帝的次子，受上帝派遣来拯救世人，所以洪秀全不但是中国人的"主"，还是全世界的"主"，中国君主（洪秀全）即天下之君主，他是上帝次子，全世界人民必须服从并跟随他。[②]

杨秀清给文翰的书信，没有强调洪秀全是万国之主，他对英国人的"归顺"表示欢迎，说你们前来我国，无论帮助我们打清妖，还是做点平常生意，我和天王都表示欣慰。[③]在杨秀清的书信之后，负责办外交的罗大纲和吴如孝又给文翰发了公文，后来还和密迪乐见面会谈。根据记载，罗大纲和英国人的交谈中，没有强调太平天国是万邦宗主，也没有要求英国"蛮夷"来归王化，反而强调了两国之间平等往来，甚至将英国侵略清朝，视为打击"清妖"的正当举动，希望英国人能继续打击清朝。[④]

韦昌辉、杨秀清、罗大纲，正好代表了太平天国三种不同的声音。韦昌辉是代表洪秀全去见密迪乐，他的讲话代表洪秀全。洪秀全的思想是传统文化中天朝上国、夷夏观念与基督教普世教义的融合。在中国传统思想里，地球万邦各族都是一家，受天朝上国教化，中国是夏，欧洲是夷，蛮夷也是天朝的子民，理应接受天朝统辖，来服王化。洪秀全既然自命中国的帝王，当然也是世界各族的共主。同时根据基督教的教义，耶稣基督是全世界人类的"主"，向天下万民传播上帝的福音；洪秀全是"上帝次子"，当然也是全人类的"主"。这两种思想很容易融合在一起，只需要把中国传统中天朝君主对天下万民教化的内容，从儒家思想变作上帝的福音即可。洪秀全既然自命万邦之主，视英国为蛮夷，当然也就不可能接受英国的不平等条约——

岂有蛮夷压迫天朝的道理呢?

韦昌辉的谈话对英国人来说是非常重要的情报:太平天国绝不可能承认不平等条约和英国在华特权,而且洪秀全落后的外交观念和清朝没有太大区别。英国只有保住清朝,才有可能继续在中国获利。

杨秀清长期主管军政事务,对外交问题比沉迷在上帝教精神世界里的洪秀全要务实得多。他知道太平天国的力量根本不足以对抗列强,相反,获得列强的支持对太平天国的事业会有很大帮助。他不可能承认不平等条约,但也不愿意和洋人失和,所以就对不平等条约的事情打马虎眼,书信里根本不提此事。为了缓和与英国的关系,他的书信里不再有太平天国是英国的主子这种侮辱性的辞令。

罗大纲起义前在广东和洋人打过一些交道,对英国人印象很好。像他这种底层出身的人,在近代民族主义尚未兴起的时候,也不太能够分辨侵略中国和打击清朝的区别,所以他积极地表明了和英国人合作、中外上帝信徒联手打击清朝的强烈愿望。

洪秀全的态度,让英国人知道太平天国是不可能向他们出卖国家利权的,这让他们更加倾向支持清朝。而杨秀清和罗大纲的表态,又让英国人看到了利用太平天国高层对近代外交的无知,以及他们对"洋兄弟"援助的渴求,通过欺诈的手段获得利益的可能。总之,天京之行,让英国人更加倾向支持清朝。

密迪乐在天京刺探到了不少军事情报,据他的观察,这时候的太平军军纪严明、士气高昂,军营里充满着清教徒式的狂热。这样一支充满朝气的军队,又深得民众支持,他们的战斗力远超英法之前的估计。密迪乐承认自己低估了这支军队,开始重新评估太平军推翻清朝的可能。近距离目睹太平军的强大之后,英国人开始怀疑自己的军事能力,直接进行军事干涉的信心动摇了。支持清朝符合英国利益的选择,但支持清朝可能让英国在东方陷入一场危险的战争。⑤

总的来说，天京之行，英国人的收获有两点：一、清政府继续统治中国对自己有利，不应支持太平天国；二、太平军战斗力极为强大，直接援助清朝恐怕会遭到重大损失。熟悉上帝教经典的牧师麦都思（Walter Henry Medhurst）向文翰提出了自己的看法，他的意见对英国官方的影响很大。麦都思认为，尽管上帝教不过是假托基督的异端，但总好过不信上帝。清政府如果能够战胜太平天国这种受西方思想影响的起义，在战胜后会加剧对西方文化的排斥，这对西方相当不利。如果清政府战败，夺取天下的太平天国也会因列强援助清朝而仇恨西方。在这种情况下，放弃援助清朝、保持中立是最好的结果。英国军队只能用于保护租界和通商口岸，只有在太平军主动进攻租界的情况下，才可以动用武力，而且军事反击也只能保持在自卫的规模上，绝不能直接参与清朝军事进攻。⑥

因为在第一次鸦片战争中，英国貌似以少量远征军轻易地击败了号称百万的清军，后人对欧洲军队的战斗力未免估计过高，以为英法出兵援助清朝就可以迅速击败太平天国，甚至把后来英法打破“中立”提供援助看作清朝战胜太平军的关键。其实在后膛枪和机关枪装备部队以前，英法军队的步兵火力相对清军这种半热兵器武装来说优势并不大，做不到一边倒的屠杀，一个英军士兵的火力投放能力只有清军的两倍。在第一次鸦片战争中，英军看似以一万八千人击败了号称八十万的清军，但实际上，由于清朝军制的缺点，绿营兵分散各地作为警察弹压民众，真正在战区内的清军只有二十四万人，再加上清军一贯缺编吃空饷，战争时清朝最多动员了十万人的军队，其中参加战斗的不到四万人，只有英军的两倍。

由于英军握有制海权，可以集中兵力在任何一个港口登陆、投放部队，而分散各地的清军在一个战场上最多不超过八千人。在第一次鸦片战争中兵力可考的十二次战斗里，清军只有两次兵力占有优势，其余十次，双方兵力接近甚至英军更多。考虑到当时清朝绿营兵即使以传统中国的作战水平来说都是下等，太平军初起时对阵这些绿营兵竟能够以一当十，可见英军的战斗力与太平军精锐相比并没有太大优势。

李鸿章率军去上海，淮军的战斗力就引起法国人的惊叹，认为这支军队可以和列强的一流部队媲美。李秀成在江南也多次击败英法军队。这些事实足以证明，英法军队的战斗力相对湘淮军和太平天国精锐优势并不大，数量更远远不如。第二次鸦片战争期间，英法联军攻打清朝如入无人之境，那是因为清朝的主战军团已被太平军缠住了。

列强害怕遭到太平军的打击，不敢大规模介入中国内战，也就只能"严守中立"。但这种"中立"是有严重倾向性的，因为只有清朝才能给予列强利权。清军在非通商口岸战败，列强不会干涉，而太平军如果进攻通商口岸和租界，破坏洋人的利益，列强就会有限度地出兵协助清朝镇压。历史学家茅家琦先生在《太平天国外交史》中把这种所谓中立称为"武装中立"，一种有倾向性的伪装中立。奉太平天国为正朔的小刀会在上海起义，列强就出动军队封锁城市，支援清军武器，甚至直接炮击小刀会部队。

《天津条约》签订后，大量新开放的通商口岸都在长江流域，没有太平天国支持，条约就不可能落实。而此前的多次接触，加上条约签订后第八代额尔金伯爵詹姆斯·布鲁斯（James Bruce）与太平天国的交涉，他们更坚定了撕破"中立"的决心：太平天国的城市按军营模式管理，工匠都编入军营，消费品由圣库分发，并不存在大量的商品贸易。在这种统治模式下，与太平天国通商并无利益可图。洪秀全对鸦片极为痛恨，不抽大烟被他列入了十款天条，让洪秀全开放鸦片贸易也是绝无可能。

由于克里米亚战争结束，英国也在印度的战争中占据上风，故而能腾出更多的兵力用于中国。克里米亚战争后，欧洲军队战术水平大幅提高，他们也更有信心帮助清朝镇压太平天国，只要清政府确保《天津条约》的实施。可问题在于，咸丰皇帝同意签订《天津条约》只是权宜之计，他准备随时毁约。

咸丰没有近代国家主权观念，只懂得维护政治上的体面。在他看来，经济上的损失可以忽略，但天朝和蛮夷之间的体统和礼仪却不可废，儒家的"礼"乃是天理，是无论如何都要维护的。而《天津条约》中却有外国公使进驻北京的条款，这就变成了英法和清朝是对等外交，不再是天朝治下的朝贡国了。

虽然当时形势危急，咸丰暂时同意桂良在条约上签字，但那毕竟是权宜之计。英法的舰队离开天津，咸丰就要设法改掉这一条款。正好《天津条约》规定订约后双方在上海对关税重新进行议定，一年后还要再到北京换约。咸丰就指示何桂清、桂良，主动向洋人宣布大清关税全免，鸦片全面开禁，让洋人感到天朝的恩德后，再和他们商量放弃外国公使驻京的条文，同时不用进京，改在上海换约。⑦

以现代观点看，海关税收不但意味着大量的财政收入，更是国家关税主权所在，是寸步不能相让的。外国公使在首都设立使馆倒是外交常态，不但不用争执，反而是理所当然的。咸丰皇帝对真正伤害主权的关税问题不以为然，反而在外国公使进驻北京这种符合国际惯例的事情上费尽心思，主要还是传统的政治理念已不符合时代发展了。

何桂清、桂良等谈判大臣虽然也未必懂得近代国家主权观念，但他们常年办理实务，远比咸丰皇帝精明。何桂清虽不懂何为关税主权，但他知道财政的重要性：江南的七八万军队就靠关税养着。他和桂良联合上奏抗旨，告诫咸丰皇帝：条约既已经签订就难以更改，关税全免的条件也无须再谈；如果单方面宣布关税全免，很可能洋人拿到了关税全免的好处，却仍然不肯修改条约。

桂良等人最终和列强谈成了当时全球最低的关税（5%），总算没有关税全免。本以为事情就此告一段落，但很快英法和清廷又因为进京换约的事情起了冲突，战事再度爆发。

咸丰九年（1859）初夏，英法军队再次兵临天津。因为有了一段时间缓冲，清廷已命勇猛善战的僧格林沁率军在天津备战。尽管僧格林沁有击败太平天国北伐军的赫赫军功，但英国人并不把他放在眼里。在他们眼中，僧格林沁是一个只会骑马射箭的野蛮人，对枪械毫无了解，连什么是蒸汽战船都不知道。

僧格林沁很快就教训了傲慢的英国人，利用提前准备的工事和占据有利位置的大炮，清军在一个昼夜间就歼灭了几百名英国士兵，清军的损失不到敌人的十分之一。据说英军自克里米亚战争中的巴拉克拉瓦战役后，就再也没有遭受过如此惨痛的失败。

僧格林沁在大沽口的胜利，在某种程度上有力援助了太平军。英法在签订《天津条约》之后，已经计划武装支持清朝镇压太平军，如果不是换约的事情谈崩导致战事重开，或许几千英法军队都已出现在天京城下了。而大沽口之战，联军被僧格林沁打得大败，英法两国开始重新估计中国军队的战斗力。因为第一次鸦片战争清朝南方军队大多腐朽不堪，骁勇善战的北方清军没有参加战斗，英国人对清朝军队的战斗力估计得很低。

第二次鸦片战争爆发时，叶名琛也没有精兵在手，被英法军队轻而易举地击败，这更让列强觉得中国军队不堪一击。直到大沽口战败，他们才知道北方清军还有较强大的战斗力。即使后来集中更多的军队和火力在八里桥击败大学士瑞麟，攻占北京火烧圆明园，英法联军也不敢贸然和规模庞大的中国军队开战——他们很清楚自己能在北方取胜，是因为清军能战的部队大都在和太平军战斗。太平军号称百万，他们中比僧格林沁所部强大的军队少说也有十几万人，很可能把万余英法军队淹没在汪洋大海里。列强不得不放弃直接武装干涉中国内战的想法，再度回到"武装中立"的立场上，最多只出军官、枪炮援助清朝。

【注释】

① "（英国）与上海并无嫌怨，仍宜安静通商，方为正理。"见《中国近代史资料丛刊·第二次鸦片战争》第 3 册第 95 页，上海人民出版社 1979 年版。

② 见《中国近代史资料丛刊续编·太平天国》第 9 册第 59 页，广西师范大学出版社 2004 年版。

③ "尔海外英民，不远千里而来归顺我朝。……准尔英酋带尔人民自由出入，随意进退，无论协助我天兵歼灭妖敌，或照常经营商业，悉听其便。"见《中国近代史资料丛刊·太平天国》第 6 册第 910 页，神州国光出版社 1952 年版。

④ 见《中国近代史资料丛刊续编·太平天国》第 9 册第 62 页，广西师范大学出版社 2004 年版。

⑤ 见《中国近代史资料丛刊·太平天国》第 6 册第 881 至 892 页，神州国光出版社 1952 年版。

⑥ 见《中国近代史资料丛刊·太平天国》第 6 册第 917 页，神州国光出版社 1952 年版。

⑦ 见《中国近代史资料丛刊·第二次鸦片战争》第 3 册第 469 页，上海人民出版社 1979 年版。

二 李秀成绝地求生

北方清军和英法联军打得火热时，陈玉成在二郎河、小池驿与湘军死斗。此前遭到重创的江南大营死灰复燃，清军名将张国梁向死而生，绝地反击，差点就把天京拿下。

张国梁是投降清朝的原天地会起义军首领，原名张嘉祥，是广东肇庆高要人。他虽长相文秀清俊，"恂恂如儒者"，"不类武夫"，少时却是好打架闹事的个性，是乡间无赖少年的头子。十五岁后，张国梁到广西贵县，先在一家卤肉铺操刀卖肉，不久又追随叔父学贩毒，经营鸦片烟馆。游侠脾气的张国梁自然不满足这样小打小闹的营生，他在烟馆里结识了不少江湖上的侠客，暗地里与天地会的大哥们结交。张国梁讲义气，行事狠辣，又相当有谋略，很快就成为会党中的核心人物。

他十八岁这一年，有江湖上的朋友李某得罪了当地的土豪，被土豪率团练围困。这个土豪在当地势力庞大，又有官府背景，无人敢救援。年仅十八岁的张国梁却有勇敢任，号召一群平日交游的少年攻破土豪的大宅，杀死土豪，抢掠财物，放火烧屋，又劫回李某。当地传为美谈，人称"拯弱锄强张嘉祥"。

张国梁是个干大事的人，有了足够的资本后，他不再满足做江湖放荡的游侠，干脆打起了反清的旗帜，在横州烧香开堂，正式宣布成立天地会新的"山堂"——怡义堂，起兵反清。他是天生的大将之才，虽然未曾读过兵法，但所为无不与兵法暗合；又善于团结部众，每战身先士卒，对抗官兵屡屡以寡胜众，怡义堂遂称雄于郁江之上。

张国梁是步兵小分队作战的专家，对小股步兵的渗透和偷袭的战术运用得十分精妙，还擅长水面炮战之法。他对冷兵器也十分有研究，与清军山地作战，往往令部下抛弃刀矛，改用长竹竿迎战。竹竿越战则越削越锐，刺入人体造成的创伤极大，加上轻巧便于携带，很快被天地会和太平天国起义军效法，成为克制清军的有力武器。[1]

当时两广起义部队很多，鱼龙混杂，有的起义军确实是吊民伐罪的义师，有的则是赤裸裸的强盗。张国梁的怡义堂在两广的口碑最好，不滥杀，不劫平民，只打劫官员和商人，而且往往不杀非战斗人员；打劫后还会留下十分之一的财货，"俾得为商之资本，官民之旅费"，俨然是会党中的仁义之师。

他还创作过一首当时广为流传，颇具煽动力的反诗：

"上等的人欠我钱，中等的人得觉眠。

下等的人跟我去，好过租牛耕瘦田！"

上等的人是起义的对象，中等人暂且放过，下等贫民都来造反，再不让人剥削。这首反诗不但有鼓动性，而且富于策略，搞清楚了"谁是我们的朋友，谁是我们的敌人"。许多人都被张国梁的这首诗煽动起来反清。令人意想不到的是，反诗的作者、起义军的偶像人物——"拯弱锄强张嘉祥"却学了宋江，受了广东巡抚劳崇光的招安，投靠清朝成为镇压起义的悍将。这颇让人哭笑不得，于是后来史家在引用那首脍炙人口的反诗时，都只好隐去作者姓名，题为无名氏。

据说张国梁临死前自称"年十八而作盗魁，二十八而折节从军，为国虎臣，三十八而致命遂志"，似乎对当年的选择毫不后悔。起义阵线的大英雄，摇身变成清廷最忠实的鹰犬，成为最凶恶的屠夫，像张国梁这样的转变，在历史上并不少见。他到底怀着什么心态背叛了盟友和弟兄，后人已无从得知。

张国梁追随向荣围困天京，所部捷勇为绿营头号劲旅，他以寡临众，抵挡太平天国李秀成等名将统率的数十万大军，"骁勇无敌，江南恃为长城"。杨秀清一破江南大营后，张国梁努力恢复了江南大营的战斗力，他曾与石达开堂兄石祥祯决斗，将之击杀，还在战斗中击毙太平军名将罗大纲。更夺取了天京外围重镇溧水和句容，甚至以劣势兵力打下了被太平军占领五年之久的江南名城镇江、瓜洲，拿下漕运的咽喉，连太平天国的将领对他都深为佩服。清廷一度保有江南不失，张国梁立了大功。

虽然背叛了江湖同道，脱离了反清起义阵线，张国梁统率清军打仗却依然不改大侠本色，确实难能可贵。他与李秀成鏖战多年，"走马取太平""偷取镇江"等战例甚至被编成戏剧流传，曾国藩也说江南人对张国梁赞不绝口，可见张、李两将之间战斗之精彩。如此惨烈的战斗，他上报战果，不过是烧船二千一百艘、斩首八千、俘敌二三万而已。湘军后起之秀鲍超，战果竟然是斩首数十万级，两相对比，足可见鲍之滥杀和张之克制。张国梁曾私下出资在苏州设立恤局，救济饥民，恤局有他手书"贵局多一难民，则弊营少一死贼"，相比毕金科、朱洪章等湘军暴徒，"反骨仔"张国梁却多了几分人情味。

张国梁不曾读书，后来拜何桂清为师，略通文墨。治军闲暇，好写"虎"字。张国梁写"虎"字一笔而成，字方一丈有余，气势雄大开阔，中间的一竖直墨半枯，屹立如铁柱，为大书家所不及。他的弟子冯子材也模仿写一笔"虎"字，但功力境界均远逊张。此后武将如孟恩远、陈诚等都好写一笔"虎"字，张国梁可谓开一笔"虎"之滥觞。[2]

在陈玉成与多隆阿、鲍超会战的时间里，张国梁似乎进入了一生的高光时刻。他不但重创了李秀成，还攻克了太平军在天京外围的最后据点九洑洲，自战争爆发以来，这是清军第一次彻底合围天京。天京城外大批太平军哗变投降，还能战斗的军队大都滞留安徽。张国梁一战攻破天京的可能性非常大，当时清廷上下无不欢呼雀跃，认为一年之内，江南大营就能扫穴犁庭，破天京擒贼酋了。同一时间，陈玉成亦在小池驿被湘军重创。眼看湘军也要肃清安徽，天国败亡似乎就在眼前。

这确实是太平天国自开国以来最大的危机，哪怕是天京变乱之后洪秀全都没有如此窘迫。被逼入绝境的李秀成在危难关头，动用全部的智慧，终于为太平天国寻得一线生机。这是他生平最灿烂的一次演出，他的精彩表现胜过了绝地反击的张国梁，也奉献了整个太平天国战争中最绚丽恢宏的大戏。

　　李秀成最初是想让洪秀全放弃天京，撤出包围圈，另立国都。他一直不看好天京这个首都，天京虽然是江南名城，但太平天国在天京附近没有巩固的基地，张国梁攻克镇江后，天京一座孤城四面受敌，处于万军包围之中，在其他战场取得优势的太平军不得不一次又一次地回师援救，天京实际上成了各地太平军的一个大包袱。李秀成每次遇天京危机就劝洪秀全撤离，但洪秀全坚决不肯。天京是太平天国的地上天堂，有极大的政治意义、宗教意义，直到太平天国覆灭，洪秀全也没有丝毫的动摇。

　　劝不走洪秀全，李秀成建议天王放自己出京，到外围去组织力量救援，洪秀全也不肯。李秀成多次与天王激辩，告诉他现在外围太平军也吃紧，抽不出兵力援京，在天京城内也无法遥控各路骄兵悍将，只有自己出去，才能根据外围战区的实际情况筹措援军。洪秀全严厉地责备了他，仍然不许出城。最后李秀成死命相抗，加上他的母亲也在天京城内，不用担心他逃跑或者投敌，洪秀全才允许他出城。③

　　杨秀清一破江南大营，是在西征大胜之后，太平军在各个战场都占尽优势，可以从容地调兵遣将，集中优势兵力攻打江南大营。而李秀成面临的问题是，当下太平军在各个战场都打了败仗，所有的军团都被清军牵制：天京附近，太平军在陈玉成走后败仗连连，被江南大营全面压制；皖北战场，陈玉成新败，正退往桐城休整；皖南战场，韦俊叛降，损失了几万精兵，杨辅清等人正在努力恢复池州叛降后动荡的秩序。

皖北和皖南局面虽然吃紧，但这一地区太平军数量十分庞大，尤其是皖南地区，若硬要抽调援军，七八万人马还是能凑得出来。可是在皖北新败、皖南本身吃紧的情况下，要抽调军队援助下游，就必须要放弃一些阵地，在安徽实施战略退却，这无疑会损害统兵将领的利益。

自杨秀清在内讧中死去，太平天国的政权实际上已经四分五裂，中央的权威无法行使到基层。太平军中握有重兵的将领，拥有自己的地盘、钱粮、官僚体系，对自己这一小集团的利益看得很紧。洪秀全是以天子的名分和精神首领的威望，勉强压着地方上的统兵大员，把几大兵团黏合在一起。但他长期精神不振，沉浸在自己构建的宗教王国里，管"天事"比管政事要多，这就加剧了太平军地方将领的军阀化。

从全局看，从安徽暂时退却，集中力量攻击江南大营是最佳选择，因为再不攻击江南大营，天京就要陷落了，而且攻击江南大营得手，太平天国还可以获得富庶的江浙。但从安徽退却，就意味着上游诸将的地盘会在湘军的反击中缩水，如果不能在下游造就足够大的战略优势，天王也不能下死命令抽调军队，李秀成也绝无办法劝说安徽太平军来解天京之围。

现在，他只能依靠自己手头不足两万人的兵马，以及堂弟李世贤的部分援军来创造奇迹。只有在下游制造出大好形势，让安徽太平军看到彻底消灭江南大营、席卷苏南的机会，他们才会前来会师。李秀成的办法是，围魏救赵、攻敌必救，调动江南大营主力离开天京城外坚固的防线，然后会盟安徽太平军，在野战中捕捉机会歼灭之。

和春、张国梁在攻克九洑洲后，把天京整个包围了起来。向荣时代所谓包围天京，实际上只围住了小半圈，而此时和、张的防线不但形成一个封闭的圆圈套住了天京，在某些重要阵地还修有多重防御工事。清军挖掘了一百三十多公里的长壕，长壕周边又修建营垒一百三十余座，战壕和营垒之间，布置了四万多人的军队。如果要硬攻，哪怕是有二十万大军也打不下来。

可是正因为清军包围天京如此严密，却让李秀成看到了机会。江南大营的总兵数是七万人，为了合围天京，在天京城下放了四万人。江南大营的防区包含苏南、浙江、安徽南部，在如此广阔的地盘上，只有不到三万人承担防务。过去太平军总是想直接攻击江南大营在天京城外的防线，被营垒中的四万精兵碰得头破血流。可如果把军队放在这条防线之外呢？打到江南大营柔软的腹地去，又会有什么结果？

不到三万清军分散在如此广袤的战区，肯定处处都是空档和漏洞。浙江省会、江南名城杭州，驻扎的正规军只有旗兵二千、抚标兵二千。江南大营的粮饷都来自苏、杭、湖各州，太平军一旦对这些城市下手，江南大营必定撤围来援。等江南大营的军队离开天京防线来救杭、湖，围城兵力大减，太平军就可以回师打垮留守的围城军队。围城军崩溃后，脱离防御工事的其他清军就更无抵抗力，江浙将会成为太平天国囊中之物。不但如此，只要李秀成一调动江南大营主力离开防线，各路太平军就会看到这里头的巨大战机，纷纷前来会师，破江南大营攻取江浙的把握就更大了。

李秀成从浦口出发，到达安徽芜湖，与皖南太平军将领李世贤、杨辅清、古隆贤、黄文金会面，通报了虚攻杭州、湖州、苏州等处，调动天京围城大军，然后回师解除京围的计划。他和这几位大将达成协议，只要围魏救赵能够成功，战机出现，大家就从皖南出兵攻击天京城外的清军。

在芜湖停留十日后，李秀成与陈坤书、谭绍光诸将率军两万，向浙江进发；其余各路太平军则配合他们，在皖浙边境四处奔走，或真或假，制造太平军大举反攻的假象，吸引江南清军的注意力。

太平军这种虚虚实实的行军，果然吓住了清军。和春、张国梁一直采取以攻为守的积极围困战术，清军不断进攻天京外围，吸引太平军主力来援天京，在江南大营坚实的营垒和防线附近交战，取得了很好的战果。这回李秀成改变战法，不救天京，反而攻击清军粮饷财赋重地，攻守之势一变换，清军立刻乱了阵脚。江南大营是防守江南的长城，太平军绕过了这座长城，率军队进入清军腹地，江南处处都成了英雄纵横的战场。

李秀成兄弟在长兴县分兵，一路趋湖州，一路趋杭州。因杭州与湖州都是江南名城却又驻军不多，和春只得从天京围城大军中抽调部队赴援。清军名将张玉良率精兵二千二百人援杭州，曾秉忠率水军一千人，罗熙贤、向奎各率陆军二千人先援湖州；刘季三、梁成桂各率二千人驻高淳、东坝，防守大营后路；此外还有郑魁士率军四千人援广德，并往来机动应援。因杭州战事紧，罗熙贤、向奎被划归张玉良统带，共援杭州；此外加拨李若珠本部三千人加扬州兵马二千人，增援常州，保护两江总督何桂清。江南大营前后调出了两万兵力救援杭、湖，天京附近围城的兵力顿时减少一半。除江南大营清军以外，江西、安徽、福建等省也调动上万人马来助浙江，总共有五个省的清军被调动起来了。④

奔袭杭州的太平军不过轻兵六七千人，很难撼动杭州这样的大城。清军与太平军多次交手的经验证明，以当时的攻城手段而言，一座坚实的大城，只要有得力的将领统率数千人防守，就算有几万大军也打不下来。李秀成最初也只是想借奔袭杭州围魏救赵，并没有攻陷杭州的想法。等他率军到达杭州附近，发现杭州守备空虚，守城的浙江巡抚罗遵殿又是个十足的草包，立刻胆气一壮，便开始策划攻城。

李秀成最初的设想是冒充清军把杭州给"偷"了，他令太平军前锋一千二百人，都穿上清军的号衣，伪装成援救杭州的绿营兵，试图兵不血刃入城。罗遵殿不通军事，四处清军纷纷救援杭州，兵荒马乱之中，杭州鸡飞狗跳，他居然没有让整座城市进入紧急状态，杭州城外没有扎营布防，城门也没有封闭。有这样的军事白痴相助，李秀成的计划一开始进行得很成功，大军前锋很快就到了杭州城外，未受任何阻拦。

天京久困，城内甚至杀马充饥度日。太平军长期缺衣少粮，基本就是一群叫花子兵，到了富庶的杭州城外，看着眼前的花花世界，立刻按捺不住。前锋部队在距离杭城三十里处的安溪发现了一群战马，饥疲的士兵见到了马匹，为了分配战马竟然争斗起来。李秀成的军令本不森严，他自己又不在前锋队，抢夺战马的前锋急红了眼，连上官也跟着大打出手。这一哄抢声势不小，立刻惊动城内守军，罗遵殿再无能也知道外边那群假清兵是来诈城的，赶紧关闭城门，李秀成的计划未能实现。

第二天，李秀成亲自率军前来，发动了对武林门、钱塘门的进攻。清军不过数千人，只能守住城池不失。第三天，李秀成就在城外修建许多空营，在万松岭插满太平军旗帜，做出援军大集，数万大军包围武林、钱塘两门的声势。把清军注意力吸引住后，他指挥土营在清波门外开掘地道，准备穴地而入，以火药爆破攻城。

罗遵殿如果多少懂一点军事，稍微关注一下战局，就可以判定李秀成不可能有几万大军来袭。即使不懂军事，如果镇定一点，沉着应对，就算李秀成能爆破成功，也很快能将其打出去。他若能坚守十日，清军名将张玉良的援军就可以到来，虽然阻挡不了李秀成围魏救赵，破江南大营，但杭州肯定能够保全。

罗大人在关键时刻乱了阵脚，被敌军吓坏的他下令在全城抽丁，组建团练帮助防御。紧急抽调全城壮丁协防，江忠源在南昌就是这样顶住了几万太平军的进攻。但抽丁其实是件很危险的事，一旦官府开始全城抽丁，城内居民就会感到恐慌。许多宵小之徒就会趁火打劫。如果城防一方没有足够的号召力，武装起来的民众很可能不支持守城，反而在城内作乱。

罗遵殿面临的局势和江忠源全然不同，江忠源当时只有一二千得力士兵，面对数十倍敌军，自然要不惜一切代价，哪怕扰乱城中的治安也要抽丁。而且江忠源是百战宿将，手头有一千多强有力的士卒帮忙弹压和督战，抽丁不会惹出乱子。杭州城外太平军不多，就算被李秀成迷惑，以为有几万人来攻，以四五千正规军固守待援也绰绰有余。而罗遵殿仓促抽丁成团，又无可靠的精锐士卒弹压，城中立刻动荡起来。

杭州城内大乱，不少暴徒开始打劫作乱。罗遵殿不能约束部下，干脆就放纵团练抢劫，希望靠民财养肥团练，满足他们的贪念后好替自己卖命。得到罗遵殿的纵容，杭州城内的团练就放手大干，开始焚烧民房。城里的正规军军官看到团练抢劫发财，也率军加入打劫，不光打劫普通民众，连士绅也抢。士绅遭到打劫后，以惩罚乱兵、保卫民财为名招募难民，和团练武装斗争。几通厮杀下来，士绅杀得红了眼，连正规军官兵也杀。既然都开始聚众杀官了，这些武装起来的士绅索性也加入抢劫队伍，弥补之前被抢的损失。罗遵殿搞得城中百姓离心离德，李秀成还没打进来，杭州已成炼狱。

在杭州暴乱中，从广东潮州招募来的潮勇倒了大霉。潮勇服装怪异、语言不通，一直被杭州人视为另类，加上潮勇军纪涣散，早有扰民之实。平日民众、士绅慑于潮勇的武装，不敢还击，此时罗遵殿给民间发放了武器，又准许士绅组建武装，杭州人就趁机报复。他们先散布谣言，说城中的潮勇是太平军内应，是扰乱城中秩序的黑手，是全杭州人的死敌。等潮勇进入市井，杭州士绅立刻带队围杀，潮勇顿时被杀得尸横遍野。

杭州城中内斗不休，没有人去破坏李秀成的穴地攻城计划，很快太平军掘成隧道，几千斤火药同时起爆，破开城墙三十多丈。城墙破开的时候，清军正在城内陷入民众的围攻。杭州的暴乱最初只在上城，下城的居民听说复胜军在上城杀人放火，就打算先下手把下城的复胜军除掉。下城一开始只想围杀复胜军，杀乱了后见清军就杀。清军在民众的攻击下纷纷溃散，待李秀成进城时，守城士卒已全部逃跑，太平军很快就拿下了杭州城。⑤

杭州是太平天国攻克的第四座省会城市（其余为武昌、安庆、金陵），自太平军军兴以来，城市攻防从未有如此轻松。数千轻兵攻克强援在外的名城，在整个中国战史上都是罕见的。李秀成原本只想虚晃一枪，骚扰杭州就走，到了杭州城外，一眼窥破城中虚实，马上转为攻城，体现了他极强的战场判断力。内有数千兵马依托城池守卫，外有张玉良数千精兵衔尾追击，距离杭州只有十天的路程，在十天的间隙里攻打杭州，这是亘古罕见的军事大冒险。

世人皆称陈玉成勇猛，李秀成多谋，言下之意李秀成胆小、谨慎，不敢冒险，而杭州之战，却是他在绝境之中的一次豪赌。这一仗，他不但要精准地计算敌我形势，还要在关键时刻痛下决心，冒全军覆没的风险。这一仗最终获胜，正说明李秀成不但多谋谨慎如儒将，关键时刻也可以变成勇猛的泼胆汉。当然，如果没有罗遵殿这种难得一见的军事盲助攻，他的豪赌也很难得手。正因如此，杭州可谓李秀成的福地，罗遵殿可称李秀成的恩主。

李秀成扫荡杭州城，罗遵殿服毒自尽，一同自杀的清朝官员还有布政使王友端、杭嘉湖道叶塈、署杭州知府马昂霄、署仁和知县李福谦、帮办团练的在籍兵部右侍郎戴熙等，全城死难者合计九万七千余人。

太平军攻下杭州四天后，张玉良所率援军抵达城外。张玉良与李秀成交战多年，手下数千士卒都是精锐，李秀成自然不会和他在杭州纠缠。他在城里遍布旗帜，以草人穿上军服插在城墙上，假装出守城的模样吸引清军。张玉良被李秀成的疑兵之计吓住，一天一夜不敢攻城，李秀成的大军趁机从清波门、涌金门撤离。

太平军撤离杭州后，由于张玉良只比李秀成晚了两天的路程，奋力追赶，很可能破坏李秀成攻打江南大营的计划。可张玉良率军进入杭州，发现城内秩序混乱，又无官员镇守，正是抢劫的大好时机，一时贪恋财货的清军就在杭州停下来发财，太平军得以从容退往广德州。

在杭州获得了大量军资，李秀成带来的六七千叫花子兵立刻盔甲鲜明、粮草齐备，士饱马腾、战意高昂。消息传开后，各路太平军都大受鼓舞，之前的颓唐一扫而空。在看到了攻破江南大营的希望后，皖南太平军将领纷纷发兵前来与李秀成会师。李秀成也因这次大胜树立了崇高威望，有了指挥杨辅清等人参与解围的可能。

李秀成之前仓皇出京，能够调用的部队不过两万，其中敢战之士不过六七千，这次诸军齐至，可调动的军队高达十万。因太平军奔袭杭州、湖州，围困天京的江南大营已经调出近半兵力赴各处救火，战壕里只有两万名士兵，以五倍兵力攻击江南大营，胜算极大。

按照诸将商议的结果，太平军以东路为主攻方向，从溧阳北上，李秀成为左翼，李世贤为右翼，是当时李秀成能号令的最强大的兵团；中路军从高淳北上，左翼为杨辅清，右翼为刘官芳、陈坤书。这两路进军的计划里没有陈玉成。但他们设想了如果陈玉成也带兵前来，可以从西梁山渡江东进，作为西路军。

那并未受邀请的陈玉成会来吗？李秀成纵横江南之际，陈玉成一军正陷入低谷。英王的皖北太平军主力在小池驿和湘军苦斗多日落败，让湘军占领了太湖、潜山。本来陈玉成是可以不来参加解救京围的，可他认为小池驿会战湘军获得的是一场惨胜，曾、胡的主力军团伤筋动骨，多、鲍两军损失尤大，短时间内无力发起进攻。他自己的损失虽比湘军大，核心军队却保存完好，外围杂兵补充起来非常快。在这种情况下，参加围攻江南大营，在苏南的战斗中分一杯羹就很有必要。

三路太平军向天京开拔，清军方面却乱作一团。李秀成偷袭杭州时，有大量清军精锐去了杭州。李秀成撤走后，这批部队就应当尾追不舍。可当时浙江方面的军事指挥官瑞昌等人，只有保全浙江的意图，毫无全局观念，并不愿意派兵追击李秀成。为了保全浙江，瑞昌把大军派去攻打广德州，与李秀成留下的守军纠缠，只想堵住李秀成再度进入浙江的道路。张玉良深通兵法，知道这种布局十分愚蠢，可是作为一支客军，他无法调动浙江清军，只能远远地为张国梁呐喊助威了。

在江南大营围城军这边，总指挥两江总督何桂清十分怕死，因为他驻扎常州，李秀成兄弟又佯攻过常州，何桂清就把大量援军，包括在浙江的张玉良都调到常州。江南大营的清军除了在天京城外的两万围军外，都被何桂清调到了常州、镇江、丹阳，大战爆发之前，江南大营的围城军实际上并没有得到任何增强。

大战如期爆发，中路太平军由杨辅清、刘官芳、陈坤书统带，分两路人马猛攻清军营垒，张国梁亲率大军在陈家桥一带拒战。太平军兵分十路，排成人墙冒死突击，张国梁也身先士卒，带队冲杀。两支军队从早到晚，反复拼斗数十次，陈家桥、上方桥、小水关一带血流成河。张国梁这支部队是江南大营的头号劲旅，持续作战能力很强，直到夜深还在反复攻击太平军，枪炮之声不绝。战斗到三更天，大雨如注，火器皆不能施放，两军又贴近展开惨烈的肉搏。天京城内的太平军也出城夹击清军，而清军战意并不稍减，在激战中击杀太平军数千人。张国梁见军心可用，就把手头的精兵全抽出来，发动全线进攻，企图一举击破中路太平军。

这时天气骤变，大雨滂沱，北风呼号，间又夹杂冰雹，虽是春夏之交，天冷却似寒冬。四面难民纷纷涌入江南大营防线，号哭之声一片，清军的攻势顿时被难民阻挡。如果换一个心狠手辣的将领，对难民驱赶屠杀即可，张国梁却不忍驱赶。难民和士兵混杂在一起，清军顿时军心大乱。

张国梁被中路军阻挡时，陈玉成的军团趁机在江南大营西面下手。中路、西路同时攻打，张国梁左右难兼顾。因为陈玉成的威名远在杨辅清等人之上，他决定以机动兵力援助西路，抵抗陈玉成。可陈玉成的动作实在太快，张国梁尚未赶到战场，西路清军已被陈玉成重重围困，城内太平军又大举出动，前后夹击之下，张国梁冲突几次都不能进入包围圈，只得放弃进援，眼睁睁看着西路清军被歼灭。

西路清军被歼灭后，李秀成兄弟立即在东路动手，孝陵卫燃起熊熊大火，清军见后路被堵，顿时大乱。江南大营欠饷已久，兵无斗志，全靠张国梁身先士卒稳定士气，此时连张国梁都准备逃跑了，自然兵败如山倒。李秀成率军攻克小水关，截获江南大营存银十余万两，又缴获大批火药、枪炮。至此，江南大营告破，和春、张国梁仓皇逃往镇江。⑥

二破江南大营，是太平天国绝地逢生的大逆转，也是战争史上的奇迹。战前，陈玉成为湘军所窘，皖南太平军为韦俊、李昭寿牵制，李秀成被张国梁击败，天京被江南大营重重围困，在张国梁凌厉的攻势下，"地上天堂"随时有覆灭的危险，各个战场的太平军大多不愿或不敢赴援。李秀成跳出包围圈，佯攻浙江，以数千人攻破省城杭州，调动数省清军机动，在不可能中创造可能，然后会同数路太平军击破江南大营，将江南清军精锐一扫而空。这次绝地反击，不但解除了天京之围，挽狂澜于既倒，还扭转了江南战区的整个形势，为太平军攻取富庶的江浙地区奠定了基础。

破江南大营之前，太平军在天京附近、安徽两个战场疲于奔命，而此战之后，天京一带和整个江南的清军核心战斗部队被击败。战前，太平天国只有几座零星的城池，且久已残破，总共不到一省之地；战后，太平天国顺势取江南，天下近半的财赋落入掌中，太平天国的国势从军兴以来最低谷，经此一战达到了巅峰。

二破江南大营，实际上还要包括之后的丹阳之战，才能算一个完整的胜利。因为三路太平军协调困难，最终只达成了解围的目标，却没有大量歼灭敌人有生力量。按李秀成回忆，二破江南大营实际上是一次击溃战，被击毙的清军只有三五千人，多数都溃逃了。这些溃逃的士兵，后来经张国梁收集，退往镇江还有两万多人。以张国梁之骁勇，如果有一段时间安抚军队、补发粮饷，恢复战斗力并不难。张国梁退往镇江后，鼓舞士气，积极准备在丹阳与李秀成再次决战，阻挡太平军东征苏南富庶之地。

为了给予张国梁彻底打击，扫清东征的障碍，李秀成和杨辅清联手发动了对丹阳的进攻。张国梁在渡河时因伤溺死，失去指挥的清军被太平军击毙万人。这一仗不但打开了太平军东征的大门，而且为江南大营彻底画上了句号。悍将张国梁溺死，他好不容易收拢的万人残部被歼，江南大营失去了恢复的可能，此后江南再无太平军敌手。李秀成天生慈悲，又与张国梁多次交手，彼此英雄惜英雄，在得到张国梁的尸首后，为他举办了宏大的葬礼。他说："两国交兵，各忠其事。生虽为敌，死尚可为仇乎？以礼葬之下宝塔！"[⑦]

江南大营的失败，在于清廷未能设立整个战区的最高指挥官，且湘军与绿营兵分属不同体系，要等到江南大营覆灭后，清廷才任命曾国藩为两江总督，后来又许其节制四省军务。曾国藩节制四省前，清军在上游和下游各自为政，上游的湘军和下游的江南大营互不统辖，不能联合作战，最多就是利用友军造成的战机巩固自己势力。

太平军能攻破江南大营，是因为洪仁玕、李秀成、陈玉成达成了一致，把上下游的太平军集中到天京城外，合全军之力，攻打分兵外出的清军。如果清朝有能统辖全战区的钦差大臣，在安徽太平军尽数赶往下游攻打江南大营之际，也把上游的湘军开赴下游增援，江南大营得到援军就不会覆灭，李秀成也难打下苏南、浙江。

【注释】

① 李伯元《南亭笔记》卷四，见《清代名人轶事辑览》第 6 册第 2806 页，中国社会科学出版社 2004 年版。

②"往岁苏州设恤局，公遗书云：'贵局多一难民即敝营少一死贼。'……治军暇辄作'虎'字，大径丈，中直墨半枯，屹如铁柱，名书家所不及。"见朱孔彰《湘军史料丛刊·中兴将帅别传》第 147 页，岳麓书社 2008 年版。

③ 李秀成《忠王李秀成自述》，见《中国近代史资料丛刊续编·太平天国》第 2 册第 365 页，广西师范大学出版社 2004 年版。

④《和春奏报节次派兵援应浙江湖州并江浦获胜等情折》，见《清政府镇压太平天国档案史料》第 22 册第 78 页，社会科学文献出版社 1992 年版。

⑤ 复胜军（团练）募有潮勇二百（皆广东潮州人，故名潮勇），服饰奇异，言语侏离，遂哗言为贼，伺其入市即群聚而杀之，尸僵路隅，以一二百计。……下城居民且谓复胜军在上城作乱，益争杀复胜军，既又不问何军，皆杀之，各军逃死之不暇，故顷刻间城上无一兵一卒，而省垣遂陷。"缪德葇《庚辛浙变记》，见《庚辛泣杭录》卷七第 5、6 页，光绪九年刻本。

⑥"张国梁见连日杀贼，兵气颇壮，因挑选精锐，拟于十三日进剿，以期净扫妖氛。子刻北风骤冷，时各路难民以四面皆贼，咸奔大营，不下数万，号哭之声远近皆是，留之则乱我军心，驱之又无路可走……三更以后，小水

关附近南北各营亦皆火发……后军只得退守镇江，以图再举。"《和春奏报金陵大营失事退守镇江再图进取等情折》，见《清政府镇压太平天国档案史料》第 22 册第 215、216 页，社会科学文献出版社 1992 年版。

⑦ 李秀成《忠王李秀成自述》，见《中国近代史资料丛刊续编·太平天国》第 2 册第 368 页，广西师范大学出版社 2004 年版。

三　天意回转

　　安庆不是中国最大的省会，但是一座宏大的要塞，面积超过二点五平方公里，俯瞰长江和周遭乡间。从军事角度看，它位置绝佳。它坐落在一块高地上，高地四边皆往下斜，视野良好，具有地利。而且从陆路极难接近它：它南边紧邻长江，西边数公里处和东边近处各有大湖，加上折向北行的长江，使该城的腹地三面皆为水所围住。北边约十公里处，有座陡峻山脉耸立于云雾中，从北方来者得越过山上的集贤关才能抵达安庆，集贤关也有石造工事防守。

　　从战略上来看，安庆犹如一个杠杆支点。往东看，它扼守从长江北岸前往南京的各个要道，太平军往北与往西经安徽进入湖北的所有征战，也以安庆为基地。而且它无疑扼控紧邻其南边的长江。安庆段长江宽约八百米，但吃水较深的船所走的水道紧邻北岸，近到行经船只的船长可以看到城墙上对着他的火炮炮管内部。因此，清军即使越过安庆，攻进太平天国领土，其水上补给线仍逃不过安庆守军的截断。

——裴士锋《天国之秋》①

咸丰十年（1860），李秀成合皖省太平军攻破江南大营，和春、张国梁苦心维持的大局崩盘，两江总督何桂清仓皇逃跑，名将张国梁死于丹阳。差不多同一时期，英法联军发起了对清廷京畿地区的进攻，皇城危在旦夕，王朝风雨飘摇。这一年，也正是咸丰皇帝去世的前一年，他被疾病折磨得病体枯槁、形销骨立，他的病情，正宛似清朝的国势。

清朝的统治，在政治上最重要的地区是京师直隶，经济上最重要的地区是江南，这是清朝立国的两大支柱，其他地方都可以暂时放弃，唯有这两个地方绝不可以有闪失。京师被攻破，就传统政治而言，意味着王朝在政治上崩塌；江南被占领，意味着朝廷在经济上崩溃。现如今，这两块地方都糜烂了。

江南大营崩溃，圈住江南太平军这头猛虎的围栏被砸开了。李秀成挥军苏南，在两个月时间里，连续攻克江南重镇丹阳、常州、无锡、苏州、江阴、嘉兴、昆山、太仓、嘉定、青浦、松江，兵临上海。江南另一座重镇杭州，之前才被攻破一次，太平军若欲再克杭州，亦不过举手之劳。更让咸丰觉得丧气的是，忠王李秀成对江南残余清军进行招抚，竟然有六万多名"王师"投靠太平军，甘心"从贼"。李秀成军事攻势和政治攻势双管齐下，苏南一夜变色，成了太平天国稳固的基地。

何桂清总督两江时，江浙地区每年税收有七百万两白银，每月至少可以向江南大营提供六十万两的军费，参照湘军标准，足够供养军队十五万人。除了寻常税赋，江浙还在通商口岸征收大量关税，仅上海一口，每年关税就高达三百万两白银，加上各种杂税厘金，税收十分可观。上海士绅到安庆向曾国藩请兵时宣称，光凭上海绅商之力，即可每月助饷六十万两，足够供养十万湘军。[②]加上另一个通商口岸宁波，江南的丢失，让清廷失去了可供养三四十万大军的财源。由于太平军养兵成本比清军低得多，占领苏南的李秀成只要再拿下杭州、上海，最多可扩军五十万以上，此消彼长，局面对清朝极其不利。

攻占苏南前，太平军稳定控制的地盘不超过两个省，还多是穷乡僻壤。太平天国既能以如此贫瘠的资源和清廷形成对峙之势，若再得江南的人口和财源，强弱之势将顿时逆转。可以说，二破江南大营之后，太平天国不但挽回了天京变乱后的颓势，国势比杨秀清时代，还要更盛。

江南大营覆灭，清廷上下魂飞魄散，连湘军统帅胡林翼都一度惊恐万分。江南大营靠湘军在上游冲锋陷阵，湘军又何尝不靠江南大营威慑下游？攻破江南大营，清军两大军团已去其一，李秀成又利用江南的财富收编溃军壮大了实力。过去是陈玉成一军同时在上下游对抗江南大营和湘军两大主力，现在变成了湘军要同时兼顾上下游，对付陈玉成、李秀成两个兵团了。

太平军的巨大胜利，将咸丰皇帝的全盘部署打乱。在咸丰心里，绿营兵是亲儿子，湘军是不得宠的义子，他想拿湘军做偏师，吸引上游太平军，以便朝廷正规军江南大营攻破天京，收取大功。和春、张国梁战败，清廷在长江流域再无能战的大股绿营兵，只剩下湘军可用。

事急从权，咸丰不得不放弃打压曾国藩钳制湘军的主意，把整个南方托付给湘军。他原本想让胡林翼改任两江总督，去下游收拾残局，宠臣肃顺却建议说，胡林翼镇守湖北，替朝廷看住了长江上游，再以曾国藩总督两江，如是则上游、下游都所任得人，可保局面万无一失。③咸丰接受了肃顺的意见，下诏委任曾国藩为两江总督，以苏州为其驻地，率湘军赴下游保卫江南。

江南大营覆灭，从军事上来讲，湘军少了一支强大的友军，清朝少了将近一半的财源，是震动全局的大事；但从政治上来讲，却是湘军的重大机遇：从此朝廷只能倚重曾国藩，不得不把江南地方大权托付于他，也因此清军在长江上下游两大战区的指挥权首次统一。左宗棠曾说："天意其有转机乎？……江南大营将蹇兵罢，万不足资以讨贼，得此一洗荡，而后来者可以措手。"④"将蹇兵罢"当然是左的污蔑和幸灾乐祸，李续宾、鲍超或许还能和张国梁比比高下，眼高手低的左宗棠大概率是打不过张国梁的。但他说"后来者可以措手"倒是没错，虽说太平军得了江南大部，夺走了清廷的财源，但湘军的粮饷来自两湖，本就不靠江浙支持，影响不大。

曾国藩当上两江总督后，湘军还多了江西一省地盘，养活十万军队绰绰有余。李秀成得了江浙膏腴之地，实力会有很大增长，但他毕竟不是天王，无法统筹全局。而天王洪秀全死守天京不动，只要湘军能攻破安庆，消灭陈玉成，就能顺江而下，围攻天京。围住了天京，堵住了天王，李秀成无论在江浙发展出多大势力都会被牵着鼻子走。

"有诸葛之勋名而无其位，有丙吉之大德而无其报"，胡林翼曾如此评价曾国藩的境况。而此时，他却高兴地说："涤帅（曾国藩）诚得督符、兵符，则否极泰来，剥极而复，天下士气为之一振。"两江总督辖区为江苏、安徽和江西，驻地原本在金陵，金陵被太平军占领后，一般驻扎在常州，江苏巡抚则驻苏州。得了两江总督的权位，自然要担起两江总督的责任，朝廷给曾国藩两江总督的任命，就是想让他火速带湘军去下游，看守苏南的钱粮重地。但曾、胡二帅已部署好围攻安庆，此刻若撤军去苏、常，则前功尽弃，到底该不该舍安庆而救苏、常呢？

长江越往下游江面越宽，江流越急，如果在下游出兵，从东面进攻天京，就需要渡江作战。在水流湍急的宽阔江面渡江作战，非但登岸不易，也很容易被岸上太平军的炮火阻击。如果太平军还有一定的水师，甚至可以击清军于半渡。如果先打下安庆，水师顺江而下，陆军沿着西岸在水师庇护下向下游出击，无须渡江作战，还可以和水师水陆并进，攻打天京的难度要小很多。

从军事上看，上游的军队攻克安庆后再顺江而下是最稳妥也最有把握的，那如果再算经济账呢？如果湘军保有苏州、常州、镇江、杭州、上海，每年可多得七八百万两的军饷，扩军十几万绰绰有余，而李秀成少了这笔军饷，军力也将大幅度缩水。此消彼长之下，冒险从下游进攻金陵也未尝不可。

但李秀成动作实在太快，咸丰下令湘军去救苏、常的时候，太平军已经攻陷了苏州、常州、无锡。曾国藩若此时撤安庆之兵去下游，就不再是保卫苏、常，而是悬军千里攻打苏、常。湘军在江苏没有基地，且远离两湖后方，粮道不通后援不继，只能靠清军暂时还能维持的扬州、镇江补给。江南、江北大营和太平军在扬州、镇江鏖战多年，财富、人口损失很多，不容易供养大军。这两处城池又是江南大营残部冯子材和李若珠的巢穴，湘军很难得到有力支持。若苏南不失，曾国藩或许还会郑重考虑是否移师下游，而今苏南已失，他当然就不会去了。

不去苏、常，自然要给朝廷一个交代，曾国藩就向咸丰如此回禀："自古平江南之贼，必踞上游之势，建瓴而下，乃能成功。自咸丰三年金陵被陷，向荣、和春等皆督军由东面进攻，原欲屏蔽苏、浙，因时制宜，而屡进屡挫，迄不能克金陵，而转失苏、常，非兵力之尚单，实形势之未得也。今东南决裂，贼焰益张。欲复苏、常，南军须从浙江而入，北军须从金陵而入。欲复金陵，北岸则须先克安庆、和州，南岸则须先克池州、芜湖，庶得以上制下之势。若仍从东路入手，内外主客，形势全失，必至仍蹈覆辙，终无了期。"⑤

这封奏折非常老辣，远非他昔日刚强倔强时所上奏折可比。这道折子，语气平和而恭顺，力图以情理说服咸丰。曾国藩先给咸丰讲历史经验，讲兵法：平定江南势力，自古以来都必须先建立上游之势，高屋建瓴顺江而下。实际上，上游打下游不一定稳赢，明初朱元璋攻打陈友谅，就是从下游出兵击败了上游的陈友谅。但曾国藩的目的本就是糊弄咸丰，因此他只笼统地说踞上游而平定江南，是自古以来用兵的经验，并不举事例说明——想来咸丰对历史也不深知，披上历史经验的虎皮，很能够唬住他。

自古平江南都要从上游用兵，这是历史经验，是现象，那背后深层的原理何在？曾国藩用了一个词——"势"，"势"到底如何理解，他在折子里没有细讲，但皇帝和朝廷大员们读了这段论述，会产生一个模糊的联想：以上制下，符合一般的生活常识，因为船从上游开往下游确实比横渡江河要顺畅，有一种居高临下从容不迫的气势。古人缺乏逻辑，容易被形象的比喻说服，却很少追问本体和喻体之间的差异与逻辑关系。船顺江而下较易未必等于军队顺江而下打仗容易，但没人好意思去问，为什么占据上游就会有"势"？这个"势"为何这样影响战局？因为一问就显得你不懂兵法了。如果曾国藩用大白话去解释顺江而下的军事优势，咸丰就能看懂，看得懂就会思考，就会有质疑，就会和他展开辩论，一辩论就可能出现不可预估的变数。不把道理说明白，用传统学问中只可意会不可言传的"玄学"糊弄，让皇帝看得似懂非懂，就避免了纠缠，这是曾国藩的高明之处，也是他丁忧守制期间研读黄老之学的心得。

理论上说服咸丰后，他再加上一段实例作为论据：向荣、和春、张国梁就是因为不踞上游之势，导致江南大营两次覆灭。历史的经验、玄而又玄的兵法理论，加上现实的惨痛教训，于是乎咸丰和朝臣就被说服了。

曾国藩不肯去江南，而是一心一意攻打安庆，老友胡林翼却嫌他的战略过于保守。不分兵去江南，是为了保证兵力集中，确保安庆之役的胜利，但如果不撤安庆围城大军，另外招募新军去江南呢？既然曾国藩得了总督实职，湘军可以动员的资源比过去充裕，扩军去救苏、常似乎不难。即使用兵持重，不敢从下游渡江攻击天京，也可以在苏州、常州、杭州攫取资源，将投放下游的湘军由偏师扩为大股，不攻天京而顺江上溯，与曾、胡会师于安庆。这样安庆围城大军就会从五六万变成十余万，更容易消灭陈玉成。攻陷安庆消灭陈玉成后，三路大军再顺江而下，岂不是两全其美？

因此胡林翼提议，可以新募兵勇四万，投放到下游。一路以扬州为根本，进攻苏州、常州，一路以杭州为根本（若杭州已失就驻扎湖州），从杭、湖规复浙江，收复杭嘉湖平原。对于领军人选，胡林翼的想法是保李元度为浙江布政使，以他的旧部五千人为基础，再加五千新兵，去保卫杭州；以李鸿章督军扬州，招募新军镇守扬州；荐沈葆桢为江西藩台、李瀚章为江苏藩台，为大军提供后勤；左宗棠、刘蓉可各募兵六千，为皖南、扬州、江西三支大军担任后援。⑥曾国藩的幕僚姚体备则建议李元度去杭州而沈葆桢去扬州。

胡、姚都提名李元度上任杭州，是因为李元度是曾国藩最早的门生，从衡阳练兵开始跟从，熬资历也熬到了独立领军的资格，浙江巡抚王有龄又是他的好友，他去浙江应当不会被地方官府为难。而姚提名沈葆桢去扬州是因为沈葆桢心细胆大，为人又很有风骨，出任战事凶险的扬州一路最为合适。胡林翼还建议曾国藩大包大揽，赶紧扩大湘军，让刘蓉这些充任幕僚的文官都出来独立领军，多建几支新军。

这个计划很得湘军将领拥护，李鸿章就写信对胡林翼的宏伟布局大加赞赏。湘军上下摩拳擦掌，都在预备扩军大战。曾国藩却拒绝了胡林翼的提议，不同意添募军队去下游，只是给预定参加安庆之役的军队稍微增加了兵员。

除了胡林翼的计划，湘军名将李续宜还提出了一个大胆的建议。湘军要去下游，从陆地打过去困难比较大，但是可以把全部援军装在船上，绕开太平军的重重阻击，从水路直接运到焦山。太平军想不到湘军可以从水路出其不意进入其腹地，这支奇兵或许可一战而得苏州、常州。⑦

李续宜从水路直抵敌人腹心的计划极其大胆，乃是神妙莫测的"非常之计"，只不过这支军队突进太平军核心地区，身陷敌军包围，筹措粮饷比较困难，只能在苏州城下背水一战，乃是兵出诡道的奇计。"诸葛一生唯谨慎"，曾国藩也如是，于是断然拒绝了李续宜的计划，只有胡林翼赞赏不已。

李续宜的筹划，确实是突破了传统军事原则的新战法，但又与近代航运兴起后的形势相符合。后来李鸿章的八千淮军就是以轮船装载，从水路绕开太平军重兵把守的陆上防线直入上海，其筹划正与李续宜相同。

拒绝了去下游的各种提议，半壁江南在曾国藩的战略宏图里被暂时放弃了，他的眼睛只盯着安庆，盯着陈玉成。他认为，只要灭了陈玉成，太平天国就再无强兵，无论江南有多少钱粮，没有"兵胆"，再多钱粮也只能造就乌合之众。加之灭了陈玉成，下游门户洞开，湘军就能直指天京，只要"地上天堂"被攻陷，太平天国在教义和政治上破产，李秀成在江浙自然独木难支。

既然主帅决定集中力量攻打陈玉成，大家也只能接受。曾、胡很快做出决策，并根据形势对之前的四路进军计划做了微调：曾国藩亲率军队万人，以曾国荃为统兵大将，围攻安庆，是攻城主力；多隆阿统兵一万，驻扎桐城，为打援的主力，负责阻挡陈玉成从庐州方向过来的援军；李续宜率军一万，驻扎桐城与潜山之间的青草塥，作为打援的机动兵力。一万军队攻城，两万军队阻击援军，再加上胡林翼率军万人驻扎太湖，居中策应。

湘军经过多年鏖战，已有了成熟的战术。对于围攻安庆，湘军不再采用正面强攻的方法，而是挖掘长壕围困。湘军躲在长壕中作战，不主动进攻守军，而是等守军耗尽粮草自动崩溃。如果守军想要突围，进攻湘军的战壕，湘军就能依托战壕和防御工事作战，占尽便宜。

曾国藩用兵讲究主客之辨，这就是反客为主的战法。本来进攻城池，是守军依托城防杀伤进攻一方，守军为主围军为客，现在变成了进攻一方依托战壕杀伤守军，变围军为主守军为客。[⑧]长壕不但可以围困安庆，万一陈玉成的援军到来，湘军转身也能利用长壕抵挡，是非常稳重的战法。

攻城之外，湘军安排了两倍的兵力来阻挡援军。在胡林翼看来，传统的攻城战术有很大缺陷，集中所有军队四面围城，注意力被城内敌人牵制，不能顾及身后和侧翼，很可能被敌人援军在外圈反包围，遭到内外夹击。即使不被反包围，只要有敌军在侧翼横击旁扰，不得不分兵应对的湘军亦会在机动中被敌人援军击败。因此，湘军围攻安庆，以较弱的曾国荃军围城，以战斗力较强的李续宜、多隆阿打援，让曾国荃无后顾之忧，可以专心围困安庆。

不但如此，曾、胡还悟到了不计较一城一地得失，以歼灭敌人有生力量为主要目的的军事原则。在他们看来，因陈玉成的主力不在城中，所以安庆城池的得失不是重点，以安庆为诱饵吸引陈军主力来援，实施围点打援，在野战中歼灭其有生力量才是关键。消灭了陈玉成，安庆就唾手可得；反之，即使拿下了安庆，也随时会被陈军反攻。[⑨]

曾国藩、胡林翼策划的安庆之役，动用五万军队，是湘军成军以来最大规模的会战。湘军菁华全投入了战场，全军同仇敌忾，数省官僚机构也为此疯狂运转。胡林翼善于调和派系，曾国藩复出后又一番休休有容的气度，所以这次战役得到了长江上游各省大员的鼎力支持，再无人捣乱。

湘军经过多年经营，荆楚才智之士大多被收罗帐下，此刻正值人才鼎盛。骆秉章经营湖南，胡林翼经营湖北，两湖政通人和，能源源不断地支援前线；曾国藩几经挫折，做人做事已臻化境，智力精力都达到人生巅峰，又与胡林翼和衷共济，已有无往不利之势。安庆一役，正是曾国藩在精神上走出中年危机后，再在事业上走出中年危机的关键。

然而湘军动员了全部能战的军队，太平天国也倾全国兵将来战，战火燃遍长江沿线，四五个省份变成了两军主帅对弈的广阔棋局。安庆战局几起几落，曾国藩、胡林翼数次陷入命悬一线的绝境。战到中场，西方列强也入局参战：英法联军攻克北京，李秀成与洋枪队激战上海，巴夏礼劝阻陈玉成攻打武昌。曾国藩、胡林翼与李秀成、陈玉成巅峰对决，中外多股势力胶着，形势诡谲难测，战局惊心动魄，数十万将士的生死只在一念之间，实为历代罕见的战役。

这场波澜壮阔的对决，非有惊人的魄力和智慧绝难赢取胜利。这是曾国藩在家守制悟道之后遇到的人生大考，白杨坪悟道是他精神上的大觉，而安庆之战，才是他在世事中的大行！挺得过这场战役，悟道所得之知，才能与战场上的行合一，他本人方才觉行圆满。

【注释】

① 见裴士锋《天国之秋》第 207、208 页，科学文献出版社 2014 年版。

② "知县华翼纶等三人自上海来，言下游望余大兵，情甚迫切。又上海每月可

筹饷六十万两之多，并言绅民愿助此间饷项，冀上游之兵早赴江东。"见《曾国藩全集》第 17 册第 213 页，岳麓书社 2011 年版。

③ "胡林翼在湖北举措尽善，未可挪动，不如曾国藩督两江，则上、下游俱得人矣。"见《薛福成选集》第 561 页，上海人民出版社 1987 年版。

④ 见《黎昌庶全集》第 1 册第 133 页，上海古籍出版社 2015 版。

⑤ 见《曾国藩全集》第 2 册第 501 页，岳麓书社 2011 年版。

⑥ 见《胡林翼集》第 2 册第 493 页，岳麓书社 2008 年版。

⑦ 见《胡林翼集》第 2 册第 514、526 页，岳麓书社 2008 年版。

⑧ 曾国藩论主客之势："凡用兵，主客奇正，夫人而能言之，未必果能知之也。守城者为主，攻者为客；守营垒者为主，攻者为客；中途相遇，先至战地者为主，后至者为客；两军相持，先呐喊放枪者为客，后呐喊放枪者为主。"见《曾国藩全集》第 14 册第 436 页，岳麓书社 2011 年版。

⑨ 见《胡林翼集》第 2 册第 386、409、509、512 页，岳麓书社 2008 年版。

四　左宗棠出山

曾国藩出任两江总督后，虽未接受添募四万兵勇去下游的计划，但他也为湘军新立了一支大军，即左宗棠的新楚军。刚从"樊燮（xiè）案"中脱身的左宗棠以四品京堂候补的身份，建立了一支六千人的新军。

"樊燮案"向来被视为左宗棠遭遇的一次生死危机，是他从巡抚幕僚变成统兵大员的关键转折。原本有杀头危险的左宗棠，在曾国藩、胡林翼、骆秉章、郭嵩焘等友人的奔走斡旋之下，不但逃脱重罪，而且得到朝廷任命，以四品官衔外出带兵，开启了传奇的后半生。因为这个案件的情节跌宕起伏，涉案政治势力犬牙交错，官场派系博弈惊心动魄，案件的结果又出人意料，它就成了各种左宗棠传记里浓墨重彩大书特书的章节，也成为官场学、成功学著作中津津乐道的桥段。

综合目前可见的左宗棠传记，对"樊燮案"的传统叙事大致如下：

背景：左宗棠入骆秉章幕府，骆秉章对左宗棠言听计从，大小事务都交给这位师爷，自己只管签字盖章，左师爷成了湖南实际的掌权者。为了整顿吏治，左师爷大量参革昏庸官僚，激起了很多湖南官员的不满，他们纷纷串联，酝酿倒左。

导火索：湖南永州镇总兵樊燮，到长沙拜访巡抚骆秉章，骆请左宗棠代为接见，交谈间左、樊言语不睦。左宗棠本是狂生，虽然只是个师爷，但自恃有举人功名，轻视武将，就跳起来打了樊燮一个耳光（有的版本是踢了一脚），喝骂道："王八蛋！滚出去！"

经过：樊燮进京述职的路上，在武昌面见官文，得到了官文赏识，官文因此保举他署理湖南提督。为了防止仇人升职，左宗棠以骆秉章的名义连续两次参劾樊燮，告他贪污公款、以权谋私、玩忽职守几大罪状，樊燮因此被革职拿问。在官文的支持下，樊燮反诉骆秉章、左宗棠诬陷之罪，并揭发左宗棠是"劣幕"，以区区一师爷的身份破坏朝廷规矩，掌控湖南政权，结党营私、排斥异己。咸丰因而下旨让官文和到湖北主持乡试的钱宝青联合查办，如果情节属实，可将左宗棠就地正法。

为了拯救左宗棠性命，曾国藩、胡林翼、郭嵩焘四处奔走，动用各种关系救援。因为钱宝青是曾国藩门生，官文被胡林翼阻拦，案件并未升级。郭嵩焘又求咸丰帝的宠臣肃顺搭救，肃顺授意郭嵩焘找人上奏力保左宗棠，他即可趁机向皇帝进言。湘军首领们请出名士潘祖荫上折保左宗棠，潘祖荫因此在奏折中写了一句名言："天下不可一日无湖南，湖南不可一日无左宗棠。"因为潘祖荫的力保以及肃顺从旁斡旋，左宗棠非但未被治罪，而且得赏四品官衔，从师爷变成了带兵的官员，从此平步青云。

上述案情，虽然被大部分左宗棠传记收入，但究其史料来源，是徐宗亮、薛福成、柴小梵、刘禹生等非当事人的私家记述。虽然也采纳了曾国藩、胡林翼、左宗棠的一些书信为旁证，却并未引用此案最关键的史料——清朝档案中樊燮的诉状。

近年来，左宗棠研究专家刘江华先生查阅了清朝关于此案的官方档案，才还原了案件的真相。在刘江华先生研究的基础上，再佐以其他史料，我们基本可以确定：一、樊燮与左宗棠并无深仇，他与官文控告的对象是骆秉章，与此案有关的官员还有黄文琛、贺炳翊（yì）等人，左宗棠在此案中牵连不多；二、左宗棠只是作为替黄文琛通风报信的中介被捎带进去，罪责很轻，根本不会被"就地正法"；三、潘祖荫保左宗棠是为他请官，而非救命，且事在"樊燮案"之后。下边我们一条一条来分析：

"樊燮案"的起因，是骆秉章在樊燮即将升任提督时参劾他为非作歹之事。骆秉章参樊燮有几条大罪：其一，樊燮上京述职路上让三十多名士兵充当私人仆役，负责抬轿子，这既违反了朝廷体制，更涉嫌公器私用，"违例乘坐肩舆，并多役弁兵"；其二，让士兵在长沙充作仆役，照顾他的家人；其三，将公款用于盖自家房子、私人宴请、打赏戏班子，前后挪用公款数千两银子；其四，省内多次镇压叛乱，永州镇总是推诿不肯出兵，或者出兵很少，有玩忽职守之嫌。①

骆的参劾不但让樊丢掉了即将到手的提督一职，还使樊被革职查办，樊势必会发动对骆的报复。值得注意的是，骆秉章上这道弹章是在官文上折保举樊燮之后，因此这不仅是参劾樊燮，更是指责官文有失察之责。不但参劾樊燮，骆秉章还上折参劾了官文保举的另一位官员栗襄。官文被骆秉章扫了面子，当然要支持樊燮反诉。根据刘江华先生引用的档案，樊燮反诉的内容有两项：其一，骆秉章说他挪用公款的事情是诬陷，骆秉章没有调查人证，只看了账簿就匆匆给他定罪，湖南地方官员为了迎合巡抚，逼迫他修改供词；其二，揭发永州知府黄文琛为一些并无战功的官员虚报请赏，尤其为中营守备贺炳翙滥施保举。就这份诉状而言，被告是骆秉章、黄文琛、贺炳翙，并无左宗棠，诉状也并未提及左宗棠打他耳光或者踢了他。

樊燮在诉状中说，官文保举自己为提督，骆秉章一开始是同意的，之所以突然翻脸，是因为黄文琛联合贺炳翙在骆秉章面前诬告他。樊燮推测，因为自己即将进京述职，贺炳翙担心他把自家保举官员不公的事拿到北京告状，就请左宗棠好友侯光裕通知左宗棠，再由左宗棠通知黄文琛、骆秉章。黄文琛得到消息后先下手为强，在骆秉章那里诬告。黄文琛滥施保举，巡抚亦当负领导责任，骆秉章不得已只好帮黄文琛弹劾自己。②

这是樊燮诉状中唯一一处提到左宗棠，并未控告左宗棠打他耳光，也未控告左宗棠结党营私把持湖南大权——结党营私的是黄文琛。如果非要说左宗棠有什么罪，那就是为黄文琛通风报信的"通知"之罪。

官文关于此案的第一封奏折，复述了上述内容，只是文字更加清楚，其中说贺炳翙怕虚报战功的事情暴露，就串通黄文琛联合巡抚的一些幕僚抢在樊燮进京前将其陷害，各级官员为了迎合巡抚，强迫他认罪。这里提到了巡抚衙门有幕僚参与此案，但也只是说"抚署幕友"，连左宗棠的名字都没提。③

上述档案证明，樊燮主要是控告黄文琛等人虚报战功，为了掩盖罪名诬告于他，此案如果是他胜诉，黄文琛恐怕会遭到"反坐"。而骆秉章的罪名是先被属下蒙蔽，后又诬告"忠良"以掩饰罪责，负有领导责任。至于左宗棠，他最多是通风报信的从犯，罪责较轻，根本够不上"就地正法"。刘江华先生还查阅了咸丰为此案下发的所有谕旨，也没有"就地正法"字样。因此，此案矛头直指骆秉章、黄文琛、贺炳翊，左宗棠只是被殃及的池鱼，并不是案件主角。

为查清此案，咸丰皇帝派了钦差钱宝青与官文会同查案。曾国藩、胡林翼积极奔走营救，并非因为左宗棠犯下大罪有杀身之祸，而是曾、胡一直想把左培养为出镇一方的疆吏，不想让他的履历上有污点。要让左从此案脱身，关键就在官文和钱宝青上报朝廷的卷宗里不能出现左宗棠的名字。但即使打通关节，也只有不关键的被告才能把名字从卷宗里摘除。

因为钱宝青是曾国藩的门生，而官文又一直与胡林翼有较好的合作，所以只要曾国藩疏通钱宝青，胡林翼做好官文的工作，就有可能把左宗棠从案件中摘出去。（有野史说胡林翼谋杀钱宝青，伪装成"天诛"，这与事实不符，钱宝青并未在此案审查时去世。）曾国藩和钱宝青有何交涉暂无史料依据，但胡林翼给官文求情的书信保留了下来，他对官文说：左宗棠性格刚烈好强，历年与湖北交往时对您有一些失礼之处，但您有山海包容的大气，连曾国藩也佩服您有宰相气度，品德冠绝百官，所以请务必对左宗棠网开一面。此前书信里您说要公事公办，我感到很害怕。左宗棠是我的亲戚，自幼相处，他脾气不好我也没有办法。如果此案果然牵连到他，敬请中堂大人格外开恩，不要在卷宗里提及他的名字。我也知道这很不合道理，只能烧香拜佛，请老兄帮忙。[4]

从胡林翼的信中可知，樊燮并无控诉左宗棠的想法，倒是官文想把左宗棠牵扯进来，原因可能是左宗棠平日公务往来得罪过官文。官文在上一封书信里故意给胡林翼脸色看，说此案要公事公办，暗指会把左牵连进去。胡林翼没有办法，就只好不讲官场套话，赤裸裸地告诉官文，他是我的亲戚，无论如何不能把他牵连进去。这回不讲公事，只论私交，你必须要替我徇一回私。

官文和胡林翼原本不和，一度斗得你死我活，但经胡林翼设法协调后，两人已能和衷共济。尤其在胡林翼大量分润战功给官文后，很多湘军将帅不方便向皇帝说的话，都可以请他代奏，而且官文在湖北贪污发财，胡林翼亦是默许纵容的。官文之所以要牵连左宗棠，可能因为此前左和他积怨太深。现在胡林翼逼到这个份儿上，官文也只能放弃收拾左宗棠的想法，在卷宗中摘去了左的名字，只含糊写成"抚署幕友"。

既然钱宝青和官文在案件的卷宗里都没有提到左宗棠，左宗棠也就成功从此案脱身了，"樊燮案"结果如何都与他无关。钱宝青开始查案后，从湖南提走了历年保举的卷宗，还提审了一部分官员如王保生、黄文琛，其中并无左。退一步讲，即使曾、胡未能打通关节，左的名字并未从案卷中摘去，一并受到牵连，也可能只是小受惩戒，因为本案的主角黄文琛最后被定的罪名就很轻。钱宝青认定他"其保举贺炳翊、唐吉禄虽非冒滥，既经骆秉章核减，则其过犹可见"，就是说他保举贺炳翊等人谈不上冒功，而且报功后还被骆秉章核实减免了一部分，但还是不太符合规矩。所以朝廷给黄文琛的处罚是"交部严加议处"，但最后也并未丢官，黄在咸丰十一年就以道员补用了。道理很简单，本案的主角是骆秉章，骆抚台根深叶茂，他若不倒，下边的人也就不会倒。

那为何后人一直把左宗棠当作此案主角，认为樊燮状告骆秉章，意在左宗棠呢？有两则史料可以解答这个疑问：

> "左文襄公（左宗棠）初以举人居骆文忠公（骆秉章）幕府，事无大小，专决不顾。文忠日与诸姬宴饮为乐，文襄尝面嘲之曰：'公犹傀儡，无物以牵之。何能动邪？'文忠干笑而已。

尝夜半创一奏草，叩文忠内室大呼。文忠起读叫绝，更命酒对饮而去。监司以下白事，辄报请左三先生可否。一日樊提督（樊燮）诣文忠，延文襄出共谈，意大龃龉，遽起批樊颊大诟。樊不能堪，致为互揭查办之举。文襄回籍，樊亦奉旨罢任。樊归，谓子增祥曰：'一举人如此，武官尚可为哉！若不得科第，非吾子也！'增祥卒入翰林，甚有才名。"（见徐宗亮《归庐谭往录》）

"（骆秉章）其用左郎中（左宗棠），由张石卿（张亮基）移交，待之同胥吏，白事不为起，见必垂手侍立，余尝面诮之。刘霞仙（刘蓉）出幕署藩司，见辄龃龉。凡事皆主于杨重雅。侈然自大，垂拱仰成，则其所长也。"（见王闿运《论道咸以来事》）

事情经过很可能是这样：因为左宗棠好吹牛，在成名后就对门生幕僚吹嘘他在骆秉章幕府做师爷时，骆什么都听他的，成了他的傀儡，许多清代私家著述便采信了这个说法。如上述第一则史料中，徐宗亮就写骆是左的傀儡，骆的文章都是左宗棠代写的，骆的功劳也都是左宗棠的，以致后人在编撰《左宗棠全集》时，还把他在湖南巡抚衙门任职期间，骆秉章的奏折统统收录进去。

既然骆是左的傀儡，那骆弹劾樊燮，就是左弹劾樊燮，官文、樊燮报复的主要对象当然就是左宗棠。既然骆是左的傀儡，那左就会在湖南权倾朝野，名义上被骆打压的官员都是左打压的，这些官员自然也会支持报复左宗棠。既然左宗棠权倾湖南，所以打一个总兵耳光也不在话下。

但正如前文所述，与骆、左、曾、胡都有密切交往的王闿运指出，左宗棠在骆秉章门下如同胥吏，为此还被他当面嘲讽。正因骆秉章不是傀儡，所以参劾樊燮是他个人的意志，与左无关。樊燮也知道事情真相，因此不打算报复左宗棠。即使骆秉章的弹章是由左宗棠草拟，也与左无关，因为幕友为上司起草的文稿，著作权都归属上司，由上司自负文责。如果官员上奏章弹劾政敌，最后遭到"反坐"，也是由官员自己去"反坐"，而不用追究代草弹章的秘书。正如曾国藩的奏折也多由李鸿章、李元度等人代写，却可直接收入曾国藩文集，无须分辨出原作者后再收入李元度、李鸿章的文集。被弹劾的官员，也只找曾国藩复仇，而不用打听代笔的幕僚是谁。

当事人左宗棠对自己被牵连进此案，也觉得莫名其妙。他给胡林翼的书信里述说此案始末：最初骆秉章怀疑樊燮有问题，可惜没有证据，等到樊进京述职，路过长沙不肯和省城官员见面，就知道此人心虚。文格建议调贺炳翙来协助调查，才得到了樊燮罪证。樊之所以控诉黄文琛，是因为怀疑弹劾他的罪状都是黄文琛提供的。其实黄并未告发他，因为黄去年四月份就曾到长沙述职，若要告状早就告了。樊在诉状中说贺炳翙通过侯光裕联络我，再通过我串通省城大员，但侯光裕和我并不亲密，生平就见过两次，无文字往来。[5]

从左宗棠的书信可以得知，参劾樊燮从头到尾和他无关，他也觉得自己甚是无辜，还对胡林翼发誓说："一字涉虚，必为鬼神所不佑。"后人把左宗棠当作"樊案"主角，除了误信左宗棠操控骆秉章的传闻外，更是因为史料选择的偏差。

从前研究此案的学者，多以左、曾、胡的书信为依据，从他们的书信看，湘军统帅们确实在积极为左宗棠洗刷罪名。但那是因为骆秉章势力庞大，并不需要曾、胡相助，黄文琛等人既不是湘军核心人物，也和曾、胡无深交。尽管他们才是此案核心，曾、胡却无须关心他们，书信往来，自然只讨论左宗棠一人，以曾、胡、左书信为依据研究，很容易产生左是此案核心人物的印象。曾、胡等人积极奔走，并非因为左宗棠是此案核心人物可能被杀头，而是他虽然只是被捎带牵连，可一旦履历有了污点，短期内很难担当统率新军的重任。

虽然从"樊案"中脱身，但左宗棠在湖南巡抚衙门也待不下去了。当时很可能还有其他人参与告状，告状的内容是湖南幕府中有幕友"恣意要挟"，幕僚制度有积弊，这可能就是后人讹传左宗棠被以"劣幕"告发的源头。

实际上咸丰的谕旨中并无"劣幕"字样，也未提及左宗棠的名姓。"劣幕"是指幕友不守师爷本分，结交官员，执掌权力。虽说左宗棠并未真能把骆秉章当作傀儡，但他辅佐骆秉章一年多后获得信任，"劣幕"的罪行显然也是有的。可即使以"劣幕"论处，按律是主官骆秉章降一级处分，"劣幕"逐出幕府。

告发湖南幕友制度有积弊的人，胡林翼怀疑是布政使文格，可惜并无实据。湖南"属员幕友近年积弊"一事，咸丰让官文和钱宝青与"樊燮案"一并查探，他俩的回禀是"查无确证""仍无端倪"，把这件事遮掩过去了。但因为在追查幕府积弊，为了避嫌左宗棠只好从骆秉章幕府辞职。

尽管"樊燮案"到咸丰十年二月才审定结案，认定樊燮确有贪污行为，但左宗棠显然早已脱罪，因此他准备赴京参加会试，考取功名。胡林翼疑心极重，既然已怀疑文格有谋害之意，他就阻止左宗棠上京，免得再生事端。左宗棠在湖南巡抚衙门多年，得骆秉章支持，也做了不少大事，一朝辞职，颇有"拔剑四顾心茫然"之慨。他先到武昌拜会了胡林翼，又去曾国藩军中担任了一段时间的幕僚。

他本想借助辅佐骆秉章的功绩获得正式官职，孰料却被此案牵连被迫辞职，顿时心灰意冷，想去湘军中担任营官，带五百个士兵冲锋陷阵。曾国藩可不敢让如此大才做手下营官，说左要么在他幕府中做幕僚，要么就隐居著述，等待日后朝廷的任命——显然，曾国藩是想让他等风头过去后，正式出镇一方，成为湘军又一派系领军人物。

正因如此，咸丰十年闰三月廿三日（1860 年 5 月 13 日）潘祖荫上疏保左宗棠，并不是要救他的命，只是要给之前的案件最后盖棺定论，免得后来再生事端，同时设法保举他做官。潘祖荫对左宗棠的恩情，不是救命，而是举荐。在潘祖荫上疏之前，甚至早在咸丰八年，左宗棠的才干就经人传到了咸丰的耳朵里。郭嵩焘在咸丰八年腊月的日记里就如此记载：

上曰："汝可识左宗棠？"

曰："自小相识。"

上曰："自然有书信来往？"

曰："有信来往。"

上曰："汝寄左宗棠书，可以吾意谕知，当出为我办事。左宗棠所以不肯出，系何原故？想系功名心淡。"

曰："左宗棠亦自度赋性刚直，不能与世合，所以不肯出。抚臣骆秉章办事认真，与左宗棠性情契合，彼此亦不能相离。"

上曰："左宗棠才干如何？"

曰："左宗棠才尽大，无不了之事，人品尤端正。所以人皆服他。"

上曰："年若干岁？"

曰："四十七岁。"

上曰："再过两年五十岁，精力衰矣。趁此时尚强健，可以一出办事。也莫自己糟蹋，汝须一劝劝他。"

曰："臣也曾劝过他。他只觉自己性太刚，难与时合。在湖南亦是办军务。现在广西、贵州两省防剿，筹兵筹饷，多系左宗棠之力。"

上曰："闻渠尚想会试？"

曰："有此语。"

上曰："左宗棠何必以科名为重，文章报国，与建功立业，所得孰多？渠有如许才，也须得一出办事才好。"

曰："左宗棠为人是豪杰，每谈及天下事，感激奋发。皇上天恩，如果用他，他也断无不出之理。"⑥

经过"樊燮案"的折腾，左宗棠的名字又被皇帝想了起来，加上潘祖荫的保举，咸丰也想任用左宗棠。恰好此时江南大营崩溃，咸丰要借重曾国藩，军务当然咨询于曾。看过潘祖荫的奏疏后，咸丰就在谕旨中与曾国藩商询，左宗棠熟悉湖南形势，又能征善战，到底是让他留在湖南办团练，还是到你军中任职为好？

曾国藩赶紧回复："查左宗棠刚明耐苦，晓畅兵机。当此需才孔亟之际，或饬令办理湖南团防，或饬赴各路军营襄办军务，或破格简用藩（布政使）臬（按察使）等官，予以地方，俾任筹兵筹饷之责，均候圣裁。无论何项差使，惟求明降谕旨，俾得安心任事，必能感激图报，有裨时局。"⑦

他的意思是，左宗棠非常能干，现在需要人才，可以让他在湖南办团练，可以让他去各处军营帮办军务，也可以让他出任地方官，无论什么官职，都由皇帝决定，下发明谕即可。曾国藩自守制复出后，做官本领大涨，这封奏折就是明证。虽然他口口声声说，一切差使都请皇帝裁决，自己完全尊重皇帝的意见，但他还是把自己的意思都说出来了。皇帝问的是，是让左宗棠办团练还是跟着你，曾却回答办团练也可以，跟着我也可以，当个布政使、按察使也可以，都听陛下的。曾的意见其实就在后一句——陛下只想到让左办团练或者跟我从军，其实还可以让他当布政使、按察使。这是明确替左宗棠要官，因为办团练可以是没有实际官职的"在籍士绅"，在湘军里带兵，也可以不给朝廷的实职。曾的意思很明确，应该让左宗棠以正式职官的身份带兵。

布政使是从二品，按察使是正三品，左宗棠只是举人，并无军功，哪儿能一出仕就当上藩、臬呢？但曾国藩要价甚高，皇帝也不能还价太低，最后咸丰决定，让左宗棠以四品京堂候补的身份随曾国藩打仗。朝廷的这项任命是在咸丰十年（1860）四月二十日发出，此前一天还发出了让曾国藩署理两江总督的朝命。

咸丰十年的春天，于湘军而言是有史以来最和煦的春季。曾国藩苦候多年的地方大权得手，左宗棠也从幕僚变成了带兵的四品官员，湘军有了更大的地盘，终于可以放手大干了。曾国藩有意创造出新的派系，以分散朝廷对他的猜忌，自然要扶植左宗棠另立山头。左的才干威望足以和曾、胡颉颃（xié háng），他和曾国藩的关系又一直若即若离，正是建军的最佳人选。左宗棠对自己的作用也十分清楚，所以他回湖南募勇，就选择了以王鑫的旧部为骨干。

王鑫已于咸丰七年（1857）病故，他的旧部由堂弟王开化统领。王鑫在曾国藩困守江西时已致信与曾和解，但在世人的眼中，他早年为曾所排挤，后又英年早逝，与曾仍有未解之仇。左宗棠以王鑫旧部组建新军，正好向朝廷宣告他在与曾国藩保持距离。王鑫遗留的老湘营能征善战，左宗棠也因此得到一支强军，他很快就拉出了五千多人的精兵，赴江西支援曾国藩。这支军队跟着左宗棠平定太平天国，后来又远征新疆，赢得"湖湘子弟满天山"的美誉，左也因此获得了自唐太宗以后对中国领土贡献最大之人的美名。

【注释】

① 见《左宗棠全集》第 9 册第 629 页，岳麓书社 2009 年版。

② 见刘江华《左宗棠传信录：基于清宫档案的真相还原》第 41 页，岳麓书社

2017 年版。

③ 出处同②。

④ 见《湖南人物年谱》第 3 册第 98 页，湖南人民出版社 2013 年版。

⑤ 见《左宗棠全集》第 10 册第 339、340、341 页，岳麓书社 2009 年版。

⑥ 见《郭嵩焘全集》第 8 册第 172 页，岳麓书社 2012 年版。

⑦ 见《曾国藩奏折》第 196 页，中国致公出版 2011 年版。

八、安庆之围

一　置身绝地

湘军紧锣密鼓布局攻打安庆，太平天国方面也在策划破局。

湘军集中兵力于安庆附近，其他战场就基本放弃了，除安庆围城军外，还剩下江西景德镇有左宗棠一军五千人，九江吴坤修一军三千多人，湖北黄州以上无一兵一卒。江南大营崩溃后，胜保又在官亭、护城战败，下游已无能战之清军，李秀成的太平军反而得到迅猛扩充。就整个局势而言，湘军优势在上游，尤其在安庆附近，太平军的优势在下游江浙一线。

太平天国内部对形势有三种意见。陈玉成提议，把下游李秀成等军全部拉到上游，西援皖省，为安庆解围。陈玉成知道单凭自己也无法保住安庆，所以就动员李秀成等军一并到上游参与安庆会战。

李秀成则建议让陈玉成舍弃安庆，到下游来合力攻取苏南，尤其是上海；李世贤则意在拉陈玉成和皖南诸军围攻浙江。李秀成兄弟这两个建议其实是一回事，都是用兵下游，东征攻取富庶的江南。[①]

后人多以陈玉成的战略为是，认为保卫安庆是全局核心，因而指责李秀成不尽全力保卫安庆。实际上李秀成的战略才是正确的，苏南和浙江富甲天下，能提供的粮饷十倍于安徽，加上下游无强大的清军驻守，很容易被太平军攻占。太平军若能拿下整个江浙，财力上就大大胜过了清军。李秀成的老兵不多，陈玉成部下却多百战精锐，有陈军大量的老兵打底，加上充足的粮饷，太平军可以很快扩充出强大的部队，再回师上游，以数量优势碾压湘军。仅就这一点，以江浙换安徽，以杭州、上海换安庆，太平军是大占便宜的。

安庆的重要意义，不在钱粮人口，而在地理位置，因为湘军要从上游顺江而下攻击天京，就必须先拿下安庆。丢失了安庆，天京将直接面对湘军的进攻，这是后人反复强调必保安庆的原因。但以安庆拱卫天京，本就是一种防御的心态而非积极进取之道。若太平军远胜湘军，根本就无须考虑拱卫天京，而是湘军反过来要考虑如何自保。

陈玉成如果会同李秀成火速攻陷江浙，不但能大量扩军，还能通过上海、宁波等通商口岸，找同情太平军的"洋兄弟"或西方走私商人购买枪炮乃至轮船。历史上李秀成、杨辅清就靠走私的火器建立了庞大的火枪队，只是李秀成的骨干军队不过四五千人，盲目扩军之后素质太低，火枪队没能发挥作用。陈玉成一军的骨干多达数万人，其中有七八千人甚至可以压制同等数量的湘军精锐，若陈军到下游换装洋枪、扩充兵员，太平军的战力会提高很多。到时数十万太平军回师安庆，雷霆一击，曾国藩又拿什么来抵挡？

即使湘军攻势太快，太平军还未能在江浙站稳脚跟，湘军就拿下安庆，顺江而下围攻天京，也并不可怕。曾国荃在打下安庆后进驻天京城外雨花台，李秀成就回禀洪秀全，天京虎踞龙盘、城防坚固，湘军最起码在两年内无法拿下天京。如果天京能争取到两年的时间，他就可以从容解决苏南、浙江的清军，整顿军队，再以数十万大军回天京决战。由于洪秀全不听李秀成的意见，强令他回军天京，才让李鸿章和左宗棠在江浙扩大地盘、扩充军队，进而丧失根本。

即便如此，李秀成仅以不到两万人马，也在天京抵挡曾国荃五万大军的进攻长达两年。如果陈玉成也一并用兵下游，即使湘军火速打下安庆，天京的城防也能拖住湘军数年，为太平军在苏杭的发展争取时间，何况湘军攻城没有那么快。退一万步讲，即使天京不守，按李秀成的计划，还可以"让城别走"，迁都苏南再战。

李秀成一直不认可洪秀全死守天京的做法，早在破江南大营之前，他就多次建议放弃天京，迁都再战。湘军围困安庆后，他放弃天京的想法就更加坚定。太平军的攻坚力量很弱，对有精锐部队驻守的坚固工事无能为力。当初陈玉成、李秀成合兵一处都无力打破四万清军在天京城外的营垒，一直要等李秀成佯攻浙江，把江南大营一半兵力诱出后才以优势兵力攻破江南大营。三河大捷太平军能够获胜，原因是李续宾尚未来得及建立巩固的防线，仅以数千军队和十万太平军在野外浪战。经验证明，太平军只有运动作战，把湘军诱出防御坚固的营垒长壕，才能在野战中以优势兵力取胜。此刻五六万湘军已在安庆城外扎下营盘，修建了庞大而坚固的战壕营垒，即使太平军主力全部压上去，也不能轻易取胜。既然解救安庆已无可能，再把军队拉上去硬碰湘军的防御工事就是浪费兵力。

后世论者指责李秀成，无非预设了两个立场：一、安庆的存亡比江浙的得失重要；二、如果李秀成全力配合，安庆是可以保住的。但李秀成和陈玉成此前精诚合作，对付李续宾那五六千没有长壕、水师、马队保护的湘军都打得精疲力尽，又哪有实力对决六万严阵以待的湘军呢？

无论如何夸大安庆的重要性，在一场旷日持久的政权争夺战中，一座城池的得失都不如保存军队实力重要。太平军虽然不能在安庆保卫战这种硬碰硬的"呆仗"中击败全员聚集的湘军，却未必不能在广袤的战区里，在自己有利的战场上寻找战机逐次歼敌。因为安庆是天京的门户就必须赔上一切代价，是一种极愚蠢的战略。历史上不乏连首都都丢掉的政权，因保存了军队实力，不断扩充壮大，在运动中寻找战机最终胜利的例子。

其实安庆城池的得失，曾国藩、胡林翼亦并不放在心上。他们的计划，是以安庆作为诱饵，引太平军主力到安庆城外聚而歼之，安庆会战太平军来得越多越好。按陈玉成的计划全力援救安庆，就完全落入了湘军的算计。敌人想让我们做什么，我们就一定不能做什么，只有李秀成的计划，才是打乱湘军部署的破局之道。甚至可以说，如果太平军真的不顾安庆，甚至不顾天京，安庆就成了毫无价值的弃子，不能以安庆为饵诱歼太平军主力，湘军反而有可能放弃围城。

李秀成的计划虽然正确，却得不到洪秀全的支持。洪秀全以上帝次子自居，天京就是地上天国，他到兵尽粮绝时宁可带头吃苔藓也不肯弃城而走。但正如李秀成指出，直接在安庆城下硬撼战壕里的湘军非常危险，太平军诸王也都知道这一点，所以最后由洪仁玕提出了个折中方案，全军向东攻打苏南，东征结束后，占领通商口岸，购买洋人兵船，从江南出兵，在湖北会师，攻打胡林翼的老巢，围魏救赵，逼湘军撤安庆包围回援湖北，这样则满盘皆活。[②]

洪仁玕的计划非常宏伟，先打下苏南，然后李秀成从皖南入江西、湖北东南部，陈玉成从皖北经安庆进攻湖北东部，杨辅清、李世贤、刘官芳三路军队居中路，策应陈玉成和李秀成两路大军。对于战役的结果，他也做了两套预案，一套预案是诸军尤其是陈玉成向上游进攻时，如果进展顺利，就直接打垮安庆周围的湘军，歼灭胡林翼部，解除安庆之围，然后夺占湖北上游，再度西征，最后大获全胜。一套预案是如果安庆附近湘军太过顽强，短时间内不能突破，就绕开安庆，直迫湖北攻敌必救，逼湘军撤安庆围城大军回救武昌，以解安庆之围。

洪仁玕的策划一开始执行就不顺利，原定是在一个月之内扫平苏南，结果因为李秀成进攻上海不克，太平军主力在苏南盘桓了六个月，白白浪费了时间。在这六个月的时间里，湘军加紧调集军队，完成了对安庆的合围。由于洋人伪装中立，不肯卖轮船给太平天国，加上时间紧迫，没有时间联系走私商人，太平军连洋枪洋炮也未能大量买到。

太平军的情报为湘军谍报系统探知，为防止对手从浙江、江西进援安庆，曾国藩决定亲自带兵阻援，他选择了安徽的祁门为驻地。祁门是皖南山区的一个小盆地，靠近江西和浙江。太平军攻湖北，军队必须通过皖南山区。他在给左宗棠的信里用围棋打比方：我如果守住祁门，两军就可以呼吸相关，加固景德镇和湖口的防御，宛如围棋通了气，成了活棋；如果敌军得了祁门，就把我军三面之气阻断，危害很大。因此扼守祁门，既可以阻断太平军攻湖北救安庆的通道，也可以使安庆战场和湘军的江西基地连成一气，更为将来湘军进入江南保留一处桥头堡。[③]

从大地理上来看，这个设想有一定合理性，皖南山区确是兵家必争之地，但从小地理上看，祁门却是一个"绝地"。祁门四面环山，出路都被大山堵住了，只有一条官道，东连休宁、徽州，南连江西景德镇，如果太平军同时打下徽州、景德镇，把这条官道两头截断，困在祁门的湘军无异瓮中之鳖。

湘军水师强大，出兵时讲究水陆并进，由水师为陆军运送补给和援军，就算陆军被围，也能依靠强大的水师沟通内外，使军队不至于困绝。可是祁门的河道非常浅，湘军水师的船根本就进不去，无论从水路还是陆路看，祁门都不适合驻军。李鸿章就对老师进言说，祁门地形像一口大锅，县城就如同在锅底，驻军祁门，就像把军队放进了锅底，等着敌人放火来煮。④曾国藩却不肯听从众人的意见，留下曾国荃围安庆，自率一万多人奔赴祁门。

曾国藩刚到祁门，太平军杨辅清、李世贤、黄文金等部就向皖南开拔了。太平军势如破竹，几天时间就击毙湖南提督周天受夺占宁国，稍后李世贤又在徽州击败李元度率领的几千平江勇。如前所述，祁门只有一条官道，一头是徽州，一头是景德镇，李世贤破了徽州，就断了祁门的粮道和出路，把曾国藩堵在了祁门，只能依靠景德镇与外界通声息。

李元度战败后，祁门全军惊恐。李世贤的军队有四万人，杨辅清、黄文金也各有几万士兵，几路太平军合计兵力是湘军的八九倍，祁门又无水师可以协助撤退，形势十分危急。湘军在祁门只有一万三千多人，鲍超在徽州失守后三天才结束探亲假回到军中，是祁门大营唯一可以依靠的猛将。仅靠鲍超一军力战，在十几万敌军围攻下保住

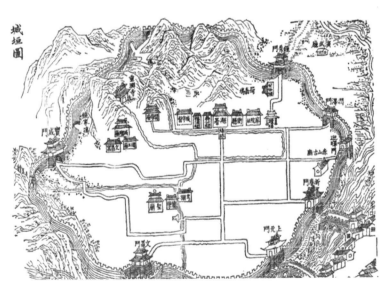

四面环山，如同锅底的祁门县城

祁门难度非常大。胡林翼一度想调游击之师李续宜来援，鲍、李合军，或可保住曾国藩的性命以图将来。但若李续宜进军祁门，围攻六安的陈玉成将无人阻挡，可以一口气推到安庆城下，提前打响安庆会战。湘军的准备尚未完全，挡住陈玉成的把握不大，万一战败，好不容易被限制住的太平军将如猛虎出柙，再要平定就难了。

【注释】

① "英王求解安省之围，侍王议取福建，唯忠王执遵吾之前议，进取苏常。"干王洪仁玕《洪仁玕自述》，见《中国近代史资料丛刊续编·太平天国》第 2 册第 404 页，广西师范大学出版社 2004 年版。

②《洪仁玕自述》，见《中国近代史资料丛刊续编·太平天国》第 2 册第 411页，广西师范大学出版社 2004 年版。

③ "我守之，则可通敝处与尊处之气，可以固景德镇、湖口之防；贼得之，则隔我三面之气，阻我进兵之路，利害甚巨。"转引自朱东安《曾国藩传》第 155 页，百花文艺出版社 2001 年版。

④ "傅相（李鸿章）谓祁门地形如在釜底，殆兵家之所谓绝地，不如及早移军，庶几进退裕如，文正（曾国藩）不从。"见《清代名人轶事辑览》第 3册第 1309 页，中国社会科学出版社 2004 年版。

二 "勤王"疑案

李续宜不来祁门，主帅可能战死；李续宜若来，安庆之战可能失败。曾国藩还在个人安危与全局成败之间反复权衡，就收到了更可怕的消息。根据朝廷下发的谕旨，因僧格林沁和胜保的军队已被英法联军在天津、通州击败，北京无兵可用，北狩热河的咸丰皇帝在逃亡途中下令天下督抚勤王，其中明令鲍超率湘军三千人北上，交胜保统带。

如果鲍超遵旨率军离开，少了这一支精兵，不管李续宜来与不来，祁门大营必定不保。但列强兵临北京，皇帝旦夕不保，"勤王"就成了曾、胡这些臣子必须承担的大义，何况这又是抗击外敌入侵，如果推诿避战，必然会遭舆论谴责。万一英法联军打下北京还不收手，冲进热河俘虏或者击杀咸丰帝，俘虏朝廷中枢，清王朝就只能宣告灭亡了。曾国藩起兵镇压太平天国，一为保清朝，二为保名教，若英法联军俘虏了清朝中枢和皇族，不但清朝不保，数千年之礼教也必将亡于信仰基督教的洋人之手，此结局比太平天国得了天下还要悲惨。

北上勤王是不能不去的，但鲍超一走，围攻安庆的策划就化作泡影，自己亦随时可能阵亡。究竟如之奈何？

月色冰凉如水，雨阶前的虫吟细细颤颤地刺破残秋，远处的营垒浩浩荡荡又影影绰绰，曾国藩在黑夜里思虑万千，久不能寐。人之所以患得患失、举棋不定，无非是想要的太多。曾国藩既想在安庆击败陈玉成，又想北上行勤王之大义，想争的东西太多，自然无法取舍。

曾国藩迟疑多日，突然下了决定，他给朝廷上奏折说，朝廷只抽调鲍超一军三千人北援，但君父被难，湘军绝不会袖手旁观，决心调兵万人进京勤王。所可虑者，鲍超冲锋打仗虽猛，其人却不过是一介武夫，既无治民理财之能，也不懂得安抚地方。他平日冲锋打仗，有湘军幕府和粮台的书生给他处理粮饷和行政。北上勤王，脱离后方作战，很可能因不会处理行政，筹措不到粮饷而兵败。为确保胜利，拟由自己或者胡林翼统兵万人进京救援，但督抚守土有责，要离开防区必须向朝廷请旨，所以特地上折请降调用的明谕。

若失败已成定局，要做的选择，就是少输一点，曾国藩决心北上，就是想明白了这个道理。不北上，等英法灭了清朝，和太平天国的战争就失去了意义。况且即使不去勤王，鲍超那三千人也很难抵挡太平军对祁门的围攻，必须要加拨李续宜乃至多隆阿前来增援，多、李若来救援祁门，安庆也就打不成了。既然拒绝北上勤王也可能打不下安庆，那就干脆放弃安庆决战的计划，以一部分兵力维持安庆外围据点，其余军队北上勤王。

一旦决心放弃安庆决战，曾国藩就不用在祁门吸引太平军主力，可经左宗棠把守的景德镇撤退，经江西绕道北上勤王。安庆虽打不下来，曾国藩自己的性命却暂时保全了，到北京会合各地勤王大军，先保住皇帝再说。如果万幸击败了英法联军，还可以回头再和太平军交战，总有一天能打下安庆。如果湘军去了北京还是保不住咸丰帝，清朝被英法灭了，结局也不会比在祁门坐看清朝灭亡更坏。

曾国藩之所以不派鲍超先行，或不待请旨马上整军北上，非要等候朝廷批准，主要有两个考虑：

其一，鲍超残暴好杀，也不懂理财，到了北方划归胜保这个气量狭小而能力低下的钦差统领，结局要么这支铁军因缺乏粮饷自乱，要么被胜保的胡乱指挥葬送，因此必须曾、胡亲自去。

其二，虽说地方督抚不得上谕不能擅自带兵离开辖区，但事急从权，为什么一定要等朝廷批复呢？是为了借公文往返拖延一个月时间。曾、胡商量的结果是，如果朝廷要胡林翼勤王，就由李续宜带兵陪伴；如果要曾国藩勤王，就由左宗棠随行。李续宜和左宗棠都是既能领军打仗，又才堪治民的文臣，去北方作战既要协调和当地民众、士绅、官府的关系，又要筹饷抽税，正需要这种人才。但李续宜驻扎青草塥、左宗棠防守景德镇，都需要时间与太平军脱离接触后，才能整军前来与主帅会师，一个月的时间是必要的。

曾国藩已经做好前功尽弃的准备，孰料形势突然变化。还没一个月的时间，恭亲王在北京和英法议和成功，签订了出卖国家权益的

《北京条约》，清朝与英法停战；而此前威胁祁门的李世贤始终挂念富庶的浙江，并没有继续进攻祁门，反而调头打浙江去了；此前计划直取安庆的陈玉成大军，先攻六安失败，再攻舒城不利，回头又攻六安仍遭挫折，兵锋大挫。湘军不用北上，祁门暂时保住，安庆围城大军不用撤退，战局又回到了最初状态。

晚年时曾国藩曾对人说，他能消灭太平天国，而江南大营却全军覆没，主要是自己的运气太好。攻取金陵，他自己的本事和努力只占到十之二三，而运气却占了十之七八。这话虽是自谦，但他的胜利，确实有好运相助。

依靠请旨来拖延时间的做法，在后世成了阴谋论的素材。因为曾国藩按兵请旨，拖了一个月的时间，拖到了议和停战，把湘军北援这件事给搪塞过去了。后人都喜欢从这件事情上分析曾国藩如何玩弄权术。

一种说法是，咸丰皇帝调集鲍超的旨意是荒唐的"乱命"。祁门和北京相隔数千里，大军往返数月，以步兵为主的鲍超根本就来不及在北京沦陷前赶到。就算赶到北京，三千步兵能对抗两万多装备洋枪洋炮的英法士兵吗？既救不了北京，反而误了曾国藩性命，葬送南方战局。身为臣子的曾国藩不好意思直接说皇帝犯浑，只好以荒唐对荒唐，告诉咸丰，我要亲自来，但是要陛下降旨。咸丰一看奏折、圣旨往返数月，并不愚蠢的他一点就通，就不再期待湘军勤王了。

还有一种说法是，曾国藩不肯放鲍超北上，是怕这支千锤百炼的精兵落到胜保的手里，这是湘军军阀以兵权为命根子的本能表现。既然说到了军阀，那更厉害的"诛心"之论就来了：曾国藩这种地主阶级出身的刽子手，对内凶狠，对外妥协；对太平军坚决镇压，对外却一心卖国，他总希望签署几个卖国条约换取停战，好放手打太平军。

若要上述说法成立，必须有一个先决条件，那就是曾国藩能预知未来。但曾国藩毕竟不是掐指一算可知祸福吉凶的活神仙，如何能预测第二次鸦片战争的规模、程度和持续时间？西方列强自大航海时代以来，拓地万里，灭国无数，中国的邻国印度就被彻底征服，成了英国女王皇冠上最明亮的宝石。多年后八国联军进犯北京，一度也制订了瓜分中国的计划。身在局中的曾国藩何以知晓，英法在攻克北京后，不会扩大战果征服中国，而仅仅满足于开放通商口岸和索取赔款？尽管在攻打北京前，英法曾同清朝签订《天津条约》，战争中也一再提议订新约，可这会不会是缓兵之计？英法的底线在哪里？曾国藩是无从得知的。

　　即使他知道英法并无灭亡清朝的打算，也无法预估战争会在一个月内结束。比如说，英法提议要割让两广，咸丰皇帝不同意，这场战争会不会持续一年？英法在攻克北京后，如果想劫持咸丰让中国出卖更多主权，一路追击逃亡的皇帝怎么办？或者咸丰逃晚了几天，在猛烈的炮火中驾崩了，君父之仇还报不报？以上各种情况都是有可能发生的，谁也无法估计到战争会在一个月后结束。既然猜不到战争能在一个月内结束，拖延还有意义吗？能拖一个月难道还能拖一年吗？

　　从当时曾国藩、胡林翼等人的书信看，他们都猜不到北方战事会在一个月内结束。胡林翼在咸丰十年农历九月十四日给曾国藩的书信里详细策划了采办粮食和调动军队事宜，说无论成败都必须走一趟。而第二天在给心腹阎敬铭的信中，他说此次北上，有九成把握是我亲自去，最迟还有七八天上谕就下来了，既然率一万大军北上，你们先要做好接应安庆撤军的准备。在另一封信中，他和曾国藩甚至都在讨论要不要皇帝巡幸西安，迁都再战了。①

　　另外，咸丰调鲍超北援也不能视为荒唐的乱命。咸丰皇帝并非只抽调了鲍超这三千军队，他是下诏天下督抚、将军北上勤王，霆军只是全国勤王军中的一支。尽管下诏勤王后一个月就停战，在此期间赶到京师的军队就有两万多人，还有不计其数的兵马在进京路上。帝都被困，召集天下兵马进京勤王，京畿附近兵马依托坚城抗击敌军于内，天下勤王大军会师于外，是帝都保卫战的传统做法。就算皇城拖不到勤王兵马赴京就已沦陷，皇帝也要动员全国精兵夺回首都。咸丰皇帝只暂调鲍超一军，没有下令撤安庆围城大军北上，已经是相当克制了。

也有说曾国藩自知不敌英法联军，所以主张对英法妥协，这也不符合事实。此时曾国藩并未与英法联军交过手，并不晓得列强军队的厉害，直到李鸿章去上海购买西洋大炮，他还谨慎地表示对洋枪洋炮威力的怀疑。第二次鸦片战争是清朝第二次与欧洲军队交手，还远远谈不上被打怕。

第一次鸦片战争，英军一万多人入侵，虽说清朝动员了十几万军队迎战，但抵达战场的军队不过四万人，许多场战斗英军甚至有兵力优势。即便如此，第一次鸦片战争时英军并未攻克大城市，远远谈不上让清朝畏惧。以一万多人击败四五万分散各地的清军，也谈不上让人彻底绝望。太平军在广西以简陋的兵器作战，就能以一万人击败集中的十万清军。在湘军将领眼里，英军虽能以少胜多击败腐败的绿营，却未必比得上太平军精锐。事实上，1860 年的英法联军，战斗力也很可能比不上太平军精锐。

从美国南北内战开始，西方获得了第二次工业革命带来的军事变革，作战能力有了质的变化，而湘军、淮军又逐渐变得和绿营一般腐败，在甲午战场上被日本的西式军队痛击，后人因此过高评价 19 世纪 60 年代的英法军队，但当时曾国藩未必有那么怕英法联军。

在第二次鸦片战争进行的同时，美国爆发了南北战争，英军曾想支援南军，干涉美国内战。当时就有英国将领评估说，英国若与美国开战，远东的两万多英军，加起来可能还打不过美国人华尔在上海控制的五千洋枪队。让英国人畏惧的洋枪队被李秀成击败多次，连"美国英雄"华尔都被击毙。太平军在宁波击毙法军将领勒伯勒东以下数百人，在上海又大破英法联军，可见湘军根本犯不上害怕英法联军。甚至连湘军瞧不上的僧格林沁，也在大沽口之战中以数十人的损失，击杀敌军数百人，让英法联军痛彻心扉，曾国藩又怕什么呢？

曾国藩以请旨的名义拖延战争，这个阴谋论的源头，来自徐宗亮的《归庐谭往录》。徐宗亮说：因为北上救援咸丰皇帝是"君臣大义"所在，咸丰的安危压倒一切，所以湘军文武大多赞同入卫，只有李鸿章提供了新的思路。李鸿章首先分析了局势，英法和大清的战争，不过赔钱议和而已，应该没什么大问题，倒是剿灭太平天国稍有不慎就会全局崩溃，所以我们不需要北上勤王。其次李鸿章为大家想了个敷衍皇帝的办法，那就是按兵不动，请旨拖延，这样就可以拖到议和结束。

徐宗亮这段话编造得很高明，他让李鸿章来背拒不北上这口黑锅，很能迷惑人。"李二先生是汉奸"，日后的李鸿章是清朝签订卖国条约最多的人，由他来提议和洋人赔款议和，专心剿灭太平军，这很符合后世对李鸿章的定位。李是清朝少有的洋务人才，精通洋务熟悉西方，湘军幕府中，也只有他能判断北方战事的结果可能只是"金帛议和"。"按兵请旨"这种高明的权术，也正是李鸿章的专长，毕竟他以弄权著称，而让标榜"名教"的曾国藩来提这种阴谋就不合适了。正因为这段编造如此入情入理，几十年来一直被人反复引用，遂成了曾国藩、李鸿章的黑材料。

但李鸿章成为和洋人打交道的里手，是战争结束去办洋务之后，在长期实践中历练出来的。北援时，李鸿章还是个传统的翰林，对洋务并不熟悉。直到领兵增援上海，和英法打交道，见到英法同意出售洋枪洋炮给淮军，他还很惊奇，说军国利器向来秘不示人，想不到洋人居然愿意卖给他，甚至愿意传授制造的方法，实在不可思议，足见此时的李鸿章并不是什么洋务达人、卖国专家。

如果再深入考察这一时期的曾国藩幕府，还有更丰富的细节。李元度在徽州战败后，曾国藩要严参他，李鸿章坚决反对，带领一群幕僚和恩师发生了激烈冲突。曾国藩气得在日记上写道："而又见同人多不明大义，不达事理，抑郁不平，遂不能作一事。"②有学者查阅过曾国藩日记手稿，此处原文在"而"与"又见"间圈掉"少荃"二字，原意可能要写。正因为保李元度的事闹得不愉快，这段时间曾国藩冷落了李鸿章，日记中连续多日不曾有与他谈话的记录，李鸿章也不可能在这时候有私下进言的机会。

尤其是李鸿章在北援一事上的态度，是有史料详究的。学者胡忆红先生在论文中提到，曾国藩曾经把当时参与北援定计的所有言论汇编为《北援集议》，《北援集议》里李鸿章的说法是："今日之事，不论利害论是非，应得旨即行，自宜不用声色，预为布置。"③很明显，他的态度是，即使北援会遭受很大损失，也应该不计利害前往，同时应该提前做好准备。不但如此，他连北援的兵马和钱粮都计算好了。他提议曾国藩率军一万人，带十二万两银饷北援。可见北援请旨一事，实在没有阴谋权术在其中。

【注释】

① 见《胡林翼集》第 2 册第 655、671、676 页，岳麓书社 2008 年版。

② 见《曾国藩全集》第 17 册第 84 页，岳麓书社 2011 年版。

③ 见《皇朝经世文续编·北援集议》第 2612 页，文海出版社 1979 年版。

三 乱极时站得定

太平天国策划救援安庆时，战略野心很大，不但要解安庆之围，还要借破江南大营和东征苏南大胜的军威，以三路大军发动二次西征，彻底平定中国南方。

石达开率部出走后，太平军以陈玉成军士卒最精、兵力最多。陈玉成的核心部队一万人，久经战阵，士气高昂，足以和湘军精锐抗衡，而其余部队就是稍加约束的流民。陈的野战部队有七八万人，综合战力高于同等数量的清军绿营，但略低于湘军。陈玉成还招抚了部分捻军和义军，号称十几万人。只是在三河、二郎河、小池驿损失数万，此后又被李昭寿击败数次，再加上攻打江南大营的战损，到进援安庆时，陈玉成大军号称十余万，其实多数是捻军临时纠合，能战者可能只有六七万。

李秀成所部后来一路膨胀到百万人，很容易被高估。实际上，李秀成在两年前，只有精兵五千和一部分招抚的捻军，被张国梁多次击败后，所剩不到一半。用他自己的话说，当时是"苦之不尽，流涕不尽"。攻破江南大营时，李秀成直辖部队不到两万人，他当时的神奇表现，实际上是仰仗皖南太平军和李世贤部的帮衬，他的兵力还少于李世贤和杨辅清。攻占苏南建立苏福省后，李秀成大肆扩张，收编了六万清军，招募了二十万新兵，这才成为可以和陈玉成匹敌的军事集团。

李秀成离开苏福省时，由于江苏清军残余冯子材等还有兵数万，加上沪上洋枪队在旁策应，浙江省也有数万清军威胁苏福省，他把大批军队留在苏福省看家，率军进援安庆的部队只有三四万人，且多是新兵。按湘军的估计，李秀成的这支部队非但不如陈玉成，连李世贤的部队都不如。

在陈、李两路中间的中路太平军，李世贤有军队四万人，战斗力较李秀成为强，但仍不及陈玉成。黄文金、杨辅清也各有几万人，合起来中路太平军约有十万人。

湘军方面，由胡林翼指挥的安庆围城军约为六万人，其中曾国荃的围城军初为八千，后增至一万五千。李续宜所部八千，多隆阿所部八千包含相当比例的精锐骑兵，成大吉、金国琛等所部约两万人（一部分是绿营兵），另外还有水师近万人。这支部队直接面对陈玉成，在数量上与陈玉成的大军相当，战斗力更是大大超过陈军。

曾国藩在祁门大营亲自指挥的军队，有鲍超、张运兰等军约一万四千，李元度军五千五百，加上在他后方的左宗棠军六千，总数在两万五千人左右（李元度一开战就被击溃）。李世贤、黄文金、刘官芳对战曾国藩，以十万对两万，太平军占上风。但鲍超和左宗棠都是一流名将，这一路湘军拼死守住阵地还是有希望的。

盘算一下双方的兵力，太平军兵分三路，湘军兵分两路，太平军的希望是多出了李秀成这一支机动兵力。但李秀成并不积极主动，则败局早就注定了。

李世贤所率中路大军在祁门率先打响战斗，正在双方打得热火朝天之时，英王陈玉成的大军也在皖北连场大战。陈玉成可能也意识到自己的状况不适合攻城，就绕开六安，挺进桐城外围，以十万大军在挂车河一带和多隆阿对峙。安庆城外的湘军一共有三支，曾国荃围安庆，多隆阿驻挂车河，李续宜驻青草塥。曾国荃围城，多隆阿和李续宜打援。曾国荃部下多是新兵，自己也不以善战著称；李续宜和多隆阿所部，是名将统率的精锐，这正是以弱攻城、以强阻援，打援为上、破城为下的做法。陈玉成救援安庆，关键不在打垮曾国荃，而在能否打掉多隆阿、李续宜的大军。陈玉成的大军号称十几万，真正能打硬仗的只有几万人，对付多隆阿不是问题，但加上李续宜在旁策应就困难了。

陈玉成还在六安的时候，李世贤就击败李元度，占领徽州威胁祁门，让曾国藩焦头烂额。陈玉成进驻桐城，在挂车河与多隆阿对峙时，英法军队攻下天津，北京告急，咸丰急调鲍超北上。这时如果曾国藩领旨让鲍超立刻离去，太平军就赢了：鲍超离去，李世贤就能击败曾国藩、歼灭祁门守军，然后从祁门赶到安庆增援，替陈玉成挡住李续宜，造成陈军与多隆阿的礼军单挑的局面。曾国藩败亡后，礼军必然军心大乱不战自溃，礼军一败则安庆之围自然解除。但曾国藩没有遵从上谕派鲍超北上，而是请求由自己或者胡林翼带兵勤王，拖延了一个月时间。如果《北京条约》晚签订一个月，咸丰继续下旨让湘军勤王，让曾、胡亲自北上，局面对太平军也很有利：曾国藩带走左宗棠，江西无人抵挡李世贤、黄文金，中路太平军就能大举援助安庆；若是胡林翼带走李续宜，陈玉成也能专心对付多隆阿。但不久北京议和停战，太平军第一次获胜机会溜走。

即使湘军没有北上勤王，如果李世贤持续进攻，以优势兵力围攻祁门大营，胡林翼也可能调动李续宜去祁门保护主帅，陈玉成仍有希望击破多隆阿。可惜李世贤一心想要占领浙江，打到祁门附近后突然撤军，从皖南转入浙江，打富阳、余杭去了，太平军获胜的第二次希望破灭。现在，陈玉成只能独自应对多隆阿和李续宜两支湘军精锐的攻击。

多隆阿最擅野战，是陈玉成的克星。陈军因为有大队骑兵，在皖北纵横无敌，礼军却有来自黑龙江的马队，比陈玉成手下的骑兵还要厉害。陈玉成先派选锋（精锐士兵组成的突击队）数千人过挂车河主动出击，希望通过突然袭击，依靠骑兵提前加速获得更强的冲击力，压倒礼军，以骑兵决胜。但多隆阿在湖北练兵一年有余，他的骑兵注重短促突击和团队协作的训练，虽然遭到突袭，仍能快速列阵冲锋，以严密的阵型对抗松散的太平军骑兵，将陈玉成的选锋击败。

陈玉成见骑兵不敌对手，就发挥手下兵员众多的优势，利用挂车河附近纵横的沟渠，加上构筑的营垒，来阻挡多隆阿骑兵的冲击。过去，湘军因为兵员紧缺且没有大队骑兵，在野战中处于弱势，只好结硬寨打呆仗，以营垒工事对抗太平军的冲击。如今却形势逆转，成了太平军结硬寨打呆仗，以营垒对抗湘军骑兵的冲击。

多隆阿在胡林翼手下多年，当然知道几万步兵躲进营垒之后是何等可怕。他决心不让陈玉成把营垒修成，趁对方还在拼命筑垒的时候，就率军过河出击，攻击正在营造工事的敌军。两军在营垒和沟渠之间展开激烈战斗，多隆阿以步兵正面迎战太平军，把骑兵分散成小纵队在各营垒间游走，进行机动增援。当一垒步兵打成僵局时，骑兵就发动突击，撕开太平军步兵的阵型，像一把锋利的钢刀，将敌军阵线割得支离破碎，然后留下步兵解决战斗，骑兵则赶赴下一个营垒增援。

陈军刘玱琳、李四福部有老兄弟四五千人，后来在安庆最后的战斗中，与湘军精锐霆军打出了一比一的交换比。另外他还有亲卫队骑兵数千人，也堪与多隆阿的骑兵一战。如果他在这个时候把这两支精锐投入，多隆阿纵能取胜也会伤亡惨重。只是太平军精锐难得而湘军补充较易，陈玉成并不打算一开始就把底牌投入战斗，只以新附杂兵交战，当然打不过多隆阿。

连战不利，陈玉成在做了政治动员即所谓"讲道理"之后，再度迎战多隆阿。他亲率主力与多隆阿决战，另派偏师迂回霍山。为了迷惑敌人，他把主力伪装成偏师，再让迂回霍山的部队打起主帅旗帜，制造主力离开挂车河的假象，引诱湘军分兵。多隆阿识破了陈玉成的计谋，便将计就计，让李续宜率军假装出发增援霍山，实际把军队埋伏在新安渡。

战斗开始后，多隆阿兵分四路，出挂车河；李续宜兵分八路，出新安渡，两路夹击太平军。多隆阿所部是最能战的骑兵，李续宜所部以李续宾的残部重建，也曾是第一流的步兵。虽然人数少于太平军，但艺高人胆大，湘军用减薄包围厚度、增加包围圈周长的方式，以少围多，困住了太平军。陈玉成战斗半日，损失惨重，最后顾不得盟友捻军，杀开一条血路冲进桐城休整。

龚德树、孙葵心等率捻军独自厮杀许久，最后突围北走庐江，与陈玉成分开。而迂回霍山的太平军，被成大吉等人先以火攻，继以火枪排击，损失惨重败回舒城。陈玉成统率的援军，至此就分为了三支，兵力大为分散。[①]

从北路进援安庆受阻，陈玉成又试图从东路打开局面，他亲率大军攻打安庆东路咽喉枞（zōng）阳。枞阳本是太平军叛将韦俊所攻陷，此时也正是他在把守。韦俊在太平军中成名尚早于陈玉成，还做过陈的上司，对陈的各种战术了如指掌。他利用陈军不擅攻坚和缺乏水军的特点，在枞阳街头设立碉卡，以工事抵消陈军兵力优势，迟滞敌军进攻，再以水师运兵沿江岸来回巡航。

韦俊的机动兵力用舢板船运输，见到战斗不利的据点就登岸援救，援救成功立刻上船撤离，增援下一个据点。这种战法与之前多隆阿所用的骑兵游击战术类似，只是以船只代替了马匹。由于太平军不能控制水路，韦俊的援军在水面往来如飞，可以任意选择据点增援，利用机动性打时间差，一个营顶三个营用。太平军连日与韦俊交战，始终不能突破枞阳防线，再加上杨载福的援师抵达枞阳，陈玉成只能无奈地率军撤退。

陈玉成和多隆阿在挂车河决战的时候，李秀成的军队进入皖南山区，逼近了曾国藩在祁门的大营，此时距李世贤撤离祁门只隔了两个月。李秀成进入皖南后，大约在咸丰十年冬月（1860年12月），攻克了距离湘军大营四十公里的羊栈岭。两个多月前，李世贤放弃攻打祁门，转进浙江，曾国藩侥幸逃脱。不料局势才稳定了两个月，比李世贤更厉害的李秀成又来了。不但李秀成来了，李世贤转进浙江两个月后，因攻打杭州不克，又退回了徽州。此外，杨辅清正在围攻建德，黄文金、古隆贤、刘官芳、赖文鸿又派兵与杨辅清会师。统计在曾国藩祁门大营附近的太平军，有羊栈岭的李秀成部两万人，徽州的李世贤部四万人，宁国、建德附近的杨辅清、黄文金部等五六万人，总数十余万人。

李秀成只有两万人，独力击败鲍超、张运兰并不容易，但若以李秀成的威望把皖南十几万太平军统辖起来，合力击败鲍、张，攻克祁门是有相当把握的。拿下祁门，曾国藩败亡，重病缠身的胡林翼独木难支，湘军围攻安庆的大军可能军心动摇不战自乱。然而李秀成和鲍、张初战不利，就退出了羊栈岭，转进江西，没有派人联系李世贤和黄文金诸将，便经婺源进攻浙江去了。

李秀成仓促退出皖南实在不应该，他当时很可能错误估计了敌我形势。他离京西征前就说"此军（湘军）有中堂（曾国藩）之善算愿为，统下将官之用命，南军能受苦坚心，此军常胜，未见败过"[②]。他既畏惧湘军惊人的战斗力，又在羊栈岭为鲍超所败，新败之余不免高估曾国藩的军事实力。

李秀成的情报工作也做得不够好，并不清楚对面祁门大营驻扎的是曾国藩本人。按兵法，驻扎祁门这种绝地的，只能是裨将而非主帅。他看出祁门一带山高路小，一旦被人堵住前头的徽州和后路的景德镇，就会陷入死地。现在是李困住湘军，可万一侥幸打败祁门湘军，占领祁门，形势就倒了过来，变成他在祁门绝地，被外围湘军困住（他不知道曾国藩外围已无兵可调了）。既然没有可能战胜湘军，或者不值得为祁门这种绝地拼命，李秀成自己又心念浙江的地盘和湖北的兵源，于是就退出了祁门。

李秀成害怕曾国藩，曾国藩也害怕李秀成，曾在祁门时对李的畏惧，恐怕还超过李对曾的畏惧。尽管敌军当时只有两万人，可李秀成以六千人袭取杭州，以数万人逼死张国梁的赫赫名声，把曾国藩着实吓得不轻，连给兄弟的遗嘱都写好了。③

主帅写了遗嘱，幕僚们更加惊慌失措，他们劝主帅离开祁门，曾国藩却说要誓死守住祁门，不惜以身相殉。大家又劝他说，您是国家重臣，应留住有用之身，不该死在祁门这种小地方。他却笑笑说，何桂清当初逃离常州时，想必幕僚们也是如此相劝的。说到了何桂清，大家不敢再劝，有弟子就号召大家不要慌，要死就和老师死在一起。这"死"字一出，曾军幕府顿时大乱，一些弟子备好行李放在舟船上，随时准备开溜。

人心惶惶之际，曾国藩采用了欲擒故纵的办法，把幕僚和弟子们叫来，当面把事情说开。他说，当下危急，大家愿意走的我绝不挽留，还给你们发放路费，等危急过了老师若侥幸不死，你们再回来，我绝无二话。④曾国藩深通人性，知道读书人最好面子，平时说多了忠孝节烈，现在把事情一戳破，反而都不好意思走了。经过这番周折，祁门大营才勉强稳定下来。然而惯于逃遁的李鸿章，借参劾李元度一事与老师的纠纷，又先一步逃跑了。

李鸿章此前有多次在战场上逃跑的前科。他最初在安徽办团练，镇守东关，因酷爱野战，以浪战为能，放弃地利主动出击太平军，丢掉巢县后只能投靠同乡吕贤基。因吕贤基所处形势也十分危险，他又借口家中有事逃跑，留下吕贤基在舒城投水自尽。后来得曾国藩推荐投靠江忠源，同样在庐州抛弃江忠源逃跑，最后江忠源兵败自杀。太平军攻柘皋，清军本来有营垒数十座，谁料李鸿章弹压不住手下，乡勇大肆逃跑，导致防线崩溃，死伤无数。幸亏和春亲率精兵数千来援，与坚守营垒的吉顺合兵鏖战，最终大获全胜。李鸿章第二天去见和春，称赞他"声威大振，以军门为最"。和春却讥讽地说"畏葸溃逃，当以阁下为先"。李鸿章受此讥讽，羞愧地走了，成为风靡大江南北的一则笑谈。⑤

连得意门生李鸿章都借口逃跑了，曾国藩自然终日在惊涛骇浪中度过，但他早年学来的养气功夫，于此刻终于大成。在家守制时，他把老子顺其自然的观念援入儒家为义轻生的观念，对生死看得更加淡薄，但这也只是理论上的看淡，还未经受生死之间惊惧忧怖的考验。曾氏在祁门一日数惊，没有像当初在靖港、湖口那样，仓促投水自尽，反而每天和幕僚下一盘围棋，称之"养心棋"。不处理军务时，他还看起了平日难得拿起的闲书《红楼梦》。⑥

《资治通鉴》记载谢安在淝水大战时，故作镇定下围棋，得到军报说晋军大破秦军，仍下棋如故，面无喜色。"客问之，徐答曰：小儿辈遂已破贼。"但谢安的镇定是强装出来的，他下完棋回内室，连屐齿踢破了都不知道。

曾国藩在祁门的镇定却是真的，他不但每天下棋、看《红楼梦》，还能分出心思拯救附近的士绅。陈康祺在《郎潜纪闻》中写道，曾国藩在祁门被敌军环绕，处于一生行军打仗最艰苦之时。他虽写好了遗嘱，在军帐中也悬挂佩刀，但神志湛然若无其事。某日，曾国藩忽然想起安徽有很多经学大师，此刻遇到战乱，恐怕大多会遭遇不测，于是派出手下四处搜寻，遇到还活着的就把他们救出来，若是已经亡故的就留下抚恤金，带走其文稿帮忙整理。桐城名士方宗城、戴钧衡等人都是在此时救出的。[7]

李秀成撤军后，曾国藩还没来得及庆贺大难得脱，第三次危机又来了。尽管没有李秀成主持大局，但在皖南一带的李世贤、黄文金等人都是百战宿将，他们依然在威胁着祁门大营的安全。不久后，刘官芳再破羊栈岭，一度攻到离曾国藩大营只有十公里的地方，李世贤也派兵万人前来会师，加上李秀成尚未走远，黄文金威胁景德镇粮道，祁门再度陷入重围，连续五天不通文报书信，二十几天不继粮饷。

太平军这次攻击祁门，比前一次还要靠近曾军帅营，只可惜他们仍然没动用全部力量，进攻祁门的大军最终被鲍超、张运兰、唐义训、江长贵击败。在景德镇与左宗棠交战的黄文金，身负重伤，也被迫撤退，祁门的粮道再度通畅。这是曾国藩第三次在祁门逃脱死亡的危机。

曾国藩心如铁石，即使已经遭到了三次全军覆没的危险，他仍死死钉在祁门不动，也不调动安庆围城之军来援。经此考验，他知道自己的修养已然大成。

【注释】

① 见《胡林翼集》第 1 册第 689 页，岳麓书社 2008 年版。

② 李秀成《忠王李秀成自述》，见《中国近代史资料丛刊续编·太平天国》第 2 册第 372 页，广西师范大学出版社 2004 年版。

③ "祁门老营距贼仅八十里，朝发夕至，毫无遮阻。……回首生年五十，除学问未成尚有遗憾外，余差可免于大戾。贤弟教训后辈子弟，总以勤苦为体，谦逊为用，以药佚骄之积习，余无他嘱。"见《曾国藩全集》第 20 册第 536 页，岳麓书社 2011 年版。

④ 欧阳兆熊《水窗春呓》，见《曾国藩逸事汇编》第 119 页，岳麓书社 2019 年版。

⑤ 萧盛远《粤匪纪略》，见《太平天国史料丛编简辑》第 1 册第 37 页，中华书局 1961 年版。

⑥ "树堂因时事日非，愤闷异常，阅看《红楼梦》以资排遣。余亦阅之。"见《曾国藩全集》第 17 册第 105 页，岳麓书社 2011 年版。

⑦ 见《曾国藩逸事汇编》第 157 页，岳麓书社 2019 年版。

四　曾国藩的豪赌

英王陈玉成在挂车河、枞阳和湘军打了两场血战，损失了众多部队，却未能前进一步。别说进援安庆，连安庆城外的湘军据点都未能突破。他不得不面对一个残酷的事实：阵地坚固、兵种齐备、步步为营、密集靠拢的湘军防线，绝不是可以硬啃下来的。直接救援安庆的计划失败，现在就只能执行第二套方案：进军湖北，攻敌必救，把湘军从安庆城外坚固的阵地中引诱出来，在运动战中消灭湘军，最后回救安庆。

按太平天国诸王议定的战略，直接解救安庆失败后，就应该大举进攻湖北，诸军大会师于武昌。李秀成退出祁门后，进驻江西婺源等候陈玉成的消息。而此时陈玉成正和韦俊在枞阳交手，胜负尚未分明。若能击败韦俊夺取枞阳，接下来陈玉成就会直接进攻曾国荃，暂时不用去湖北。

西征湖北和解救安庆本是以陈玉成为主，上游是陈玉成的主场，李秀成只是帮手。主角不来，李秀成当然也不愿意提前去，如果陈军在安庆拖延太久，孤军挺进湖北是很危险的。所以他先从婺源转进浙江，一边攻打城池，一边等候陈玉成，试图在陈玉成结束与韦俊的战斗前先在浙江打下几座城池。李秀成高估了陈玉成在枞阳僵持的时间，他走后不久陈玉成就被韦俊和杨载福击败，被迫转进湖北，而此时李秀成已转进浙江，暂时赶不过来了。

按太平天国的谋划，先试图直接救援安庆，失败后再整军西征，这个计划看似完美，却有巨大的协调困难。试探性解救安庆，却并未约定时限，战事瞬息万变，也很难约定日期，与陈玉成合军西征的友军就无法确定前往湖北的时间，只能在安庆战局明朗前各自攻城略地等候消息。战场分布广阔而通信条件落后，陈玉成并不能及时通知友军增援，很难做到合军攻打。在通信水平和情报工作都较为原始的情况下，这种带有机会主义的战略是无法协调的。

既然已经确定解救安庆和西征湖北两个战略目标，正确的做法应该是先集中一个方向。比如要先救安庆，就应当由天王下旨，各路太平军齐赴安庆，协助陈玉成攻打安庆湘军；如皖南太平军阻挡李续宜，陈玉成迟滞多隆阿，李秀成进军安庆城下，围困曾国荃。湘军一军围城、两军打援，那太平军也以两军阻援、一军破围，以三路乃至四五路主力攻打安庆。若要西征湖北，那就让陈玉成暂不进援安庆，效法李秀成二破江南大营，全军主力齐聚武昌，逼湘军主力到湖北救火，或者在湖北运动歼敌，摧垮湘军主力后再回安庆。这样才能保证太平军各路大军协调一致，集中兵力于一路。

被韦俊击败后，陈军于咸丰十一年正月（1861年2月）向湖北挺进，陈玉成联络了在庐江的捻军孙葵心，让他向河南发动攻击，掩护主力向湖北进军。陈军先克霍山，后克英山，狂飙突进，直扑湖北。胡林翼为了攻打安庆，把全省能战之兵都集中到了安庆，太平军向湖北进攻，逼近他的老巢，即使知道对方在行围魏救赵的计策，也不免惊慌失措。

胡林翼紧急派李续宜和舒保的马队一同回援湖北，全军马队、步兵一万多人。稍后，为安庆城外三支主力看守后路的成大吉一军五千人也向湖北靠拢。湘军在安庆城的部署，是曾国荃围城，多隆阿和李续宜打援，另有水师往来护翼陆军。李续宜和彭玉麟被调到湖北后，安庆城下的湘军兵力减少了三分之一，加上成大吉一军也赶赴湖北，安庆城的压力大大缓和了。[①]

围魏救赵，实际上是定力的比拼。安庆是太平军的要害，武昌是湘军的根本，你攻击我的要害，我也攻击你的根本，做出同归于尽的姿态，以逼迫对手放弃对自己的攻击。但同归于尽不是目的，而是以这种惨烈的姿态逼迫对方停手，然后寻机战胜之。

太平军攻打湖北武昌，以武昌的安危来逼迫围攻安庆的湘军撤军，反过来说，湘军也可以坚持围住安庆不撤，以安庆的得失，逼迫进攻武昌的太平军撤回。若湘军宁可舍弃武昌也要打下安庆，陈玉成攻打武昌就没有意义，不得不撤回安庆，毕竟他的目的是救安庆而不是夺武昌。若陈玉成成功让湘军相信他宁可不要安庆也要拿下武昌，胡林翼也只得撤安庆围城大军来救武昌，太平军就有机会战胜离开营垒的湘军。要在这场角逐中胜出，就看哪一方魄力更大、定力更足，只有不被对方吓倒，才能狭路相逢勇者胜。

机变的胡林翼与"拙诚"的曾国藩相比，聪慧明达胜之而定力有所不及。若是曾国藩在安庆附近，以他惊人的定力，肯定会拦住胡林翼，一支援军也不派往湖北。管他天崩地裂，我只站稳安庆，你打你的，我打我的。但此时李世贤正在攻打景德镇，曾国藩的粮饷和后路不通，无法联络胡林翼。胡定力稍逊，湖北又是他守土有责的地盘，不得以调走了在安庆打援的李续宜等军。

李续宜、舒保追击太平军，安庆城外的湘军已减少了三分之一，只剩下曾国荃和多隆阿两军，围魏救赵已初见成效。李续宜率队急追，因军情紧急，并没有采取结硬寨打呆仗的战法，而是马步联军拼命尾击，被陈玉成以回马枪击败。这也说明引诱湘军脱离坚固的防御工事后，太平军是有可能在运动战中打败湘军的。

陈玉成以缴获的号服冒充清军，诈开城门袭取了黄州。拿下黄州后，太平军距离武昌已不到二百里。在黄州到武汉的界界上，清军无一兵一卒，武汉三镇只有三千多名弱兵把守，主帅官文不通兵法，武汉看似已是陈玉成囊中之物。

春寒料峭，安徽太湖一带的天气仍是湿冷难当，强支病体出来查探军营的胡林翼披着厚重的长袍，仍不住地咳嗽。他远望前方重峦叠嶂的大别山余脉，桐山山腰以上雾气蒸腾，混沌如天上的浓云。胡林翼肺病加剧已有五个月，每晚都在咳血，整个人被折磨得神损肌削，但他此刻仍不得不强撑着布置军务。英法联军攻克北京的危机才过，老友曾国藩又被李世贤堵住了粮道。此前会攻安庆，他把湖北清军大部集中到皖北，结果腹地空虚，十几万太平军杀向了根本之地武昌，他不禁骂自己笨人下棋，死不顾家。[②]

按曾国藩的想法，安庆一战必须集中力量，消灭陈玉成的重兵集团，为此连武昌都可以暂时舍弃。湘军在皖北本无优势，因皖北太平军到下游会攻江南大营，又在苏南盘桓了数月，才让湘军趁虚一举包围安庆。这是处于兵力弱势的湘军意外获得的战机，如果这次舍却安庆不打，等下游太平军齐聚上游，再围安庆就难了。湘军机动总兵力不过六七万，要集中力量围住安庆，势必要在武昌和其他地区之间做出取舍。曾国藩一生谨慎，这次用兵却大胆冒险至极，为了达成围歼陈玉成主力的目的，他果断放弃了湖北地区的防务。

曾国藩策划安庆会战，胡林翼是参与其间的，但纸面参谋作业是一回事，事到临头又是一回事。陈玉成围魏救赵兵临武昌，虽然对此早有预案，胡林翼还是惊惶万分，大概之前他一直在期望陈玉成直接在安庆和湘军硬撼。现在湖北湘军围住陈玉成的基地安庆，太平军逼近胡林翼的根本武昌，成了一个"王对王"的局面。安庆城内有数万太平军把守，城外还有十万皖南太平军救援，而武昌城内外皆无强兵可用，形势比安庆更加危险。

仗打到这个份儿上，比的就是定力，胡林翼不能承受武汉之失，陈玉成也不能承受安庆之失，就看谁先撑不住。胡林翼撑不住，尽撤安庆围城之兵，则陈玉成胜；陈玉成撑不住，撤了围攻武昌之兵回救安庆，则胡林翼胜。

陈玉成只是进军湖北，就诱出了李续宜和成大吉两军一万五千多人，如果他再一鼓作气力把武昌打下，胡林翼恐怕就要把多隆阿也撤回救援了。谁料陈玉成在武汉三镇外围盘桓数日之后，居然主动撤退，又回头去安庆强行解围，胡林翼的危机骤然解除，战局又回到了开始——在安庆城下决胜。胡林翼和在祁门的曾国藩一样，都遇到了好运气！

陈玉成撤离武昌这个决定实在让后世不解，后人在棋局之外观棋，心想陈玉成拿下武汉三镇不过举手之劳，胡林翼要攻下安庆却要拼尽全力，为何不先把武昌一举拿下再说？即使胡林翼被曾国藩劝住，宁愿武昌陷落也不撤安庆之兵，太平军打下武昌再救安庆也不迟啊？

因为陈玉成的行为令人不解，后人就必须寻找一个看似合理的解释，这时英国外交参赞巴夏礼（Harry Smith Parkes）吹的牛皮就派上了用场，因为他可以完美解释陈玉成看似古怪的行为。

巴夏礼说："他（陈玉成）对挺进汉口感到有些犹豫，因为他听说英国人业已在这个口岸建立了商业。我称赞了他在这一方面所持的谨慎态度，劝他不要考虑移兵汉口。因为叛军一旦占领了我们所居住的任何商业中心，必定会严重地妨碍我们的商务，这一点极为重要。即他们应避免进军商埠，以免和我们的商务发生冲突。他毫不迟疑地接受了这一原则，并说他将下令在黄州境外的两名下属首领折向北面或西北，不再向汉口运动，转而进军麻城或德安。……我向英王解释说，我们来到扬子江流域的目的纯粹是为了经商；我们现在与清政府已和平相处，双方最近订立的条约给予了我们在扬子江经商的权利，但是，因为太平军所在之处彻底地毁灭商业，所以，一旦他们占领了那些已确定向我们的商业开放的港口城市，他们会使这一条约变成一纸空文。通常被称作汉口的这三座城市是互为一体的，形成一个巨大的商业中心，汉阳是其中之一。太平军如果占领了其中的任何一座城市，都必然会破坏整个商业中心的商务，因此他们有必要避开这三座城市。……对于我的规劝，英王似乎完全同意。他估计他自己的兵力有10万人，但认为已经开抵黄州的士兵几乎仅有一半。他说他将首先加强他在黄州的阵脚，然后再根据情形决定下一步的行动。也许他将进攻黄州与安庆之间的清军，或进军湖北北部。"③

巴夏礼向上司吹嘘，是他的劝说阻挡了陈玉成进攻武汉三镇，是他保住了汉口的租界。因为采信了这段自吹自擂，后世论者多认为是英国的干预，尤其是与巴夏礼同到湖北的何伯舰队的威胁，让陈玉成放弃进攻湖北省城。有些著作甚至进一步夸大为陈玉成遭到英军炮击，因为未能看清列强的外强中干，被吓跑了。

历史学家董蔡时先生对巴夏礼的这段自我吹嘘进行了辨析：巴夏礼对上司汇报说，因为英国人在汉口开埠，陈玉成对是否进攻迟疑不决，最后被他劝阻。可是根据史料，《英国汉口租界条款》签订是在三月二十一日，巴夏礼和陈玉成会谈是在三月廿二日，巴夏礼说陈玉成之前因为英国人在汉口设租界而迟疑了一段时间。可是汉口开辟租界距离他二人见面才一天，签订条约的过程又是对外完全保密，加上租界选取的是一片荒地，二人见面之前，陈玉成绝对没有可能知道英国人在汉口开通商埠，他又如何会迟疑呢？可见巴夏礼的说法，有颇多不实之处。

既然不知道英国人要开租界，陈玉成没有理由因顾及列强而迟疑，他为何在攻占黄州后停留数日呢？因为即使没有巴夏礼的阻挠，陈玉成也不会强攻武汉三镇。

陈玉成的原计划是虚攻武昌以诱湘军，此次太平军围魏救赵的战术，是师法李秀成攻破江南大营的故智。李秀成虚攻浙江，只是为了吸引江南大营主力离开天京城外的阵地，他拿下杭州后并未停留，直接放弃杭州回师天京。因为若李秀成真的占领杭州，他的军队就会被张玉良绊住，所以诱敌成功后便立刻撤离。同样，陈玉成的重点是引诱湘军撤安庆之围而不是攻占武昌，只要湘军来救武昌，他就会虚晃一枪回救安庆。既然不为攻占武汉三镇，他只需要把军队摆在武昌周围，就可以起到诱敌的作用。如果曾、胡有心救武昌，只要太平军出现在武昌对岸他们就会来；等湘军到了武昌，陈玉成就会设法绕道甩开紧追在后的敌军，回师安庆。如果太平军真的攻进武昌城中，湘军大举来救，陈玉成没有水师，被湘军水师封锁长江，将被困在武昌城中无法南回，破坏安庆解围大计。因此，陈玉成本来就没有攻占武昌的计划。

武昌城防坚固，纵然只有三千兵马守城，仓促之间也很难攻破，更何况太平军需要强渡长江。李续宜在陈玉成身后穷追不舍，彭玉麟的水师也开始封锁江面，攻打武昌相当有风险。既已调动李续宜一军离开安庆，诱敌的目的实现了一大半，此时回军极有可能一举冲破湘军防线，进抵安庆城外。权衡利弊之后，陈玉成就留下一半军队防守黄州，自率三万士兵回援安庆了。

但此次围魏救赵，与李秀成当初引诱江南大营的结果有所差异。李秀成诱出了江南大营的四成兵力，而陈玉成只诱出了李续宜一军，只占安庆湘军的三分之一。造成这种差别的原因是李秀成打下杭州，拿下了江南大营的重要饷源地，和春不得不派出相当数量的军队救援。陈玉成虚攻武昌，尽管病重的胡林翼心神不定，但他用兵远比和春高明，加上陈玉成并未攻破武昌，所以胡只派出了李续宜和成大吉，曾国荃和多隆阿还是钉死在安庆城下。安庆围城的湘军实力仍在，加上曾国藩麾下的鲍超很快就从祁门危局中解脱，也加入安庆战局，补上了李续宜走后的空缺，安庆湘军实力甚至还略为增强。

如前所述，围魏救赵是以同归于尽的姿态逼迫敌人放弃对自己要害的攻击，你对敌人的攻击越真实，敌人就越可能放弃——最真实的表演就是不表演，把攻打武昌作为恐吓胡林翼的手段，不如变成真实的战略目标：你不撤安庆的湘军，我对武昌的虚攻就变成实攻；你拿安庆，我夺武昌，以武昌换安庆，即使你不撤军我也不亏。更何况若太平军真的打下武昌，胡林翼哪里还能坐得住呢？巡抚丢失省城是有重罪的。陈玉成此次围魏救赵诱出湘军不多，就在于没有真的攻陷武昌。

也有学者指出陈玉成攻陷武昌的困难：陈玉成一军号称十万，实际能战的精兵不过几万人，武昌城防坚固，李续宜又率一万人在后紧追，没有水师的太平军恐怕不能火速打下武昌。万一湘军云集武昌，陈玉成就跑不掉了。

此说颇有值得商榷之处，陈玉成虽兵力不足，但尾追而来的李续宜也不过万人，此前两军在追击中交过一次手，陈玉成大获全胜，可见在无堡垒依托的野战中李续宜是打不过陈玉成的。除李续宜之外，湘军实在无兵可用了，如果其余各部湘军强行增援，正好达成太平军解救安庆的目的。

湘军兵力主要分为三部分，李续宜、成大吉在湖北追击陈玉成，曾国荃和多隆阿围住安庆，鲍超、左宗棠在皖南保护曾国藩。如果调曾国荃和多隆阿来援，安庆之围自然解除，城中两万多人的军队在叶芸来率领下就能恢复安庆周边防线，与皖南太平军据点连成一气，太平军安庆战略自然达成。如果调鲍超、左宗棠两军来援，皖南太平军就能攻破祁门大营，消灭湘军主帅曾国藩，然后转至安庆增援。武昌被围，基地旦夕不保，主帅曾国藩又阵亡，安庆城外的湘军再遇到皖南太平军围困，也只能解围撤回湖北，安庆同样能保住。

至于在湖北被湘军主力围攻的陈玉成会不会败亡，那就更不用害怕。诸论者都忽略了一个关键点，陈玉成放弃攻打武昌，率军回援安庆，冲进集贤关是在农历三月；李秀成攻入湖北是在农历五月，李在湖北招募流民三十万，声威大震。后世多有指责李秀成配合不力，迟迟不去湖北会师，但其实他只比陈玉成晚到了两个月。如果陈玉成不是着急回安庆，而是坚决攻打武昌，在湖北多待两个月，就能等到李秀成的几十万援军。如果李秀成来时，陈玉成已打下武昌，陈玉成五万精兵守城于内，李秀成几十万大军合围于外，纵然多隆阿、鲍超都来了，也逃不了覆灭的下场，比他们两人更加厉害的李续宾就是在陈、李两军的夹击下灭亡的。纵然李秀成来时陈玉成还未打下武昌，两路主力齐聚湖北，李秀成兵多，陈玉成兵强，又占据主动地位，就算湘军全军而来，又如之奈何？

大将全军为上，守城为下。安庆之役，太平军最佳的方略是放弃安庆，全力进攻浙江，以浙江地盘换安庆。曾国藩、洪秀全、陈玉成都看重安庆，是就传统政治常识而言，安庆汇集安徽物产，能供应天京粮草，地理上又是长江咽喉，屏障天京。但李秀成舍安庆而取上海、浙江的方略，更具有近代化眼光。

盖自鸦片战争后，上海、浙江等地口岸经济大兴，近代化物资调集方式诞生，轮船海运兴盛，若得江浙口岸，物资、粮草自海上源源不断，根本就无须在安庆经长江低效运输粮草。以李秀成后来的经验来看，即使列强不支持太平军，以江浙的财富购买走私的西洋器械，也足以抵消长江之险。

纵然陈玉成认识不到这一层面，决心要解救安庆，也不该在湖北虚晃一枪后又单枪匹马独闯安庆。

彼时，陈玉成犯了三大错误：其一，不敢攻击武昌，导致吸引到湖北的湘军部队不够多，只来了一万多人；其二是没能等到两个月之后与李秀成会师；其三，最致命的是，陈玉成回安庆时舍不得已打下的黄州，在黄州、蕲州等地留兵三万，其中还包括精锐的骑兵小左队，只带了三万军队回援。之前虽调动了湘军李续宜到湖北，围攻安庆的湘军却很快由鲍超顶替，湘军战斗力未见减少，他的部队却比去湖北前少了一半，那围魏救赵又有何意义？④

陈玉成回师安庆，李续宜滞留湖北未归，原定顶替李续宜的鲍超，因为李秀成屯兵江西重镇九江附近，也不敢贸然赶往安庆。曾国藩害怕李秀成攻打九江，就下令鲍超停在安徽、江西边境，安庆危则赴安庆，九江危则奔九江。这样一来，为安庆城外曾国荃打援的友军只剩下多隆阿。这次陈军回援时已占领黄州，再从蕲州、黄梅、广济、宿松方向而来，相对上一次进援安庆变换了进军方向，竟然绕开了多隆阿的打援部队，直接冲到了安庆城外要塞集贤关，攻破了曾国荃的封锁，与城内守将叶芸来通上了声息。

太平军来势凶猛，湘军的打援部队没发挥作用，只有围城部队独自面对城外援军和城内守军的夹击。曾国荃大惊失色，动摇了攻克安庆、全歼守军的念头。因为害怕被陈玉成和城内守军内外夹击，他把包围圈放开一个出口，让出一条路，让守城的叶芸来有通道突围。⑤曾国荃打算让太平军援军接走叶芸来所部两万精锐及陈玉成的家眷，然后放弃安庆，这样他就不用面对陈军主力的猛攻。谁料陈玉成打赢安庆保卫战的信心十足，非但没有接走守军，反从曾国荃让开的通道为城内送去了粮食和补给，做出了与湘军在城下决一死战的姿态。

安庆城得到了粮食补给，士气为之一振，叶芸来率军出城扎营，与陈玉成在菱湖两岸相呼应。不但如此，太平天国还从各处为陈玉成派来了援军。正在江西和清军激烈交战的李秀成，派自己的女婿黄金爱，部将朱兴隆、吴定彩从天长、六合一带来援，直接并入陈玉成的大营；洪仁玕会同久不领军的林绍璋，率两万多军队出天京救援；皖南猛将黄文金，也从芜湖率军自西来援。各处进援的太平军，高达六七万人，兵力是曾国荃的五六倍。

太平军人数众多，可惜多是临时纠合的杂兵，若在野战中突然遭遇，有陈玉成亲率的精兵突前冲锋，这些杂兵也能跟在后面壮大声势，打顺风仗收割战果，但安庆之战却是需要死斗的堡垒、长壕争夺战。曾国荃在安庆城外挖掘三道长壕：一道长壕距安庆二里半，阻挡城内太平军冲击；一道长壕距安庆五里，阻挡城外援军进攻；中间还有一道战壕保护军营。虽名为三道长壕，但有的地段修筑了并行双壕，特别重要的路段甚至把长壕增多为四五道，总长度超过七十里。像这样规模的长壕，堪称中国古代规模最大的围城工事，没有西洋开花大炮是很难攻破的。

用兵谨慎的曾国藩指示九弟说："弟既挖长壕，切不可过壕打仗，胜则不能多杀贼，挫则不能收队也。"⑥曾国荃按兄长的方略凭险固守，坚决不出战壕，陈玉成的精兵也就无法大量杀伤湘军，剩下的六七万杂兵在这种激烈的战壕血战中更是派不上用场。如果陈玉成能把留在湖北的三万多精兵一同带来，五万精兵加上安庆城中的一万多老兵，合六万敢战之士，倒是有一线希望以惨烈的血战压倒湘军。眼下能战精兵只有三万，仅为湘军两倍，自然不敌。

胡林翼审时度势，冷静分析敌情：洪仁玕初次上阵，没有经验；

林绍璋在多年前湘潭大败后，已久不上阵，此二人皆是弱敌。陈玉成骁勇善战，军队战斗力强，救援安庆的心情最急切，这是强敌。胡林翼最后决定，先打援军后打守军，援军之中，先打较弱的林绍璋、洪仁玕，后打陈玉成。对林绍璋、洪仁玕，派精兵主动出击野战，以攻为主；对陈玉成，坚守营垒不出，借防御工事挫其锐气，以守为主。安庆城中缺粮，陈玉成求战心切，必然主动攻击，而湘军最擅长在防御工事中挫败强敌的进攻，正可以长击短。⑦

【注释】

① 见《胡林翼集》第 1 册第 723、724 页，岳麓书社 2008 年版。

② "贱恙非药力所能补救。神明已竭，气息常喘，其能久乎！""弟病何足垂念，误大局、害百姓，死棋不顾家，死已晚矣，请勿以弟为念。"见《胡林翼集》第 2 册第 752、755 页，岳麓书社 2008 年版。

③ 见《中国近代史资料丛刊续编·太平天国》第 9 册第 337、338 页，广西师范大学出版社 2004 年版。

④ "探报伪英王陈玉成，即四眼狗，于德安、随州各留强贼万余，以死拒守，牵制我军。该逆仍纠集悍党，由蕲州、黄、广回窜宿松境内。"见《胡林翼集》第 1 册第 726 页，岳麓书社 2008 年版。

⑤ 李秀成《忠王李秀成自述》，见《中国近代史资料丛刊续编·太平天国》第 2 册第 378 页，广西师范大学出版社 2004 年版。

⑥ 见《曾国藩全集》第 20 册第 510 页，岳麓书社 2011 年版。

⑦ "多公锐意进援，然打璋、玕宜速，打狗宜迟，宜持重。关内外无米粮，迫而蹙之，彼必求战。彼求战而我应之，必大捷。"见《胡林翼集》第 2 册第 800 页，岳麓书社 2008 年版。

五 日落安庆城

安庆一役，战情诡谲莫测，形势跌宕起伏。陈玉成回援安庆，因留下三万兵马防守湖北，所带兵力不足三万人，本无可胜之机。然而经湖北迂回，避开了多隆阿打援的部队，直接冲进了集贤关，与守军通上了声息，加上洪仁玕、吴如孝、林绍璋、黄文金来援，十万太平军包围曾国荃，一时占据了上风。更为紧急的是，之前转入浙江湖州的李世贤回军皖南、江西，指挥数万大军攻打曾国藩。

李世贤攻打祁门曾国藩大营不克，转而迂回江西婺源，绕道江西，断祁门湘军的粮道。如前文所述，祁门只有一条直道，一头是徽州，通往浙江；一头是景德镇，通往江西。徽州之前被李世贤攻占，一直为太平军把守，祁门湘军只剩下景德镇这一头有左宗棠率军护卫，尚能获得江西的粮草。

咸丰十一年农历二月三十日（1861 年 4 月 9 日），李世贤击败左宗棠，攻占景德镇，彻底关闭祁门两端的通道，把曾国藩堵死在祁门。曾国藩被围，可以作战的猛将只有鲍超，之前即靠霆军的军威吓退李秀成。此刻不但李世贤围困祁门，李秀成的大军也屯兵吉安，威胁重镇九江。

通常说长江一线，安庆为金陵门户，而九江又为安庆门户，湘军不占九江，两湖的援军就无法开进江西、安徽，粮饷也无法运到前线。曾国藩没收到李、陈约定会师湖北的情报，以为李秀成会打下九江后与陈玉成会师安庆。如果九江失守，陈、李会师，安庆城外的湘军必定军心动摇。为保九江，曾国藩只得把鲍超派到彭泽附近，监控九江、安庆战局。

曾国藩缺乏前敌指挥的本领，在湖口败给石达开后，已不再亲自指挥军队，鲍超走后他在祁门一筹莫展。本来已无胜算的陈玉成，形势豁然开朗，曾国荃兵力单薄，他就算暂时攻克不了长壕，也足以压制围城的湘军。等李世贤攻克祁门，曾国藩战败、胡林翼重病，湘军失去主帅，就有了破局的可能。

因李世贤一军较强，被困祁门的曾国藩自知无力打通景德镇，就亲率九千湘军到休宁攻打徽州，希望打通浙江一边的粮道。粮道断绝后，湘军士气低落，加上曾本就不是合格的前敌指挥，一战之下二十二营湘军被成建制歼灭了八营，只有十四营能勉强收队。

靠自身力量打通粮道的计划成为泡影，曾国藩只好退回祁门等死，再度写下遗书。他给儿子曾纪泽写下遗书，反省自己一生，自悔无指挥才能而走上军事路线，最后遭此大难。曾说自己打仗本无特长，军事家要能出奇制胜，自己却不善奇谋；打仗以诡诈先行，而自己又太耿直，怎么能打得过这样厉害的敌人呢？之前胜过几次，实在过于侥幸。灰心丧气之余还叮嘱儿子，打仗建功立业太难而又多造杀孽，以后应该多读书，不从军，最好连官也不做。①

李世贤攻克景德镇时虽击败了左宗棠，但左宗棠天分极高，此时又久病成医，在战争中迅速学习，逐渐把从书本上学到的兵法和实践结合到了一起。景德镇之败竟成为他从中才上升到一流将领的转折。左宗棠很快在景德镇反败为胜，他指挥军队在乐平、桃岭两次击败太平军将领李尚扬，围困留守景德镇的太平军。为救援部下，李世贤不得不撤祁门围军来景德镇与左军交战。

从前屡屡被他击败的左宗棠此次脱胎换骨用兵如神，几仗打下来，歼敌四五千人，重创太平军主力。李世贤见势不妙，再度撤军转进浙江。景德镇这场大胜，是安庆保卫战期间湘军浓墨重彩的一笔，不但把陷入绝地的曾国藩拯救出来，还重创了李世贤大军，迫使数万太平军精锐离开了皖南战场。②

李世贤战败后，派人送信告知兄长李秀成。信件在景德镇战败三个月后才送到，此时李秀成正在湖北举棋不定，李世贤的战败为他下了最后决心。为增援李世贤，他放弃西征湖北，回师与弟弟会合共图浙江去了。左宗棠景德镇这一战，竟调走了太平军西征的两支主力。

祁门虽能扼守太平军从江西、浙江救援安庆的通道，但此地乃是绝地，至多派骁将镇守，并不适合主帅驻扎。曾国藩不听胡林翼、李鸿章劝告，以主帅之身而行裨将之事，把全军帅营置于兵凶战危之境，自己也前后数次遭到生命威胁，确实过于冒险。但若从整场战事来看，曾国藩坚守祁门，先吸引了皖南十万太平军主力，使之不得增援安庆，后又牵制李秀成、李世贤从江南来援的大军，对整个战局起到了积极作用。

兵法上说主帅不能置身险地，是因为主帅被困，其他各路军队便不得不放弃战略目标，全军回救主帅，导致战争失败。万一主帅被敌军俘虏或杀害，前线将士更会军心大乱。曾国藩在祁门保全性命，最终获取安庆之役胜利，虽有"天幸"的成分，但更多的是因为他的坚韧无畏。祁门战事最艰难时，他写下遗嘱慷慨赴难，却宁死也不撤安庆围城之师来救自己，甚至还从祁门派出猛将鲍超增援其他战场。曾国藩虽身处绝地，却未因此败坏围攻安庆的大局，完全置生死于度外。连得意门生李鸿章都逃跑了，他仍在鼓舞军心苦撑待变，绝不自杀，也绝不崩溃。在坚韧不拔的坚持下，曾国藩终于等到了奇迹般的胜利。

祁门危机，因曾国藩的错误布局而起，却也因他的豪赌而反败为胜。原本可能招致大败的一手臭棋，反而起到四两拨千斤的作用，极大地分担了安庆围城湘军的压力。曾国藩后来说自己的成功，大半是因为运气好，但若非他的拙诚坚韧，是等不到好运来的，性格决定命运，诚如是也。

昔日曾国藩虽以刚强示人，但战事不利就跳水自杀。祁门生死大劫，危急远超靖港、湖口之时，他却咬牙忍了下来，足见在家守制年余后，其心性已然大成。西谚有云：不成熟者为了崇高去牺牲，成熟者为了崇高而隐忍地活着。此曾国藩之谓也！

李世贤战败，太平军打赢安庆之役的机会再度丢失，皖南太平军无法增援安庆，陈玉成只能靠自己独立迎战湘军。咸丰十一年三月廿一日（1861年4月30日），肃肃花絮，菲菲红素，日长春远，杀机正浓，按照胡林翼先打弱军的计划，湘军马队大举出动攻打洪仁玕、林绍璋、黄文金三将。多隆阿率礼军步兵分三路冲击洪仁玕的阵营，令部将温德勒克西率骑兵迂回抄袭洪仁玕后路。洪仁玕私下自比诸葛亮、王猛，认为自身才华远在东王杨秀清之上，其实他不过是纸上谈兵的"故纸堆军事家"，何曾见过这般厮杀、这等气势？两军刚一交手，洪仁玕听得后路杀声四起，立刻大败而逃，退回桐城。

数日后，太平军猛将黄文金率军八千来战，林绍璋也拼凑了两万人前来会师。黄文金虽是名将，奈何洪仁玕大败于前，军心已乱，立脚不稳，盟军林绍璋又是常败将军，仓皇接战无法抵挡湘军。多隆阿趁势而进，士气高昂，连战连捷。这次作战，多隆阿将洪仁玕、林绍璋、黄文金三路援军击败，迫使三将率残部逃往桐城，四五万援军顿时烟消云散，断去陈玉成一臂，为湘军攻克安庆立下了头功。

多隆阿与洪、林、黄三将交战时，陈玉成从集贤关发起了对曾国荃的进攻。吉字营以一半兵力与太平军交战，另一半继续加固防御工事，预备与敌军长期缠斗。太平军昼夜不息猛攻湘军，曾国荃沉着应战，多隆阿那边已大获全胜，这边还未分出胜负。因担心礼军结束战斗后增援吉字营，成腹背受敌之势，陈玉成暂停攻势，退回集贤关。

陈玉成在太平军中享有战神美誉，"用兵如神，往来飘忽，如健鹰搏空，一瞬千里"，而曾国荃为湘军后起之秀，初无知兵之名，骤遇大敌未免信心不足。在此次交手后，他渐渐打消了对陈玉成的畏惧，开始采取积极进取的姿态，甚至敢效法当年的塔齐布，率亲兵百十人逼近陈军大营察看军情，格外大胆。

人对自己恐惧的对象消除了神秘感后，因之前畏惧产生的屈辱感，会报复性地转变为自大和蔑视，催生出比常人更加无畏的心态，现代人称之为"心理补偿"。曾国荃逼近太平军营垒察看地形，正是对陈玉成由畏惧转为轻视的一种心态。他日日逼近陈军大营视察战场，某天正好遇到陈玉成率军出营，顿时陷入绝地。幸亏陈玉成连番战斗不利心神不宁，疑心这一支小队是湘军释放的诱饵，不敢上前猛攻，曾国荃才得以侥幸逃脱，陈玉成也失去了抓捕曾国荃的良机。

曾国荃逃脱后，知道陈玉成已不复往日之勇，回营后发动了更猛烈的攻势。陈玉成见湘军阵法严密、士气高昂，知道强攻不能得手，只好向桐城方向撤退。他在退走前，为了坚定城中叶芸来坚守的信心，留下了八千精锐驻扎集贤关。八千人中，由骁将刘玱琳、李四福率领的四千老兄弟驻扎在集贤关外赤冈岭。刘、李所率战士乃东王时代的遗泽，是陈玉成从前辈手里接收的身经百战的老兄弟，亦是他赖以纵横天下的兵胆，其他杂牌军纵有数万也不能与此四千人相比。留下这支部队，一是表示解围的决心；二是让他们为自己守住一个据点，待外围组织好力量后，再里应外合夹击曾国荃。

安顿好赤冈岭这四千人，陈玉成率骑兵万人撤离。多隆阿率礼军卡在安庆通往桐城的路上，他以步兵伏于前而劲骑袭其后，十步一杀、步步见血，死死咬住太平军让其无法撤离。为了掩护嫡系离开，陈玉成弃卒保车，让黄金爱领敢死之士断后，掩护大军撤离。陈玉成退到桐城会合洪仁玕，整合败回桐城的各路军队，只余三万人。断后的黄金爱被打得全军覆没，只带亲卫数人逃到桐城。

陈玉成解救安庆失败，但城中仍有一万多老兵把守，城防坚固，曾国荃也很难攻进去。加上刘玱琳、李四福的四千精锐扼守赤冈岭，与城中互为犄角，更增强了叶芸来守城的决心。吉字营战斗力不如赤冈岭的太平军老兄弟，只能靠长壕围困安庆，待城中缺粮而伺机破城。如果不拔除刘玱琳这颗钉在集贤关的钉子，守军就不会绝望。但脱离长壕野战决胜，曾国荃又没有充分把握。更致命的问题是，安庆三面为水包围，南面紧邻长江，很难在陆上将城完全合围，太平军仍可从江面运送粮草补给城中守军。湘军水师虽控制了江面，但无奈洋商以汽船将粮食运抵安庆发售，湘军不敢炮击外洋商船，城中粮食因而源源不绝。

不但英国走私商船向安庆运送米粮、油盐乃至火药，围城的士兵也在安庆城外办起了黑市，与太平军交易物资。多年前，太平军在广西作战时，就和周天爵的士兵有过互市。洪仁玕从香港赶往天京的路上，也冒充医生与清军合伙走私物资去天京。

这种匪夷所思的现象是因为绿营兵军纪涣散，此刻连号称精锐的湘军也逐渐沾染暮气，开始和敌军买卖物资。李续宾阵亡后，湘军虽悍勇仍在，但士卒多已兵痞化，当兵打仗只是他们发财的手段。安庆前线的两军，很多都是湖南、安徽同乡，地缘上的亲近也让他们有互市的可能。曾国荃对此感到非常震惊，自安庆开战以来，安徽、江西、湖北无处不在交战，湘军的物资也非常缺乏，如果再有士兵把物资走私给太平军，加上洋船接济，攻克安庆将永不可能。③

曾国荃以暴力关闭了湘军开设的黑市，对洋船的走私却无可奈何。看到悬挂外国旗帜的商船，湘军水师只敢远远鸣炮示警，不敢登船查抄。安庆城外枪炮密如暴雨，江面的走私汽船也穿梭如织，据说一艘汽船足以运送安庆一个星期的补给。

为了断绝安庆的粮草，曾国藩和官文联名上报恭亲王，托办理外交的恭王爷与英国人交涉，要求停止英商的走私行为，严守其所谓"中立"。恭亲王照会英国驻华公使卜鲁斯（Frederick William Adolphus Bruce），要求英国人同意湘军水师为长江上的英国商船"护航"，并且获得登船搜查的许可。卜鲁斯的立场要求他必须支持清朝，所以尽管极不情愿，他还是警告了英国在华商人，不准他们再去安庆走私，安庆城中的物资就此断绝。偶尔有不怕死的外国商人运粮到安庆，曾国藩就先将粮食全部买下。这些商人并不同情太平军，运粮过来只为谋利，湘军出钱更多，那就全卖给湘军了。④

失去洋商的补给，安庆粮食断绝，原本每人每天有一斤粮食供应，变成只能以野草为食，到最后甚至开始吃人肉。赵烈文在日记中记载，安庆到最艰难的时刻，城中以人肉为食，每两人肉值五十文钱。破城后有的饭锅里还煮着人的手脚，实在惨不忍睹。⑤

湘军常以数千人击败几万太平军，那是因为太平军多是临时招募的流民，不但没有战斗力，连基本的阵列和组织都没有。但是湘军一旦遇到以太平军"老兄弟"为核心的队伍，哪怕只有数百人，也要付出极大代价。因为曾国荃不敢和刘玱琳对攻，在确认李秀成不会攻打九江后，曾国藩就把鲍超的霆军派到赤冈岭与刘玱琳对决，以精兵对悍卒，帮曾国荃啃硬骨头。太平军老兵确实善战，即使鲍超亲自上阵，一时间也无法攻克赤冈岭，曾国藩就再调杨载福的水勇登岸协助鲍超。得杨载福协助，鲍超猛攻赤冈岭，但一次战斗就损失精兵近千人。

陈玉成见刘玱琳作战勇猛，将湘军打得头破血流，决定再度派兵增援。陈军精锐，一半在赤冈岭，一半留在湖北，他身边不过是屡次战败后临时拼凑的残军，战斗力已大不如前。陈玉成来增援安庆，被早在一旁等候多时的多隆阿拦截，一战之下全军沦丧，只得再度仓皇撤回桐城。到此为止，太平军在安庆周边可用的军队，除了赤冈岭的刘玱琳、李四福外，已损失殆尽。

太平军援军已绝，鲍超抖擞精神，对赤冈岭发起最后总攻。近万湘军精锐重重围困赤冈岭，再以大炮日夜轰击。赤冈岭上大火熊熊燃烧，绛紫色的烟雾笼罩天空。营垒外是烈烈的炮声和震天的嘶吼，营垒内是伤兵绝望的呻吟和士卒因饥饿而发出的叹息。营垒里一片惊惶和混乱，即使是百战余生的精锐太平军，也看不到战胜的希望。绝望之下，李四福、朱孔堂率部乞降，鲍超、成大吉假意接受投降，等投降的太平军放下武器后，突然纵兵斩杀，共杀俘两千八百人。

不肯投降的刘玱琳见大势已去，只得趁夜突围而走。这时天降大雨，江水猛涨数丈，江涛汹涌澎湃，小船无法渡河，太平军在河边被湘军追上，六百多人被俘。好不容易突破封锁的刘玱琳率残部沿着河岸亡命狂奔，暴雨滂沱、心力交瘁之际，他找到了一条还没被收缴的民船，遂登船渡河。船行至河中，正在庆幸上帝护佑的刘玱琳被湘军水师堵住，湘军开炮轰击，太平军纷纷落水。一夜之间大起大落，刘玱琳终于绝望崩溃，放弃抵抗任由湘军俘虏。

尽管曾国藩十分敬重刘玱琳，不肯投降的刘最后还是被杨载福拉到营中肢解，首级被拿到安庆城外示众，以恐吓城中守军。⑥至此，陈玉成留在集贤关的精锐全军覆没。

刘玱琳深得敌人的尊敬，曾国藩把他的上级陈玉成都蔑称为"四眼狗""狗逆"，却尊称他"玱翁""玱琳先生"。曾国藩说，我因敬重他而称其先生，因爱惜他而称玱翁。⑦刘部四千人，被湘军认为是"平日第一悍党，战守可恃者"。这一仗，湘军以优势兵力围攻，鲍超、成大吉两军战损精兵三千，杨载福战损一千，损失竟然超过三河之役。

湘军内部评说鲍超此战虽只攻克营垒四座，功劳却可与塔齐布攻克岳阳、李续宾攻克九江相比，因为这仗消灭的太平军老兄弟为历年之最。精锐的部队，必须要有信仰、训练、纪律三种要素相配合。自杨秀清去世，太平天国失去了整训精锐老兵的能力，这支部队被围歼，陈玉成再也无法恢复实力。赤冈岭之战，宣告了陈玉成援军的覆灭。

赤冈岭战斗结束，驻扎在菱湖的八千多太平军也陷入绝望，为了不被饿死，他们向湘军请降。因为降军数量过于庞大，接近吉字营的一半，曾国荃担心控制不住，就问计于部将朱洪章。朱洪章知道上司想找他背锅，但他本是残忍好杀的武弁，也不在乎名声，就建议把俘虏全部杀了。曾国荃犹豫说俘虏甚多，恐怕一时也屠杀不完。朱洪章就提议把营门打开，一次传十个俘虏进来，分批次砍头，只消半天就可杀光。曾国荃说，我不忍心杀俘，就由你来办。于是朱洪章只用了一天的时间，便把八千多战俘全部杀头，鲜血把营房都染红了。⑧

安庆杀俘后，曾国荃内心不安，自古说杀俘不祥，他也怕遭报应，就写信给兄长求助。曾国藩怕因此事动摇九弟的心志，就回信说："既已带兵，自以杀贼为志，何必以多杀人为悔？""虽使周孔（周公、孔子）生今，断无不力谋诛灭之理。"⑨曾国荃虽自述挥金如土、杀人如麻，但在残忍程度上还是不能和兄长相比。此时的曾国藩，才是真正的"曾剃头"。

陈玉成大败之后，又联系上了杨辅清，得到了杨辅清那四万多人的增援。陈、杨最后一次进援安庆，仍然大败而回，陈玉成心灰意冷，再也不想管安庆了。

湘军最终在安庆北门以炸药破开了城墙，然后进城与太平军巷战。曾国荃把大炮拉近了轰击街道民房，再配合火枪密集射击，城中血流成河。城破之时，城中烧起的大火映红天空，宛若血红的阴影笼罩大地，被杀戮的太平军将士和家属的哭声响彻云宵。厮杀多时后，城中的哭喊、呼号声渐渐停息，安庆陷入死寂。城外的英王陈玉成知道，安庆沦陷了，他的家眷也都死光了。黑夜降临，伸手不见五指，他长叹一声，率残部撤离。

英王以童子从军，威寒敌胆，所向无敌，二十岁就统领大军"三洗湖北，九下江南"，攻破省城三座，活捉钦差大臣四位。他一生威名，此刻皆在安庆城下化为尘埃。陈玉成撤离后，叶芸来等一万六千多人死难，军兴以来最为惨烈的安庆攻防战，最终是湘军取得了胜利。

【注释】

① "至行军本非余所长，兵贵奇而余太平，兵贵诈而余太直，岂能办此滔天之贼？即前此屡有克捷，已为侥幸，出于非望矣。尔等长大之后，切不可涉历兵间，此事难于见功，易于造孽，尤易于诒万世口实。……尔曹惟当一意读书，不可从军，亦不必作官。"见《曾国藩全集》第 20 册第 593、594 页，岳麓书社 2011 年版。

② 见《曾国藩全集》第 3 册第 45、46 页，岳麓书社 2011 年版。

③ 见裴士锋《天国之秋》第 204 页，社会科学文献出版社 2014 年版。

④ 见《曾国藩全集》第 24 册第 442 页，岳麓书社 2011 年版。

⑤ 赵烈文《能静居日记》，见《中国近代史资料丛刊续编·太平天国》第 7 册第 108 页，广西师范大学出版社 2004 年版。

⑥ 见《曾国藩全集》第 3 册第 93 页，岳麓书社 2011 年版。

⑦ 见《曾国藩全集》第 20 册第 640 页，岳麓书社 2011 年版。

⑧ 朱洪章《从戎纪略》，见《近代中国史料丛刊》第 11 辑第 108 种第 32 页，文海出版社 1966 年版。

⑨ 见《曾国藩全集》第 20 册第 661 页，岳麓书社 2011 年版。

九、江苏危局

一 洋枪队的诞生

李秀成攻破江南大营后占领苏南，兵锋直逼通商口岸上海，侵犯了列强的核心利益。文翰当年去天京，已确认太平天国不肯向列强出卖主权，咸丰五年（1855）时洪秀全又拒绝了列强共灭清朝、平分利权的提议。如果李秀成拿下上海，虽然不至于断绝中外往来，但列强最多也只能在上海平等贸易，再不可能享受各种特权。尽管列强的军队当时还在北方和清军战斗，但他们很清楚，此次战争只是用武力迫使清朝出卖更多利权。维持清政府的统治，对他们来说远比太平天国统一中国好。所以英法军队一面在和北方清军战斗，一面却和江苏官员勾结，共同阻挡太平军进攻。

以李秀成为代表的太平天国将帅，还没有形成近代民族国家的外交观念，他们有质朴的保卫疆土主权的意识，却并不理解现代主权观念。英国人多次把军舰开进长江水道，开到天京城下，严重侵犯中国的内江主权，太平天国的首领们却无动于衷。李秀成一开始对英法的认识和罗大纲差不多，既然我在打"清妖"，你也在打"清妖"，那我们就是友军。我们都拜同一个上帝，遵守一样的十诫，那我们就是兄弟，应该联起手来打"清妖"。

李秀成觉得他和"洋兄弟"可以合作，上海战役应该和平解决。[1]他通过洪仁玕与一些传教士进行了沟通，向他们表达了太平天国对诸国的友善：既然大家都是上帝子民，我们消灭清朝后，一切好东西都可以和"洋兄弟"分享，以后你们可以自由进出中国，一切贸易往来都照旧，传教士还可以打破禁令到内地来传教。[2]我们大军进攻上海，只打"清妖"，不扰"洋兄弟"，你们挂上标志，我们就不会进攻。

然而列强已经铁了心要维护他们在上海的特权，准备撕破中立的伪装，直接抗击太平军。李秀成进入上海前，受到了几个洋教士和商人的欺骗，他们谎称列强愿意让同信上帝的中国兄弟接收上海，但要李秀成亲自到上海谈判。他分不清传教士和列强政府的区别（因为太平天国是政教合一的），以为可和平接收上海，于是坐着轿子，在几千卫队簇拥下去上海会见"洋兄弟"。他还写信给上海的外国公使，说你们在自己的地盘上悬挂黄旗，我军见黄旗就不进攻。谁知他一进上海城，就遭到了列强的炮击，数百名将士伤亡，飞溅的弹片击中他的脸颊，差点让他送命。[3]

这一块弹片，宣告了列强武装阻止太平军接收上海的决心。但李秀成依然对"洋兄弟"抱有幻想，他再次与列强交涉，同时表示自己并无与各国开战的意图。在上海的英法军队外强中干，他们在中国的驻军兵力远不足以对付李秀成。第二次鸦片战争中，英法总共投入军队约两万人，这还是为了短期战争的临时集中，如果长时间介入中国内战，以英法的后勤最多能支持在江南地区驻军数千人。李秀成去上海时列强只拼凑出一千二百名正规军，这点军队面对号称百万的太平军，纵然有先进的枪炮在手，也会付出难以承受的伤亡代价。李秀成的天真让列强看到再次通过欺诈拖延太平军进攻上海的希望，他们当即派出使节到天京方面展开会谈。

会谈的结果很让列强满意，负责参加谈判的蒙时雍代表天王同意约束各路太平军，一年内不再进攻上海和吴淞，并与这两个港口保持一百里的距离，以便外国商人正常贸易。由于太平天国对国家主权知识的匮乏，为表达善意，他们同意英美的舰队在太平天国控制下的长江水域航行。④

太平天国此时选择与英法美等国会谈是非常愚蠢的。上海只有一千二百名欧洲杂兵驻扎，后来屡屡给太平军制造麻烦的洋枪队才刚刚冒头，李鸿章要一年半后才能组建淮军。在江苏的二十万太平军可以轻而易举地攻破上海，获得这个一年关税高达数百万两白银的后勤基地，断绝日后淮军以上海为基地攻占江苏的可能。至于列强后来的报复，连僧格林沁率领的近万蒙古骑兵都能给英法军队制造很大麻烦，数十万太平军还能怕了列强的一千多杂兵不成？一旦确认无法武力夺回上海，他们就只能接受现实，在上海和太平天国通商。

一年后，蒙时雍与英国人约定的十二个月内不进攻上海的协议到期，李秀成可以再度进攻上海。此时湘军已经攻陷安庆，太平天国在安徽战败，陈玉成军团覆灭，李秀成必须攻下上海，彻底掌控江浙，为接下来更艰苦的战斗积蓄力量。上一次李秀成来上海时，下游太平军总数为二十万，而这一次，江南太平军达到了七十万之多（李秀成在湖北招抚流民三十万，又得到原石达开部下二十万人效忠）。

最重要的是，这次前来的李秀成，对列强的态度完全不同了。他本是那个时代最杰出的政治家，第一等的聪明人，当初只不过读书不多、知识不足才不明白洋人的本性。他悟性极高，经过这一两年的观察，早已看透西方侵略者的本质，也逐渐明了列强与中国之矛盾才是第一等的大事。

李秀成后来被湘军俘虏，临死前写了一长段文字劝曾国藩防备洋人。他对曾国藩说，现在的头等大事是防洋鬼子，要大量购买、制造大炮，预备和洋鬼子作战。可见李秀成不但不再当列强是"洋兄弟"，反而把洋人作为比清朝还要凶恶的敌人。此次他率几十万大军前来，上海还能保全吗？⑤

英国人最多只和两万清军交过手，哪敢和几十万大军开战？英国人自知不可能进行大规模军事介入，试图靠虚张声势的讹诈再次逼洪秀全、李秀成退让。咸丰十一年（1861）年底，英国军舰"狐狸"号（Reynard）舰长宾汉和天京方面交涉，提出了几点无理的要求：1. 太平军不进攻上海的期限从一年改为无期限；2. 太平军不能进攻的区域从上海扩展到汉口、九江、镇江等地；3. 为英国人所雇佣的他国商船、英国为他国制造的商船都同样享有长江航运特权；4. 太平天国为前一阶段战争中造成的经济损失提供赔偿。

宾汉的无理要求遭到严词拒绝，列强自此撕破"中立"的伪装，正式为清政府提供支援，甚至考虑派出军队在局部战场支援清军。《北京条约》签订之后，英法与清政府已经停战，甚至表面上还算"友好国家"。这时候，朝野上下纷纷开始讨论起之前清朝某些地方官员提议的"借师助剿"一事。

"借师助剿"由江南的地方官最早提出，即借用英、法、俄等国军队剿灭太平军。江浙局面崩坏前，浙江巡抚王有龄、江苏巡抚徐有壬乃至两江总督何桂清都向清廷提过这个建议。但当时清政府正在和英法联军打仗，正处于敌对状态，"借师助剿"不可能得到批准。《北京条约》签订后，被驯服的清政府同意了英法等国的不平等条约，清政府和英法处于"和平"状态，有了联合镇压起义的基础。法国人葛罗和俄国人伊格那提耶夫也提出，在有足够回报的情况下可以帮助消灭太平天国。

咸丰十一年初，江苏巡抚薛焕、苏松太道吴煦、候补知府吴云和商人杨坊等为了保护上海，与在上海的列强商议中外会防。在未经朝廷同意的情况下，他们擅自和沪上洋人组建了"上海会防公所"，出钱扩大了美国人华尔率领的雇佣军"洋枪队"。为了获得清廷的正式同意，经薛焕安排，由冯桂芬起草《江浙绅士为借师助剿呈苏抚》的禀文，由薛焕上奏朝廷，请求清廷批准"借师助剿"。江浙士绅还出钱赞助龚橙（著名诗人龚自珍的儿子）和潘曾玮入京游说朝中大臣。

　　"借师助剿"的支持者，在中央是恭亲王奕䜣，在地方上是江苏巡抚薛焕、苏松太道吴煦。反对"借师助剿"者，在中央是咸丰和肃顺，在地方上是曾国藩。咸丰坚守天朝体统，视洋人为蛮夷，对列强态度顽固，他的心腹肃顺也大致相同，所以不肯"借师助剿"。咸丰十一年农历七月十七日（1861 年 8 月 22 日），咸丰皇帝驾崩，稍后慈禧太后和恭亲王联合发动政变，肃顺等顾命大臣倒台，在中央"借师助剿"的障碍消失。

　　薛焕、吴煦想要保住上海和江苏残余的领地不失，手上又没有军队，当然一心借重洋兵。曾国藩却与他们不同，他手握重兵，靠自己的力量就能打下天京收不世奇功，为何要让洋人来分一杯羹？曾国藩熟读史书，唐代借回纥兵马收复长安，最后不得不听任回纥洗劫都城的教训他非常清楚，岂肯借洋兵招来祸害？

　　早在咸丰十年时，曾国藩就授意左宗棠给朝廷上了一份奏折，提醒朝廷"借师助剿"是玩火，自古以来借外国兵马助战，战后总会被提出各种意外要求，万一应对不当，可能又会引发新的祸端。可是洋人已经在上海和当地官绅联合作战，且江南大营战败之后，湘军暂时无力去下游，又找不到合适的借口谢绝洋人助战，曾国藩就帮朝廷想了个招：一方面对列强的援手表示感激，一方面设法拖延列强出兵的时间，最后让事情不了了之。⑥

曾国藩的建议很好，可在辛酉政变后，朝廷中反对"借师助剿"的强力人物已去，而上海的官绅又擅自成立"上海会防公所"，把生米做成了熟饭，潘曾玮还去信恐吓曾国藩说："洋兵调齐之后，势难中止。"

面对这种情况，曾国藩已无法阻挡英法等国派兵参战，于是他就上了几道奏折表明态度：一、重申"借师助剿"后果难测，将来出了大问题不要怪我没有提前说明；二、即便洋人已经出兵，也应该把他们限制在上海，只负责保护通商口岸，不能让他们去收复已被太平军占领的土地，只能守不能攻；三、如果朝廷让列强军队去攻打城市，那湘军绝不派兵增援。第三条对阻挡"借师助剿"非常有力，英法兵少，不敢独自与太平军开战，他们最多以优势火力支援清军主力作战。如果曾国藩不派军队，他们也不敢大规模出动。⑦

除此之外，曾国藩又对想"借师助剿"的朝中大员好一番嘲讽，说"借师助剿"等于子弟参加科举，父兄请枪手代考，辱没祖宗，贻笑大方。⑧他在另一篇激烈反对"借师助剿"的文章里如此说："中国之寇盗，其初本中国之赤子。中国之精兵，自足平中国之小丑……而中华之难，中华当之。"⑨

因曾国藩等手握重兵的地方大员极力反对，最后清廷只同意列强军队在通商口岸防御，而不支持其军队直接参加进攻。事实上，列强也并不想参加进攻，他们那区区几千人的军队根本不够塞太平军的牙缝。就这样，由清朝地方政府和士绅出钱、出人，列强提供武器和军事顾问，组建雇佣军"洋枪队"就成了支援清政府的最好办法。

"洋枪队"最早由上海富商杨坊出钱，经美国人华尔（Frederick Townsend Ward）之手组建。华尔在很多书里被称为"美国流氓"，但实际上他是一个职业军人。华尔出生于美国马萨诸塞州，曾在美国的文理军事学院就读，还未毕业就跑到国外冒险，在墨西哥和克里米亚打过一些恶仗，后来跑到中国做船员。江南大营崩溃后，沪上豪商由杨坊牵头，出钱让华尔雇佣一些外国冒险家和退役军人来沪组建雇佣军。早在英法等国正式撕破"中立"面孔参战前，华尔就招募了一些英美退伍军人，和一百名菲律宾雇佣军，初步建立了洋枪队。这支洋枪队一度击退太平军，攻占松江，后

洋枪队头子华尔

来在青浦被李秀成击败，阵亡七百多人，华尔也身中五枪。

尽管华尔在青浦战败，"洋枪队"的战斗力却让上海方面感到满意，这支军队尽管才成军月余，战斗力却已经可以和英法的正规军媲美。青浦战役，华尔的军队阵亡超过三分之一，却能在战败后保住首领且有秩序地撤退，即使按列强的标准也算强军。沪上商人从此更加舍得出钱装备洋枪队，发放的军饷比英法的正规军多了好几倍。一时间，驻扎上海的各国洋兵纷纷从自己的军队里逃跑，带着枪来投靠洋枪队。据说在上海的英国舰队水兵大量逃亡，几乎导致舰队瘫痪，因此还诞生了一个英文单词"Shanghaied"（意为诱骗）。

当时英国已经和太平天国谈好了在一年内保持和平，太平军不进攻上海，英军也不得攻击太平军。英国士兵跳槽到"洋枪队"后，以雇佣军身份参战，不受本国官方禁令约束，他们在银子的诱惑下纷纷向太平军开火。由于担心"洋枪队"激怒李秀成撕破和平协议，

又担心自己的舰队因逃兵太多而崩溃，英军舰队司令何伯亲自带领海军陆战队员冲进松江抓捕华尔。如果不是华尔的克制，这支海军陆战队很可能被"洋枪队"歼灭。

最能证明洋枪队这支由英法军官带队、华人充任士兵的混合军团战斗力的，是英美的一次冲突。由于美国南北内战时英国支持南方，英美差一点爆发武装冲突，当时美国政府就授意华尔带领洋枪队向东方的英国军队发动进攻。尽管最后林肯总统化解了这场危机，但据当时在上海的英国军官们回忆，万一战争爆发，驻扎上海的英军将被华尔轻易击退。美国记者阿本德为华尔写的传记，书名直接称他为"西方来中国的战神"。

华尔的洋枪队，有着不逊色于英法正规军的战斗力，加上是中国人出钱出兵，战败亦对列强毫无损伤，于是成了洋人镇压太平天国的最好帮凶。列强很快改变对华尔的打压，转而大力支持洋枪队扩充。英国人以成本价向"洋枪队"提供了一万支步枪、十二门大炮和一百万发子弹，稍后还把驻印军队两个团的武器出售给了华尔。

上海富商不缺钱，只要有钱就能招来士兵，缺的只是洋教官。为了让现役军官能够到"洋枪队"助战，英国枢密院后来又授权英国军官可以在中国军队中服役。因为这个授权，英国皇家工兵团上尉戈登（Charles George Gordon）得以加入"洋枪队"。

列强正式支持洋枪队后，"洋枪队"更名为"常胜军"，扩大到五千人，成为驻扎上海的一支劲旅。模仿"常胜军'的模式，英国人在另一个口岸城市宁波招募千人，组建了"常安军"和"定胜军"。法国人也让自己的海军将领勒伯勒东退役，招募三千人组建了"信义军"。以英法等军事强国职业军官为基础，招募中国士兵，按照西方军队标准训练和装备的各种"洋枪队"多达万人。

"洋枪队"由西洋军官训练，操练用西法，又换装了洋枪，战斗力高过多数清军。但如前文所述，当时英法的步兵火力比之清军并无绝对优势，训练水平虽高，但单兵技能不一定高过太平军和湘军锐卒，毕竟后者有在战火中淬炼出来的战斗技能。由于数量不多，单就步兵而言，"洋枪队"的助战对清军来说聊胜于无。

　　"洋枪队"对清军的最大助力，主要是他们的近代化炮兵，西式火炮比清军的劈山炮火力威猛十倍。湘军在野战中能击败太平军，却拿雄伟的城墙毫无办法，如果按照传统的"穴地攻城"，战事就会拖延很长时间。"洋枪队"助战后，西洋大炮一阵轰鸣，就能把太平军的城墙炸塌。但这些大炮，没有大队步兵保护是无法发挥威力的，而上海欠缺的正是强大的步兵。于是，上海士绅只能派人到安庆，求曾国藩发兵救援。

【注释】

① 《忠王李秀成致英国公使书》，见《中国近代史资料丛刊续编·太平天国》第 3 册第 67、68 页，广西师范大学出版社 2004 年版。

② 见茅家琦《太平天国对外关系史》第 275 页，人民出版社 1984 年版。

③ 见《清政府镇压太平天国档案史料》第 22 册第 461 页，社会科学文献出版社 1996 年版。

④ 见茅家琦《太平天国对外关系史》第 203 页，人民出版社 1984 年版。

⑤ "为今虑者，洋鬼定变动之为……今天朝之事此（已）定，不甚费力，要防鬼反为先。此是真实之语。……欲与洋鬼争衡，务先买大炮早备为先。"李秀成《忠王李秀成自述》，见《中国近代史资料丛刊续编·太平天国》第 2 册第 398 页，广西师范大学出版社 2004 年版。

⑥ "应请饬下王大臣等，传谕该夷酋，奖其效顺之忱，缓其会师之期。……自古外夷之助中国，成功之后，每多意外要求。彼时操纵失宜，或致别开嫌隙。"见《曾国藩全集》第 2 册第 617 页，岳麓书社 2011 年版。

⑦ "借兵助剿，不胜为笑，胜则后患不测。目前权宜之计，只宜借守沪城，切

勿遽务远略。……臣之愚见，借洋兵以助守上海，共保华洋之人财则可；借洋兵以助剿苏州，代复中国之疆土，则不可。""若洋人遽尔进攻金陵、苏、常，臣处实无会剿之师。"见《曾国藩全集》第4册第55、141页，岳麓书社2011年版。

⑧ 见《曾国藩全集》第4册第141页，岳麓书社2011年版。
⑨ 见《曾国藩全集》第4册第363页，岳麓书社2011年版。

二　李鸿章崛起

咸丰十一年十一月十七日（1861年12月18日）凌晨，悚仄（sǒng zè）忧惶的曾国藩失眠症发作，披上衣服出屋绕行。十一月的夜风已十分凌厉，但仍吹不散天上的薄云。月色不明，星光也颇惨淡，四下寂静，只有军旗还在冷风中飘动。曾国藩在屋前静立许久，直至晨曦初现，一抹霞光染红官衙屋檐上悬挂的露水，他才转身回屋，定定心神，给曾贞干回信：江苏请求支援，至少也要派兵八千才能起作用，现在我实在没这么多兵。可用的手下只有李鸿章，但他在我这里当幕僚，我实在少不得他做帮手。就算他能去，我也无兵可给。①

他之所以"悚仄忧惶"，是因为在阎敬铭的书信里知道了辛酉政变的详情。咸丰十一年七月十七日（1861年8月22日），年仅三十一岁的咸丰病死于热河行宫，临终前指定年仅六岁的载淳继位，以心腹载垣、肃顺等八位大臣辅政。肃顺成为辅政大臣，推行新政，并定于第二年改年号为"祺祥"。

咸丰没有雄才伟略，且对曾国藩多有猜忌，但他见事分明，对曾国藩有知遇之恩。曾国藩悲痛莫名之余，亦觉得肃顺执政是个绝好的消息。肃顺虽是满人，但他一向看重汉人。肃顺和汉族文士向来亲厚，与湘军系统也颇有来往，撰写《湘军志》的名士王闿运，就曾在肃顺门下当过幕僚。如前文所述，左宗棠得受四品官职独立领军，以及曾国藩得授两江总督，据说都是肃顺在咸丰面前说了好话。

遇到新登基的皇帝年幼，中国传统政治有皇太后垂帘听政和顾命大臣辅政两种模式。咸丰对皇帝生母慈禧太后不信任，所以确定了八位顾命大臣辅政。但他临终一时糊涂，留下了两个漏洞：一是谕旨由顾命大臣拟定，但仍需东太后慈安用"御赏"印，西太后慈禧用"同道堂"印，两宫执掌大印，就握有一定权力，有政变的基础；二是皇室诸位王公大臣，以恭亲王最有贤名、威望最高，而咸丰却把恭亲王排斥在顾命大臣之外，恭亲王心怀不满就可能参与政变。

咸丰尚在时，肃顺就经常整肃满人的势力，只信任汉臣，而视旗人为蠹（dù）虫，还曾提议停了八旗子弟的旗饷，让他们自谋生路。就政变前的情况来说，京畿附近多是八旗兵将，他们对肃顺严重不满，反而对恭亲王和太后亲近。与肃顺友善的湘军远在南方，以曾国藩的谨慎，也不可能率军北上参加宫廷政变，肃顺在北京没有军队可恃。所以在咸丰灵柩运回北京时，恭亲王和两宫太后就联合发动政变，拿下了顾命八大臣，处决了肃顺。

太后杀伐决断，轻易地消灭了肃顺，这让曾国藩感到恐惧，"服皇太后之英断，为自古帝王所仅见"[②]，但英断之主，是不好伺候的。咸丰不够杀伐果断，却为人优容，这是比较好侍奉的帝王。英明果断如朱元璋，虽能完成伟大的功业，做他的臣子却常有性命之忧。如果缺乏政治知识而又杀伐果断，那就如明末崇祯一流，搞得臣下苦不堪言而令政事败坏。

西太后精通权术又杀伐果断，却没有像皇子那样受过正规的执政训练，是很糟糕的主上。她敢杀顾命大臣肃顺，也就敢杀"肃党"曾国藩，因此曾国藩得到辛酉政变的情报后与李鸿章等幕僚"相与钦悚久之"。他以前总是担心权力不够大，不能办大事，现在得了两江总督之位，有十几万雄兵在手，却感到了深入骨髓的恐惧，他开始感觉"权太重，位太高，虚望太隆，悚惶之至"。

曾国藩曾蒙肃顺提携，但肃顺倒台后，肃党遭到清洗，陈孚恩、黄宗汉等人都相继遭到革职，他却未受牵连，相反朝廷下达的上谕还加重了其权力。原本曾国藩的两江总督只能节制江西、江苏、安徽三省，现在朝廷给了他节制四省的权力，加上了浙江；并特意点明四省巡抚、提督以下各官，悉归其节制。一汉人总督节制四省，并明确巡抚、提督都归其管辖，满洲驻防将军为其帮办，乃清朝未有之恩典。

陈孚恩等人遭到革职而曾国藩却得以高升，有些清代私家记述说是因为查抄肃顺家中信件，发现曾国藩、胡林翼和他没有书信往来，所以太后相信曾国藩这些湘军将帅廓然大公，从不结党营私。此说亦颇迂腐，湘军多次请托肃顺办事，相距千里不可能没有文书往来，即使不以书信谈事，逢年过节供敬送礼也肯定不会少。就当时情况来看，太后和恭亲王根本就不敢整肃曾国藩，他们如果想把曾国藩打为肃党，根本不需要文字依据，只需要抓住王闿运、郭嵩焘等人既做过肃顺的幕僚，又是曾国藩的友人这点就足够了。

可一旦把曾国藩打为肃党，别说曾国藩可能率十几万大军北上，以先皇遗诏为依据"清君侧"，就是他被杀头后湘军溃散，清朝的江山就得葬送在太平军手里。朝廷直接掌控的北方清军，前后遭到三次毁灭性打击：北伐军一次，英法联军一次，南下攻击太平天国又被陈玉成消灭一次。没了曾国藩的湘军，清廷哪里还有可战的军队？与其说朝廷没有查到曾国藩与肃顺往来的书信，不如说朝廷查到了也当作没看见。

但太后现在不敢收拾他，不代表天下太平后不会收拾他，强雄猜忌的君王和手握重兵的大臣总是难共始终。曾国藩若不想造反，那就得早做安排。历史上功高震主的大臣如果不想造反，又不想被君王猜忌杀头，只有两种办法：一种是学董卓、曹操，率军进京，挟制天子做权臣，天子仍有名分在，一旦内有忠臣谋算、外有义士起兵讨贼，稍有差池就会身死族灭。另一种是解散军队，自剪羽翼，再求田问舍、沉迷声色，用各种手段自污，装成平庸无能，求得天子格外优容；但这样自甘下贱可怜兮兮地求饶，把自己的身家性命寄托在君王的恻隐之心上，也是非常危险的。

曾国藩是知礼守义的儒臣，不想当权臣，但他的自尊也不允许他摇尾乞怜。如果战后彻底解散湘军，万一朝廷仍起杀心，他没有保护自己的力量，失去与朝廷交涉的筹码，必然死路一条。曾是谋事深远之人，平定了太平天国后用兵之处仍多，解散了湘军又如何克定祸乱？

他的办法是功成后自己逐渐退隐，嫡系湘军日后也可解散，但整个湘军不能全部遣散，权柄也不能彻底解除。趁太平天国还没平定，要多扶植几个军头，以分湘军之势，造成几个派系相互牵制的局势，以安朝廷之心。

以当时的情况来说，湘军虽已打下安庆，消灭了陈玉成的主力，但历年用兵，湖南粮饷、兵源已接近枯竭，湘军最多还能维持从安庆下金陵这一路的兵力，要扩大用兵规模必须要另外开辟财源、兵源。湘军作战多年，质朴的农夫早已变成兵痞，抢劫、闹饷乃至吸食大烟的不在少数，军纪很难维持。湖南农夫参加湘军本为生计，多年战争后许多士兵发了财，斗志大减，所谓"暮气已深"就是指此。

湘军的原则是先有将再募兵，湘军能带兵的大帅如胡林翼、李续宾等陆续凋零，江南大营崩溃后很多将领又出任巡抚，能领军杀敌的人才所剩不多，势难再立新军。所以辛酉政变之后，曾国藩就开始认

意气风发的李鸿章

真考虑扶植门生李鸿章另立新军，只是如他给曾贞干的信中所说，即使现在李鸿章可去，也无兵可带。

要扶植新军统帅，确实除了李鸿章外再无第二人可想。清朝以文御武，出镇方面的大员如果不是满人，那最好是进士出身，若点过翰林更好。当时湘军出任巡抚的人如左宗棠、刘长佑、李续宜、唐训方等均无进士功名，纯以军功晋身。这类巡抚虽因战功得任督抚，却因无进士功名，无法领导地方士绅，很难造就新的军政势力。

李鸿章是道光二十七年（1847）第二甲进士，朝考选中翰林院庶吉士，时年二十四岁，是安徽最年轻的翰林，可谓少年得志。他的父亲李文安也是进士，官至刑部郎中，李氏一族在安徽颇有根基，有领导安徽士绅的能力。李鸿章在入曾国藩幕府前已在安徽办过多年团练，有做官带兵的资历，且已得三品按察使衔，步入了高级文官的行列。即使不得恩师提携，历练一番之后迟早能得督抚之任。翰林出身的文官，提拔起来要比纯靠军功的曾国荃、李续宜容易得多。

淮河流域自元末以来就出精兵，此前湘军已经小范围招募安徽兵勇试用，如马复震、张遇春、李纪元三营淮勇，作战颇为得力。在安庆城下招降的悍将程学启，所带降卒也多是安徽人。特别是两淮有马场，因养马而多骑士，可以组建庞大的骑兵，以补湘军之短。

安徽南北战火连天，不少安徽人加入捻军，与太平军合力攻打清军，也有不少地主士绅办团自保，其中还出了苗沛霖这样拥兵几十万的军阀。若以李鸿章在安徽的人脉招募淮军，以当地原有的团练为基础，旬日之间即可建立一支精悍的军队。甚至可以说，皖省多一人当兵吃粮，太平军和捻军就少一员劲卒。

扶植李鸿章还有另一番好处：李是安徽人，将来带的兵自然是淮军，不属于湘军，正好与湘军形成制衡。他在曾国藩幕府中多受排挤，与曾国荃不合，与水师名将彭玉麟打过架，朝廷自然乐意用李鸿章来平衡湘军。但李鸿章不仅是曾国藩推荐提拔的晚辈，更是其精心栽培的门生，李与其他湘军将领关系不睦，和老师的感情却是深厚的。万一将来曾国藩解散了湘军，有得意门生的淮军保护，朝廷也无法对他痛下杀手。

既然确定了扶植李鸿章新立淮军，曾国藩就密保李鸿章为江苏巡抚，并承诺拨给精兵六七千人，让他赴上海救援，时间在和曾贞干通信的一个星期后。③同日曾国藩又发信催促曾国荃带兵去下游救援，并说明会让九弟和李鸿章一起去。

因为在保举李鸿章为江苏巡抚之前，曾国藩先已致信让曾国荃带兵进驻上海，后来又推荐陈士杰带兵援沪，后世人因此认为在曾国荃、陈士杰拒绝赴下游作战后，作为"备胎"的李鸿章才得以出任江苏巡抚。但实情却非如此，后世论者之所以误将李鸿章当作曾国荃、陈士杰的"备胎"，是因为搞错了时间的先后顺序以及"援沪"和"援苏"的区别。

上海士绅赴安庆请兵，曾国藩最初考虑援救上海的人选，确实是曾国荃。他在这年的农历十月廿四日（1861 年 11 月 26 日）写信让曾国荃带兵一万去救上海，说我必须设法保全上海，想派兄弟率一万人去。你去了就专心防守上海一地，不用顾及其他地盘。等多隆阿破庐州、鲍超破宁国后，他们两人进攻金陵，你可以从上海攻打苏州、常州。④

以这封信而论，曾国藩确是先考虑由曾国荃去上海，他首次考虑李鸿章是在十一月十七日给曾贞干写信时，那已经是二十天以后了。但要注意的是，曾国藩派曾国荃去上海，暂时只负责上海一隅的战事，不负责整个江苏地区，因此他也没有提到要保举曾国荃为江苏巡抚。

如前文所述，一个月后，也即十一月廿四日（12月25日）这天，曾国藩先发密折保举李鸿章为江苏巡抚，同日又发信催促曾国荃赶紧领命与李鸿章同去。如果李鸿章是曾国荃的备选，那就应当等到曾国荃明确拒绝开赴下游后再保举他。但曾国荃明确拒绝去下游作战是在十二月初一（12月31日），这足以说明曾国藩在尚不知道曾国荃会拒绝赴下游的情况下，就决定了保举李鸿章为江苏巡抚。值得注意的是，在上奏保举李鸿章以江苏巡抚的身份增援下游后，曾国藩仍然要曾国荃带兵和李鸿章同去。这就说明，至少在十一月廿四日这天，曾国藩的打算是以李鸿章为江苏巡抚，带兵六七千赴下游，而曾国荃要率军万人一并前往。这样一看，曾国藩的盘算就很明显了：赴下游作战，李、曾同去，既然保李为巡抚，自然是以李鸿章为主帅，曾国荃为助手。⑤

再回头看曾国藩在农历十月廿四日给曾国荃的信件，他给曾国荃的任务是"专主防守上海一隅"，即只负责上海作战，不用管江苏全局，当时负责江苏全局的是江苏巡抚薛焕，薛焕尚未倒台，曾国荃不能做巡抚，自然也不用负责全省战局。而在十一月二十日，也即保举李鸿章为江苏巡抚之前四天，因为有人上折参劾薛焕，廷寄让曾国藩保举新任江苏巡抚人选，这是让他这个两江总督对江苏的整个大局负起责来，而且还要挑选能干的官员任江苏巡抚。四天后曾国藩保举了李鸿章，并发信催促曾国荃同去，这明显是让李鸿章以巡抚身份负责整个江苏大局，而曾国荃以部下的身份负责上海一隅。曾国荃仍是

"援沪"主帅，但要在李鸿章这个江苏巡抚、"援苏"主帅管辖之下。而且这两支军队虽同赴下游，却并不同去上海。

曾国藩在十二月廿五日上了一道奏折，谈到"援苏"和"援沪"的区别：前江苏巡抚薛焕驻扎上海，可是上海毕竟是东边一隅，很难掌控江苏全境，新任巡抚应驻扎镇江；至于上海，派精锐数千进驻，再留点司道官员收税就行了。⑥这道奏折讲得很清楚，新任苏抚李鸿章作为"援苏"主帅驻扎镇江；上海作为江苏巡抚的管辖区，只留"援沪"的司道官员及其所率精兵数千，这个司道官员，最初设想的是曾国荃，后来设想的是陈士杰。

十二月初一，曾国荃给兄长回信说，自己不愿意去援助上海，不想被别人调遣，这正说明他不是江苏战区的主帅。曾国荃不愿意受李鸿章驱遣，因为他和李鸿章关系恶劣。加上安庆已被攻破，他可以亲率一军顺江而下，直捣天京建立不世之功，无须去上海拿那点可有可无的银饷。

因为九弟不想去救上海，曾国藩才计划以陈士杰顶替——这时候他的构想仍是江苏巡抚李鸿章率军驻镇江，陈士杰顶替曾国荃率军驻上海。

曾国藩去函邀陈士杰出兵，是在十二月初七；保举陈士杰为江苏臬司，是在十二月十八日，时间都在保举李鸿章为苏抚之后，职位臬司也在巡抚之下。⑦因此陈士杰只是顶替曾国荃增援上海，襄赞李鸿章，完全谈不上是曾国荃、陈士杰不去之后，才轮到李鸿章。陈不愿意去下游，以母亲年老为理由拒绝后，曾国藩一方面继续物色人选，一方面也通告上海官绅，援沪军可能已成泡影，不要抱太大希望。

那后来为何只有李鸿章的淮军一路人马赴江苏，而且不驻扎镇江而驻扎上海呢？因为陈士杰拒绝出山后，湘军实在找不到领兵人选，只能由李鸿章独自领军，把"援沪""援苏"合二为一。

原定新任苏抚驻扎镇江，但此地有原江南大营残部冯子材镇守。江南大营是何桂清嫡系，与湘军势同水火，冯子材势难与李鸿章和衷共济。如果非要让李鸿章驻扎镇江，就必须调走冯子材。冯子材是名将张国梁的门人，深得其兵法传授，他在镇江多次击败李秀成的进攻，绝非无能之辈（多年后他年逾七十还在镇南关大败法军）。

曾国藩不能以无能为理由撤掉冯子材，就只能让冯子材更换防区。旗将都兴阿知道湘军有调走冯子材的谋划后，就策划以冯的镇江换上海。如果都兴阿的计划得逞，湘军就会丢掉上海财源。曾国藩几经权衡，最后决定镇江仍由冯子材坐镇，江苏巡抚李鸿章驻扎上海，这样"援苏"和"援沪"两军就合为"援沪"一路了。

现在，我们整理出一条时间线，问题就十分清楚了：

十月廿四日，曾国藩写信给曾国荃，让他带兵援助上海，暂时只需要保护上海一地。

十一月十七日，曾国藩给曾贞干的信中提到李鸿章可以去下游。

十一月二十日，江苏巡抚薛焕倒台，朝廷让曾国藩推荐新任江苏巡抚人选。

十一月廿四日，曾国藩上密折保举李鸿章为江苏巡抚，负责江苏全境军政大权，同时发信催促曾国荃带兵和李鸿章、黄翼升一起去下游（显然是以曾国荃为李鸿章手下）。

十二月初一日，曾国荃拒绝带兵去上海。

十二月初七日，曾国藩邀请陈士杰代替曾国荃去上海。

十二月十八日，保陈士杰为江苏臬司。

十二月廿五日，曾国藩上奏折提议，江苏巡抚驻扎镇江，另派司道官员统兵数千驻扎上海。（巡抚李鸿章，司道官员最初设想的是曾国荃，后来设想的是陈士杰。）

可见李鸿章从一开始就是江苏巡抚人选，他的资历原本比曾国荃深厚，加上辛酉政变后曾国藩要压抑家族势力减少猜忌，当然只能保举李。既已确定派李鸿章去上海，剩下的问题就是招募军队了。湘军原有三营淮勇，马复震的震字营拨给了左宗棠，张遇春的春字营和李济元的济字营就划给了李鸿章。张遇春在被湘军收编前，是李鸿章早年在安徽带团的旧部，所以春字营和李鸿章最为亲近。

安徽的团练已与太平军、捻军作战多年，只要收束成伍，以湘军的营制加以整理，马上就能投入战斗。除了这两营现成的淮勇，李鸿章还招募了不少与他有一定渊源的团练。他父亲李文安昔日统带的合肥西乡团练张树声、刘铭传、潘鼎新，被编为树字营、铭字营和鼎字营。吴长庆的团练本和西乡团练有仇，彼此仇杀多年，后因刘秉章的劝说，也归入李鸿章部下。张遇春、张树声、刘铭传、潘鼎新、吴长庆，就是李鸿章建军的核心力量。

这五营淮军，战斗技巧娴熟，作战勇敢，但除了张遇春的春字营接受过湘军训练外，都没有严明的军纪和扎实的营制，必须与湘军老兵混编在一起才能发挥战斗力。为此曾国藩又从湘军里调拨部队充实淮军。除了春字营和济字营，他又给李鸿章派来八营精兵。曾从自己的亲兵里抽调最精悍的老卒组成了两个亲兵营，由韩正国统领，送给了李鸿章。亲兵营是曾国藩当初复起时，李续宾亲自为他挑选的老营精兵，现在再从中筛选，堪称举世无双的锐士。曾国藩说这是我湘军嫁女，送给李鸿章的"嫁妆"。

在安庆叛降的太平军将领程学启，作战十分勇猛，程的开字营两营精兵，多数是和他一起投降的两淮太平军，亦一并划入淮军。曾国藩还勉励程学启说，江南人对张国梁赞不绝口，你此去多加努力，将来又是一个张国梁。此外，前江苏巡抚薛焕在危急关头，想模仿湘军招募军队，因此派人到湖南招募了四千多名勇士，后经曾国藩裁撤，只保留了一千人，编为林字营两营，连同原计划由陈士杰统领的湘军熊字营、垣字营，统统并入了淮军。

有了老师慷慨的"嫁妆"，李鸿章一共获得十四个营，共七千陆军，淮军的班底就算搭建起来了。此后李鸿章以上海的财源大肆扩张淮军，最终达到七万人的规模，超过曾系湘军过半，接近左系湘军的两倍，在曾国藩遣散嫡系部队后，成为当时最大的军事集团。李鸿章也借此成为势力最大的地方官员，既保护了曾国藩晚年的安危，又接替他剿灭捻军，继承老师的事业，维系清朝的运转。李鸿章的成功，在于曾国藩的栽培，而曾国藩本人也因此得到了丰厚的回报。成大事必先找好替手，信乎！

【注释】

① "江苏请援，至少亦须八千人乃能往救，此刻实无此兵力。无论少荃（李鸿章）在余处帮办奏折，不能分身前往；即少荃可往，亦无兵可带。"见《曾国藩全集》第 20 册第 717 页，岳麓书社 2011 年版。

② 见《曾国藩全集》第 17 册第 228 页，岳麓书社 2011 年版。

③ "（李鸿章）劲气内敛，才大心细，若蒙圣恩将该员擢署江苏巡抚，该员现统水师五千，臣再拨给陆军六七千，便可驰赴下游，保卫一方。"此密折未收入《曾国藩全集》，转引自翁飞《李鸿章与淮军的创建》第 90 页，黄山书社 2012 年版。

④ 见《曾国藩全集》第 20 册第 711 页，岳麓书社 2011 年版。

⑤ "务望沅弟迅速招勇来皖，替出现防之兵，带赴江苏下游，与少荃、昌岐同去。"见《曾国藩全集》第 20 册第 717 页，岳麓书社 2011 年版。

⑥ "至巡抚驻扎之地，上海僻在东隅，不足以资控制，臣愚以为宜驻镇江，北可联络淮扬，南可规复苏常，近拊金陵之背，远制洋面。但派劲兵数千保卫上海，留司道一二员经收关税，不必巡抚常驻沪城。"此密折亦未收入《曾国藩全集》，转引自翁飞《李鸿章与淮军的创建》第 95 页，黄山书社 2012 年版。

⑦ 见《曾国藩全集》第 3 册第 417 页，岳麓书社 2011 年版。

三　死斗何桂清

曾国藩的宿敌何桂清是云南昆明人，道光十五年（1835）第二甲进士出身，比曾国藩登科早三年。清朝进士登科平均年龄为三十七岁，曾国藩考中时二十七岁，而何桂清成进士时尚不满十九岁，可谓神童。他早年的做官经历与曾国藩相似，两人都做过翰林、兵部侍郎、礼部侍郎。道光二十八年（1848），何桂清被任命为兵部右侍郎，后因丁忧去职，第二年八月曾国藩亦署兵部左侍郎。

何桂清常上书言兵事，又喜好抨击吏治，因而得咸丰看重——这也与曾国藩早年喜好相同。他在咸丰四年（1854）出任浙江巡抚，整顿财政，选拔将领，努力维持长江下游战局。因为安徽南部和浙江同气连枝，他上奏将皖南的徽州、宁国划归浙江管辖。

何桂清在浙江巡抚任上，每月接济围困天京的江南大营六万两白银，按湘军标准，可以养兵一万有余；除此之外，他还出资把在皖南作战的邓绍良部发展到一万七千人。何桂清在浙江并未如两湖那样推行财政改革，以传统的财政收支手段，供养军队三万人，虽不及曾、胡、骆、左之英明绝伦，却也堪称能臣。

曾国藩湖口战败后困守南昌，又被江西地方官员排挤，不得已伸手向何桂清求助。何桂清与大学士彭蕴章是同党，彭蕴章又一直在朝中攻讦曾国藩，对于援助湘军当然不会积极。这时期的曾国藩又不善交际，言语中时常带刺，他在求援的书信中说，你们在江浙富庶之地挥金如土，何不襄赞我军饷。欲求人相助，不温言相商，却先责备对方，何桂清当然一分钱都不会给他，两人的芥蒂因此更深。[①]

何桂清素有大志，一心想在自己手上消灭太平天国，恰好湘军在江西战事不利，他就经常密报朝廷中伤曾国藩，以贬损湘军来凸显自己的能干。他经常嘲讽曾无能，说湘军所驻省城二十里外就能见到敌军出没，甚至浙江都因曾的无能、胆小而被拖累。

他还对朝中大员夸口，"东南半壁，似非鄙人不能支持"，"若将江、浙兵勇归弟一人调度，两省大吏能筹饷接济，定能迅奏肤功"。[②]咸丰七年（1857）两江总督怡良自请病休，咸丰的心腹彭蕴章就推荐何桂清接任两江总督。何在两江总督任上，每月接济江南大营和春、张国梁四五十万两银子，足可养兵八万。他还收张国梁为弟子，教其读书识字。张国梁是出身盗匪的降将，得何桂清这样的大文士教授读书，自然感激涕零，从此对他言听计从。江南大营仰仗何桂清供饷，何又收了张国梁做弟子，因此能如意地指挥江南大营，俨然新一代儒帅。

上游有胡林翼主持大局，下游有何桂清运筹帷幄，在江西打不开局面、人际关系又差的曾国藩于是乎被夺去兵权，回家守制。曾国藩这次被夺军去职，半因何桂清的中伤诋毁，半因何桂清在下游的出色表现，两人仇怨愈结愈深。

咸丰八年（1858）曾国藩复出后，虽仍未得督抚之权，但形势已大有好转。两湖在骆秉章和胡林翼手里，经过财政改制，赋税也不低于江浙，足够供五六万湘军使用。也在这年，湖南保靖人胡兴仁被任命为浙江巡抚，这对湘军更是重大利好。胡兴仁是曾、胡的湖南同乡，还在湘军粮台做过事，虽未领军却也算出身湘系。胡兴仁抚浙，湘军就可以利用浙江的粮饷，供养一支军队在浙江作战，增强自己在下游的实力，堵住太平军经皖南向皖北增援的缺口，所以胡林翼一直劝说曾国藩把李元度的平江勇派去浙江依附胡兴仁。

何桂清觊觎（jì yú）浙江已久，早在总督两江前就扬言要把江浙的兵勇都归自己调度平乱，怎么肯让湘系人物控制浙江呢？于是他使出各种手段参劾胡兴仁，想把浙江巡抚换成自己的心腹王有龄。结果何桂清参倒胡兴仁后，咸丰任命下来的新巡抚仍是湘系人物罗遵殿。罗遵殿是安徽人，但常年在湖北任职，经胡林翼的保举而得任布政使，与曾、胡都有很好的私交。

太平军二破江南大营，李秀成率军偷袭浙江，行围魏救赵之策。他的军队不过六七千人，身后又有张玉良的上万追兵，本来很难攻克杭州。即使罗遵殿不知兵，宿将张玉良及时进驻杭州也能稳住城防。但张玉良救援杭州途中去常州、苏州觐见何桂清和王有龄，因在苏、常滞留多日，未能积极救援，李秀成才得以在张玉良赶到前攻破杭州，逼得罗遵殿自尽。

曾国藩的幕僚赵烈文曾说，张玉良之所以在苏州滞留三日，是因为江南大营欠饷，士兵被苏州财富吸引，在苏州纵兵抢掠民财。但编撰《何桂清等书札》的历史学家董蔡时分析说，张玉良在苏州滞留，是受到何桂清、王有龄的指使，故意拖延时间，借李秀成之手除掉罗遵殿，以便王有龄得以任浙江巡抚。此说有许瑶光的《谈浙》为史料依据，惜无当事人的可靠证词，只能作为一种假说，但至少曾国藩亦是如此认为，他给罗遵殿的挽联写道："孤军少外援，差同许远城中事；万马迎忠骨，新自岳王坟上来。"③按曾的对联，罗遵殿是含冤被害的岳飞，那何桂清、王有龄就是恶意陷害的秦桧了。

何桂清、王有龄不但有故意拖延不救罗遵殿的嫌疑，还在罗遵殿死后，唆使御史参劾他作战不力，导致生民涂炭，让朝廷撤销了对罗的恤典。罗遵殿确实作战不力，导致杭州杀成尸山血海，但他的友人曾、胡却未必这样认为。以卫道为己任的读书人不惜生命，却最重身后之名，曾国藩当初欲置已革湖北巡抚崇纶于死地，就是因为崇纶先排挤逼迫吴文镕至死，后又玷污吴文镕身后名节。何、王的做法与崇纶如出一辙，曾国藩因此对他们二人动了杀心。曾早年事事刚强，复出后常示人以弱，但他只在无关紧要的事情上示弱，根本问题上却从不动摇，整死何桂清、王有龄，夺取江浙地盘已成了他的一个目标，只待时机成熟就会动手。

何桂清少年进士，久经历练，主政江浙，疏浚财源、整军经武，还能以高明的手段分化、控制江南大营，掌控下游军事，若不考虑他在英法入侵时的荒唐行为，确实是一代能臣。但此前名臣周天爵已经判断，太平军"非眼前诸公可了""举世大帅无可匹敌"，盖太平天国组织之严密、法令之森严已超过正统皇朝，太平军士兵又是历代罕见的有信仰的军队，军中诸将如李秀成、陈玉成乃汉唐以来未见之"杰贼"，哪里是何桂清能独自对付的呢？

何桂清借李秀成之手除掉罗遵殿，殊不知李秀成得他相助，有惊无险撤离浙江后，一举攻破清军经营多年的江南大营，把何桂清倚为长城的张国梁逼死。张国梁死后江南大局糜烂，李秀成遂率军攻打两江总督驻地常州。何桂清有能臣之名，主政江浙也颇有成效，自负江南半壁非他不能支持，其实他所谓知兵，不过是在远离前线数百里的后方调度物资、遥控将领罢了。何从未见过战场厮杀，未受过生命威胁。他只能躲在后方运筹帷幄，以他人的生死为筹码，把战争当作围棋一样的游戏时，幻想自己如同演义中诸葛亮、周瑜一样谈笑破敌。当太平军围攻常州，漫天遍野的红头巾在城外涌动，以无与伦比的压迫力震撼他的神魂，以死亡和鲜血逼他直面内心深处的恐惧时，何就彻底崩溃了。

何桂清在常州撕下名臣的面纱，仓皇弃城逃跑，常州士绅跪请他留下守城，急于逃命的何桂清竟然下令士卒开枪清道，打死士绅多人。他逃到苏州，与其关系不睦的江苏巡抚徐有壬闭门不纳，并以督抚守土有责、弃城逃跑有杀头大罪为由，威胁他回去保卫常州。何桂清不能进苏州，只好转投上海，随后徐有壬上疏弹劾他弃城逃跑，不久徐亦兵败身死。

逃亡上海后，何桂清得新任江苏巡抚薛焕庇护，并未被锁拿入京，苏抚薛焕、浙抚王有龄反而屡次上奏，奏请准何戴罪立功，在上海领军。清廷虽未批准，但因朝中营救他的人太多，加上英法联军火烧圆明园，咸丰皇帝染病，也没顾得上逮捕。

何桂清被革职后，曾国藩继任两江总督，但苏、常已失，曾国藩只能坐镇上游，主持围攻安庆，不能立即到江苏就任。虽说两江总督的辖区包括江苏、江西、安徽，曾国藩却只能控制江西、安徽两省。江苏巡抚薛焕、浙江巡抚王有龄皆是何桂清好友，江浙仍在何系手中。胡林翼虽有好弄权术之名，为人却是一腔赤诚，平日与人为善、以德报怨。他见李秀成兵锋难挡、江浙危急，曾国藩又有总督两江之责，就立即想要增募兵勇赴下游救援，并不因王有龄逼死罗遵殿而生报复之心。他提名与王有龄私交甚厚的李元度到浙江作战，就是希望与王有龄捐弃前嫌，共抗敌军。曾国藩远比胡林翼记仇，他报复何桂清、彻底掌控江浙的心思很重，因此断然拒绝了胡林翼的提议。他把湘军赴下游增援的时间往后推延了一年多，照搬何桂清、王有龄陷害罗遵殿的办法，以彼之道还施彼身，借李秀成之手消灭政敌，廓清江浙。

湘军攻克安庆的同时，李秀成也攻占了浙江大部，围困省城杭州。大将张玉良率军万人增援，面对李秀成的雄兵却无可奈何。一日，张玉良出营送客，竟被清军炮火误伤而死。张玉良身死，杭州就更无可恃，王有龄只得写下血书求湘军救援。曾国藩等待这个时机很久了，哪里肯去救他？只假惺惺地感慨一句"鞭长莫及，忧灼如何"。援兵不至，王有龄终于感受到了与前任罗遵殿同样的绝望，最后在太平军的围攻中自缢身亡。

王有龄身死，何系另一大员薛焕能力平庸，虽有上海绅商每年助饷数百万两银子，复有欧洲列强帮助训练"洋枪队"，可他别说恢复苏南，连保住上海的能力都没有。上海士绅知薛焕无能，于是派代表坐轮船赴安庆向湘军请兵。曾国藩见时机成熟，一边保举左宗棠为浙江巡抚，率军入浙江作战；一边保举李鸿章接替江苏巡抚，率淮军入上海收复苏南，正式把自己的势力扩展到江浙。王有龄身死，薛焕去职，至此，整个长江流域的地方实权和军队都由曾国藩掌控，湘军势力达到极盛。

如愿以偿地控制了江浙，曾国藩亦并未忘记对何桂清的仇恨，他的门生李鸿章一到上海，就下令抓捕何桂清。何桂清躲进上海租界，按照清朝与列强所订条约，清军不能在租界执法，无法进租界抓捕人犯。为逮捕老师的宿敌，李鸿章亲自带上恭亲王的手令与租界巡捕房商谈。因为沪上洋人的利益还要靠淮军保全，洋人对恭亲王和李鸿章又很欣赏，最后同意让他进入租界逮捕何桂清。

何桂清被逮捕后解往北京受审，下了刑部大狱，但他并不慌张。何在京中有不少重臣相助，主持军机的恭亲王也很看好他，加上许多大员都得了何的贿赂打点，布置得十分妥当。但欲救何桂清的人虽多，想让他死的人也不少，因他在常州逃亡，坐视江苏陷落，又杀害跪留士绅十九人，江苏人对他怨恨甚深。

负责督办"何案"的刑部郎中，乃江苏常州人余光倬，主张重判何桂清。他援引条例写下判决书：封疆大吏失守城池当判斩监候（死缓），待秋后问斩。何桂清丢失常州，按律当判斩监候，因他在逃亡途中杀害江苏父老十九人，罪当加重，应由斩监候改为斩立决。余光倬拟定的判决出来后，朝廷诏令举行大学士、六部九卿、翰詹科道会议对判决进行审议，结果是赞成刑部判决。

刑部判处何桂清斩立决，大学士、六部九卿、翰詹科道会议亦无异议。清廷仍不甘心就此处决何桂清，便再度下诏说何桂清曾任一品大员，用刑应当审慎，让对判决有疑义的赶紧上奏陈述意见。很明显，这么做就是想轻判何桂清，希望何的党羽赶紧上书制造舆论，给朝廷赦免他的理由。④

何桂清在朝中的应援者祁寯藻原本已在家养老六年，辛酉政变后，作为肃顺死对头的他再度起复，做了大学士兼吏部尚书。祁上书说，刑部的判决里承认查遍刑律，何的罪行最多判为斩监候，明知道法律如此，不能更改，却强行说何的罪行较为严重而改为斩立决。这是强加"非罪"，不是臣下可以随便做出的判决。⑤

祁寯藻人老成精，这封奏折写得十分有水准。他并不立即为何桂清脱罪，只咬住刑律中封疆大吏弃城先逃只能判斩监候的条文，要求把斩立决改为斩监候。一旦把死刑拖到秋后，暂时保住何桂清不死，就赢得周旋的时间，可以继续为何桂清减轻罪刑。他的理由也足够充分，弃城而逃最多只能判斩监候，法令森严无可更改，刑部所谓何桂清罪行较重，应当加重刑罚的判决，是没有法律依据的"非罪"。因刑律并无督抚弃城而逃后若有更恶劣罪行，可以把刑罚加重到何种程度的规定，这个"加罪"实际上就有弹性。既然可以发挥解释，这种解释权就不应当由臣下掌控，而应由皇帝决定——而代表皇帝垂帘听政的两宫太后当时是不想杀何桂清的。

祁寯藻还引用了嘉庆皇帝的一道上谕，其中有刑部判决不得有加重字样的批示。受祁寯藻的鼓励，工部尚书万青藜、通政使王拯、顺天府尹石赞清、顺天府丞林寿图、九卿彭祖贤和倪杰、给事中唐壬森等十七人也上书声援何桂清。得众人声援，何桂清的死刑得以拖延，聪明的他又想出了一条脱身之计：畏敌而弃城逃跑是死罪，但如果因重要的战略举措事先出城则是无罪的。他拿出了一份薛焕等属下开具的公文，证明自己是因薛焕的请求，退往苏州保护比常州更加富庶的饷源重地。既有薛焕的公禀为证，就不是弃城逃跑，而是战略"转进"了。[⑥]

有了薛焕的禀牍为证，何桂清似乎能逃过一劫，只剩下最后一道程序，让两江地方复核一下这份公文的真实性。薛焕的公禀显然是事后补具的，但以清代的档案管理水平来说，即使是事后补具也无法查证。朝廷让两江总督查证公文真假，曾国藩知道自己无法查实，干脆就不查了。

曾国藩给朝廷回奏说，我虽没有实际证据，但仍能断定禀牍是假的，因为司道官员往往会帮上司隐饰罪行，而何桂清又有造假前科。属下往往会替上司造假，嘉兴大营曾联名数十人保何桂清，经查证只有几个亲兵参与伪造签名，其他士兵并不知晓。既然何桂清一贯让属下帮忙造假脱罪，那这份公禀也可以肯定是假的。

平心而论，曾国藩的这段话也属于"莫须有"，何桂清有造假前科，亦有能力造假，不等于他这份公禀就一定造假，无证据何以服众口？

曾国藩居家守制时，从道家之言悟得官场进退之道，此刻已老辣无比，既然要置何桂清于死地，又如何没有杀人之刀？祁寯藻、何桂清的脱罪之词，都是死扣刑律条文，拿政治规范做文章。但中国以礼入法，德主刑配，儒家的道义、伦理有高于法律的地位，断狱时可以"情理杀人"。既然如此，又何必和对方纠结刑律？他大可以行诛心之法，高举道德大棒杀人。

曾国藩在奏折后边写了一段著名的话："疆吏以城守为大节，不宜以僚属之一言为进止；大臣以心迹定罪状，不必以公禀之有无为权衡。"镇守疆土、保城池不失乃地方官的大节所在，只有天子才有权决定你能否弃城，怎么可以因为下属的进言而放弃呢？何桂清弃城不守，不管有无理由，都是失了大节，心迹不忠，即可定罪杀头，何必要什么罪证？[⑦]

用更通俗的话讲，即使何桂清能够出具足够分量的文书，证明他离开常州是符合程序的，但大家亦心知肚明，即使有公禀在，你也是为弃城寻找借口。既然都知道是借口，那就不用假模假样地走程序了，既已失节，直接杀头可也。大节是文臣必守的底线，曾国藩把失节这顶帽子扣下来，力保何桂清的群臣都无言以对。既然礼高于法，即使按法律不当斩立决，也可以礼法杀之。

这年十二月，何桂清在京师菜市口法场被杀头，湘军系和何桂清系的政治斗争终于彻底结束。何桂清弃城逃跑，途中又杀戮士绅，确有取死之道。但若以现代法律观念来说，曾国藩不查证何桂清公禀是否造假，而挥舞道德大棒，不从法却从礼，以"心迹"定罪杀人；这种自由心证的杀人办法，比"莫须有"更甚几许，只能是特殊时期搞政治斗争的权术，而不足为后世效法。

近代法律体系建立前，连柳宗元、王安石这样的名臣也分不清道德和法律的边界。武则天时一个叫徐爽的人被官员赵师韫所杀，多年后徐爽的儿子徐元庆为父报仇，杀死了赵师韫。这个案子让审案的官员很为难，一直报到武则天那里。按儒家的礼教，为父报仇是天经地义的，是大孝。孔子就说过，杀父之仇，"寝苫，枕干，不仕，弗与共天下也，遇诸市朝，不反兵而斗"。有了杀父之仇，儿子啥都别干了，余生就剩下复仇这件事。

但唐代时法律已禁止私自复仇，杀人是要判死刑的。这就出现了儒家伦理和法律的冲突，儒家鼓励复仇，而法律禁止私斗杀人。当时的舆论普遍是让武则天赦免徐元庆，因为他杀死杀父仇人是值得提倡的孝行。名士陈子昂为此写了一篇《复仇论》讨论案情，他说，徐元庆蓄谋杀人，无论他的动机是什么，在法律上都应当处死，那就依据法律杀头以正国法。但徐元庆的行为又符合圣人所说的道德，那就杀头后在道德上表彰他，"先诛而后旌"。最后武则天就按陈子昂的意见判决了。

陈子昂的处理办法当然还有瑕疵，但他的高明之处在于分清了道德和法律的区别。在陈子昂看来，法律是法律，道德是道德，当两者有冲突时，道德不应当取代法律作为判决依据，至于判决后给予徐元庆道德上的褒奖，却又另当别论。

因陈子昂的这篇《复仇论》太有名，讨论的问题也很敏感，所以后世又有很多大文士、大政治家写文章反驳，比如韩愈、柳宗元还有王安石。这三位无论是在文坛还是政坛上的声望都要高过陈子昂，后人也多以他们的论点为是。但其实他们都没有分清问题的关键。后世反驳陈子昂的文章，主要持有一个论点，礼和法的出发点都是为了防止犯罪和动乱，因此礼和法不能分成两样东西。如果徐元庆的父亲是因犯法而被杀，那徐元庆的复仇就是错的，不但要杀头，还应当在道德上加以批判；但若徐元庆的父亲是无辜被杀，那徐元庆不但要得到表彰，也应当免于处罚——官府还要上门感谢他除掉赃官。

这其实引发了另一个问题，如果徐元庆的父亲是被冤杀的，那他有私自复仇的权力吗？再扩大一点，如果有侠士行侠仗义处决赃官，官府应当追究吗？现代人都很清楚，从情理上大家可以叫好，但却不能因此不追究当事人的法律责任。如果有特殊情节，法官可以考虑酌情减轻处罚，甚至在判刑后由国家元首予以特赦，但不能说不追究法律责任。

柳宗元和王安石都没有理解道德和法律的区别是什么，但到了清朝，随着观念的进步，朝臣们大多是懂的。大家都知道儒家的某些道德标准过时了，但又不能公开质疑先圣。当法和礼相冲突时，大家都心领神会不提礼，直接按律法判决，这是一种默认的规则。

为何桂清辩护的祁寯藻，因为立场问题被湘军的拥护者视为反派，但他的辩词却是符合法律精神的。他坚持以刑律判决，不得以情理随意解释法律而加刑，除非是皇帝不顾身份降旨。而曾国藩为杀何桂清，故意祭出大家都知道已经过时却又不敢公开批驳的道德规范，以至高无上的"大节"来对抗司法程序，实非名臣所为。虽说于公于私都应处决何桂清，但曾国藩也应该先查出公禀伪造的证据再将其定罪。

最后值得一提的是，不少著作对何桂清一案，只叙述到曾国藩的诛心论为止，似乎曾国藩的诛心论一上，祁寯藻的策划就全部落空，何桂清就被斩立决了。然而事实并非如此，诛心论只是打消了朝廷通过公禀为何桂清洗罪的念头，但无论是辅政的恭亲王还是垂帘听政的两宫太后，都没有按诛心论判决何桂清。

朝廷下发的上谕，反而是依照祁寯藻的主张——封疆大吏弃城逃跑以斩监候论处，依成宪刑律判处何桂清斩监候，没有依情理加刑。只是上谕里特意戳穿了营救者的图谋，"何桂清着仍照本律，定为斩监候，归入朝审情实，秋后处决。此系为查照定律，详慎用刑之意起见，非为何桂清情有可原，将来可从末减，致蹈轻纵也"（见《清实录·同治朝实录》）。按这道上谕，清廷将何桂清定为斩监候，只是为了尊重刑律，并不是给后来减刑留下空间，到了秋后，该杀还是要杀的。

到了这个关头，何桂清仍未绝望，因为这一年是同治元年（1862），新皇登基，按例会暂停勾决。勾决是清代的制度，为表示对死刑的审慎，刑部会把所有被判处死刑的人，在这一年秋后开具名册送呈皇帝。从冬至前六十日开始，皇帝会用御笔在名册上勾去犯人姓名，表示批准执行死刑，可以行刑正法。遇到大喜大丧之年，皇帝会暂停勾决，让犯人活到下一年，称为"缓决"。乾隆时为示仁政，有时连续数年不勾决，一直"缓决"。

这一年既然是同治皇帝的登基元年，朝廷理应开恩科（加考一场科举）、停勾决，即民间所谓大赦天下，何桂清理论上是可以逃过一死的。但到了冬至前五日，眼看勾决期限将过，朝廷突然下诏处决何桂清。为此还特意搬出了乾隆时的成例：乾隆三十六年（1771）皇太后八旬大寿，按理也当停勾缓决。因犯官王钲罪行特别严重，乾隆打破惯例，在停勾缓决的时候勾决了王钲，将其正法。

以同治名义下发的上谕，引用乾隆的成例在停勾期处死何桂清，并规定以后罪情重大的犯人，在停勾之年也可由刑部奏明，即行处决。虽不知当时是恭亲王还是慈禧太后主持的这场大狱，但整个案件始终以刑律和成宪为依据，称得上审慎清白、明达干练。

朝廷维持斩监候的原判后，曾国藩也以为何桂清会借助停勾逃脱一死，但何最终还是被处决。曾国藩读到邸报后，"悚惧惆怅"。他知道，朝廷突然决心诛杀何桂清，既是给自己一份人情，也是为了震慑包括自己在内的前线督抚。后来曾国藩给仇敌何桂清写了一副挽联："雷霆雨露总天恩，早知报国孤忠，惟拼一死；成败功名皆幻境，既此盖棺论定，亦足千秋。"着实意味深长。

【注释】

① 许瑶光《谈浙》，见《中国近代史资料丛刊·太平天国》第 6 册第 501 页，神州国光社 1952 年版。

② 见《何桂清等书札》第 44 页，江苏人民出版社 1981 年版。

③ 见《曾国藩全集》第 14 册第 121 页，岳麓书社 2011 年版。

④ 薛福成《书两江总督大臣何桂清之狱》,见《近代中国史料丛刊·庸庵文编》第 1450 页,文海出版社 1973 年版。

⑤ "刑部原奏即称遍察刑律,如临阵而退、弃城先逃等条,均罪至斩监候而止,明知舍此本律不能改引,又云情罪较重,拟以斩决,是为拟加非律,非臣下所得擅请。"见《云南史料丛刊》第 7 卷第 717 页,云南大学出版社 2001 年版。

⑥ 薛福成《书两江总督大臣何桂清之狱》,见《近代中国史料丛刊·庸庵文编》第 1452 页,文海出版社 1973 年版。

⑦ 见《曾国藩全集》第 5 册第 74、75 页,岳麓书社 2011 年版。

结语　清朝人曾国藩

咸丰十一年八月初一，即公元 1861 年 9 月 5 日，拂晓时分太阳已经升起，月亮尚未落下，呈现日月同辉之兆。人们惊奇地发现，不但日月在天合璧，金、木、水、火、土五大行星也在天空连成了一线。按照中国传统说法，日月同辉，五星连珠，此乃三辰之瑞，是国家将要大兴的吉兆。古书上说五星出东方，大利中国，恰好在同一天，曾国荃的湘军攻克了安庆。

安庆既克，陈玉成覆灭在即，太平天国的末日已经不远，人们纷纷向曾国藩道贺，以为大清中兴就在今朝。身为一个颇具实证精神的学者，曾国藩不一定相信五星连珠这种谶纬迷信，但他也常为"天命"的神秘莫测而感到困扰。幕僚赵烈文在当天的日记中写下"国家卜年已及二百，夫岂中兴之兆邪"后，突然笔锋一转，写了一句莫名其妙的话，"瞻仰昊天，一喜一惧"。①

赵烈文有何恐惧？"五星连珠利中国"，却不一定利清朝。他和曾国藩这对师生，虽然对清朝极尽忠诚，却并不以为死气沉沉、民穷财尽的清王朝还有其"天命"，还有统治合法性。攻破安庆之后三年，曾国藩在同治三年七月初一日（1864 年 8 月 2 日）的日记里记录曾国荃大破敌军一事，评论说"以是知人力可夺造化之权，凡事不得尽诿诸气数也"②。从字面看，他在强调人的努力可以胜过"气数"；但从另一角度看，他认为曾国荃的胜利是人力胜过了造化，等于承认"气数"本不在清朝一边，他们兄弟二人只是"以人胜天"而已。

此次安庆之战，杀孽甚重，不但城中多饿死，城外也宛如地狱。曾国藩的属下陈舫仙对他说，湘军哨探从安庆侦察到湖北香口，经行之处，田地大多荒芜，乱草几乎有人那么高。闯进农户，发现家家都有人饿死，由于无人收尸，死去的人有的舌头吐出来数寸，有的嘴里还含着草根。哨探走了上百里，没有敌军，也没有百姓，都一起饿死了，到处都是荒凉之景，到处都是腐败的尸臭。曾国藩听完后感慨说："盖大乱之世，凋丧如此，真耳不忍闻也。"③

汉唐以来罕见之"杰贼"陈玉成被消灭了，但清王朝的出路又在何方？安庆之战，曾国藩经受重重考验，以常人难以企及的毅力熬到了胜利的到来，他的行和知逐渐合一，他的学问修养已达传统文化所能企及的巅峰，但眼前的乱局，已超过了他的智识范围。他的挚友胡林翼已在安庆城破不久后离世，据说胡林翼去世前曾言，洋人扰乱中国，此事已非他所能知。老友魂归道山，背负千钧的曾国藩还要在尘世嚣嚣中苦苦寻求出路。他在安庆极目四望，清朝百业凋敝，纲纪废弛；祖先疏浚的运河，昔日四通八达而今湮塞难行；先民建造的城郭，昔日坚致巨丽而今坍塌朽坏，一派荒凉崩决之景。曾走出了自己的中年危机，而他效忠的清王朝的危机，似乎还看不到尽头。

咸丰十一年（1861）九月，湘军在安庆的厘金局扣押了不肯交税的洋人两名，一名叫郭思屏，一名叫伟里斯。曾国藩对通事（翻译）说，我这里还在等总理衙门和各国商议的结果，若结果是外国民船不用交税，就算现在交了我将来也必定退还税款；但如果总理衙门通知外国商船也应完税，即使现在你们跑掉了，将来我也必定要你们补交。十天后，英国的军舰就开到了安庆，一名英国军官向曾国藩送上了他们司令的书信，信中以严厉的口气对曾国藩说，有英国商船在安庆受到了你们的骚扰，特此通知，让尔等速速将人、船放还。曾国藩无可奈何，只得将英国商船放回。他在当晚的日记中写道，四更才睡着，五更就醒了，心中焦虑洋人纵横中国，无法抵御，所以烦恼。④

又过了月余，他托人从广东购买的两架望远镜到了，颇有求知欲望的曾国藩欣喜地试用了一整天。他又在日记里写道，用望远镜看半里之外的人、物就如同在庭院里一般，这东西的技巧果然精巧绝伦。铜铁、树木之类死物，一经洋人琢磨成器具，居然变得如此精彩夺目。——他在努力地了解自己未来将要面对的敌人。⑤

"师夷长技以制夷"的思想，早在多年前就由曾国藩的湖南老乡魏源提出，可惜此后一直未有朝廷大员组织学习西方技术。曾国藩既已萌生"师夷长技"的念头，就开始多方罗致人才，在安庆组建"安庆内军械所"，仿造西洋兵器。按正常思路，既然要师夷长技，

安庆内军械所

自然要大量聘用西洋工程师，安庆内军械所却纯用中国人，不请洋工匠。

在曾国藩看来，近代科技并不一定只有西洋人才能掌控，只要掌握了其思维方式、研究方法，中国人也能自己琢磨出来。自鸦片战争后风气渐开，中国也有了一些懂得近代科学的学者如徐寿、华蘅芳、李善兰。他把这些人才招致麾下，给予他们大力支持，希望能开创出独立自主的兵工科技。曾国藩强调独立自主，主要是不想受制于洋人。

徐寿到了曾国藩军中，曾国藩日日与他交谈，了解蒸汽机的原理，并询问能否在不雇佣洋人的情况下制造出轮船。得到肯定的答复后，他就拨下巨款，支持自造轮船。曾在日记中描述蒸汽机的原理："其法以火蒸水，气贯入筒，筒中三窍，闭前二窍，则气入前窍，其机自退，而轮行上弦；闭后二窍，则气入后窍，其机自进，而轮行下弦。火愈大，则气愈盛，机之进退如飞，轮行亦如飞。"⑥读圣贤书出身的理学夫子，能够对蒸汽机的原理了解到如此地步，曾国藩确实有着同时代官员所不具备的求知精神。

安庆内军械所还在琢磨如何制造英国军队使用的开花弹，此前中国土炮使用的是实心弹，不会爆炸，只能以强大的速度撞击伤人。一开始实验并不成功，托人从广东买来英国炮弹后，曾国藩亲自和科学家们进行了多次实验，终于试制成功。他自己还从中得到灵感，为湘军的土炮"劈山炮"设计了一款叫作"群子模"的霰（xiàn）弹。

他的"工匠"精神当然非常了不起，在安庆甚至还无师自通地摸索出了让科学家分工协作的科研模式，后来还造出了中国第一艘轮船——黄鹄号。但这于时局依然无补，曾氏对整个社会的演进和变革一无所知，只知道以传统的美德去改良社会。

曾国藩是一个标本式的儒生，虽是清朝的能臣，亦只是一个清朝

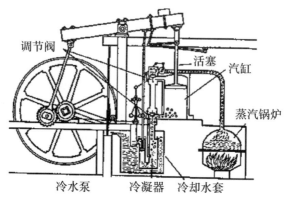

调节阀　活塞　汽缸　蒸汽锅炉　冷水泵　冷凝器　冷却水套

蒸汽机示意图

人。一方面，他是一个虔诚的孔孟信徒，李剑农在《中国近百年政治史》中曾说，洪秀全的神权主义精神是假的，而曾国藩的名教精神是真的；另一方面，他又是一个顽固的官僚，以残酷的手段镇压起义，并为自己的暴力沾沾自喜。他身上有儒家的艰苦真诚，也有道家的知雄守雌；他能如墨翟（dí）一般胼手胝足，也能如申韩一样冷酷无情。他是中国传统文化造就的全才，一个通经致用、知其不可为而为之的老儒。他无愧于时代，但也未能超越时代，背不起拯救中国的责任。曾国藩和那个时代的许多志士一样，在茫茫浊浪中起起伏伏，但从未随波逐流。

【注释】

① 见赵烈文《能静居日记》第 1 册第 350 页，岳麓书社 2013 年版。

② 见《曾国藩全集》第 18 册第 69 页，岳麓书社 2011 年版。

③ "陈舫仙来，言探卒至香口一带，经行之处，并未栽种，乱草没人；家家皆有饿殍僵尸，或舌吐数寸，或口含草根而死；经行百里，无贼匪，亦无百姓，一片荒凉之景，积尸臭秽之气。盖大乱之世，凋丧如此，真耳不忍闻也。"见《曾国藩全集》第 17 册第 176、177 页，岳麓书社 2011 年版。

④ "四更成寐，五更复醒。念夷人纵横中原，无以御之，为之忧悸。"见《曾国藩全集》第 17 册第 212 页，岳麓书社 2011 年版。

⑤ "冯竹渔自广东购寄千里镜二具，在楼上试验，果为精绝，看半里许之人物如在户庭咫尺之间。其铜铁、树木等，一经洋人琢磨成器，遂亦精曜夺目。因思天下凡物加倍磨治，皆能变换本质，别生精彩，何况人之于学?"见《曾国藩全集》第 17 册第 239 页，岳麓书社 2011 年版。

⑥ 见《曾国藩全集》第 17 册第 306 页，岳麓书社 2011 年版。

图书在版编目（CIP）数据

战安庆/周禄丰著. —长沙:岳麓书社,2022.8(2023.12 重印)
ISBN 978-7-5538-1561-9

Ⅰ.①战… Ⅱ.①周… Ⅲ.①史—史料—中国—清后期
Ⅳ.①E295.2

中国版本图书馆 CIP 数据核字(2021)第 197161 号

ZHAN ANQING

战安庆

作　　　者:周禄丰
出 版 人:崔　灿
出版统筹:马美著
策划编辑:刘　文
责任编辑:李郑龙　牛盼盼
营销编辑:谢一帆　唐　睿
责任校对:舒　舍
封面设计:赤　祥

岳麓书社出版发行

地址:湖南省长沙市爱民路47号

版次:2022 年 8 月第 1 版
印次:2023 年 12 月第 6 次印刷
开本:640mm×960mm　1/16
印张:26.5
字数:405 千字
ISBN 978-7-5538-1561-9
定价:88.00 元

承印:长沙超峰印刷有限公司

本书封面书名选自颜真卿书法作品。
如有印装质量问题,请与本社印务部联系
电话:0731-88884129